CALE A BOCA, JORNALISTA!

CALE

FERNANDO JORGE

A BOCA, JORNALISTA!

O ódio e a fúria dos mandões contra a imprensa brasileira

7ª edição
revista e atualizada

ns
São Paulo, 2020

Cale a boca, jornalista! – O ódio e a fúria dos mandões contra a imprensa brasileira
Copyright © 2020 by Fernando Jorge
Copyright © 2020 by Novo Século Editora Ltda.

EDITOR: Luiz Vasconcelos
PRODUÇÃO EDITORIAL: Equipe Novo Século
PROJETO GRÁFICO: Guilherme Xavier
COMPOSIÇÃO: Cintia de Cerqueira Cesar
REVISÃO: Fernando Jorge
CAPA: Luis Antonio Contin Junior
IMPRESSÃO: MaisType

Texto de acordo com as normas do Novo Acordo Ortográfico da Língua Portuguesa (1990), em vigor desde 1º de janeiro de 2009.

Dados Internacionais de Catalogação na Publicação (CIP)

Jorge, Fernando, 1928-.
Cale a boca, jornalista!: O ódio e a fúria dos mandões contra a imprensa brasileira
Fernando Jorge
Barueri, SP: Novo Século Editora, 2020.

1. Governo e imprensa – Brasil – História 2. Liberdade de imprensa – Brasil I. Título

08-08481   CDD-079.81

Índice para catálogo sistemático:
1. Governo e imprensa: Brasil: História 079.81

---

ns
uma marca do grupo novo século

Alameda Araguaia, 2190 – Bloco A – 11º andar – Conjunto 1111
CEP 06455-000 – Alphaville Industrial, Barueri – SP – Brasil
Tel.: (11) 3699-7107 | Fax: (11) 3699-7323
www.gruponovoseculo.com.br | atendimento@gruponovoseculo.com.br

SUMÁRIO

	Nota preliminar da sétima edição	**7**
	Nota preliminar da sétima edição	**9**
	Explicação	**11**
1	A eleição de Tancredo Neves	**17**
2	Um ódio antigo, rebento do autoritarismo	**29**
3	A sanha contra a imprensa, após a queda do Império	**59**
4	Duelos, tiros, imprensa proletária, presidentes contra jornalistas	**75**
5	A sanha contra a imprensa, da Revolução de 1930 até a renúncia de Jânio	**129**
6	O holocausto dos jornalistas, depois do golpe de 1964	**161**
7	Conclusões firmes, inspiradas nos fatos	**283**
	Documentação	**321**
	Bibliografia	**411**
	Índice de jornais, revistas, rádios e TVs	**417**
	Índice onomástico	**423**

NOTA PRELIMINAR DA SÉTIMA EDIÇÃO

Revista e aumentada, com rico material iconográfico (desenhos, fotos, caricaturas), esta sétima edição é uma homenagem ao Bicentenário da Imprensa Brasileira.

Sou grato aos jornalistas Paulo Duarte, Freitas Nobre, Cláudio Abramo, Americo Bologna, Fernando Góes, Silveira Peixoto, Maurício Loureiro Gama e Júlio de Mesquita Filho, que me forneceram, antes do lançamento da primeira edição, valiosos depoimentos orais. Chegue até eles, na mansão dos justos onde se encontram, Deus o permita, o meu comovido reconhecimento.

Estendo a minha gratidão ao meu amigo Roberto L. Assis, supervisor da loja OfficeGraphics, a quem devo a fiel reprodução do material iconográfico aqui apresentado; ao dinâmico editor Luiz Vasconcelos; às competentes Sílvia Segóvia e Nilda Campos Vasconcelos, ao talentoso e criativo Guilherme Xavier, responsável pelo belo projeto gráfico desta sétima edição.

Fernando Jorge

NOTA PRELIMINAR DA SEXTA EDIÇÃO

A sexta edição desta obra contém acréscimos importantes e que só agora, devido a minudentes pesquisas, as circunstâncias nos permitiram apresentar. Não são poucos os que, por cartas e depoimentos, prestaram valioso auxílio às referidas pesquisas. Intelectuais, jornalistas, sociólogos, estudantes, cientistas políticos. Estamos gratos, também, sob tal aspecto, a vários professores da UNB, da PUC, da USP, da UERJ, da UFRS, da UNESP, da UNICAMP.

Cale a boca, jornalista!, já obteve repercussão internacional. O senhor Jorge Consuegra, do semanário Siete Dias, de Bogotá. Colômbia, publicou nesta revista uma extensa reportagem sobre a obra, classificando-a de "tremendo libro, que ele leu con el corazón palpitando". Aliás, no periódico italiano Il Corriere apareceu um comentário de página inteira, a respeito do nosso livro, onde o autor salienta: *Cale a boca, jornalista!*, "precisa ser lido e discutido", pois, afinal, "aqueles que esquecem os erros do passado, estão condenados a repeti-los".

Expressamos os nossos agradecimentos pelas sugestões de Ênio Silveira, a fim de tornar esta obra bem informativa, esclarecedora. Dotado de agudo senso crítico e grande vítima dos atos arbitrários do movimento de 1964, ele teve autoridade suficiente para nos mostrar as lacunas do texto primitivo, fornecendo-nos sábios conselhos. A Ênio Silveira, portanto, a nossa gratidão.

Concluo a nota evocando as seguintes palavras de Alexandre Herculano, o incomparável renovador da moderna historiografia portuguesa:

"Há muitas vezes na História, ao lado dos fatos públicos, outros sucedidos nas trevas, os quais freqüentemente são a causa verdadeira daqueles, e que os explicariam se fossem revelados".

Fernando Jorge

EXPLICAÇÃO

Este livro – o primeiro que aparece sobre o assunto no Brasil – é um relato histórico sobre as violências e as arbitrariedades sofridas pelos nossos jornalistas, desde a época do Império até aos dias atuais, incluindo a narrativa do martírio desses jornalistas ao longo do Movimento de 1964. Aqui evoco com pormenores, por exemplo, os casos de Cláudio Campos, do periódico Hora do Povo; *de Hélio Fernandes, da* Tribuna da Imprensa; *de Vladimir Herzog,* da TV Cultura; *de Júlio de Mesquita Neto, do jornal* O Estado de S. Paulo; *de Lourenço Diaféria, da* Folha de S. Paulo, *de Antônio Carlos Fon, do* Jornal da Tarde, *e de outros.*

Intelectual democrata, liberal, cioso da minha independência, amando profundamente a liberdade, eu não quis agradar a ninguém neste livro. Se muitos não gostarem, paciência... O meu compromisso é com a verdade histórica, ainda que esta possa incomodar os hipotéticos resquícios de consciência de alguns mestres da tortura, peritos em esmagar ou retalhar carnes humanas.

A presente obra é também uma análise a respeito das selvagerias cometidas contra os nossos jornalistas e a nossa imprensa, desde o tempo de d. Pedro I. Dei ênfase à parte concernente às brutalidades que esses jornalistas sofreram, ao longo de vinte anos de ditadura, a partir de abril de 1964.

Sólida, irrefutável, a documentação deste livro, porque ela é constituída de fatos, de episódios reais. Daí se conclui que esta obra, além de ser uma denúncia, um registro da nossa memória histórica, é útil para a leitura dos que desejam ficar bem informados, para a consulta e a pesquisa de estudantes, professores, escritores, jornalistas, historiadores. Um texto para todos que odeiam o Fascismo, o Nazismo, e amam a liberdade, este direito básico que inspirou a madame Roland a conhecida frase, antes de morrer na guilhotina:

"Oh liberdade, quantos crimes se cometem em teu nome!"

Além das razões acima, motivos especiais me induziram a escrever este livro. Fui uma das vítimas, como intelectual, dos atos arbitrários do golpe de 31 de março de 1964. Sem nunca ter sido um "terrorista", um "guerrilheiro", e apenas pelo fato de haver denunciado, após o golpe, a existência do preconceito de raça no Brasil, acusando "uma sociedade cheia de intolerância fanática, de desamor pelos pequenos, pelos humildes, pelos que não pertencem à superegocêntrica aristocracia do dinheiro", apenas devido a tal fato, fiquei sob a suspeita de ser "um escritor subversivo", conforme se deduz de uma notícia do jornal O Globo, *publicada em 21 de outubro de 1964. Envolvido, por causa disso, num inquérito policial-militar, provei documentadamente, perante um coronel do Exército e o promotor Dragamiroff, que existe mesmo o preconceito de raça no Brasil. As autoridades, a contragosto, não puderam lavrar uma sentença condenatória...*

Em 28 de maio de 1971, o Teatro de Arena de São Paulo ia apresentar a minha peça O grande líder, *patrocinada pelo empresário James Akel e com cenários de José do Valle. A censura federal impediu que isto acontecesse. Exigiu 40% de cortes. Recusei-me a atender à censura e a reescrever a peça. Fui outra vez rotulado de "subversivo". Caíram por terra, durante mais de dez anos, as tentativas para obter a liberação de* O grande líder, *inclusive junto as ministro Armando Falcão, da Justiça. Só em 1982, após uma luta encarniçada, o empresário James Akel conseguiu montar a peça, sem nenhum corte, no atual Teatro Márcia de Windsor, onde permaneceu vários meses em cartaz, com os atores Carlos Koppa, Edgar Franco e João Francisco Garcia.*

Em 1976, estive na iminência de ser preso, de ser carregado até ao DOPS, devido a um livro de caráter documental sobre o governo Geisel, encomendado por uma editora. O ministro Golbery do Couto e Silva telefonou de Brasília para o professor Jan Rais, o diretor da editora, e o aconselhou a não lançar o livro. Por cautela, e contra a minha vontade, o editor enviara duas cópias do texto ao ministro. Este também informou que o presidente Geisel não havia gostado da obra. Sabendo disso por fonte de Brasília, o governador de São Paulo, senhor Paulo Egídio Martins, ficou muito preocupado: o seu nome aparecia no livro de um "escritor subversivo"... Logo pediu a Erasmo Dias, secretário da Segurança, para que eu fosse interrogado numa das salas do DOPS. Vários policiais, com a ordem de me levarem preso, dirigiram-se à Biblioteca da Assembléia Legislativa de São Paulo, onde eu exercia as funções de chefe. Recusei-me a ir, e diante dos policiais disse que o governador era um medroso, um homem que via fantasmas em plena, luz do dia. Se não fosse a interferência do investigador Wilson de Barros Consani, lotado na Assembléia, eu teria sido conduzido ao DOPS, de qualquer maneira. A ordem foi explícita. Wilson obteve, do delegado Romeu Tuma, autorização para os tiras me interrogarem na própria Assembléia Legislativa. E fiquei ali horas e horas, respondendo a dezenas e dezenas de perguntas, diante de um escrivão e de quatro testemunhas, pois ousara perpetrar o "crime" de ser um escritor franco, sincero, honesto, imparcial, independente.

Narrei tudo isto numa carta publicada no jornal O Estado de S. Paulo, *em 5 de abril de 1986. Estou esperando, até hoje, que o ex-governador Paulo Egídio desminta estas afirmativas. Aliás, tenho o testemunho do policial Wilson de Barros Consani.*

Agora o leitor pode compreender por que senti enorme vontade de gerar este livro. Se o tema é fascinante, digno de análise minuciosa, não esqueci, sob outro aspecto, as três humilhações que me infligiram, depois do golpe de 1964: o asnático processo contra mim, pelo fato de haver denunciado o preconceito de raça no Brasil; a censura ilógica, cretina, irracional, contra a minha peça O grande líder, *que ia ser apresentada no Teatro de Arena; e a ameaça de me ver arrastado, como um delinquente, até as soturnas dependências do DOPS, por ordem taxativa do senhor Erasmo Dias, secretário da Segurança, em virtude do "crime inominável" de ter produzido um "livro perigoso", condenado pelo ministro Golbery e pelo presidente Ernesto Geisel, rivais de Deus, encarnações supremas da moral, da verdade e da justiça.*

Como abomino a mentira, a hipocrisia, a covardia, os atos de arbítrio, aqui exponho tudo isto, e também porque esses episódios, entre muitos outros, são os retratos de uma época.

Fernando Jorge

" ... é especialmente necessário ter-se a imprensa debaixo da mira, porque a sua influência sobre os homens é especialmente forte e penetrante... O Estado não deve perturbar-se pelo brilho da chamada liberdade de imprensa e deixar-se conduzir à falta do seu dever, ficando a nação com os prejuízos... Ele deve, com decisão implacável, assegurar-se desse meio de esclarecimento e colocá-lo a seu serviço e no da nação".

Adolf Hitler, *Mein Kampf*, Munique, 1932, volume I, página 246.

– Cale a boca, deixa eu falar e desligue essa droga!
(Berro do general Newton Cruz, após empurrar o repórter Honório Dantas, durante uma entrevista concedida em Brasília, no dia 17 de dezembro de 1983).

1

A ELEIÇÃO DE TANCREDO NEVES

Tancredo Neves, o primeiro presidente civil da República desde o golpe de 1964, além de haver expressado o desejo de efetuar a reconstrução democrática do país, apresentava condições para modificar a imagem de que o chefe do Executivo, no Brasil, em relação à imprensa, é um cidadão rude, agressivo, irritadiço, espinhento como um ouriço-cacheiro. Tal imagem foi criada pelo presidente Figueiredo, pois Castelo Branco, Costa e Silva, Garrastazu Médici e Ernesto Geisel, a rigor, quase não tiveram contato com os jornalistas. O presidente Médici, por exemplo, só falou à imprensa uma vez, no começo do seu governo. Ernesto Geisel apenas se mostrou mais cordial e expansivo, junto aos repórteres, quando se achava a bordo do trem-bala, no Japão. Influência, talvez, da magnífica velocidade do bólido metálico, do foguete terrestre em disparada, engolindo as distâncias como Pantagruel devorava os alimentos líquidos... Mas os assomos de cólera do presidente Figueiredo, e os seus olhares furibundos diante da imprensa, tornaram-se rotineiros. No dia 10 de abril de 1979, fumegando de raiva, ele arremessou esta afirmativa contra alguns jornalistas perplexos:

– O único problema que tenho tido são vocês.

Depois, num discurso proferido em Cuiabá, no dia 19 de junho de 1980, sua excelência excomungou:

"A imprensa usa de todos os meios para difundir o que é mau e esconde justamente aquelas coisas que o governo tem feito com sacrifício em benefício do povo brasileiro".

Ao votar, em Brasília, no dia 15 de novembro de 1982, o presidente Figueiredo derramou num jornalista estas palavras enternecedoras:

— Não faz pergunta senão leva coice.

E na entrevista concedida a Alexandre Garcia, da TV Manchete, sua excelência expeliu a seguinte lamúria:

— O trabalho da imprensa foi um trabalho contra mim, contra o meu governo.

Podemos contrapor, a este juízo, o relacionamento de Figueiredo com os jornalistas. Um relacionamento sempre difícil, áspero. Como o pessoal da imprensa se sentia, acolhendo as expressões carinhosas de sua excelência? Eis algumas frases do presidente, anotadas pelos repórteres: "considero asnática esta pergunta", "indague a Jesus Cristo", "imbecis travestidos de intelectuais", "vocês só entram trotando no meu gabinete". A imprensa era tratada de modo hostil ou brutal, como se fosse um perigoso animal selvagem, uma piranha esfaimada ou uma jararaca insidiosa, traiçoeira, intumescida de veneno. Sua excelência, conforme disse o notável jornalista Carlos Chagas, logo se esqueceu de como a imprensa o saudou quan-

João Batista Figueiredo, por Chico Caruso

do assumiu o governo, em virtude das suas promessas de reformas sociais, econômicas e políticas. Os jornais também o aplaudiram por ocasião da Anistia, da Abertura e do envio da emenda ao Congresso, propondo a reforma da Constituição. Sim, o jornalista Carlos Chagas está certo, o presidente Figueiredo se esqueceu de tudo isto.

Ainda muito jovem, Tancredo Neves trabalhou como jornalista, durante quatorze anos. Exerceu esse mister no *Estado de Minas*, no período de quatro anos, onde fez revisão e reportagens, tendo prestado outros serviços ao matutino em cuja equipe figuravam Milton Campos e Carlos Drummond de Andrade. Mais tarde, regressando a São João del-Rei, o moço Tancredo Neves colaborou, no espaço de dez anos, numa "gazeta atrevidíssima", que não poupava, em suas fulminantes catilinárias, o vigário e o prefeito da remansosa cidade colonial.

Eleito presidente da República, o ex-repórter do *Estado de Minas* salientou no seu discurso, em 15 de janeiro de 1985, após a vitória, o vigoroso auxílio da imprensa na reconquista do "bom e velho caminho democrático," pois essa imprensa, embora "sob a censura policial, a coação política e econômica, ousou bravamente enfrentar o poder para servir à liberdade do povo". Uma opinião estribada nos fatos, na história contemporânea do país. Tancredo complementou-a na sua primeira entrevista coletiva, quando garantiu que o tratamento que pretendia manter com os jornais não seria, em qualquer instante, inferior ao que é fornecido pelos presidentes das nações mais democráticas.

Estas promessas eram auspiciosas, dignas de louvor. Contudo, é bem complexo o problema da liberdade de imprensa no Brasil. Tal liberdade, num país como o nosso, não depende apenas de um presidente liberal, amigo dos livros e adversário dos regimes de arbítrio. Não é possível mudar a psicologia de certos mandões, os costumes de um país ainda meio bárbaro, a mentalidade retrógrada de muitos dos seus próceres, com a mera substituição de um presidente. O mal não reside apenas na forma, encontra-se no cerne, na raiz da própria estrutura da nossa organização política. As consequências de séculos de atraso, de ignorância, de pedantocracia, de amoralismo, de indecorosa passividade, de violação dos mais comezinhos direitos individuais, não podem ser eliminadas rapidamente, como num passe de mágica. Sem a autocrítica, a análise minuciosa do problema e a procura de soluções, ficamos marcando o passo, jamais avançaremos. É necessário reconhecer: o aparato material desta nação, as suas estradas de rodagem, as suas grandes indústrias, as ciclópicas usinas hidrelétricas, os portentosos arranha-céus de metrópoles como o Rio e São Paulo, se revelam o gigantismo do Brasil, a força do poder econômico e a capacidade da nossa engenharia, não provam, no entanto, o avanço paralelo do progresso social, político e cultural. Porque é preciso frisar: o Brasil, como declarou Roger Bastide, é o país dos contrastes. Fome no Nordeste e churrascadas no Sul. Rosas da saúde nas faces da juventude esportiva e estarrecedora mortalidade infantil. Miséria dilacerante nas favelas, nos cortiços, nos barracos dos chagásicos e opilados, nas malcheirosas e poluídas aglomerações urbanas, e riqueza insolente, ostensiva, nas mordomias pagas pelo Estado, nos luxuosos gabinetes e régias mansões dos senhores ministros, em Brasília, nas festas regadas a uísque escocês e vinho da França, às custas do Erário.

Agora que nos libertamos de um regime de arbítrio — neste momento em que se impõe, de modo essencial, conforme salientou o jornalista Geraldo Forbes, a "renovação de homens e métodos, uma nova moralidade nos negócios públicos" — agora é mister extrair lições do passado e transformá-las em sabedoria.

O ufanismo, o orgulho desmedido pelo acervo das nossas riquezas, das nossas potencialidades, vem sendo um mal para a terra exaltada por Pero Vaz de Caminha. Esta visão cor-de-rosa incentivou Gonçalves Dias a compor, quando se achava em Coimbra, no ano de 1843, as estrofes da celebérrima "Canção do exílio":

*"Nosso céu tem mais estrelas,
Nossas várzeas têm mais flores,
Nossos bosques têm mais vida,
Nossa vida mais amores".*

Tais versos, inspirados numa poesia de Goethe, hoje não podem expressar a verdade, pois nuvens tóxicas enegrecem o céu de regiões como a de Cubatão, e as nossas várzeas e os nossos bosques se tornaram vítimas de crimes ecológicos. A "nossa vida", isto é, a vida da sociedade brasileira, mostrou nesses últimos vinte anos, desde 1964, mais rancores do que amores, com o seu desfile de injustiças sociais, atos de arbítrio, patifarias, assaltos ao erário público.

Afonso Celso, em 1901, publicou o livro *Por que me ufano do meu país*, obra da qual irrompeu o ufanismo, essa exacerbação do sentimento patriótico. No capítulo XXII, discorrendo sobre os "nobres predicados do caráter nacional", o filho do visconde de Ouro Preto nos faz sorrir. É que ele afirma: os "piores detratores" do brasileiro não lhe negam "honradez no desempenho de funções públicas ou particulares". Depois acrescenta:

"Casos de venalidade enumeram-se raríssimos, geralmente profligados".

A tirada não fica só nisso. O arrebatamento de Afonso Celso atinge a estratosfera. Sustenta que os homens de Estado, no Brasil, "costumam deixar o poder mais pobres do que nele entram". E prossegue, ainda embevecido, repleto de fervor cívico:

"Quase todos os homens políticos brasileiros legam a miséria às suas famílias. Qual o que já se locupletasse à custa do benefício público?"

Outra declaração surpreendente:

"A estatística dos crimes depõe muito em favor dos nossos costumes. Viaja-se pelo sertão, sem armas, com plena segurança, topando sempre gente simples, honesta, serviçal".

Esse ufanismo altissonante, ruidoso como uma sirene de carro de bombeiros, é justificável até certo ponto. Afonso Celso concluiu o seu livro em 8 de setembro de 1900, na então bucólica Petrópolis. Naquele tempo, nos alvores da *Belle Époque*, quando imperava "a doçura de viver" (*La douceur de vivre*, título das memórias do príncipe de Ligne), no longínquo ano de 1900, data do surgimento da *Tosca* de Puccini e de *A interpretação dos sonhos* de Sigmund Freud, naqueles dias de otimismo resplandecente, de incontaminada fé no futuro, não se entrevia o Brasil pós-64, o Brasil das sinecuras, dos peculatos, das mordomias, da corrupção impune e vitoriosa, dos monumentais escândalos financeiros, o Brasil dos canos de esgoto arrebentados, a espalhar um miasma podre, nauseabundo, canos de onde escapuliram os gordanchudos ratos vorazes que se banquetearam com a dinheirama dos casos da Crecif, da Audi, do Halles, da Copeig, do Grupo Lume, da Capemi, da Copersucar, da Corretora Laureano...

Naquele tempo também havia safadeza, miséria e injustiça social, mas talvez podíamos encontrar um maior número de homens ilibados, com a mística da honra, do decoro, do dever, da austeridade no manejo dos negócios públicos, cidadãos como Alberto Torres, um sociólogo arguto, de espírito perquiridor. Avesso a qualquer tipo de ufanismo, Torres procurou apresentar, nos seus estudos, a complexa "realidade brasileira". Ele é a antítese de Afonso Celso, pois enquanto este só via esplendores no Brasil, o fluminense de Porto das Caixas criticava as suas mazelas, os nossos bolorentos e arraigados defeitos.

Quando concebeu a reforma da Constituição de 1891, o autor de *A organização nacional* tentou limitar o Presidencialismo. O projeto se concretizaria por meio de duas medidas: um Legislativo no qual as classes profissionais estivessem representadas e um Poder Coordenador que seria, no regime republicano, algo semelhante ao Conselho de Estado do Império.

As posições de Alberto Torres contra o liberalismo econômico e os abusos da ação parlamentar, o seu ardente desejo de ajustar a política governamental às nossas necessidades, induziram Plínio Salgado a considerá-lo um precursor do Integralismo. Todavia, segundo demonstrou o jornalista Barbosa Lima Sobrinho num livro de 1968, a ideologia de Torres se vincula ao Positivismo de Augusto Comte, pois o escritor brasileiro, perfilhando os conceitos do filósofo de Montpellier, não fazia da ordem um objetivo em si mesmo e detestava as atitudes reacionárias e extremadas.

Alberto Torres publicou em 1914, pela Imprensa Nacional, um ensaio onde, além de assumir uma posição nacionalista, prega o fortalecimento do Poder Executivo. A obra, *O problema nacional brasileiro*, enfeixa trechos de um discurso de sua autoria, pronunciado em 1912, na sede do *Jornal do Commercio*. Existe uma passagem, neste livro, que se aplica ao Brasil pós-64:

"Vivemos, até aqui, de ensaios e reformas, cada idéia nova pousa sobre ruínas; cada transformação planta as aspirações de um sistema sobre a agreste verdade de formas sociais ainda grosseiras. Daí, o desânimo e a descrença de um povo, para quem a vida pública não é senão uma crônica de anedotas pessoais e de audácias, escândalos e imoralidades, verdadeiros e falsos, exagerados e deturpados; onde o mérito não tem estímulo, o trabalho não tem valor, a produção não tem preço, as fortunas não têm garantias, o povo não tem opinião, o cidadão não tem voto, os espíritos não têm idéias e as vontades não sabem mover-se. Não fosse a ingênita honestidade deste povo e sua claríssima inteligência, seu bom senso e seu extraordinário espírito de ordem, e este país não contaria mais um só coletor probo na mais remota e inculta vila do sertão, e viveria, como terra de bárbaros, dilacerado em guerras e pilhado em saques permanentes. Uma constituição e umas centenas de leis, empilhadas em volume, não fazem um Direito; quanto mais a vida de uma nação!"

Num artigo publicado em *O Estado de S. Paulo*, no dia 5 de setembro de 1984, artigo que obteve larga repercussão, mostrei a falência do movimento de 31 de março de 1964 e o clima que ele gerou, propício à repressão contra a imprensa. Tal artigo recebeu o título de "A crise moral e o problema do reequipamento das Forças Armadas". Por ser o retrato de um sistema político, da ideologia de um Estado aristoplutocrático – e eu apresentei esse retrato em plena vigência do mencionado regime – aqui reproduzo a sua parte final:

"O jornalista Lourenço Dantas Mota, numa excelente reportagem sobre a corrupção, publicada pela Revista da OAB – São Paulo, *na edição de novembro-dezembro do ano transato, frisou que o desfile de escândalos e a sua impunidade, efetuado sob a indiferença ou a letargia do Congresso, vem promovendo a desmoralização das instituições e acarretando grandes prejuízos para o país. Só o caso Coroa-Brastel, esclarece o jornalista, envolve quase 500 milhões de cruzeiros, quantia correspondente, mais ou menos, ao prejuízo causado pelas enchentes no Sul. E os cheques administrativos do Banco Econômico, pondera Dantas Mota, teriam custado, ao Banco Central, cerca de 361 milhões de cruzeiros naquela época, isto é, em março de 1980. Também se refere à Corretora Laureano. Esta trouxe prejuízos da ordem de 46 bilhões de cruzeiros ao Banco Nacional da Habitação, dinheiro que permitiria, de maneira folgada, a construção de 4.400 unidades habitacionais...*

Portanto o jornalista Júlio de Mesquita Neto não hiperbolizou, não chimpou uma mentira, quando emitiu este juízo:

'A mais grave crise do Brasil atual é oriunda da corrupção institucionalizada'.

D. Eugênio Salles, cardeal-arcebispo do Rio de Janeiro, corroborou a verdade contida na frase desse homem de imprensa. Sua eminência asseverou, em 8 de julho de 1983, que o Brasil se achava 'afetado por uma crise social e moral'. E fez a seguinte observação:

'Trata-se de algo singular, pois não está circunscrito ao campo econômico e financeiro, como alguns imaginam. É fundamentalmente de caráter ético. Enganam-se os que pensam ser um problema transitório ou conjuntural, pois é mais agudo e desagregador.'

A dinheirama dissipada com os escândalos financeiros, com os golpes de gângsteres de um país transformado numa Chicago sem polícia, na qual rebentou o estouro fedorento dos casos da Cremar, da Audi, do Halles, da Copeig, do Grupo Lume, da Copersucar, da Corretora Laureano, organizações que agiam sob o olhar abstrato do Banco Central e, inclusive, várias vezes, debaixo do seu respaldo, toda essa alcantilada montanha de cheques, de papel-moeda, daria sobejamente para reequipar as Forças Armadas... No início, de 1983, é outro exemplo, o Tribunal de Contas da União denunciou o Ministério da Saúde pelo motivo de ter adquirido medicamentos que podiam abastecer, durante o espaço de 300 anos, três hospitais psiquiátricos do Rio de Janeiro: o Pinel, o Pedro II e o Juliano Moreira. Um órgão colegiado, incumbido do controle da execução orçamentária, acusando um ministério do governo, pespegando-lhe o ferrete de esbanjador, como quem reprova o comportamento de um rapazinho estróina, adoidado, irresponsável! É incrível, estupefaciente! Consoante o Tribunal, o Ministério da Saúde comprou 330 mil frascos de Clorpromazina, quantidade que só é capaz de ser consumida em três séculos; 1.170 mil comprimidos do mencionado remédio, em prazo mínimo de validade; bem como uma pletora, um exagero descomunal, pantagruélico, de 2.048 litros de tintura de iodo; 6.500 frascos de Ampicilina, de 50 mg, e 13.500 frascos de 500 mg, do mesmo antibiótico... O ministro Waldir Arcoverde, da Saúde, achou isso 'uma gozação ou coisa de louco'. Admitiu, no entanto, que 'houve excesso na obtenção desses medicamentos'. Por conseguinte, segundo a lógica, o raciocínio de um espírito lúcido, essa esbórnia de gastos não foi 'uma gozação ou coisa de louco'. Chama-se em português claro, em linguagem irrefutável, malversação do dinheiro público.

Recentemente, neste ano de 1984, o juiz Luís Roberto de Almeida, da 11ª Vara Cível da capital do estado de São Paulo, julgou extinto o processo no qual os ex-acionistas da DELFIN S.A. requereram a autofalência da empresa. Para Sólon Fernandes Filho, curador fiscal de Massas Falidas, o pedido 'é uma fraude à lei'. Na decisão, o juiz Roberto de Almeida criticou o governo federal, 'atualmente com imagem tão desgastada perante a opinião dos homens sérios deste país, que assistem perplexos, e o que é pior, quase sem esperanças, à ocorrência de seguidos escândalos administrativos no plano econômico-financeiro, não passando a apuração dos mesmos de inexpressivas sindicâncias, que se perdem no grande círculo da permanente impunidade'. Depois, sem conter a sua revolta, o seu inconformismo, a sua discrepância em face da bandalheira, da canalhocracia, da improbidade, o ilibado membro do Poder Judiciário escreveu estas linhas:

'É tempo e a nação reclama de se pôr um paradeiro definitivo nesse estado de coisas'.

Outro magistrado, o almirante Júlio de Sá Bierrenbach, ministro do Supremo Tribunal Militar, expressou total apoio a uma afirmativa de Aureliano Chaves, candidato à presidência da República: o Brasil 'já está cansado de esperteza' e necessita, para sair da crise, de 'competência e sinceridade'.

Os notórios crimes contra o patrimônio público, hoje um fato rotineiro na vida do país, instigaram o empresário Antônio Ermírio de Moraes a cunhar a seguinte frase:

'Após vinte anos de Revolução, o Brasil continua sendo o paraíso dos safados'.

Em setembro de 1983, inflamado pela repulsa ao despundonor nacional, pelo nojo provocado pelas trampolinagens dos nossos 'estadistas', o deputado Mário Juruna, cidadão desguarnecido de cultura, porém dotado de uma simplicidade rude e bravia, mandou a sutileza às urtigas e desfechou este bombardeio, num discurso pronunciado na Câmara Federal:

'Não tem ministro nenhum que preste. Para mim, todo ministro é corrupto, todo ministro é ladrão, todo ministro é sem-vergonha, é mau-caráter'.

Metendo vários macacos num saco, sem querer saber se todos esses símios furtaram as bananas, o deputado do PDT do Rio de Janeiro excedeu-se, transpôs os limites do bom senso e do decoro parlamentar. Todavia, a sua explosão verbal parece comprovar a assertiva de Freud, quando o psiquiatra de Viena enxergou no inconsciente 'a verdadeira realidade psíquica". É que pela boca do cacique Juruna falou o 'inconsciente coletivo' de Jung. Num meio propício às obliqüidades, onde cam-

peia a deliqüescência moral, irrompeu dos seus grossos lábios de índio um veredicto que, em certas camadas, não é próprio de um só cidadão, mas de muitos cidadãos ao mesmo tempo.

A CONCLUSÃO

Bem, e a conclusão? A conclusão a que se chega é que a crise moral, com o seu corolário de escândalos financeiros, empobreceu o Brasil, tanto do ponto de vista ético como econômico. Os peculatos, as mordomias, as sinecuras, as 'polonetas', a corrupção generalizada, causaram rombos enormes nos cofres do Tesouro. Em última análise, as Forças Armadas também se tornaram vítimas dessa crise, dessa penúria, desse depauperamento. A falta de recursos que as vulnera intensamente, prejudicando-as na expansão, modernização e atividades, é uma conseqüência, em boa parte, do desbarato do dinheiro público, das prodigalidades insensatas do Banco Central.

Forças Armadas plenas de vigor, de eficácia, equipadas à altura da sua missão, só podem existir em países cuja economia não esteja cancerizada. Quando os ratos penetram nos cofres do Erário, e devoram a grana do povo, e guincham de prazer, e engordam com a comilança, o rega-bofe é deles e a miséria é nossa".

O Estado de S. Paulo publicou este artigo de minha autoria como se fosse uma resposta do jornal contra o panegírico do golpe de 1964, feito de modo violento por Délio Jardim de Matos, ministro da Aeronáutica. Esse militar meteu a ripa nos "traidores da revolução" e no mesmo dia em que o matutino dos Mesquitas reproduziu na primeira página, com manchetes, as palavras iradas do ministro, no mesmo dia apareceu o meu artigo... Foi como se o jornal quisesse dizer: vejam aí, senhores militares, a opinião do povo brasileiro sobre o golpe de 1964, expressa por um escritor.

Repito: nessas linhas do meu texto, publicadas em 1984, o leitor encontra o retrato de um sistema político, da ideologia de um Estado *aris-*

toplutocrático. O termo é novo, um neologismo, e foi criado por nós. *Aristo* vem do grego e quer dizer *o melhor*. Portanto a palavra *aristocracia* designa um grupo dominante, coeso, orientado por valores tradicionais, palavra que, como salienta o doutor Geoffrey K. Roberts[1] no seu *A Dictionary of Political Analysis*, serve para indicar uma elite, uma "classe alta", escolhida em virtude de hipotética superioridade de atributos. Elite que decerto é escolhida por si própria, mais ninguém... *Plutocracia* é um vocábulo derivado do grego *ploutos*, rico, e *krateia*, poder. Daí o seu significado: domínio exclusivo dos milionários ou governo exercido apenas pelos ricos. Logicamente, governo oligárquico, e, por conseguinte, um sistema político opressor, tirânico, egocêntrico, desumano.

Não compliquemos o que é simples. O *cale a boca, jornalista!*, o ódio e a fúria dos mandões contra a imprensa brasileira, desde a época do Império até os dias atuais, quase sempre assumiram o aspecto de violências do Estado aristoplutocrático. Violências algo idênticas a uma orquestração ampla do poder, do *establishment*, contra a liberdade de opinião, de crítica, da expressão do pensamento, embora certas definições exijam muita cautela, pois como salienta José Maria Coloma, membro do Instituto de Estudos Políticos para a América Latina, *esquerda* e *direita* são termos aplicados às tendências políticas de um país consoante se declarem, respectivamente, extremistas ou moderados em relação às posições existentes num determinado momento histórico. Aqui no Brasil, por exemplo, a conjuração mineira de 1789 era um movimento de esquerda que pretendeu derrubar o absolutismo português, como a agitação republicana de 1889 foi outro, porém contra a monarquia constitucional de d. Pedro II.

O leitor verá, ao longo dos capítulos deste livro, como a nossa tese possui fundamento, é irrefutável.

---

1 O doutor Geofrey é professor de ciência política da University of Technology de Longhborough, em Leicestershire, Inglaterra.

2

UM ÓDIO ANTIGO, REBENTO DO AUTORITARISMO

O ódio contra a imprensa no Brasil é um ódio antigo, secular, proveniente de espíritos sempre anacrônicos, em conflito com os avanços da democracia. Rebento do autoritarismo, do arbítrio do *establishment*, da intolerância dos mandões a serviço do poder, da estreiteza mental do cabra-macho e do rancor animalesco do fecha-bodegas desabotinado, capaz de "ter a coragem de mamar em onça".

Para ilustrar a nossa tese, evoquemos alguns episódios do pretérito.

Quebrando a rotina, opondo-se aos interesses dos colonizadores portugueses, começou a circular na Bahia, em 1821, o *Diário Constitucional*, dirigido por um grupo de brasileiros. Esta folha havia adotado, como divisa, os seguintes versos do canto V de *Os Lusíadas*:

> *"A verdade que eu canto, nua e pura*
> *Vence toda grandíloca escritura!"*

Perseguido de forma implacável, o matutino teve de suspender a sua circulação, no dia 15 de dezembro daquele ano. Ele enfrentou a ira das Cortes de Lisboa, que não desejavam uma nova junta onde os lusos ficassem em minoria. Mas os brasileiros obtiveram a vitória e o diário voltou a aparecer em maio de 1822, o ano da Independência, com o título de *O Constitucional*, pois deixara de ser matutino. Substituiu os versos de Camões por estas palavras do abade Mably, um dos precursores do socialismo e da Revolução Francesa:

"O problema mais importante na política é o de encontrar um meio de impedir que os que não participam do governo se tornem a presa dos que os governam".

Indômito, segundo escreveu um jornalista da época, *O Constitucional* era a única publicação disposta a verberar os métodos injustos, bárbaros e arbitrários da Metrópole. A fim de silenciá-lo, na ânsia de destruir os seus argumentos, surgiram outros jornais, francamente antibrasileiros: *A Sentinela Bahiense, O Semanário Cívico, O Qualificador Constitucional, O Despertador dos Verdadeiros Constitucionais...* Tombavam as ameaças em cima dos redatores do periódico e os seus lares foram muitas vezes desrespeitados. Gê Acaiaba de Montezuma, um dos proprietários de *O Constitucional*, vivia escondido, sem domicílio certo. Os militares portugueses o queriam como hóspede de um calabouço.

Aumentava a indignação dos reinóis e o brigadeiro Madeira de Melo, herói das campanhas peninsulares contra Bonaparte, sentiu-se caluniado pela folha. D. Pedro I, em Cachoeira, tinha sido aclamado "protetor e defensor perpétuo do Brasil". Por este motivo, no dia 3 de julho de 1822, o periódico condenou o envio de tropas para submeter as vilas do Recôncavo. Depois ele acentuaria, na edição de 21 de agosto:

" ... novos tiranos reassumiram então o poder, abriram as nossas artérias, esgotaram a nossa paciência e um cordão de despotismo circulou a província inteira..."

Isto enfureceu ainda mais os portugueses. À frente de um bando do soldados, o coronel Almeida Serrão, "o Ruivo", invadiu a oficina de *O Constitucional*, insultou um dos seus donos, e, após xingá-lo muito, puxou-lhe os fios da barba, dizendo que ele não se atrevesse a imprimir outra vez o tal papel, pois do contrário... Encerrado esse "primeiro ato de bravura", o militar correu até à residência de um dos diretores do jornal, mas, como o homem não estava lá, quebrou os móveis da casa, diante da família estarrecida. Veio, por fim, o seu "terceiro ato de bravura": assaltou as lojas onde os exemplares do periódico eram vendidos, rasgou-os e maltratou os pobres vendedores.

No dia 8 de novembro de 1822, na Bahia, houve o combate de Pirajá, entre as forças brasileiras do brigadeiro Pedro Labatut e as hostes do lusitano Madeira de Melo. Este sofreu grandes perdas e foi derrotado de modo fragoroso. Como salientou Nelson Werneck Sodré, "os valentes de Pirajá vingaram *O Constitucional*".

Em 5 de novembro de 1823, o boticário David Pamplona recebeu no largo da Carioca, no Rio de Janeiro, várias bengaladas do major Lapa, filho de um dos cozinheiros de d. João VI. A investida se originou da publicação de artigos no jornal *A Sentinela da Liberdade*, dos irmãos Menezes Drummond, atribuídos a Pamplona, e nos quais era criticada a incorporação e a permanência de portugueses no Exército Imperial. Os Andradas exigiram a imediata e severa punição do culpado, porém o ministro do Império objetou: o ataque resultara dos "libelos inflamatórios" da imprensa, bem como da "excessiva liberdade" que ela usufruía.

Cipriano José Barata de Almeida, apelidado "o Baratinha", ardoroso paladino da Independência, um dos participantes da revolução pernambucana de 1817, esteve preso diversas vezes, sob a acusação de injuriar o governo e de promover agitações. Como fazia isto? Segundo

Cipriano Barata

a opinião do governo, somente com os seus textos de jornalista... Ele, "o Baratinha", salienta Marco Morel, "tocava na ferida da estrutura social", ao afirmar no seu periódico:

"Há sujeitos que estão de posse de 20, 30 e 40 léguas de terra, muito injustamente possuídas, quando os demais cidadãos naturais, que têm igual direito ou ainda maior sobre os terrenos, por serem de sangue dos caboclos, não possuem uma pequena porção em que levantem sua cabana, ou cavem sepultura".

Velha história, a da injustiça agrária no Brasil, causadora do nosso êxodo rural... Daí estas linhas de Medeiros e Albuquerque no livro *Poemas sem versos*, lançado em 1924:

"É para as grandes cidades que tudo vem, é delas que tudo irradia. São os altos faróis da civilização. Pouco importa saber se na base desses faróis há lama, se as vagas às vezes arrebatam náufragos e os atiram contra os rochedos em que essas torres se elevam".

Também no ano de 1823, em 6 de junho, outro jornalista da época foi esbordoado. Chamava-se Luís Augusto May, "o Malagueta". Esta alcunha lhe veio do jornal que redigia, a *Malagueta Extraordinária*, onde publicou no segundo número um libelo contra os Andradas. A reação não demorou. Irrompeu na sua casa um bando de valentões, munidos de espadas e paus grossos. Passaram a desfechar golpes e cutiladas, em cima do "Malagueta" e dos seus amigos. Todos entraram na madeira. Um desses amigos, o vigário de São Cristóvão, a fim de escapar da sova, meteu-se debaixo de um piano... O pobre "Malagueta", com a mão esquerda partida e a cabeça golfando sangue, conseguiu fugir, abrigou-se na chácara de um vizinho, o padre Serafim dos Anjos.

Fremindo de indignação, a vítima escreveu o *Protesto feito à face do Brasil inteiro*. É um folheto de oito páginas. Na Biblioteca Nacional existe um exemplar, anexado à coleção da *Malagueta*, texto onde May esclarece:

"... entraram de repente na sala em que nos achávamos alguns homens que o tempo não permitiu contar; e declaro muito especialmente que eles levavam espadas nuas e paus grossos que eu vi, e com os quais perpetraram em minha pessoa o massacre que constou de grande primeiro golpe de espada, que foi aparado no castiçal, e na mão esquerda, e do qual resultou o aleijão e ferida aberta que ainda hoje conservo, de mais cinco golpes ou cutiladas, maiores e menores, na cabeça, que se me deram enquanto as luzes se não apagaram, além de dez ou doze contusões violentas no pescoço e corpo, de que resultou o aleijão do dedo índex da mão direita; e isto além da ruptura que me sobreveio com os esforços que eu fiz quando, na minha fugida dos assassinos, passei a vala que divide a minha chácara da do padre Serafim dos Anjos, para cuja casa eu me refugiei com o auxílio da escuridão".

O pastor R. Walsh, na obra *Notices of Brazil in 1828 and 1829*, publicada em Londres no ano de 1831, apresenta Luís Augusto May, um ex-seminarista de Coimbra e ex-capitão de artilharia, como homem talentoso, envelhecido, de corpo raquítico e longos cabelos brancos, caídos no rosto e nos ombros. Mas vejamos o registro de frei Caneca, nas *Cartas de Pítia a Damão*, sobre o espancamento do jornalista:

"... afiançado na abertura do Soberano Congresso, e de ordem de S. M. Imperial e Constitucional, torna o redator da *Malagueta* a lançar mão do arado desamparado, para no campo da ilustração pública semear o trigo das verdades e arrancar o joio das arbitrariedades... e sucedeu... que horror! cai-me a pena da mão!... quem tal esperava no tempo da liberdade, na capital do Brasil, à vista do seu perpétuo defensor, à face do supremo congresso!... Sucedeu que entrando cinco assassinos pela casa do redator, o deixaram por morto, com dois dedos cortados, três cutiladas na cabeça, e todo mais corpo passado de feridas, e maçado (sic) a pau, afogado em seu próprio sangue, e alguns da sua família e dois amigos, que com ele estavam, também espancados e feridos!"

Execução de Frei Caneca.
Quadro de Murillo de la Greca.

Salientemos: frei Joaquim do Amor Divino Rabelo e Caneca, o autor destas linhas, foi o tenaz panfletário do jornal *Typhis Pernambucano*. Destemeroso, sem nunca esmorecer, esse sacerdote participou heroicamente da revolução pernambucana de 1824 da qual nasceu a Confederação do Equador, nova forma de república, que integrava as províncias do Ceará, do Piauí, de Alagoas, da Paraíba, de Pernambuco e do Rio Grande do Norte. Após o fracasso da revolta, submetido a julgamento por uma comissão militar, é condenado à morte, e como não encontraram quem lhe quisesse aplicar a pena do garrote, o jornalista frei Caneca acabou sendo fuzilado em 13 de janeiro de 1825.

Quatro anos depois, em 26 de agosto de 1829, no Rio de Janeiro, o franzino Luís Augusto May sofreu outro atentado. Ele estava na companhia do parlamentar Cunha Matos, andando por uma rua. De repente um fulano lhe atirou várias pauladas sobre o crânio, que o deixaram em mísero estado. O facínora escapuliu. A *Aurora Fluminense*, de Evaristo da Veiga, comentou o bote do venta-furada:

"É já a segunda vez que este cidadão paga tão caro o crime de defender as liberdades públicas pela imprensa; visto que a nenhum outro motivo se pode atribuir tão horrível façanha".

José Bonifácio, na primeira vez, foi acusado de mandar desferir a pancadaria no lombo do "Malagueta". E existia base para tal crença, pois o Andrada era um homem violento. Aliás, numa carta a Vasconcelos Drummond, ele perguntou, referindo-se a certo jornalista: "Não haverá um mulatão que lhe tose o espinhaço?" Todavia, a segunda esfrega descarregada no "Malagueta" é uma consequência do seu artigo "As fitas e as divisas," aparecido em 21 de agosto de 1829 e repleto de "pérfidas alusões" ao derradeiro casamento de d. Pedro I. Eis o estopim da pólvora.

Afirma o historiador Assis Cintra, na obra *O homem da Independência*, publicada em 1921: José Bonifácio "não tolerava os jornalistas que não o endeusassem" e "amordaçou a imprensa, perseguindo os jornais independentes". Conforme elucida o mesmo autor, Bonifácio foi o responsável pelo depredamento do periódico *Sentinela da Liberdade*, tendo encerrado o seu redator na fortaleza da Laje, de onde ele saiu enfermo, a fim de morrer... Joaquim Gonçalves Ledo, "porque divergisse de José Bonifácio", viu ser empastelada a folha onde colaborava, o *Revérbero Constitucional Fluminense*. E o Andrada fez mais: lavrou o decreto da prisão de Ledo. Outro jornalista, João Soares Lisboa, por haver escrito um artigo sobre os atos de José Bonifácio, recebeu a pena de dez anos de reclusão e teve a pagar a multa de 100$000. O seu jornal, o *Correio do Rio de Janeiro*, lançado em 10 de abril de 1822, não pôde circular, ficou suspenso. Informa Vale Cabral no volume de 1881 dos *Anais da Imprensa Nacional*:

"João Soares Lisboa foi preso, mas não deportado, e na prisão continuou a escrever o *Correio do Rio de Janeiro*. Assim, em 1823, apareceu de novo o *Correio*, com a indicação de 'parte segunda', a 1º de agosto, impresso na Tipografia Torres. Saíram então 96 números, sendo o último de 24 de novembro do mesmo ano e ficando aí interrompida a publicação. Lisboa, livre das imputações que lhe foram feitas, fundou em 1824 o *Spectador Brasileiro*, e, sendo de novo perseguido por motivos políticos, foi obrigado a fugir para Pernambuco e aí aderiu à causa da revolução chamada do Equador. Segundo se diz, morreu na luta, atravessado por uma bala das forças contrárias".[2]

José Bonifácio

---

[2] No intuito de obter maior clareza, além de colocar vírgulas nesse texto, evitamos o emprego de abreviaturas de *Tipografia* (Tip.) e de *números* (ns.).

Conta o doutor Alexandre Mello Moraes, no livro *A Independência*, que José Bonifácio se cercou de capoeiras e espancadores, de cabras-machos perigosíssimos, como o português José dos Cacos e os mulatos Orelhas, Porto-Seguro, Lafuentes e Miquelino. Quando um deputado, também homem de imprensa, atreveu-se a criticar a política do Andrada, considerando-a absolutista e retrógrada, Bonifácio rugiu, à semelhança de um tigre embravecido:

"Este miserável merece, a meu ver, pau, e nada mais, por ora".

Trecho de uma carta de 6 de outubro de 1826, do acervo da Biblioteca Nacional, trecho em perfeita harmonia com as seguintes palavras de Luís Augusto May:

"O ministro Andrada e o Imperador mandaram-me esbordoar, como costumam fazer a todos que analisam a sua política. Não é assim, porém, que se sufocará a Verdade. O tempo o dirá. O Brasil nasceu para ser livre. Os brasileiros terão sua liberdade, que hoje se pretende destruir com caceteiros e assassinos. Hoje fui eu. Mas quem nos dirá que um dia a opinião pública se não levantará contra esses que hoje esbordoam jornalistas indefesos?"

* * *

Cognominado "O Censor", por causa do título de seu periódico e do seu espírito severo, João Antônio Garcia de Abranches foi outro mártir da história de nossa imprensa, naquela época. Filho de Portugal, oriundo de família nobre, estudou na Universidade de Coimbra e se bateu, no Maranhão, pela independência do Brasil. Proclamada esta, tornou-se brasileiro adotivo. Entretanto, pouco antes do grito do Ipiranga, o tenaz Abranches lançara o opúsculo *Espelho crítico-político da província do Maranhão*, que iria gerar enorme celeuma, pois o autor, além de prever a separação política do Brasil, o rompimento da colônia lusa com a Metrópole, ousou mostrar o atraso do nosso comércio e da nossa agricultura, o calvário dos escravos africanos, vítimas de uma "instituição abominável".

Após a Independência, em 1825, Abranches publica em São Luís o jornal *O Censor*, onde tenta estabelecer a concórdia entre portugueses e brasileiros. Porém as suas ideias logo se chocam com as do periódico *O Argos da Lei*, redigido por Odorico Mendes. Este intelectual pregava o extermínio dos lusitanos, a ferro e a fogo.

Destemido, incapaz de ceder, João Antônio Garcia de Abranches denunciou os planos de lorde Cochrane, de se apossar dos fundos do Tesouro da província e das mercadorias existentes na Alfândega do Maranhão. Em 25 de março de 1825, devido a isto, o jornalista foi intimado a suspender a publicação de *O Censor*. Não obedeceu. Fulo de raiva, o almirante inglês mandou encarcerá-lo no Forte da Ponta de Areia. Um mês depois, em 3 de maio, Abranches era remetido para Lisboa, a bordo do brigue Aurora. O capitão desse navio recebeu a ordem de manter o "rebelde" acorrentado, até a altura dos Açores, mas não a cumpriu, pois o prisioneiro tinha "sangue azul", emblemas de nobreza...

As medidas penais foram consideradas injustas e arbitrárias por um ministro português, e Abranches volta ao Maranhão, em fins de 1825. Reenceta a publicação do seu jornal, que passa a chamar-se *O Censor Maranhense*, continuando a lutar contra os excessos de *O Argos da Lei*. Também iria responder aos ataques de *O Farol Maranhense*, folha dirigida por José Cândido de Morais e Silva.

* * *

Um ano após o segundo atentado contra "o Malagueta" ocorreu o assassinato de Líbero Badaró. Nascido na Itália e diplomado em medicina pelas universidades de Pavia e Turim, esse jornalista fixou residência em São Paulo, onde fundou e dirigiu *O Observador Constitucional*, periódico que se converteu num fogoso defensor dos princípios liberais. Esta posição trouxe, a Badaró, numerosos desafetos.

Na noite de 20 de novembro de 1830, quando saía da casa de um amigo, o jornalista foi vítima de uma emboscada. Dois malfeitores o atacaram e um deles, o alemão Henrique Stock, deu-lhe um tiro de pistola no baixo-ventre. Os gritos de Badaró alertaram a vizinhança, enquanto os sicários se punham em fuga. Lívido, alagado de sangue, e já no seu leito de moribundo, com um suor frio a lhe rorejar na fronte, o jornalista assim respondia às palavras animadoras dos seus amigos:

– Não me iludem, eu sei que vou morrer. Não importa. Morre um liberal, mas não morre a liberdade.

Compareceu, ao seu enterro, imensa multidão, cerca de cinco mil pessoas. Oitocentas tochas foram acesas, resplenderam, como se o povo também quisesse transformar aquela cerimônia num augusto funeral da liberdade.

Irrogaram a d. Pedro I o mando do crime, mas a maioria jogou a culpa no ouvidor Cândido Ladislau Japiaçu, que acabou sendo preso e remetido para o Rio de Janeiro.

Líbero Badaró havia escrito, no ano de 1829, o artigo intitulado "Liberdade de imprensa," de onde extraímos esta passagem:

"Terrível liberdade de imprensa, que clama a uns não matarás, a outros não prenderás, não substituirás o teu interesse ao dos mais, não te servirás de autoridade pública para satisfazer as tuas vinganças, não sacrificarás o teu dever ao poder! Incapazes de resistir à evidência dos argumentos positivos sobre que se apóia a necessidade de imprensa, os amigos das trevas se vestem da capa da moral e do sossego público,

Líbero Badaró

apontam os abusos desta liberdade, a calúnia, a difamação, as provocações diárias, os achincalhes continuados, que tornam a vida um suplício. E, meu Deus!, os abusos? E do que se não abusa neste mundo? Forte raciocínio! E por que se abusa de uma qualquer coisa, já, já, suprima-se? E aonde iríamos com estas supressões? Um mau juiz abusa do seu ministério, suprima-se a magistratura: um mau sacerdote abusa da religião, suprima-se a religião; um mau marido abusa do matrimônio, suprima-se o matrimônio! Forte raciocínio! Forte raciocínio, dizemos outra vez! Suprimam-se os abusos, que será melhor.

A lei contra os abusos existe, sirvam-se dela, e se não é boa, faça-se outra, e liberdade a todos de esclarecerem os legisladores, pela imprensa livre".

* * *

Evaristo da Veiga, livreiro, deputado, jornalista dos mais combativos, dos mais atuantes do Primeiro Reinado, pois chegou a influir na renúncia de d. Pedro I e na posterior formação da Regência Trina Provisória, quase perdeu a vida num atentado, em 8 de novembro de 1832. Teve mais sorte que Líbero Badaró. O jornalista se encontrava na livraria do seu irmão, na rua de São Pedro, do Rio de Janeiro, a palestrar com o padre Cândido Martins da Costa, o comerciante Engrácio José Dias e o caixeiro Máximo de Souza. Subitamente, à queima-roupa, Evaristo foi alvejado por tiros de pistola, balázios que também atingiram o padre, o comerciante e o caixeiro. Um pedaço de chumbo, perto do olho esquerdo, furou o rosto de Evaristo, mas ele não perdeu o sangue-frio. Pediu um livro e exclamou, depois de examinar o texto:

— Bom, não estou cego, ainda posso ler.

Ato contínuo, pôs os pés na rua e berrou:

— Não me farão calar com estes argumentos!

Vejamos como o próprio Evaristo descreveu o incidente, no seu jornal *A aurora Fluminense*:

"Fomos ferido pouco abaixo do olho esquerdo e três das pessoas que aí se achavam mais ainda do que nós, recebendo o sr. Padre Cândido Martins da Costa, oficial da Secretaria da Guerra, dois quartos de bala na cabeça, o sr. Engrácio José Dias, negociante do Rio Grande, quatorze bagos de chumbo no braço, e o sr. Francisco Máximo de Souza, caixeiro daquele estabelecimento, duas feridas no peito, outras duas em uma mão e sobre o olho. Felizmente nenhum perigou, porque os tiros não profundaram, talvez em razão de ser a pistola carregada em demasia; que a raiva cega os homens e até os impede de bem dirigir os golpes do seu furor".

Evaristo enxergou intenções políticas no atentado, suspeitando de Martim Francisco, o irmão de José Bonifácio. Agarraram o causador dos tiros: o sapateiro Joaquim José. Esse indivíduo confessou ao juiz de paz que fora aliciado, com o fito de matar o jornalista, por um homem chamado Luís Pinto, o qual agiu sob as ordens do coronel Ornellas, militar de estatura elevada e morador na rua do Alecrim. Instaurado o processo, o tal Ornellas teve como advogado o ouvidor Japiaçu, o mesmo que ficou envolvido no assassinato de Líbero Badaró. Mas tudo redundou em nada, o caso mergulhou no esquecimento. E um pasquim da época, *O Martelo*, lamentou que o tiro houvesse errado o alvo:

"Deu-se um tiro no Evaristo,
No livreiro deputado,
Muito mal feito foi isto!
Foi tiro muito mal dado!"

No último número de *A Aurora Fluminense*, de 30 de dezembro de 1835, o altivo Evaristo da Veiga publicou as seguintes palavras:

"Mas se os nossos juízos, uma ou outra vez têm sido inexatos ou apaixonados, nunca (e em voz alta o dizemos), nunca tivemos a intenção de caluniar ainda os nossos mais rancorosos inimigos, ja-

Evaristo da Veiga

mais descemos a lançar mão desse meio abominável, e que nenhumas circunstâncias justificam. Nas polêmicas que contra o *Aurora Fluminense* se têm sustentado, a nossa vida privada, os nossos hábitos externos, as nossas relações mais queridas, foram diaceradas por um modo indigno e que não podia deixar de exacerbar o coração mais frio. Nunca pagamos na mesma moeda, e o recinto da casa do cidadão foi sempre para nós um santuário que não era dado violar.

E oxalá que por vezes, no cuidado da defesa própria, não tivéssemos sido arrastado a pôr de parte os negócios públicos e as grandes questões sociais, para tratarmos da apologia da nossa conduta e para retribuirmos, apontando na carreira da sua existência pública, os erros ou crimes com que se mancharam".

Se Evaristo da Veiga logrou sair vivo da chuva de balas desencadeada pelo tal sapateiro, melhor destino não obteve o foliculário Clemente José de Oliveira, redator do pasquim *O Brasil Aflito*. Esta publicação se excedia no desbragamento da linguagem e afoitou-se, certa vez, a enxovalhar a honra de senhoras da família Lima e Silva. Um rapaz dessa família, chamado Carlos Miguel, alferes do Batalhão do Imperador, decidiu fazer justiça por suas mãos. Ele caminhava pelo centro do Rio, fardado, quando viu o injuriador entrar numa botica. Isto aconteceu no dia 9 de setembro de 1833. Carlos Miguel, sem demora, perguntou-lhe se era o autor da difamação. O verrineiro respondeu que sim, soltando um riso sarcástico. Incontinenti, num relâmpago, o jovem desembainhou a espada e o matou de um só golpe.

Preso e submetido a processo, o júri o absolveu, "reconhecendo não haver matéria para acusação". Vieira Fazenda narrou este episódio nas *Antiqualhas e memórias do Rio de Janeiro*.

O caso do pasquim *O Brasil Aflito* é expressivo, pois se de um lado mostra a revolta justa de um moço, também revela um método de ação, próprio de alguns militares. Aquele soldado achava que os excessos, os desregramentos de certa imprensa, encontram o seu antídoto no crime, na violência, e não nos dispositivos do Código Penal, concernentes aos delitos contra a honra.

Prossigamos em nossa evocação, à semelhança de quem acompanha um filme repleto de insensatez, de incomplacência, de arreganhos epileptiformes de braveza.

O jornal *A República*, que publicou o famoso *Manifesto Republicano de 1870*, e onde colaboravam Aristides Lobo, Quintino

Bocaiúva e Salvador de Mendonça, foi empastelado por capoeiras, agentes de polícia, vários desmancha-sambas, em 27 de fevereiro de 1872. Era chefe do Gabinete Imperial, desde março de 1871, o visconde do Rio Branco. A folha havia ornamentado a frente do seu prédio, na rua do Ouvidor, em regozijo pela proclamação da República na Espanha, Um deputado mineiro, Martinho de Campos, declarou que se achava presente no momento do quebra-quebra e que ouviu alguém gritar, após a destruição das oficinas:

— Retirar! *A República* já morreu!

Saldanha Marinho, Lopes Trovão, Quintino Bocaiúva, Salvador de Mendonça, além de outros republicanos, achavam-se na sala da redação, quando os desordeiros iniciaram o ataque. Eles ouviram estes gritos:

— Viva a Monarquia! Abaixo a República! Viva o sábio visconde do Rio Branco! Viva o patriótico ministério de 7 de março! Viva o grande imperador Pedro II!

Inúmeras pedras foram atiradas contra a vidraça de uma das janelas e um fulano arrancou a tabuleta com o nome do jornal, borrando-a à tinta.

Em 13 de dezembro de 1881, são deportados para a Europa, como "subversivos", os cidadãos Júlio de Vasconcelos e Manuel Teodoro Pimentel, diretores do jornal *O Corsário*. A tipografia

Quintino Bocaiúva, por Bluff (Storni)

deste é empastelada no penúltimo dia do ano, por numerosos capangas da polícia, brigões que horas antes haviam agredido o tribuno Lopes Trovão, quando ele realizava um comício.

Na *Gazeta de Notícias*, em 1º de agosto de 1883, apareceu o artigo intitulado "Taubaté – o roubo do Comendador Castro – Para S. M. o Imperador ler". Esse comendador, que havia falecido, tinha seis contos de réis numa caixa, e a importância evaporou-se. O artigo, no qual não se via o nome do autor, atribuiu o sumiço do dinheiro ao conselheiro Moreira de Barros, confidente, advogado do extinto, deputado e ex-ministro.

Raivoso, em vez de solicitar um inquérito judicial, a fim de descobrir o nome do seu acusador, o conselheiro resolveu processar o jornalista Ferreira de Araújo, redator-chefe da folha, pelo "crime de abuso de imprensa". Mas o réu foi absolvido em primeira instância e Moreira de Barros apelou para a Relação, sem êxito. Entretanto, após a abertura de novo processo, Ferreira de Araújo compareceu à barra do tribunal, no dia 24 de outubro de 1884.

Sizenando Nabuco e Quintino Bocaiúva, como advogados, defenderam o jornalista. Quintino sublinhou que não estava ali por causa de Ferreira e sim "a serviço do princípio de liberdade de imprensa". Ela, a imprensa, devia ser considerada uma força e também um poder. Depois afirmou que Ferreira de Araújo possuía as qualidades de três grandes jornalistas franceses: de Armand Carrel, a coragem e a independência; de Jules Janin, a verve fácil e a extrema correção; de Émile de Girardin, o talento e a fecundidade.

Encerrados os debates, o júri absolveu o réu, de modo unânime, o que levou o auditório a aplaudir o veredicto com enorme entusiasmo, prolongadamente.

Convém acentuar: Moreira de Barros era conselheiro do Império e Ferreira de Araújo, como jornalista, propugnou pela liberdade religiosa e pela abolição do elemento servil. Assim sendo, ele não podia agradar aos monarquistas. Isto talvez explique, em boa parte, o furor do conselheiro, a sua ânsia de metê-lo na cadeia.

* * *

O linchamento de Apulco de Castro é outro episódio eloquente. *Apulco* e não *Apulcro*, como escreveu Gondin da Fonseca no livro *Biografia do jornalismo carioca*. Pois bem, Apulco, panfletário de uma audácia sem limites, destilava nas colunas de *O Corsário*, aparecido em 1880, jornal de quatro páginas e formato pequeno, todo o azedume de sua alma sombria, apaixonada. Durante meses o seu jornal exibiu este subtítulo: *Órgão de moralização social*. Nem Machado de Assis, nem Capistrano de Abreu, escaparam das investidas de Apulco, das suas dentadas de lobo carniceiro. Eis, por exemplo, uma quadrinha de *O Corsário* contra o historiador cearense:

> "*Casou uma preta da Costa*
> *Com um idiota sandeu,*
> *E saiu deste consórcio,*
> *João Capistrano de Abreu.*"

Trigo de Loureiro, desembargador e chefe de polícia, era classificado, por Apulco, como "bêbado, burro, venal, ladrão, safado, brejeiro", etc. Como é evidente, o panfletário atraiu contra a sua pessoa a tempestuosa revolta dos criticados. No dia 25 de outubro de 1883, às quatro e pouco da tarde, na rua do Lavradio, da capital do Império, a pouca distância da Repartição Central de Polícia, quando viajava num carro, ele se viu atacado por um grupo de indivíduos, portadores de barbas postiças, que o crivaram de tiros e de punhaladas. Os agressores sumiram. Teriam sido – ninguém os identificou – oficiais do 1º Regimento de Cavalaria Ligeira. Apulco entrou na agonia, logo faleceu. Fecharam o cadáver num rabecão e o enviaram para o necrotério, onde, procedida a autópsia, o laudo constatou "sete ferimentos nas costas, um tiro na boca e outro do lado, na ilharga".

O massacre de Apulco de Castro, redator de O Corsário, segundo a Revista Ilustrada de Ângelo Agostini

Instaurado o processo, quatro militares foram denunciados, sem maiores consequências: um tenente, dois alferes e um capitão. Este se chamava Antônio Moreira César, personagem descrito por Euclides da Cunha em *Os sertões*. Aliás, ao rememorar na sua obra máxima o assassinato de Apulco de Castro, o genial Euclides incidiu num erro: o crime não aconteceu em 1884 e sim no ano de 1883. O capitão Moreira César, consoante Euclides, "foi o mais afoito, o mais impiedoso, o primeiro talvez no esfaquear pelas costas a vítima". É oportuno recordar que esse soldado se tornou o responsável pelos monstruosos massacres em Santa Catarina, na época do governo de Floriano Peixoto. Ordenou a aplicação de diversos atos sanguinários, inclusive o fuzilamento do velho barão de Batovi e do seu filho, no dia 25 de abril de 1894...

* * *

Recuemos um pouco no tempo. Afonso Celso Júnior, o futuro conde Afonso Celso, foi eleito deputado geral por Minas Gerais em 1881, no pleito onde pela primeira vez se testou a eleição direta. Ele conseguiu representar a sua província em três legislaturas consecutivas, no Parlamento do Império. Pois bem, na sessão de 29 de maio de 1883, quando discursava um deputado paranaense, Afonso o aparteou, referindo-se a certa "imprensa pornográfica". Uma alusão à *Gazeta da Tarde*, folha de José do Patrocínio. O jornalista negro, a fim de repelir a injúria, escreveu uma nota enérgica, publicada nas colunas do periódico:

"Desejávamos responder ao sr. Afonso Celso Júnior na mesma toada com que se referiu à imprensa, ontem, na Câmara dos Deputados. Mas esta linguagem de Praia do Peixe, se pode ser exercida no recinto da representação nacional, não pode ter lugar na imprensa que se peja em converter-se em lavanderia de Zola. A *Gazeta da Tarde* é a amurada de onde se discutem questões sérias, de onde se agarra pela gola os traficantes de café para atirá-los à irrisão pública. E, depois, seria descer muito discutir com qualquer destes Afonsos que por aí vegetam à custa do Estado, umas consciências de Nanás, conforme já ontem classificamos".

Naná é o apelido de Anna Coupeau, personagem de Émile Zola, uma prostituta filha de um operário alcoólatra... Ainda insatisfeito, José do Patrocínio espargiu outro veneno:

"Podíamos contar a história de um estudante de São Paulo, que se arvorou em padre, para casar uma moça e introduzir a desonra no seio de uma família honesta. Mas para quê? Estes Afonsos estão abaixo do nosso desprezo, e só seremos pornográficos quando tivermos de tratar dos traidores da raça".

Afonso Celso Júnior, como dizem os portugueses, "perdeu a tramontana," isto é, não soube conter-se. Munido de uma bengala, resolveu aplicar algumas bordoadas no jornalista. Tentou encontrá-lo no dia 1º de junho, porém não obteve êxito. Na noite seguinte, um sábado, foi ao Teatro Dom Pedro II, no largo do Rocio, onde se representava a opereta *Dona Juanita*. Viu "o canalha" num camarote. Findo o segundo ato, o jornalista começou a descer uma escada, ao lado de um amigo. Quando pôs o pé no último degrau, ouviu o som de uma pancada. Era a bengala do deputado, que se quebrara contra a parede, indo atingir um desprevenido cobrador da Companhia de Gás... José do Patrocínio evocou o episódio:

"Em frente a mim estava o sr. deputado Afonso Celso Júnior, que recuava aos pulinhos, com o castão da bengala na mão. Ainda que estivesse, como de costume, desarmado, sem trazer ao menos uma bengala, quis atirar-me sobre o meu agressor. Mas, ao mesmo tempo que meu amigo Serpa Júnior e um dos dignos membros da redação do *Messager du Brésil*, mais dois ou três cavalheiros me cercaram, duas praças do corpo de polícia se aproximaram do sr. deputado Afonso Celso Júnior e o contiveram. Vendo falhar o seu plano de desfeitear-me traiçoeiramente, o representante da nação e réu de emboscada começou a pedir aos soldados que me prendessem, porque sabia que eu estava armado. Assim terminou-se a cena, que poderia ter sido desagradabilíssima, mas de que resultou somente numa dose de ridículo sobre a pessoa do ex-republicano de São Paulo".

Nesse artigo da *Gazeta da Tarde*, intitulado "A emboscada", aparecido em 4 de junho de 1883, e de cujo miolo já reproduzimos alguns trechos, Patrocínio explica as razões da agressão:

"É sabido que as classes poderosas do meu país não me toleram. Contra elas eu faço parte dessa pujante revolução pacífica, mas invencível, que dentro em quatro anos (sic) conseguiu passar do rodapé dos jornais de 40 réis para a tribuna popular e, a princípio sufocada na tribuna parlamentar, venceu todos os obstáculos e impôs-se à meditação do governo, que dela fez objeto de programa e compromisso da fala do trono: a extinção do elemento servil. Daí todas as cóleras contra mim. Demais, as minhas opiniões políticas me divorciaram de todos os partidos, e o meu caráter me afastou da maioria das sumidades políticas do país. Uma delas, o sr. Afonso Celso, tem sido continuamente profligada pela minha pena".[3]

O insigne jornalista mostrou-se perverso, diabólico, ao dizer que Afonso Celso Júnior, revestido de hábitos sacerdotais, havia celebrado em São Paulo, quando era estudante de Direito, o casamento de certa jovem, união da qual resultou "a desonra no seio de uma família honesta". Calúnia, mentira nefanda, de rabo e cabeça, ou verdade in-

Afonso Celso Júnior, por J. Carlos

---

3 José do Patrocínio se refere a Afonso Celso de Assis Figueiredo, senador do Império e futuro visconde de Ouro Preto, pai do deputado Afonso Celso Júnior.

controversa, sem agravo nem apelação? Em tal episódio um fato é indiscutível: quem atacou primeiro, e de modo insidioso, deselegante, não foi José do Patrocínio e sim o deputado Afonso Celso Júnior, membro do Partido Liberal.

Frisemos, para efeito de um contraste, que em 1901 esse agressor de Patrocínio publicou o livro *Porque me ufano do meu país*. No capítulo XXII da referida obra, ao dissertar sobre os "nobres predicados do caráter nacional", o autor enaltece as virtudes de todos os cidadãos brasileiros: afeição à ordem, à paz, e doçura, tolerância, "ausência de preconceitos de raça, cor, religião, posição..." Apenas lança uma ressalva:

"Só há exemplo de um jornalista estrangeiro expulso. Durante a guerra do Paraguai, um francês publicava no Rio de Janeiro um jornal simpático ao inimigo, caricaturando os nossos generais".

Exemplo significativo, porém aqui vai uma pergunta: e a bengalada que o deputado quis arremessar no crânio do jornalista negro? Isto constitui *afeição à ordem, à paz, e doçura, tolerância, "ausência de preconceitos de raça, cor, religião, posição"*? O leitor talvez possa expender um juízo, mas é bom salientar: Afonso Celso Júnior, em vez de querer agredir fisicamente o jornalista, por se considerar atingido em sua honra, deveria processá-lo. Sim, pois além de ser advogado, o parlamentar foi professor, no espaço de quarenta anos, da Faculdade de Direito do Rio de Janeiro, tendo influenciado toda uma geração de juristas...

A *Gazeta da Tarde*, onde Patrocínio se distinguiu, era o órgão mais prestigioso do Abolicionismo. Por este motivo, em 4 de janeiro de 1885, depois das eleições do 3º Distrito, os escravocratas resolveram empastelar o jornal carioca. Mais de cinquenta capoeiras, providos de canivetes, punhais, navalhas e revólveres, dirigiram-se à sede do periódico, na rua Uruguaiana, e lá, diante do prédio, começaram a vociferar:

– Mata! Mata! Mata!

E urrando, praguejando, os ventanias armaram o banzé-de-cuia, invadiram a tipografia, a fim de arrebentar tudo. Os empregados do jornal, na balbúrdia do perereco, tentaram resistir. Castro Cotrim, fulano topetudo, desordeiro temível, liderava a malta. Alguns navalhistas pertenciam às alcateias do Coruja e do Chico Vagabundo, dois espanta-patrulhas. Um cunhado de Patrocínio, chamado José Vilanova, sofreu uma punhalada que lhe rasgou, no lado esquerdo, o colete e a camisa, mas sem causar o menor dano físico. Advertida por um redator da folha, a polícia acudiu. Dez praças de infantaria e vinte de cavalaria, à rédea solta, correram até a rua Uruguaiana. Galope inútil, pois os batutas já haviam desaparecido... No dia seguinte, apesar dos estragos do fecha-fecha, a *Gazeta da Tarde* registrou:

"Inúmeras pessoas que estavam na nossa sala de redação, à espera do resultado das eleições, protestaram contra o ato indigno, de ser mais uma vez a imprensa livre desrespeitada pela turbamulta assalariada pelos inimigos da liberdade, que todos os meios empregam, da calúnia até o assassinato, desde o insulto até o assalto à propriedade alheia, para fazer, vingando as suas idéias escravistas, esmagar a consciência de um povo".

* * *

A mentalidade de certos políticos da época da monarquia se mostra bem concreta, visível, numa entrevista publicada em 18 de setembro de 1889, no matutino *A Província de São Paulo*. Ela foi concedida pelo conde do Pinhal a um repórter cujo pseudônimo era "Scapino".

Nascido em Piracicaba, no ano de 1827, o conde se chamava Antônio Carlos de Arruda Botelho. Modesto agricultor no começo de sua vida, ele fundou, com os irmãos e os cunhados, a cidade de São Carlos do Pinhal, a noroeste da Pauliceia, mas logo iria tornar-se, em nosso país, um dos mais ricos proprietários de terras, um estardalhante filho do sol e um empantufado neto da lua... Teve muitas fazendas: Lobo, Santana, Palmital, Carlota, Maria Luísa, Santa Sofia, São Carlos, São Joaquim, Santo Antônio e Salto do Jaú. Construiu a Estrada de Ferro do Rio Claro, que depois alienaria a capitais ingleses. Precursor dos atuais e poderosos diretores de redes bancárias, o conde do Pinhal abriu o Banco de Piracicaba, o Banco de São Paulo, o Banco União de São Carlos. Um dos seus empreendimentos, a Companhia Agrícola de Ribeirão Preto, era formado de cinco fazendas, onde existiam cerca de dois milhões de pés de café. Durante vários anos, como membro do Partido Liberal, esse dinheirudo nobre do Império ocupou a sua cadeira de deputado. Botelho candidatou-se novamente em 1889, para a 21ª legislatura da Assembleia paulista, e o repórter de *A Província de São Paulo*, no início da conversa, lhe fez a seguinte pergunta, de modo brusco:

— Já toda a gente conhece o resultado do primeiro escrutínio no distrito pelo qual vossa excelência se apresentou. Qual será o resultado do segundo?

Homem prático, o conde apreciava os "rasgos de ousadia", tinha "sangue de *yankee* nas veias", disse o jornalista, e por esta razão ele gostou da pergunta. Deu uma resposta firme:

— No segundo? Conto vencer, ou melhor, é certa, é infalível, a minha vitória. O Prudente está derrotado.

Referia-se a Prudente de Morais, do Partido Republicano, que era candidato a deputado pelo 8º distrito, havendo obtido a vitória no primeiro escrutínio. Em vista de tal coisa, os liberais e os conservadores se coligaram, para derrotar no segundo escrutínio o filho de Itu. Alcançariam o objetivo, pois ele iria perder a eleição por uma diferença de oitenta votos. Obstinado, após ouvir as palavras do conde, o repórter acentuou:

— Mas muita gente afirma o contrário e há para isto os seus motivos, porque já no primeiro escrutínio não foi pequena a maioria do candidato republicano...

O conde admitiu as "simpatias" em torno de Prudente. Batendo na mesma tecla, declarou que ele, o indomável banqueiro, seria o vitorioso. Como repórter atilado, "Scapino" quis colocar os pontos nos *ii*:

— É com que elementos conta vossa excelência? Conta com a votação dos conservadores?

A réplica foi imediata:

— Conto, sim senhor. Com que havia eu de contar, senão com isto?

Depois o entrevistado asseverou: ele não moveu e nem demitiu nenhum funcionário público. Assim sendo, alimentava a esperança de receber o voto dessa gente. Mais uma vez, todavia, o jornalista mexeu em casa de marimbondos:

— E o Prado?

Mencionara o nome do prestigioso conselheiro Antônio da Silva Prado, membro do Partido Conservador e ex-ministro da Agricultura.

— Que tem o Prado? — indagou o conde.

— O Prado, é notório — respondeu o jornalista — vai trabalhar pelo Prudente.

Feroz como uma jaguatirica esfaimada, Botelho começou a urrar:

— Ora bolas! Sumam-se com o Prado. O Prado! O Prado! Sempre esta maldita história do Prado. Prado pra aqui, Prado pra acolá! Eu não me importo com o Prado. Hei de vencer!

A irritação do conde, escreveu o repórter, "ia num crescendo assustador". Para estabelecer um clima de paz, "Scapino" perguntou ao candidato se ele tinha ambições políticas. Ouviu uma resposta dura, incisiva:

— Tenho ambições, sim senhor. Não escondo as que tenho. Olhe: morro por ir ao Senado e, quando me vir entrar numa chapa, pode logo dizer a quem quiser: está ali, está senador...

Cauteloso, o repórter prosseguiu, à semelhança de quem acaricia os bíceps de um brutamontes neurastênico:

— Faz vossa excelência muito bem. Um político do valor de vossa excelência não pode representar o ridículo papel de *cunha*.

Este substantivo, *cunha*, peça destinada a preencher um espaço vazio, entre as duas partes de algo sólido, comprimindo-as, o repórter o empregou em sentido figurado, mas isto impeliu o conde para o abismo do ódio cego e inexorável. Botelho ficou "rubro como um pimentão maduro," e com ar olímpico, após recuar dois passos, despediu o jornalista, dizendo que "a rua é a sala dos malcriados". Sua excelência, em estado de fúria, bradava a plenos pulmões:

— É polícia secreta do Prudente e, ainda por cima, caçoou comigo! E eu não lhe pus os ossos num feixe! Cunha! Cunha! Vá pro diabo o Cunha!

Por causa desta entrevista, *A Província de São Paulo*, "o jornal de maior tiragem e de maior circulação no sul do Império", foi processado pelo conde do Pinhal. Ação inútil, pois com o advento da República o processo caducou, extinguiu-se.

Indaguemos agora se o conde, quando procedeu dessa maneira, estava sofrendo de arteriosclerose cerebral. Se não estava, era um fulano de maus instintos, um desses mandões sempre acostumados a emitir zurros e a soltar coices diante dos nossos jornalistas. Aliás, convém salientar que o conde do Pinhal chegou a ser delegado de polícia em São Carlos. Reelegeu-se deputado no ano de 1889, voltando à Assembleia Provincial de São Paulo, mas largou a política, depois da queda do regime monárquico. Devido, no entanto, aos rogos insistentes dos seus amigos, retornou às lutas partidárias como senador, membro da Assembleia Constituinte do Estado de São Paulo, instalada no dia 8 de junho de 1891.

* * *

Esta fúria contra a imprensa, na maior parte das vezes, era uma reação das forças conservadoras. Consequência do ódio que certos jornalistas desencadeavam, por causa da defesa dos seus princípios.

Ideias novas assemelhavam-se a desafios, a afrontas lançadas à face das ideias velhas, as primeiras capazes de irritar e inquietar os detentores do poder. Não é difícil reunir provas, em tal sentido. O caso do empastelamento do periódico *A República*, em 27 de fevereiro de 1872, episódio descrito por nós, é bem expressivo. Por que esse jornal foi depredado? Apenas porque ele agia como um arauto das ideias de vanguarda e publicou, em 3 de dezembro de 1870, o celebérrimo *Manifesto Republicano*, uma crítica severa dirigida à forma monárquica de governo, à administração do Império, ao sistema social e político da época:

"Neste país, que se presume constitucional, e onde só deveriam ter ação poderes delegados, responsáveis, acontece, por efeito do sistema, que só há um poder ativo, onímodo, onipotente, perpétuo, superior à lei e à opinião, e esse é justamente o poder sagrado, inviolável e irresponsável.

O privilégio, em todas as suas relações com a sociedade – tal é, em síntese, a fórmula social e política do nosso país – privilégio de religião, privilégio de raça, privilégio de sabedoria, privilégio de posição, isto é, todas as distinções arbitrárias e odiosas que criam no seio da sociedade civil e política a monstruosa superioridade de um sobre todos ou a de alguns sobre muitos".

Conforme declarou o *Manifesto*, a esse "desequilíbrio de forças", a essa "pressão atrofiadora", o Brasil devia a sua "decadência moral", a sua desorganização administrativa" e as "perturbações econômicas". Tudo isto ameaçava o futuro do país, depois de haver arruinado o seu presente. E o documento condenou a política do Império, para a qual as "conquistas morais do progresso e da liberdade" eram uma coisa nociva, política que via uma "usurpação criminosa" em cada vitória dos princípios democráticos. Aliás, o texto é incisivo, sempre enérgico:

"Não há nem pode haver representação nacional onde não há eleição livre, onde a vontade do cidadão e sua liberdade individual estão dependentes dos agentes imediatos do poder que dispõe da força pública.

Militarizada a nação. arregimentada ela no funcionalismo dependente, na guarda nacional pela ação do recrutamento ou pela ação da polícia, é ilusória a soberania, que só pode revelar-se sob a condição de ir sempre de acordo com a vontade do poder".

Mais adiante encontramos esta denúncia fria, objetiva, e ao mesmo tempo eloquente:

"A liberdade de consciência nulificada por uma Igreja privilegiada; a liberdade econômica suprimida por uma legislação restritiva; a liberdade da imprensa subordinada à jurisdição de funcionários do governo; a liberdade de associação dependente do beneplácito do poder; a liberdade do ensino suprimida pela inspeção arbitrária do governo e pelo monopólio oficial; a liberdade individual sujeita à prisão preventiva, ao recrutamento, à disciplina da guarda nacional, privada da própria garantia do *habeas-corpus* pela limitação estabelecida, tais são praticamente as condições reais do atual sistema de governo".

Para que esse governo fosse representativo, argumentou o *Manifesto*, todos os poderes deviam obter o apoio da nação, sem ninguém aceitar "um direito contra outro direito", segundo a expressão de Bossuet. Quanto à soberania nacional, ela só iria adquirir legitimidade, ser reconhecida e praticada, num país cujo parlamento, "eleito pela participação de todos os cidadãos", exercesse "a suprema direção", pronunciando "a última palavra nos públicos negócios". E no epílogo mais algumas assertivas enfáticas, categóricas:

"Perante a Europa passamos por ser uma democracia monárquica que não inspira simpatia nem provoca adesão. Perante a América passamos por ser uma democracia monarquizada, aonde o instinto e a força do povo não podem preponderar ante o arbítrio e a onipotência do soberano.

Em tais condições pode o Brasil considerar-se um país isolado, não só no seio da América, mas no seio do mundo.

O nosso esforço dirige-se a suprimir este estado de coisas, pondo-nos em contato fraternal com todos os povos, e em solidariedade democrática com o continente de que fazemos parte".

Este documento foi assinado – o que é bem significativo – por oito jornalistas: Quintino Bocaiúva, Flávio Farnese, João de Almeida, Otaviano Hudson, Salvador de Mendonça, Joaquim Garcia Pires de Almeida, Francisco Rangel Pestana e Pedro Antônio Ferreira Viana. Longe de se mostrar vazio e incaracterístico, acentuou o professor Reynaldo Carneiro Pessoa, o *Manifesto Republicano de 1870* é um texto "em cujo conteúdo pode ser encontrada uma cautelosa mensagem revolucionária". Breviário das ideias novas, dos princípios da ainda modesta liberal-democracia, princípios defendidos pelos seguidores de Quintino Bocaiúva, ele nos faz compreender o ódio e a fúria dos mandões do Império contra o jornal *A República*, naquele atentado do dia 27 de fevereiro de 1872.

3

A SANHA CONTRA A IMPRENSA, APÓS A QUEDA DO IMPÉRIO

Proclamada a República em 1889, nem assim diminuiu, no "regime das liberdades civis", a sanha contra a imprensa.

Eduardo Prado, redator-chefe de *A Tribuna*, jornal nascido em 1º de julho de 1890, criticou, num dos seus artigos, o discurso com o qual Rui Barbosa teceu encômios ao marechal Deodoro, no dia da assinatura do projeto de Constituição. Rui havia comparado Deodoro com George Washington, porém Eduardo Prado, monarquista intransigente, não aceitou a imagem, julgou-a um exagero, um despropósito. Para o jornalista, Washington era "o homem da lei" e Deodoro "o homem do arbítrio". E não ficou apenas nisto. Atreveu-se a dizer que o Clube Militar, presidido pelo marechal, não teria sido autorizado a funcionar em nenhum país culto.

O artigo suscitou imprecações chamejantes, paroxismos de indignação. Pálido de furor, com o sobrolho carregado, Deodoro deu ordem a Sampaio Ferraz, o chefe de Polícia, para efetuar a prisão do jornalista e proibir a saída de *A Tribuna*. Medida tão discricionária, oriunda de um ímpeto de raiva, alarmou Ferraz, que expôs o fato a Campos Sales. Este, apressado, penetrou no Palácio Itamarati e lá encontrou o marechal, "excessivamente irritado e firmemente resolvido a fazer executar a ordem dada ao chefe de Polícia". Campos

Sales tentou dissuadi-lo, argumentou, ponderou. Depois de ouvir as palavras do ministro da Justiça, o presidente respondeu:

— Alguns batalhões do Exército estão dispostos a desafrontar-me e projetam um assalto à *Tribuna*.

O ministro indagou:

— Mas vossa excelência consentirá nisso?

Deodoro retorquiu, sem pestanejar:

— Eu já disse que se eles o fizerem, estarei dormindo para não ver nada.

Ao cabo de certo tempo, no entanto, o ministro conseguiu demover o marechal, logrou convencê-lo a enviar uma contraordem a Sampaio Ferraz. O chefe do governo também assegurou "que procuraria evitar qualquer ato de violência contra *a Tribuna*". Campos Sales evoca este episódio no capítulo II do seu livro *Da propaganda à presidência*, lançado em São Paulo no ano de 1908 e impresso em Lisboa.

De nada valeu a afirmativa de Deodoro. No dia 29 de novembro de 1890, um numeroso grupo armado de bambambás, uns com fardas e outros à paisana, apoderou-se da redação de *A Tribuna*. Então começou o estrupício, a cambada dos esfola-caras fez tudo voar pelos ares, esbandalhou a torto e a direito, num frenesi de possessos. À frente dos hunos, comandando a depredação, achavam-se dois oficiais superiores: o coronel Silva Piragibe e o tenente-coronel Osório de Paiva. Muitos,

Marechal Deodoro da Fonseca, num desenho de Miranda Júnior

sob o fragor do bate-bate, ou da roda-de-pau, como diz o povo, ficaram bem feridos, ensanguentados. Uma dessas vítimas veio a falecer por causa das bordoadas: o pobre revisor João Ferreira Romariz, pai de cinco filhos menores.

Todavia, após a cena ignominiosa, própria de uma terra de bugres e cavalos xucros, o marechal Deodoro hipotecou solidariedade aos seus companheiros de farda, autores da ação vandálica, apesar de ouvir o protesto de todo o Ministério, inclinado a demitir-se.

Antônio de Medeiros, redator de *A Tribuna*, assim descreveu a investida contra o seu jornal:

"Divididos os assaltantes em três magotes, um deles invadiu o pavimento térreo e destruiu tudo quanto encontrou em sua passagem, espancando empregados, quebrando móveis e apoderando-se do dinheiro que estava sobre o balcão.

Os outros grupos dirigiram-se ao 1º andar e praticaram todas as violências, espancando redatores, revisores, conferentes, contínuos, e até pessoas que estavam a negócios, ou de visita.

A destruição foi completa, não escapando um móvel, uma arandela de gás, um tinteiro, e estendendo-se o saque aos relógios e ao dinheiro que tinham os empregados nas algibeiras.

A polícia, avisada incontinenti por alguns confrades, chegou cerca de 40 minutos depois, e os srs. Campos Sales e Agostinho Vidal viram a depredação de que fora alvo *A Tribuna*, e o sangue que se coalhava nas salas do estabelecimento..."

Um general italiano, chamado Franzini, por se achar na sede do periódico, recebeu uma navalhada. Ele levara um artigo de sua autoria. Depois, subindo a rua do Ouvidor, muito ferido, todo machucado, o italiano exclamou para o redator do *Diário de Notícias*:

— Veja o que me fez o governo do seu país!

Jornalista da parte comercial de várias folhas, o conhecido senhor Caldeira ficou aleijado de uma das mãos, em consequência do arranca-toco.

A *Revista Ilustrada* de Ângelo Agostini, embora republicana, verberou o ato bestial:

"... somos pela liberdade de opinião. A imprensa que representa a opinião coletiva deve ser livre, não só para a sua dignidade, como para a boa marcha dos negócios públicos. Queremo-la, porque assim é preciso, porque assim é necessário. O ataque à *Tribuna* causou-nos enojamento. Foi um ato de barbaria nada admirável na Cafraria. Jamais pensamos que na capital federal houvesse um grupo de homens tão miseráveis, ao ponto de desbaratarem um jornal, jamais nos passou pela idéia que este fato tão mesquinho, tão repugnante, tivesse lugar sob o regime de *todas* as liberdades concedidas pela lei..."

Como o leitor pôde observar, na época do Império a sanha era contra a imprensa republicana, e no início da República a ferocidade se manifestava contra a imprensa monárquica. Tudo de acordo com os nossos superiores padrões de povo civilizado...

* * *

No ano de 1890, ano do atentado à *Tribuna*, o proprietário do *Orbe*, de Maceió, recebeu uma intimação do governador de Alagoas. Ele exigiu a assinatura do dono do jornal num escrito, para que se responsabilizasse por todos os textos impressos, sob pena de imediata supressão. Contudo, no dia seguinte, o delegado de polícia invadiu as oficinas do *Orbe* e desmantelou a sua tipografia.

Em Belém, capital do Pará, nessa época foram arrombadas as portas da tipografia do *Diário do Grão Pará*. Todas as caixas da folha, e também os tipos, sofreram empastelamento. Isto ocorreu em 28 de março de 1890. Ainda no referido ano, em 3 de dezembro, por motivos políticos, as autoridades de Belém efetuaram a prisão de Joaquim Lúcio, redator do *Diário de Notícias*, que se viu forçado a embarcar para o Rio de Janeiro no vapor Juno. No mesmo dia e no mesmo local, o redator da *Província* era espancado publicamente.

A história oficial, nos livros didáticos, não menciona tais episódios. Consulte o leitor a *História das Alagoas*, de Craveiro Costa, e a *História do Pará*, de Theodoro Braga, e em ambas não encontrará qualquer linha sobre essas arbitrariedades. Depois do advento da República, o primeiro governador de Alagoas, nomeado pelo governo, foi Tibúrcio Valeriano de Araújo, "varão acatadíssimo", logo substituído por Pedro Paulino da Fonseca, irmão do marechal Deodoro, "homem íntegro e de boa fé", mas "que se deixou envolver pela onda dos bajuladores de todos os matizes". E no Pará, após o dia 15 de novembro de 1889, assumiu o poder uma junta provisória, composta de um civil e de dois militares. O triunvirato durou apenas quatro semanas, pois no outro mês o comando do Executivo coube ao advogado Justo Leite Chermont.

Proclamada a República, vários soldados ocuparam as oficinas de *O Século*, jornal de Macaé, operação executada com eficiente aparato bélico...

Informou o *Estado da Bahia*, em 14 de março de 1891, que a tipografia do *Guarany*, periódico de Cachoeira, corria o risco de ser invadida pela força pública. A folha tivera a insolência de noticiar alguns espancamentos perpetrados por militares.

Cena típica da vida brasileira: a casa do doutor Arlindo Fragoso, no dia 6 de abril, foi arrombada a golpes de machado, devido ao fato de ser o seu dono um redator do *Commercial*, periódico da oposição. Essa violência aconteceu em Santo Amaro, cidade baiana do litoral do Recôncavo.

Oficiais de cavalaria, como impetuosa carga de lanceiros da Índia contra hindus indefesos, empastelaram nessa época a tipografia do *Baptistense*, jornal de Quaraí, urbe gaúcha que confina com a cidade uruguaia de Artigas. Travou-se um entrevero, e naquele momento "ficou ferida uma pobre senhora, parente do redator principal".

No estado da Paraíba, em Campina Grande, o doutor Irineu Joffily, diretor da, *Gazeta do Sertão*, incorreu nas iras de um chefe político, pois o seu jornal era oposicionista. Em 6 de maio, na calada da noite, a força pública invadiu e ocupou a tipografia do periódico. Apesar disso, Irineu conseguiu distribuir diversos números, impressos de um só lado, mas no outro lado, escrita à mão, havia a seguinte frase:

"Ia imprimir-se esta página, quando foi assaltada e tomada a nossa tipografia por soldados de polícia".

O arbítrio se executou a título de penhora, por uma dívida imaginária. Anos mais tarde, no livro *Notas sobre a Paraíba*, cuja introdução é de Capistrano de Abreu, o doutor Joffily pôs em relevo:

"Há no estado da Paraíba seis oficinas tipográficas, onde se imprimiam outros tantos jornais até o fim do regime monárquico, mas o governo que tomou conta da província depois da revolução e nela se tem conservado até agora, 'acabou com a imprensa', existindo hoje somente um jornal oficial".[4]

Vejamos outros atos de arbítrio contra a imprensa, nos primeiros tempos da República.

Sob o pretexto de celebrar a queda da Bastilha, o chefe-de-polícia de Aracaju proibiu a circulação da *Folha de Sergipe*, no dia 14 de julho de 1891. Colocou soldados nas imediações da sede do periódico. Numa data máxima da vitória da liberdade contra a tirania, e a tal ponto que os franceses a escolheram para comemorar a sua festa nacional, o espanta-gatos de Aracaju agiu de modo prepotente, como aqueles sátrapas da antiga Pérsia quando ordenavam os degolamentos, o relampejar dos alfanjes.

Deodoro da Fonseca, em virtude das divergências entre o Executivo e o Legislativo, dissolveu o Congresso no dia 3 de novembro do mesmo ano, violando a Constituição. Niterói e o Distrito Federal, de maneira simultânea, foram declarados em estado de sítio, esse "cancro do regime republicano", consoante a frase de Rui Barbosa.

---

4   JOFFILY, Irineu. *Notas sobre a Paraíba*. Rio de Janeiro, 1892, p. 170.
    Esta obra apresenta um retrato do autor e foi publicada no *Jornal do Brasil*, antes de aparecer em livro.

Um delegado de polícia do Rio de Janeiro, o senhor Carijó, imediatamente começou a percorrer as redações dos jornais, "intimando-os a não atacarem nem censurarem os atos do governo". Se não cumprissem a ordem, os redatores seriam presos e submetidos ao julgamento de uma comissão especial.

Carijó é o nome do galo ou da galinha de penas salpicadas de branco e preto. Indaguemos, portanto, a fim de amenizar o assunto, se este delegado era um galo de briga cheio de cocoricós, de clarinadas marciais, bicho de poleiro capaz de desafiar o mundo inteiro...

* * *

O governo de Floriano Peixoto, iniciado em 23 de novembro de 1891, não embainhou a espada, ao enfrentar as folhas da oposição. Estoico, taciturno, de fisionomia rude e enigmáticos olhos pardos, olhos de jaguar sonolento, Floriano foi deportando vários jornalistas para remotos pontos do território nacional.

Luís Murat, Olavo Bilac e Guimarães Passos, nas colunas do jornal *O Combate*, opuseram-se à pesada manopla do "Marechal de Ferro". Resultado: Bilac se homiziou em Minas, pois o alagoano não estendeu o estado de sítio à terra dos inconfidentes, e Murat e Guimarães Passos refugiaram-se na Argentina, onde ficaram internados, durante semanas, na ilha de Martim Garcia.

Além desses, outros jornalistas trataram de resguardar a pele. José do Patrocínio curtiu o seu desterro em Sepetiba, Pardal Mallet em Vassouras. Mas foram presos, ou deportados como conspiradores, o doutor Demerval da Fonseca, redator da *Gazeta de Notícias*; o doutor Francisco Antônio de Almeida, ex-diretor do *Diário Oficial*; o repórter Baldomero Carqueja Fuentes, do *Jornal do Commercio*; os senhores Muniz Varela, Oscar Rosas e Bandeira Júnior, todos do periódico *Novidades*, fundado em 1887 por Alcindo Guanabara e que teve a colaboração de muitas das melhores penas da época.

Rui Barbosa. Caricatura de Luiz.

Na praia de Sepetiba um pobre homem apareceu "legalmente assassinado", porque o "único crime" desse fulano "consistia em sua semelhança fisionômica com o sr. José do Patrocínio, a quem raivosamente procuravam por toda parte"...

Insurgiram-se contra Floriano, erguendo o pavilhão de guerra, os oficiais de vários navios da esquadra, surtos na baía do Rio de Janeiro. Liderava o movimento o contra-almirante Custódio José de Melo, ex-ministro da Marinha, um dos bravos da campanha do Paraguai.

Rui Barbosa, diretor do *Jornal do Brasil*, e José Carlos Rodrigues, proprietário do *Jornal do Commercio*, perante a falta de segurança, de garantias constitucionais, fugiram do país. Rui exilou-se na Inglaterra. Eis como o monarquista Carlos de Laet descreveu a situação da imprensa, nesta fase delicada:

"Nem mesmo se lhe deixou a liberdade do noticiário sem comentos. Era considerada sediciosa a notícia de qualquer desastre das forças do governo. Intimado por um delegado de polícia para submeter-se a tal regime, o *Jornal do Commercio* declarou que de então por diante se absteria de ocupar-se com as operações militares que se estavam a realizar na baía do Rio de Janeiro e em suas cercanias. Nada mais razoável, desde que lhe não deixavam dizer as coisas como eram: mas bastou para que de sanhuda perseguição começasse a ser objeto o seu proprietário e chefe, doutor José Carlos

Rodrigues, que só não foi preso graças ao asilo que se lhe deparou no humanitário lar de nobre estrangeiro".[5]

O governo de Floriano, acrescenta Carlos de Laet, quis se apoderar do *Jornal do Commercio*, utilizando-se, em tal sentido, do Banco da República, a cuja testa se achava o jornalista Rangel Pestana, credor do periódico. Entretanto, um empréstimo público, "rapidamente coberto, e talvez também certa rivalidade entre próceres republicanos, cada um dos quais porfiava em dirigir a opinião sob o liberalíssimo regime do Marechal de Ferro, puseram óbices a essa indigna tentativa".

Desde a época em que Joaquim Nabuco se tornou o seu redator-chefe, o *Jornal do Brasil* teve de enfrentar a hostilidade dos republicanos. Várias vezes, devido às críticas ao novo regime, ele correu o risco de ser empastelado. E por haver feito um número especial sobre a morte de d. Pedro II, a sua redação foi invadida pelos florianistas, na noite de 16 de dezembro de 1891. Arrebentaram completamente as oficinas, emitindo estes gritos:

– Mata! Mata! Mata Nabuco! Mata Nabuco!

No ano de 1893, o referido diário publica a petição de *habeas-corpus* em favor do almirante Eduardo Wandenkolk, enviada por Rui Barbosa ao Supremo Tribunal Federal. Irritado com isto, Floriano Peixoto quer afastar o baiano do periódico. Rui se mantém firme, mas logo é obrigado a sair do país, como já informamos.

O sucessor de Deodoro ordenou a ocupação militar do matutino, pois este, violando as ordens presidenciais, não suspendera o noticiário sobre a revolta da Armada. Em represália, o inabalável Floriano, à semelhança de um ditador da América hispânica, fechou o *Jornal do Brasil*, proibiu a sua circulação por um ano e quarenta e cinco dias...

---

5 Trecho de Laet na obra *A década republicana*, uma avaliação crítica dos monarquistas sobre os dez primeiros anos do regime surgido em 1889.

A imprensa continuou a ser vítima de furores selvagens, do ódio vingativo. Tipografias de órgãos tradicionais, como a de *A Federação* e a do *Correio Paulistano*, "foram destruídas por turbulentos assalariados". E também a do *Nacional*, no Maranhão, cujo gerente, devido a uma surra, ficou gravemente machucado.

Sempre a mesma história: em 1892, na Paraíba, a polícia assalta a sede do *Paraybano*, encurrala os tipógrafos e redatores com baionetas e os joga na rua; em 1893 é empastelada a tipografia do *Mercantil*, jornal "neutro" de Porto Alegre; em 1894, "grupos tumultuários" arrasam a *Folha de Sergipe*; em 1895, sob o governo de Prudente de Morais, o *Jornal da Bahia* sofreu um atentado, ocasião em que diversos empregados caíram feridos e o doutor Manuel Freire recebeu duas punhaladas.

* * *

Escolhido por Floriano Peixoto, o doutor Barbosa Lima se tornou governador de Pernambuco, assumindo o cargo no dia 20 de abril de 1892. Depois da posse do governador, o deputado José Mariano apresentou na Câmara Federal, diante dos seus colegas estupefatos, um caso singularíssimo. Barbosa Lima, irritado com um artigo do jornalista Arocha, exigiu a presença deste no palácio do governo. Então, sem delonga, obrigou-o a engolir, metamorfoseados em pílulas, os pedaços da folha onde o artigo fora impresso...

Dirigiu o estado do Amazonas, no período de 2 de novembro de 1890 a 5 de maio de 1891, o senhor Eduardo Gonçalves Ribeiro. Certo jornalista desse tempo, por haver escrito "frases sediciosas", viu-se arrastado a um lugar secreto. E ali o trancaram na companhia de um anormal... O barão de Ladário abordou no Senado esse assunto escabroso, e também o visconde de Ouro Preto fez a mesma coisa, durante uma sessão do Supremo Tribunal Federal, referindo-se a "castigos abjetos" dos quais "não cogitara a imaginação pervertida dos déspotas romanos".

Existiam no Rio de Janeiro, em princípios de 1897, duas folhas que defendiam o antigo regime: o jornal *Liberdade* e a nossa já conhecida *Gazeta da Tarde*. Ambas resolutas, inflexíveis na pugna em prol dos seus ideais. Fundada no ano de 1880, *A Gazeta da Tarde*, órgão de Ferreira de Menezes, foi adquirida por um grupo onde se destacava o coronel Gentil de Castro.

A campanha de Canudos, da Troia de taipa dos jagunços místicos, acirrou o ódio dos republicanos contra os monarquistas. Os agitadores propalavam que Antônio Conselheiro, o chefe religioso do levante sertanejo, era um elemento a serviço da restauração do Império. E o coronel Gentil de Castro, segundo os boateiros, havia mandado para os rebeldes muita grana, oficiais bem apetrechados, poderosa artilharia e enorme quantidade de bombas.

Barbosa Lima, por Bluff (Storni)

Criado o clima de fanatismo, de malquerença, as redações e as tipografias dos jornais monárquicos foram saqueadas e arrasadas, em 7 de março de 1897. Os maludos arrebataram os livros, os papéis e as coleções da *Liberdade* e da *Gazeta da Tarde*. Proferindo insultos, frases de baixo calão, ergueram com esse material, no largo de São Francisco, uma grande fogueira, que Rui Barbosa qualificou como o mais ignóbil auto-de-fé da intolerância partidária. A "Águia de Haia" aludiu a tal episódio no dia 24 de maio do mesmo ano, durante a primeira conferência sobre o Partido Republicano Conservador, pronunciada no Politeama Baiano.

Em 8 de março, logo após a *britzkrieg* contra as duas folhas, ocorreu o impune assassinato, numa emboscada, do coronel Gentil de Castro, que na estação de São Francisco Xavier, onde ia embarcar para Petrópolis, recebeu no peito as cutiladas de vários punhais e os tiros trovejantes de dezenas de garruchas. Ao evocar o episódio, Carlos de Laet mostrou as consequências do crime:

"O assassinato de Gentil, prolongando e reforçando a mazorca de véspera, levou o terror a todos os ângulos da cidade. O presidente estava como que sitiado no seu palácio e (contou-o ele a um amigo) dando ordens a que ninguém atendia. Em sua fraqueza não achava outra solução mais do que se lamentar, temendo por novos atentados.

Já não havia na lei seguro refúgio para os ameaçados... O redator do *Apóstolo*, padre Scaligero Maravalho, que com seu advogado, o sr. doutor João Marques, se apresentou à polícia pedindo garantias, não só não as obteve, como também na perseguição envolveu o seu patrono, a quem desde ali acompanharam com sinistra vigilância".

* * *

A investida contra os jornais monarquistas era um ato de fraqueza dos mandões da República, embora isto se nos afigure um paradoxo. Fraqueza porque revelava um temor infundado: o Império dera o seu corpo exaurido às minhocas, transformara-se num cadáver.

Pelo fato de ser eclética, original sob diversos aspectos, a sociedade brasileira admitia o pluripartidarismo, e na imprensa, no Congresso, o debate livre, o conflito de ideias. Muitas vezes, no entanto, os republicanos se esqueciam de que não há democracia sem diálogo, sem argumentos, sem polêmicas. E quando depredavam os jornais monarquistas, eles desmentiam os seus próprios princípios, caíam numa contradição, pois no *Manifesto do Congresso Republicano Federal de 1887* – texto assinado por Saldanha Marinho, Quintino Bocaiúva,

Campos Sales, Rangel Pestana e outros próceres – reconheceram, como direitos inerentes ao meio social, "a liberdade da palavra falada, a liberdade da palavra escrita, a liberdade da consciência".

A Constituição promulgada em 24 de fevereiro de 1891, cujo modelo foi a Carta Magna norte-americana de 1787, extinguia os velhos privilégios do tempo de d. Pedro II, atendendo às inspirações do liberalismo político e econômico. Garantiu, tanto aos brasileiros como aos estrangeiros residentes no país, a inviolabilidade dos direitos concernentes à liberdade, à propriedade e à segurança individual. O Estado tornou-se laico, todos os indivíduos e "confissões religiosas" podiam exercer pública e livremente o seu culto. Mais uma coisa nova, no texto dessa lei suprema, era a introdução do *habeas-corpus*, para impedir o abuso do poder, as prisões arbitrárias, a violência ou a coação ilegais. Também assegurava, no parágrafo 12 do artigo 72:

"Em qualquer assunto é livre a manifestação do pensamento pela imprensa, ou pela tribuna, sem dependência de censura, respondendo cada um pelos abusos que cometer nos casos e pela forma que a lei determinar".

No entanto, como o leitor viu, as redações e as tipografias dos periódicos monárquicos foram arrebentadas, em 7 de março de 1897... E quando Deodoro dissolveu o Congresso, um delegado de polícia, o nosso já conhecido Carijó, impôs a censura prévia a todas as folhas do Rio de Janeiro. Contemporâneo desses episódios nada edificativos, o jornalista Dunshee de Abranches afirmou num discurso, proferido em 13 de maio de 1910:

"Destruir prelos, derrubar mesa de tipos, quebrar compositores, espatifar móveis e bobinas, arrastar tudo para a rua e aí fazer de tudo uma rubra e vingativa fogueira, quer escapem ou não à sanha dos assaltantes, redatores indefesos ou tipógrafos inofensivos – tal é o processo sumário e a justiça política das castas que se julgam privilegiadas no país, herdeiros dos últimos anos do Império e com que se têm continuado a desacreditar a República desde o seu alvorecer".

* * *

Vindo do Rio de Janeiro, onde prestara serviço militar, o jornalista sergipano Rozendo de Souza Brito visitou Araraquara, na década de 1890. Nesta rica cidade do interior de São Paulo, elevada à categoria de município no ano de 1832, ele tomou conhecimento das atrocidades cometidas contra imigrantes alemães e italianos, que como escravos eram surrados pelos feitores das fazendas. Impressionado com essa barbaridade, Rozendo decidiu instalar-se em Araraquara e denunciá-la nos jornais O Binóculo e O Raio.

Os seus artigos, despojados de eufemismos, passaram a ser muito lidos. Ele condenava os abusos, os atos de corrupção e as arbitrariedades dos coronéis. Logo alguns desses artigos foram publicados nos jornais do Rio de Janeiro. Também apareceram na imprensa da capital paulista, obtendo até repercussão internacional.

As torturas infligidas aos imigrantes italianos, descritas por Rozendo, fizeram o governo da pátria de Garibaldi enviar um protesto a Campos Sales, presidente de São Paulo. Este queria chegar à presidência da República e era amigo dos coronéis de Araraquara. Tudo indica: talvez os aconselhou a usar a diplomacia, para silenciar o jornalista.

Primeiro os coronéis tentaram converter Rozendo num aliado, propondo-lhe a concessão de benefícios, de regalias, em troca do encerramento das denúncias. Mas o sergipano repeliu todas essas ofertas. Cada uma lhe inspirava novo artigo.

Enraivecidos, os coronéis o acusaram de ser um imoral, um oportunista, um bêbado que todos os dias ia à farmácia para comprar remédios contra a embriaguez. Até inventaram que existia, neste sentido, o testemunho de um farmacêutico.

No fim de janeiro de 1897, o jornalista se encontrou numa farmácia, sem querer, com o seu principal desafeto, o poderoso coronel Carvalho, chefe da política araraquarense. Munido de bengala em cuja ponta havia uma lâmina, o fazendeiro agrediu Rozendo.

Ambos se atracaram, mas um tiro, disparado não se sabe até hoje por quem, matou Carvalho.

Levado para a delegacia, Rozendo ficou preso com o seu tio Manuel de Souza Brito, detido sob a acusação de ser seu cúmplice no assassinato do coronel.

Os fazendeiros de Araraquara decretaram a morte dos dois. Um boato correu, forjado por eles: a população da cidade, revoltada, pretendia linchar o jornalista e o seu tio.

Na madrugada do dia 6 de janeiro de 1897, aos gritos de "mata-morra", homens encapuzados invadiram a Cadeia Pública de Araraquara. Cheios de desespero, tentando escapar dos tiros, Rozendo e Manuel se esconderam no fundo da cela, porém logo caíram, debaixo da saraivada de balas.

Depois os capangas dos fazendeiros arrastaram os cadáveres até a Praça da Matriz e ali os mutilaram, com o objetivo de dar a impressão de ter sido um linchamento.

Entretanto, desde a véspera do crime, os assassinos avisaram ao povo para não sair de casa, na noite seguinte, e nem se aproximar das janelas. Após os dois homicídios, ousaram proibir, além de qualquer comentário, a leitura dos artigos de Rozendo.

Sob a pressão dos fazendeiros, o julgamento ocorreu na cidadezinha de Américo Brasiliense. Ninguém foi punido. Chegaram à conclusão de que Rozendo e o seu tio premeditaram o assassinato do coronel Carvalho. Portanto, tornou-se impossível impedir o "linchamento", a "revolta popular".

Cem anos após o crime, o jornalista José Carlos Magdalena o evocou no seu excelente livro *Um século de silêncio*, lançado em 1997 pela Editora Senac. A obra é o fruto de vinte e nove anos de pesquisa.

Rozendo de Souza Brito: símbolo eloquente do jornalista que não silencia, que não se acovarda e que não se verga diante das violências injustificáveis.

4

DUELOS, TIROS, IMPRENSA PROLETÁRIA, PRESIDENTES CONTRA JORNALISTAS

O ressentimento dos mandões contra a nossa imprensa, tão comum depois do golpe de 1964, está caracterizado num episódio ocorrido em 1906.

Naquele ano, quando o Brasil era governado por Rodrigues Alves, o general Pinheiro Machado sentiu-se ofendido em sua honra, devido às críticas do *Correio da Manhã*, o indômito jornal de Edmundo Bittencourt. À vista disso, Pinheiro, que exercia o mandato de senador, desafiou o jornalista para um duelo, Foram estabelecidas, com a assinatura das testemunhas, as seguintes condições:

1ª) O duelo será a pistola.
2ª) A distância que deve mediar entre os dois contendores, será de dez passos.
3ª) Os dois adversários, cada um em seu respectivo lugar, se postarão de costas voltadas e, à voz de comando, voltar-se-ão um para o outro imediatamente, não sendo permitida a visada demorada da pontaria.
4ª) As duas pistolas serão iguais em tamanho e calibre, sendo distribuídas à sorte entre os dois contendores.

Em 23 de maio de 1906, às oito e meia da manhã, na praia do Leblon do Rio de Janeiro, diante das testemunhas, realizou-se o encontro entre o general e o jornalista. A voz de comando ecoou: *um, dois, três!* Pronunciado o *três*, os dois se defrontaram, acionando os gatilhos. Mas a pistola de Edmundo rangeu e emperrou. Ao notar o imprevisto, Pinheiro virou o cano de sua arma para o alto e fez um disparo. Logo depois quis saber:

Pinheiro Machado, por J. Carlos

– E agora, como agir?
O jornalista respondeu, com olhar calmo e voz firme:
– Sendo vossa excelência um senador da República e um político de prestígio, e eu um jornalista político, o resultado obtido não satisfaz.

Concluíram o acordo sobre a nova troca de balázios. O tiro de Edmundo Bittencourt, contudo, na segunda vez, errou o alvo, perdeu-se no espaço, enquanto o de Pinheiro Machado atingiu o jornalista na fossa ilíaca externa, sem lhe roubar a vida.

Informa Cid Pinheiro Cabral, biógrafo do senador gaúcho: tudo aconteceu sob o mais rigoroso sigilo. A imprensa, o público, as autoridades policiais, e até mesmo os amigos dos dois adversários, só vieram a saber do acontecimento quando "nas areias do Leblon apenas restavam dele algumas gotas vermelhas do sangue de uma ferida que, assim como era curável, sem gravidade, bem poderia ter sido mortal".

Edmundo Bittencourt

No dia 30, uma semana após o duelo, é esmagada a greve dos ferroviários da Companhia Paulista de Estradas de Ferro. Um batalhão da Força Pública, enviado a Jundiaí, dissolve à bala o comício desses ferroviários, violência da qual resulta a morte de várias pessoas. As sedes do *Avanti!* e de *La Battaglia*, periódicos desassombrados, são invadidas por agentes de polícia. Eles apreendem as edições de ambos. *Avanti!*, fundado em 1900, tenaz defensor dos direitos dos proletários, era conduzido por Vicente Vacirca e Alceste de Ambrys, e *La Battaglia*, jornal lançado no ano seguinte, numa época em que a questão operária interessava mais à ordem pública que à ordem social – problema abordado com chanfalhos, pata de cavalo e tiros de revólver – *La Battaglia* tinha à sua frente, como diretores, Oresti Ristori e Gigi Damiani, heroicos militantes da causa anarquista, infatigáveis paladinos das ideias libertárias.

Depois de ardorosa campanha em prol dos colonos das fazendas de café, submetidos a maus tratos pelos grandes proprietários rurais, Vicente Vacirca foi expulso do Brasil. Isto ocorreu em julho de 1908. O advogado Germano Hasslocher, futuro diretor do semanário ABC, requereu *habeas-corpus* em favor do jornalista, mas sem resultado.

Gigi Damiani escrevia para diversos periódicos, como *A Plebe, O Despertar* e *Guerra Sociale*. Acusado de haver participado de um levante em São Paulo, teve o mesmo destino de Vicente Vacirca: acabou sendo expulso do país, no ano de 1919. Voltando à Itália, denunciou pelos jornais *Il Libertario* e *Guerra di Classe* a condição miserável dos operários na pátria do presidente Wenceslau Brás. Reuniu esses textos no livro *I paesi nei quali non si deve emigrare – La questione sociale nel Brasil*, dedicado a Evaristo de Morais e Nereu Rangel Pestana, "homens honestos e resolutos".

***

Jornalista atuante, colaborador do *Estado de Sergipe, Diário de Pernambuco, Jornal do Commercio, Correio Paulistano* e de outros órgãos,

Gilberto Amado condenou as obras de dois mandões da república das letras, num artigo publicado no diário *O País*, em 23 de setembro de 1913. Esses mandões – e podemos classificá-los desse modo porque eram muito severos, autoritários – chamavam-se Elói Pontes e Lindolfo Collor, autores, respectivamente, dos livros *A luta anônima* e *Elogios e símbolos*. A crítica de Gilberto, áspera, inexorável, não se valeu de circunlóquios:

Gilberto Amado. Caricatura de Alvarus

"Recebi por mãos deles, e com as mais penhoradas dedicatórias, os seus livros. Mas ao lê-los foi tal a minha impressão ante a volumosa nulidade literária, tão prestigiosamente impingida ao público ingênuo, que a minha serenidade e o meu bom gosto se revoltaram. É demais! De resto é um crime acoroçoar a vaidade desses rapazes a um trabalho inútil como a literatura, quando o país, em plena agitação do progresso, exige atividades propícias nas profissões remuneradoras"...

Crítica desapiedada, sem qualquer dúvida, porém justa em relação à poesia de Lindolfo Collor. Analise o leitor, por exemplo, este soneto do empertigado gaúcho de São Leopoldo:

> *"Enclausuro-me agora, a Sete-Chaves,*
> *no meu ermo Castelo-Ideal-do-Sonho:*
> *e, do mirante, vejo as muitas naves*
> *das ilusões em que meus olhos ponho...*
>
> *E deixo todo livre e sem entraves*
> *o pensamento no país inconho*

da Fantasia, onde gorjeiam aves,
sob a cúpula azul de um céu risonho.

Horas sem termo, cismo... E, sonolento,
presto Culto à Saudade, e o Pensamento
na Fantasia mais e mais mergulho...

Passam horas sem termo... E esqueço a Vida,
o Coração quebrado, a Alma perdida,
só com os meus nervos e com meu Orgulho".

Versos de um rimador, de um soneticida, de um assassino do soneto. Quase total carência de gosto, de senso crítico. Horrível o tal "país inconho" para combinar com "céu risonho". E o último verso também é um desastre:

"só com os meus versos e com meu Orgulho".

Reminiscência grotesca, infeliz, do epílogo do soneto "Avatara", de Olavo Bilac:

"Mas o simum do orgulho enfunava o meu peito:
E eu galopava, livre, e voava, satisfeito
Da força de ser só, da glória de ser triste!"

Sim, péssima, execrável, a poesia de Lindolfo Collor, se é que podemos lhe dar o nome de poesia. Ele, um rapaz alto, robusto, descendente de alemães, sempre de monóculo como um marechal prussiano, ficou fulo de raiva, pôs-se de tromba. No outro dia, logo em seguida ao aparecimento da crítica, o soneticida ataca Gilberto Amado a bengaladas, quando o sergipano atravessava a rua do Ouvidor, de braço com o jornalista João do Rio. Ligeiro, Gilberto saca o seu revólver e dispara: *pummmm!*

Aterrorizadas, pessoas se escafederam em todas as direções...

Imenso escândalo, a agressão repercutiu intensamente, logo se converteu no assunto predileto de todas as rodas da capital federal. João Ribeiro, num artigo, usou a expressão "intolerância porreteira", e Lindolfo Collor, no vespertino *A Noite*, publicou uma descrição do episódio:

"Eu, na rua, conversava com os srs. Rodrigues Barbosa e Roberto, Gomes que são, por conseguinte, testemunhas oculares do fato. O cronista do *País* ia só. E foi absolutamente só que eu me acerquei dele. E sem articular uma só palavra, fiz de frente e sem auxílio de bengala, o que julguei do meu dever... O sr. Elói Pontes só chegou ao local do crime quando alguns populares já haviam posto termo ao tumulto e quando o cronista estava em vias de disparar pela segunda vez o seu revólver".

Bem, aí está a fúria de um poetastro contra o articulista de um diário. Perder a compostura por causa de uma crítica de jornal, como se deduz, não constitui o privilégio exclusivo de certos cabras-topetudos, mas é também o labéu de alguns intelectuais dogmáticos, pedantes, metidos a besta. Aliás, frisa Renato Lemos, o abespinhável Lindolfo Collor, no início da sua vida política, tornou-se defensor intransigente de noções como as de "ordem", "disciplina partidária" e "submissão incondicional ao chefe".

* * *

Contemplemos agora outro fato: no dia 14 de abril de 1914, dia da greve geral no Pará, no momento em que os trabalhadores pediam melhores salários e o horário de oito horas, a polícia interveio como um raio, à valentona, distribuindo sopapos e espadeiradas. O periódico *O Imparcial*, amigo dos operários, foi empastelado pela própria polícia, sob as ordens do doutor Enéias Martins, presidente do estado. A informação é de Everardo Dias, na obra *História das lutas sociais no Brasil*. Entretanto, a fim de obter isenção, por amor à equidade, convém apresentar as seguintes palavras de Theodoro Braga sobre o referido Enéias Martins, palavras extraídas do capítulo XVI da sua *História do Pará*:

Lindolfo Collor. Caricatura de J. Carlos

"Tolerante, tendo conseguido harmonizar ou atenuar a irritação ainda existente entre os chefes políticos em evidência, não demorou que essa harmonia não satisfizesse completamente aos ideais de uma facção; o que é certo é que não pôde assistir ao fim de seu governo, porque outra desordem, manchada de sangue, obrigou-o a deixar o governo".

Um fato e duas versões. Qual é a verdadeira?

Rui Barbosa, no tempo da presidência de Hermes da Fonseca, impetrou *habeas-corpus* perante o Supremo Tribunal Federal, a fim de que os vendedores, compositores, redatores, impressores e diretores do semanário *Careta* e dos jornais *Época*, *A Noite*, *O Imparcial* e *Correio da Manhã*, em suma, de todos os diários e de todas as revistas do Rio de Janeiro, escudados nessa garantia constitucional, pudessem livremente imprimir e pôr em circulação tais publicações, "não obstante o estado de sítio decretado e mantido pelo governo".

Conforme a tese de Rui, a Carta Magna não havia concedido ao estado de sítio, quando o Poder Executivo o decretasse, o direito de eliminar a liberdade de imprensa:

"Se lhe tivesse dado, seria, no ponto de vista democrático, no ponto de vista republicano, no ponto de vista do governo da nação pela nação, uma Constituição indigna, porque teria dado ao poder, com o direito de suprimir a publicidade, o de suprimir, moralmente, a nação".[6]

O processo, sob o número 3.539, foi julgado pelo Supremo no dia 9 de maio de 1914. Exerceu a função de relator, nesse pedido judicial, o ministro Pedro Lessa, um dos luminares do Direito brasileiro, cujos votos e pareceres se tornaram memoráveis. Após as dissertações dos ministros, a mais alta corte de justiça firmou este princípio: a livre manifestação do pensamento pela imprensa é uma das garantias constitucionais que se suspendem em virtude do estado de sítio.

Nessa mesma data – 9 de maio de 1914 – ao pronunciar um discurso na Câmara Federal, o deputado Pedro Moacyr informou:

"A *Época* pretendia dar anteontem, a seco, o retrato do senador Rui Barbosa. Eis aqui as únicas palavras pospostas à estampagem do retrato: *o eminente senador Rui Barbosa*. A polícia, por um delegado, compareceu à redação e proibiu a publicação do retrato".

Pedro Moacyr disse que embora não houvesse uma notícia, uma só linha de comentário, o delegado não mudou a atitude. E depois de grandes discussões entre o policial e a redação, chegou-se a "pitoresco acordo". Aquele retrato poderia ser publicado com frases desprovidas de caráter político, com um texto assim, por exemplo:

---

6 Costa, Edgard. *Os grandes julgamentos do Supremo Tribunal Federal*. Rio de Janeiro, Editora Civilização Brasileira, 1964, volume 1, p. 204-205.

o eminente senador Rui Barbosa, cujo aniversário hoje passa. Seria uma informação falsa, entretanto, pois Rui fazia anos no dia 5 de novembro...

Risos ecoaram, alegres, irreprimíveis. Exibindo o jornal *A Rua*, o orador frisou: este pretendeu publicar uma caricatura que mostrava um guarda civil de braços cruzados, diante de certo fulano ébrio, sentado no chão, erguendo uma bandeirola onde se lia a palavra *Rum*, nome da bebida tão apreciada pelos piratas. Mas o censor, outro delegado, pôs embaixo da caricatura duas palavras: "não sai". Os redatores, diante desse fato, quiseram saber o motivo da proibição. A autoridade explicou: o desenho era susceptível de ser interpretado "como alusão maligna a um dos altos secretários de Estado do marechal Hermes".

No dia 30 de junho de 1914, num discurso também proferido na Câmara Federal, o eloquente Pedro Moacyr investe, mais uma vez, contra o governo do sobrinho de Deodoro:

"Nunca se viu, senhor presidente, em país civilizado algum do mundo, decretar estado de sítio e prorrogá-lo por mais de um semestre, na vigência completa da paz pública, unicamente porque o chefe do Estado tem medo das críticas, ou melhor, das caricaturas e das sátiras da imprensa diária".

Hermes da Fonseca queria terminar o seu governo, no dia 15 de novembro do referido

O marechal Hermes da Fonseca na capa da revista *Careta*, por J. Carlos

ano, acentuou Pedro Moacyr, "com a boca da imprensa amordaçada pelos seus esbirros policiais, graças à medida excepcional do estado de sítio, arrancada à timidez ou criminosa condescendência do atual Congresso Nacional". E o deputado gaúcho, um dos mais notáveis tribunos da República Velha, forneceu o seguinte informe:

"Trago, senhor presidente, ao conhecimento da Câmara, uma pequena lista, seguramente imperfeita e deficiente, que organizei, dos nomes dos jornalistas que têm sido vítimas do ódio do senhor marechal Hermes da Fonseca, não como suspeitos de qualquer colaboração, direta ou indiretamente, em movimentos conspiratórios, mas unicamente pelo seu crime intrínseco, pela sua qualidade própria de jornalista *(sic)*. Ser jornalista, especialmente jornalista de oposição no governo do marechal Hermes, constitui o mais nefando dos crimes".

O primeiro nome do elenco de Pedro Moacyr é o do redator-chefe do *Correio da Manhã*, o doutor Edmundo Bittencourt, "conservado preso durante muito tempo, apesar de baleado em um braço e de necessitar de delicados e constantes socorros clínicos..." Depois surge Vicente Piragibe, redator-chefe de *A Época*:

"Este ilustre jornalista recebeu há tempos um aviso generoso, dado até por um funcionário da Polícia, de que devia raspar-se desta capital, sob pena de fazer companhia ao senhor Macedo Soares, durante algum tempo, nas prisões do Estado. Desapareceu desta cidade, continua foragido, e não pode vir, sequer, assistir às modestas festas que, naturalmente, são sempre celebradas por ocasião dos aniversários dos jornais. *A Época* amanhã completa mais um aniversário e vai completá-lo sem estar presente o seu redator-chefe, porque assim o determinou a roda do marechal".

Não é menos expressivo o terceiro caso, evocado pelo orador:

"Luís Miranda, pertencente ao corpo de redação de *O País*. Este jornalista até apanhou. Intercederam por ele várias pessoas amigas do governo e, afinal, o incidente foi pouco mais ou menos bem liquidado e o senhor Luís Miranda não sofreu novas agressões morais e materiais. Mas foi obrigado a calar-se discretamente, porque, senão, ser-lhe-ia aplicada nova dose".

E Pedro Moacyr – ele próprio era da imprensa, escreveu para diversos jornais cariocas – vai citando outros nomes: Tomé Reis e Leônidas de Rezende, aquele auxiliar da redação de *O Imparcial* e este secretário da mesma folha, ambos presos e finalmente postos em liberdade, após "muitas complicações e explicações com as autoridades da Polícia"; o doutor Artur Pinto da Rocha, colaborador efetivo de *O Século*, do Rio de Janeiro; Manuel Bernardino, de *A Época*, que ficou preso trinta e seis dias; Amaro do Amaral, da revista *Figuras e Figurões*, logo desaparecida, pois estava, "como vespa importuna, incomodando a epiderme delicada do marechal e sua gente"; Roberto Macedo Soares, irmão ou parente próximo do diretor de *O Imparcial*, castigado por causa da "sua independência jornalística, pelo crime de oposição…" Pinto da Rocha, o primeiro desse magote de jornalistas, havia mofado largo tempo nos xilindrós da polícia do marechal:

" … até que foi posto em liberdade, sem saber, como os outros, por que motivos fora preso, por que motivos fora conservado em custódia durante tantas semanas. Não lhe fizeram um interrogatório, não chamaram quaisquer testemunhas para depor sobre esta ou aquela culpabilidade, direta ou remota, que ele pudesse ter tido nas famosas conspirações que precederam a decretação do sítio".

Muitos jornalistas não se deixaram jamais prender, salientou Pedro Moacyr, porém se viram na contingência de abandonar os seus lares, os seus trabalhos, pois corriam o risco, em qualquer momento, de serem trancafiados pela polícia do marechal Hermes. Eis os nomes de quatro desses fugitivos: Dormund Martins, redator de uma folha carioca; Eustachio Alves, de *O País*; João Melo, do *Jornal do Commercio*; e Osório Duque Estrada, autor da letra do Hino Nacional Brasileiro, premiada em 1912 pelo Congresso Nacional.

Dois jornalistas se asilaram na Legação da Argentina, o doutor Maurício de Medeiros, de *A Noite*, e Irineu Marinho, ex-repórter da *Gazeta de Notícias*. Contudo, sem o menor respeito pela missão diplomática estrangeira, a polícia do marechal ousou nela penetrar, a fim de deter os asilados. Se não fosse "a grande energia, mesmo física", do secretário da Legação, que repeliu os policiais, estes teriam arrancado os dois de lá.

Logo após o decreto do estado de sítio, o governo tratou de impedir a circulação de a *Careta* e de *O Malho*, ambos semanários de caricaturas, e dos jornais *A Noite*, A *Época*, *O Imparcial*, *A Última Hora*, *Correio da Manhã*. Tanto o diretor da *Careta*, o poeta Leal de Souza, como o senhor J. Schmidt, proprietário da revista, foram metidos na gaiola, pois o presidente da República "implicava solenemente" com os desenhos e os gracejos da publicação, repletos de fino espírito, conforme asseverou Pedro Moacyr:

" ... sua excelência chega a dar, aos seus ministros e às suas autoridades de polícia, as mais revoltantes e criminosas ordens, sobre as quais não posso fazer uma crítica mais direta, nem mesmo revelações de certa natureza, porque seria indiscreto e violaria princípios elementares de educação. Posso, entretanto, senhor presidente, garantir a vossa excelência e à Câmara que, não raro, durante o estado de sítio, irritado contra os jornalistas que manda prender, o marechal Hermes da Fonseca tem determinado que se pratiquem, contra a pessoa desses jornalistas, atentados repugnantes, que hoje não são mais tolerados em nenhum país civilizado".

Tais atentados, segundo parece, eram de natureza sexual, como aquele sofrido por um jornalista, quando Eduardo Gonçalves Ribeiro exercia o cargo de presidente do Amazonas. Já narramos este fato no capítulo 3.

O governo Hermes proibiu a entrada, na cidade do Rio de Janeiro, de jornais de outros lugares. Montou um "rigoroso cordão sanitário" em torno de *A Gazeta, A Capital, O Pirralho, O Estado de S. Paulo*.

Certa vez o marechal compareceu à inauguração de um cinema, o Cine Palais. Mas, por haver chegado tarde, não encontrou cadeiras especiais para ele e sua família. Sentou-se numa poltrona comum, porque "ninguém, absolutamente ninguém, quis ter a delicadeza de se levantar e oferecer a sua cadeira ao marechal Hermes, presidente da República". Todos permaneceram nos seus assentos. Hermes "entrou e saiu no meio do silêncio absoluto da assistência". Um jornalista, Garcia Margiocco, correspondente de *A Capital*, folha de São Paulo, descreveu esse fato, o que bastou para ele ser preso, transportado à Casa de Detenção, ficando incomunicável, sem comer durante dois ou três dias... Não contente em enfiar os jornalistas nos xadrezes, nas enxovias, sublinhou Pedro Moacyr no seu discurso, o governo do marechal Hermes negava-lhes até o pão e a água, negava-lhes a alimentação.

À maneira de quem extravasa profunda revolta, o orador declarou:

"Em nome de toda a imprensa do meu país – porque toda a imprensa deve ser solidária – por honra dos princípios republicanos, por amor das garantias que a Constituição consagra para todos os cidadãos brasileiros, protesto contra a arbitrária, iníqua e indecente prisão do jornalista Garcia Margiocco, sacrificado não somente na sua liberdade, mas até na sua saúde, na sua integridade física, pelos ódios dessa ditadura arlequinesca, que aí vai prolongando tristemente a sua agonia, no meio da impaciência incalculável de todo o povo brasileiro, a contar os dias, as horas, os minutos, que se escoam no fim desse malfadado governo".

Depois de lavrar, mais uma vez, o seu protesto contra o "miserável, criminoso e imoral estado de sítio", o deputado gaúcho encaminhou à mesa da Câmara o seguinte requerimento, para ser lido, apoiado e posto em discussão:

"Requeremos que, por intermédio do Ministério da Justiça, sejam prestadas urgentes informações sobre os motivos, data, lugar e espécie de prisão a que se acha submetido o jornalista José Garcia Margiocco.
Sala das sessões, 30 de junho de 1914.
PEDRO MOACYR – MAURÍCIO DE LACERDA".

* * *

Germano Hasslocher, além de ser um brilhante causídico dessa época, destacava-se como jornalista, tendo colaborado em *A Tribuna*, de Alcindo Guanabara. Publicou no semanário ABC, certa ocasião, uma verrina contra o escritor Antônio Torres. E por quê? Segundo ele, Torres havia entrado de mão beijada para a carreira diplomática, graças à proteção especial do governo. O ensaísta de *As razões da Inconfidência* não digeriu a crítica, e pelas colunas do *Correio da Manhã* desceu o cacete no semanário, no seu diretor e nos redatores. Hasslocher respondeu, e de modo contundente. Isto provocou outra investida de Antônio Torres, desta vez numa página da *Gazeta de Notícias*. Ambos, sem demora, chegaram à seguinte conclusão: iriam resolver o caso, a pendência, num duelo à espada.

Certo dia, na primeira quinzena do fevereiro de 1919, à meia-noite, os dois foram a um lugar deserto do Rio de Janeiro, junto às faldas do morro da Viúva, no começo da praia de Botafogo. Em tal sítio, acolitados pelos padrinhos, empunharam as armas. Antônio Torres, às pressas, frequentara algumas aulas de es-

Antônio Torres.
Caricatura de Romano

grima, de um professor que dava lições no edifício do *Jornal do Brasil*, e o seu adversário fez o mesmo, também recebeu os conselhos desse mestre. Ficou estabelecido: o duelo terminaria ao primeiro sinal de sangue... Cruzaram as espadas, os metais entrechocaram-se, retiniram. *Blim, blim, blam, blim, blim, blam!* De repente, zás!, a lâmina da espada de Hasslocher bateu levemente na região frontal de Antônio Torres.

O embate cessou, aplicaram logo um curativo no escritor. Após essa providência, e mais outra numa farmácia da rua do Catete, ele foi com os seus padrinhos tomar uma champanhada no Clube dos Políticos.[7]

Na história da nossa imprensa, tão rica de cenas iguais a esta, cenas nada edificantes, os mandões sempre puderam apelar para a força bruta, para a lei da mordaça, do tiro, da faca, da espada, do tabefe, da porradaria. Vítimas costumeiras: os jornalistas da classe operária, como Vicente Vacirca e Gigi Damiani. Por quê? Porque mostravam os absurdos de uma sociedade cruel, egoísta, safada, injusta, e o revide lhes era negado. Aqui vão dois exemplos, bem expressivos.

Em 28 de outubro de 1919, um magote de agentes de polícia assaltou a oficina e a redação de *A Plebe*, na capital de São Paulo. Arrebentaram quase tudo e depois atearam fogo no prédio. Fundado por Edgard Leuenroth, esse jornal combatia os plutocratas, os exploradores do povo. No seu primeiro número, lançado em 9 de junho de 1917, pregou a "revolução social" e exibiu, embaixo do cabeçalho, a caricatura de um milionário obeso, de cartola e mamando um charuto, com enorme crachá na pança, repimpado em sacos cheios de dinheiro, sacos que esborracham alguns desgraçados... Diante do sórdido capitalista, a arraia-miúda esbraveja.

---

7 Cruls, Gastão, *Antônio Torres e seus amigos*. São Paulo, Companhia Editora Nacional, 1950, p.68.

Apareceu em Recife, nos fins de 1919, o diário *Hora Social*, órgão da Federação das Classes Trabalhadoras de Pernambuco. Porta-voz dos sindicatos, dirigido por operários e intelectuais socialistas, logo deixou de sair, pois a polícia fez cargas de fuzil contra as suas oficinas, escorraçou os gráficos, e após isto destruiu as caixas de tipos, quebrou à marreta os maquinismos, reduzindo tudo a um montão de escombros...

* * *

Natural da Espanha, o jornalista Everardo Dias vem para o Brasil em 1887, aos quatro anos de idade. Aqui adere à Maçonaria, converte-se num líder anticlerical e se torna chefe da revisão de *O Estado de S. Paulo*. Como era assíduo colaborador de *A Plebe*, logo o acusam de premeditar a queda do governo paulista. A fim de provar esta afirmativa, a polícia reúne uma dúzia de seus artigos publicados no referido jornal, e depois manda prendê-lo, fato que ocorre em 27 de outubro de 1919. No livro *Memórias de um exilado*, aparecido em 1920, ele explicou:

"Hoje, em São Paulo, o jornalista independente e desassombrado encontra como Calvário ou o cacete do secreta, ou a masmorra de Vila Matias, de onde sai escanifrado e sem ânimo para prosseguir no exercício da profissão que tais compensações lhe dá... *Anda, cachorro, volta a falar mal do governo!*"

Após ser conduzido ao posto policial da rua Sete de Abril, na capital paulista, onde o interrogam e lhe tiram a fotografia, as impressões digitais, Everardo Dias é forçado a entrar num automóvel. O veículo para na Polícia Central, ali recolhe "dois baderneiros", sobe a colina do Ipiranga e o leva até Santos, ao tenebroso xilindró dos arrabaldes dessa cidade litorânea, o de Vila Matias, lugar de cenas dantescas. Um dos presos, cujo nome é Albano, ficou com as costas em carne viva, espotejadas, por causa de duas surras de chicote. Sedento, proibido de se alimentar, cruciado pela febre, bebeu água da latrina… Outra vítima da "Santa Inquisição de Vila Matias", o operário João José Rodriguez, depois de participar de uma greve, perdeu a liberdade. E como a sua sogra, pessoa idosa, havia protestado contra esse ato de arbítrio, ela também foi presa.

Numa carta enviada a um amigo, no mês seguinte, Everardo descreveu o seu pesadelo:

"Não és capaz de imaginar o que sofri em Santos. Lá, logo que cheguei, fui mandado despir, e nu completamente, metido em uma solitária com meus dois companheiros. A solitária é um compartimento pequeno, acanhado, infecto e úmido, patinava-se sobre o excremento seco e a urina – uma coisa repugnante, horrorosa. Assim ficamos todo o dia de terça-feira, toda a noite, até quarta-feira às quatro e meia, quando fui retirado da cela para ir a um pátio, onde me esperavam oito ou dez soldados de carabina, em posição de sentido. Assim nu, fui espancado barbaramente, recebendo vinte e cinco chibatadas nas costas.

Imagina: depois de três dias e duas noites sem comer, sem beber, nu, com um frio horrível em Santos, pois choveu sempre, ardendo em febre, a boca pastosa, sem poder gritar, sem poder falar, apanhei como um vagabundo ou um ladrão!…"

Everardo, no seu livro de memórias, conta que recebeu a surra no meio de um círculo, formado pelos soldados. E ouviu estas meigas palavras:

– Sabe para que tirou a roupa? Foi para apanhar…

Quem disse isto esticou uma enorme e grossa correia, de quatro dedos mais ou menos de largura, e após dobrá-la e alisá-la, teve a gentileza de informar:

– São só vinte e cinco…

O jornalista aguardou "o ignóbil flagício". Conforme ele depois escreveu, nunca se sentiu tão indigno de si mesmo como nessa ocasião, jamais se julgara capaz de se submeter "docilmente, passivamente, a tamanha baixeza, a tão extrema ignomínia!…" No entanto – justificou-se – por se achar abatido, "prostrado pela fome, rendido de sono, mortificado pela sede e pela febre", já não se considerava um homem, mas sim "um mísero, um deplorável frangalho humano!" Segundo o seu conceito, aquilo era "uma submissão repelente", uma coisa muito vil:

"Embalde procurei increpar aqueles abjetos seres pela miseranda afronta. As palavras saíam débeis e mal se ouviam, ao estalar da correia sobre as minhas descarnadas espáduas.

Essa infâmia durou bem uns dez minutos.

Quando, trôpego, cambaleante, ia perder os sentidos e exausto tombei sobre a mala de um soldado, o verdugo parou de bater-me."

Ao vestir-se, Everardo decerto o fez com dificuldade, pois tinha as costas diceradas. Custodiado por três secretas, regressou a São Paulo e em breve tempo, junto de onze presos, sob a vigilância de uma escolta de vinte e cinco praças, todos de carabina embalada, ele tomou o trem que o conduziu até o Rio de Janeiro. Nesta capital, cercado de soldados, depois de entrar num dos xadrezes da Central de Polícia, o jornalista disse a um delegado:

— Doutor, há quatro dias que fui preso. Desde essa data não como, não bebo, não durmo. Estive quase sempre nu na cela e ainda por cima espancaram-me. Pode mandar dar-me algum alimento?...

O delegado fitou o homem faminto e ao vê-lo tão fraco, tão combalido, apiedou-se, deixou que ele e os seus companheiros pudessem saborear um reconfortante café com pão. Mais tarde veio o almoço, avidamente devorado por todos.

Terminada a refeição, Everardo é introduzido num gabinete, onde se acham sentados uns seis ou oito indivíduos. Alguém deseja saber por que foi preso. Ele afirma não ter cometido nenhum crime, mas evoca os ódios e as prevenções contra a sua pessoa, da parte dos governantes de São Paulo, cidadãos desprovidos de moral, "tanto privada

Everardo Dias

como administrativa, cujos atos não permitem que sejam analisados pelos jornais:

— Fui preso da maneira mais indigna. E desde que entrei na prisão, tiraram-me a roupa toda, padeci fome, sede e um frio horroroso. Como se isto não bastasse, antes de me mandarem para o Rio, fui impiedosamente chibatado...

Um fulano "alto, magro, nervoso, de uma palidez esverdeada de hepático," interrompe o depoimento:

— O senhor não está dizendo a verdade... A polícia de São Paulo não bate em ninguém!

Freme de indignação, o jornalista. Pede licença aos cavalheiros e começa a tirar o paletó, a fim de exibir as costas, porém uma voz ecoa:

— O senhor sabe com quem está falando? É com o doutor Oliveira Ribeiro, da polícia paulista.

Resposta de Everardo:

— Ignorava que fosse delegado em São Paulo. Mas ainda melhor. Assim poderá voltar ciente das infâmias que nas prisões dali se praticam!

Todos ouvem a promessa do delegado com cara de hepático:

— Não precisa tirar a roupa! Eu vou mandar um médico examiná-lo...

Concluído o interrogatório, o jornalista retorna ao xadrez, onde as horas passam e o médico não se apresenta. Ele insiste, faz questão de ser examinado por um facultativo. Aguça, portanto, a curiosidade dos outros presos, que pedem para ver as suas costas. Quando Everardo puxa a camisa, um *oh* de horror, de espanto, irrompe de todas as bocas, e também estas exclamações:

— Que bárbaros! Que bandidos! Que monstros!

As costas dele se assemelhavam a uma sangrenta carne crua, retalhada num açougue.

Fica apenas nas palavras, a promessa do doutor Oliveira Ribeiro, o médico não apareceu. E Everardo, ao lado dos seus companheiros, é logo conduzido em lancha até perto da ilha Fiscal, para embarcar no navio Benevente como deportado. Havia, nessa ocasião, um verdadeiro aparato bélico, forças do Exército, da Marinha, soldados armados de fuzis, piquetes de cavalaria da Brigada Policial.

Os "subversivos" já estão a bordo. A sineta toca, os soldados se afastam e o navio apita. Profunda emoção domina o jornalista Everardo Dias, que não conseguiu despedir-se de suas filhas, de sua mulher. Um dos deportados grita:

– Camaradas! Entoemos 'A Internacional'!

Naquele momento, enquanto o Benevente levanta ferro, deixando com lentidão a baía da Guanabara, a letra do hino revolucionário dos operários socialistas, escrita por Eugéne Pottier em 1871, ressoa como um protesto, como o vigoroso brado de revolta daqueles homens expulsos do Brasil:

"De pé, ó vítimas da fome!
De pé, famélicos da terra!
Da idéia a chama já consome
A crosta bruta que a soterra.
Cortai o mal, bem pelo fundo!
De pé, de pé, não mais senhores!
Se nada somos, em tal mundo,
Sejamos tudo, ó produtores!

Bem unidos, façamos,
Nesta luta final,
Duma terra sem amos,
A Internacional!

Crime de rico a lei o cobre,
O Estado esmaga o oprimido:
Não há direitos para o pobre,

Ao rico tudo é permitido.
À opressão não mais sujeitos!
Somos iguais, todos os seres.
Não mais deveres sem direitos,
Não mais direitos sem deveres!"

Muitos desses deportados, mais do que anarquistas, eram homens cheios de idealismo, de sonhos sublimes, de obstinada repulsa pelas injustiças de uma sociedade fria, egoísta, hipócrita, quase indiferente aos anseios dos miseráveis, dos operários, dos pequeninos.

As autoridades espanholas proibiram o desembarque de Everardo Dias na cidade do Vigo, em cuja baía, no ano de 1702, galeões repletos de ouro e prata foram afundados pela frota anglo-holandesa. Tal um membro dessa frota, ele foi visto como um inimigo... E também não pôde descer no porto francês de Le Havre, na foz do Sena. Devido à bondade de um tripulante do navio, Everardo abrigou-se numa cabine aquecida, para se proteger do rigoroso inverno europeu.

O Benevente, após ir a Rotterdam, voltou à Espanha. Nessa fase da viagem, nos fins de dezembro de 1919, o governo do estado de São Paulo, atendendo ao pedido do governo federal, reconsiderou a expulsão de Everardo Dias e permitiu o seu regresso. Vários protestos, como o de Maurício de Lacerda na Câmara dos Deputados, influíram no mencionado gesto.

Em 25 de janeiro de 1920, representantes da folha *Hora Social* e de todas as agremiações operárias, acolheram Everardo no Recife, que havia desembarcado do Benevente. Ali, na capital pernambucana, ele atribuiu a sua desventura a uma vingança do governo paulista, pois este se enfurecera contra os seus artigos, escritos para o jornal *A Plebe*. Acusou o delegado Ibrahim Nobre, além disso, de mandar espancá-lo no xilindró de Vila Matias.

Para que o leitor tenha uma ideia da revolta que a odisseia de Everardo Dias provocou entre os anarquistas, vamos agora mostrar o trecho de um artigo sobre ele, da lavra de Astrojildo Pereira, linhas publicadas em Portugal, no diário *A Batalha*:

"Nobre, corajoso, leal, idealista, defendia as suas opiniões e combatia pelas suas idéias com o desassombro e o desinteresse de um apóstolo. Pois a um homem destes, digno entre os mais dignos, honra da espécie, exceção rara nesta terra de azinhavrados Lages da grande imprensa e de Altinos beatos da alta ladroagem governamental, a um homem destes pega-se pela gola, como a um ladrão, joga-se à enxovia, como a um malfeitor, tortura-se à fome e à sede, como a uma fera, chibateia-se, como a um vagabundo, e expulsa-se, como a um bandido!

Miséria das misérias!

Isto, com efeito, é demasiado. Não há serenidade, não há prudência, não há brandura de ânimo, que se contenham e se refreiem, diante da imensa vileza desta infâmia. A revolta nos sacode as entranhas e o clamor de protesto nos irrompe veemente da garganta, como uma maldição eterna:

— Covardes! Canalhas! Assassinos!..."

Esta expressão de Astrojildo Pereira, "azinhavrados Lages da grande imprensa", é uma crítica a João de Souza Lage, um jornalista venal da época, tão venal que recebeu o apelido de "João Gazua". No romance *Numa e a ninfa*, de Lima Barreto, ele, João Lage, diretor de *O País*, amigo subserviente de todos os governos, foi retratado de modo satírico na figura de Fuas Bandeira, porta-voz do Palácio do Catete. Aliás, esse homem sem escrúpulos inspirou Emílio de Menezes a compor a seguinte quadrinha:

"Quando ele se achar sozinho,
Da treva na escuridão,
Surrupiará de mansinho
Os dourados do caixão..."

Uma frase, os "Altinos beatos da alta ladroagem governamental," no texto de Astrojildo, refere-se ao doutor Altino Arantes Marques, membro do PRP e presidente do estado de São Paulo, que cumpriu o seu mandato de 19 de maio de 1916 a 19 de maio de 1920.

* * *

João do Rio, em setembro de 1920, lançou na capital federal o matutino *A Pátria*. Esta folha surgiu quando a nossa Marinha de Guerra desejava a nacionalização da pesca, isto é, queria converter o mencionado trabalho em atividade exclusiva dos brasileiros. Todos os barcos de alto-mar, segundo esse projeto, passariam a integrá-la como reserva, suscetível de ser mobilizada nos casos de emergência ou de conflito bélico. Mas Paulo Barreto, ou melhor, João do Rio, assumiu uma posição frontalmente contrária à da Marinha, pois a pesca, nas diversas regiões do país, estava concentrada, quase sempre, em mãos de portugueses, dos "poveiros", dos naturais de Póvoa do Varzim, o berço de Eça de Queiroz.

O jornal obteve, a fim de sustentar a sua posição, um parecer de Clóvis Bevilácqua. Frisou o famoso jurista, nesse documento, que consoante a Carta Magna era inadmissível afastar, do exercício de qualquer indústria, os estrangeiros radicados no Brasil. Assegurava-lhes a Constituição Federal, "em termos insofismáveis, a igualdade jurídica no campo do direito privado," bem como a liberdade de exercerem as suas profissões. Contudo, embora soubesse disso, o governo incumbiu o capitão Frederico

João do Rio, por Loredano

Vilar, comandante do cruzador José Bonifácio, de logo cumprir as medidas concernentes à nacionalização da pesca.

A Pátria insistia em defender os pescadores portugueses. Eram vexatórias, afirmou o jornal, essas medidas que feriam o melindre de um povo irmão. Isto enfureceu, e cada vez mais, o comandante Frederico Vilar. Ele começou a perder a paciência, a ameaçar o jornal de empastelamento.

Quando a folha publicou, em 2 de outubro de 1920, um manifesto da Associação Marítima de Poveiros, a ira de Frederico atingiu o pináculo. Raivoso, a expelir fogo pelas ventas, o comandante desceu do cruzador José Bonifácio, seguido por cinco jovens oficiais, seus subordinados, e foi até a redação de *A Pátria*, num sobrado do largo da Carioca, a fim de punir o jornalista. Ali, nesse lugar, não o encontraram, mas ouviram as seguintes palavras da boca do repórter Bezerra de Freitas:

– O nosso diretor saiu, para fazer uma refeição.

Frederico e os oficiais desceram a escada do sobrado. Dirigiram-se ao restaurante da Brahma, ali nas imediações, onde o obeso João do Rio, fiel amigo dos prazeres gastronômicos, comia vorazmente, "a grandes garfadas". Os seis homens, após cercá-lo, aplicaram-lhe vários socos. Um grito ecoou:

– Canalha!

E escafederam-se. João do Rio, "manta de toicinho com dois olhos", caiu no chão, ficou estatelado. Garçons e fregueses o ajudaram. Da sua cabeça escorria o sangue, por causa dos ferimentos.

No outro dia, em todos os diários, apareceu a notícia: o diretor de *A Pátria* fora surrado, num restaurante, por seis oficiais da Marinha. Evocando o fato no artigo intitulado "O caso da agressão," a vítima salientou:

"Não há, em toda a literatura contemporânea, hinos mais ardentes, mais entusiásticos, mais sinceros, que aqueles traçados por mim, escritor, em louvor do esforço da nossa mocidade naval. Não há batalhador mais tranquilo, mais tenaz, pela Marinha, do que eu, jornalista. *A Pátria*, pugilo de brasileiros, e eu, escritor e jornalista, temos a certeza de contar com a simpatia e leal amizade da Marinha.

Mas o sr. F. Vilar, nas suas permanentes crises de cólera a bordo do José Bonifácio, mandava-me prevenir pelos pobres pescadores a quem defendo que um dia empastelaria este jornal, com a pretensão de me aterrorizar e sem pensar que triste prova era esse aviso. Mas o sr. Vilar, vendo-me ontem entrar num restaurante, o sr. Vilar, fardado e batendo nos galões, o sr. Vilar, a quem eu não conhecia pessoalmente, veio para mim de punho fechado, acompanhando de um troço de camaradas, armando um rolo e um escândalo formidáveis".

Declarou o articulista: ele, o diretor de *A Pátria*, defendia "princípios e idéias" e ninguém, absolutamente ninguém, jamais o faria recuar. A razão, o direito, a justiça, serviam-lhe de ponto de apoio:

"O cidadão que o sr. Vilar, trepado numa das mesas da Brahma, em *meeting*, queria fazer linchar como mau brasileiro, é apenas um homem descendente de uma das mais ilustres famílias brasileiras, a quem o Brasil deve a sua fronteira sul; o cidadão que o sr. Vilar pretende aterrorizar é um indivíduo que os países estrangeiros condecoram com as honras de embaixador da sua pátria; o homem, a quem o sr. Vilar pretendeu estender a sua fúria exercida contra os poveiros, tem vinte anos de trabalho tenaz e centenas de milhares de leitores em todo o Brasil, que lêem nele o amor ao Brasil, o entusiasmo pelo Brasil e o respeito às liberdades. Anteontem, na Brahma, esse homem que sou eu, e a quem nem mil Vilares podem retirar o que ele conquistou pelo próprio mérito – sentiu dor por ver que, numa capital civilizada, um oficial fardado, sem ter sido ofendido, se precipita em agressão a uma pessoa de destaque, só porque ela não é da sua opinião, num jornal polido e educado!"

À Marinha do seu país, João do Rio entregava um caso espantoso: o jornalista que na sua folha quase todos os dias se batia por esta mesma Marinha, acabou sendo atacado, no entanto, por um grupo de oficiais da referida força, apenas pelo fato de não concordar que "pobres pescadores portugueses", de maneira violenta, fossem obrigados a se naturalizarem.

Maurício de Lacerda, na tribuna da Câmara Federal, leu este artigo de João do Rio e criticou com veemência o capitão Frederico Vilar. Um ex-assessor do presidente Epitácio Pessoa, o deputado Armando Burlamaqui, disse que tanto o governo como a Marinha estavam alheios ao caso. As censuras da Câmara, por conseguinte, eram injustificáveis, "extemporâneas". Sem se conter, Maurício de Lacerda aparteou:

– Não apoiado! Extemporâneas foram as pancadas...

O episódio – garantiu Armando Burlamaqui – originou-se do "estado de ânimo dos oficiais, que viram no ato do jornalista uma agressão a um chefe respeitável, um desafio às suas próprias pessoas".

Félix Pacheco, Herbert Moses, Medeiros e Albuquerque, além de outros homens de imprensa, manifestaram solidariedade à vítima. Gesto imitado por um escritor muito lido em todo o país:

"Em nome da Revista do Brasil, *Monteiro Lobato junta a sua voz ao protesto contra a agressão e felicita pelo calor e brilho com que se bate em prol de uma causa justa e simpática".*

Licenciada da Câmara Alta, montanha dos seus mais arrojados vôos, a "Águia de Haia" remeteu de Palmira, no sul de Minas, um telegrama a Paulo Barreto:

"Jornalista há cinqüenta e dois anos e, há trinta e dois, ardente advogado da nossa Marinha, nos seus dias de perseguição, reprovo a violência sofrida pelo diretor de A Pátria, *não só como atentado que é contra a liberdade de imprensa, mas também como uma injúria que atinge a dignidade da Armada Brasileira. Concernente ao artigo 72, parágrafo 4º da Constituição, entendo-o como Sá Viana e outros eminentes jurisconsultos, que lhe atribuem o sentido menos restritivo e, pois, incompatível com as medidas ora tomadas em relação à pesca.*

Rui Barbosa"

Mostrava-se coerente, o insigne baiano. Suprimir a liberdade de imprensa, no seu raciocínio, era "estabelecer em torno dos governos ruins o crepúsculo favorável à comodidade dos tiranos". Na opinião de Rui, se fossem removidos os jornais, não haveria justiça, nem ética, nem confiança, nem soberania nacional. Além disso, afirmou o autor da "Oração aos moços", nos ouvidos do jornalista ressoam os prantos, os lamentos, as imprecações das vítimas do arbítrio, para que ele os submeta, dia a dia, à consciência da humanidade.

No seu livro *A missão do cruzador José Bonifácio* (Gráfica Laemmert, Rio de Janeiro, 1945), o comandante Frederico Vilar apresenta outra versão desse caso. Ele informa no capítulo "O conflito da Brahma": o matutino *A Pátria*, sob a direção de João do Rio, "era o que mais desabusadamente defendia a absurda liberdade pleiteada pelos pescadores alienígenas". O jornalista, salienta Vilar, "abriu as suas baterias contra a missão do cruzador e em "escandalosas reportagens" resolveu ouvir o almirante Gomes Pereira, cujas declarações, testemunhadas por numerosos oficiais, foram as seguintes:

I – Devido a uma lei oriunda da nossa anuência à Convenção de Haia, de 1882, o governo da República, amparando o interesse nacional, não concedia aos estrangeiros o direito da pesca, nas águas territoriais do Brasil.

II – Frederico Vilar "estava cumprindo fielmente o seu dever, segundo as instruções que recebera".

Ora, o diário *A Pátria*, disse o comandante do José Bonifácio, alterou as palavras de Gomes Pereira, reproduziu-as ao contrário... Por se sentir indignado com esse "procedimento inqualificável" de João do Rio, o almirante lançou um enérgico protesto. Sua voz, entretanto, ecoou no vazio, pois no dia imediato a folha não exibiu nenhuma retificação e Paulo Barreto ainda acentuou que, na outra vez, faria o almirante assinar as suas declarações.

Essa atitude do jornalista, garante Vilar, embraveceu a Marinha e houve quem sugerisse um desagravo a tais ofensas. Isto, porém, "nunca passara de uma idéia", fruto da justa revolta contra a insensatez de certa imprensa, "mais merecedora de desprezo do que de reação material". A afirmativa é de Frederico Vilar. Depois ele acrescenta: o almirante Gomes Pereira tomou providências, a fim de impedir a vingança, o uso da pancadaria.

Fecharam os portões do Arsenal da Marinha e a sua guarda foi dobrada. Sob a disciplina do comandante do Batalhão Naval, uma força se posicionou, com o objetivo de impossibilitar qualquer agressão física a João do Rio ou um ataque à sede do seu matutino. Heleno Pereira, inspetor do Arsenal, comunicou a Frederico Vilar e aos oficiais do José Bonifácio que as autoridades navais se oporiam por todos os meios ao emprego da violência, responsabilizando-os pelas consequências do não cumprimento dessa ordem. Vilar evoca esses fatos no seu livro.

Agora vejamos a descrição do comandante do José Bonifácio, a respeito da surra aplicada no diretor de *A Pátria*:

"Estavam (os oficiais) no salão Rio Branco daquele restaurante, quando em atitude que lhes pareceu hostil, ali repentinamente penetrou um grupo, tendo à frente João do Rio, Diniz Júnior e vários outros.

Tomando semelhante fato como uma atrevida provocação e ainda cheios de ressentimentos pelas ofensas recebidas, os oficiais imediatamente revidaram, travando-se então grave conflito. Novos 'combatentes' se juntaram a uns e outros, formando-se então uma séria e prolongada *bagarre*,* que terminou, sem maiores consequências, com a intervenção dos comandantes do Batalhão Naval e da Polícia Civil".

Vamos admitir como verdadeiras estas cenas, apesar dos depoimentos contrários. Mesmo assim a versão de Frederico Vilar não o favorece, pois os oficiais da Marinha agrediram o jornalista por causa de uma "atitude que lhes pareceu hostil". Notem o emprego do

---

* Desordem, balbúrdia.

verbo *parecer*, eles tiveram a impressão, é coisa vaga, não se tratava de um fato concreto, insofismável. Já imaginaram quantas surras haveríamos de ir dando pelas ruas, se alguns olhares nos desagradassem? Encarou feio? Lá vai um sopapo. Forneceu a impressão de ostentar nojo ou desprezo? Receba no crânio, seu descarado, uma solene, fulminante e bem merecida porretada...

* * *

Moacyr Piza, talentoso poeta satírico, "dedicou-se de corpo e alma à imprensa". Foi um dos fundadores de *O Estadinho*, com Júlio de Mesquita Filho, e depois de *O Queixoso*. Redator de *O Estado de S. Paulo*, o jovem Piza também colaborou no *Jornal do Commercio*. Na qualidade de representante deste periódico, ele esteve, em 15 de novembro de 1922, numa festa realizada no palácio dos Campos Elísios, quando Washington Luís era presidente de São Paulo. Líder do PRP, membro de uma família de políticos da região fluminense, muito atuantes na vida pública desde os dias do Império, o doutor Washington recebeu a alcunha de "presidente estradeiro", pois adotara o seguinte lema: "governar é abrir estradas". Pelo fato de ser um homem enérgico, opiniático, havia afirmado, segundo diziam, que "braço é braço". Daí surgiu esta expressão: "a política do braço forte".

O doutor Moacyr Piza, portanto, achava-se no palácio dos Campos Elísios, num baile onde as senhoras e os cavalheiros celebravam a proclamação da República. Soberbos candelabros forneciam maior realce, com as palpitações de luz, às "cabeças magníficas" das belas mulheres. Trêfego, inflamado, a ostentar "o pince-nez chispante", o escritor Menotti del Picchia falava sobre *As mil e uma noites*, em frente de certas "meninas pálidas". Moacyr, que descreve estas cenas no livro *Roupa suja*, bebia champanhe numa taça, enquanto a orquestra, no salão próximo, ia soltando o maxixe "O passo do jocotó"... Todos os pares se enlaçavam pelos braços e pelas pernas, davam a um só tempo, devagarinho, três passos para diante e três para trás, sob o ritmo dos sons vivos e sincopados:

"Dança o sr. Luís Fonseca. Dança o sr. Casimiro Rocha. Dança o sr. Rodolfo Miranda, esforçando-se para adaptar à cadência repenicada do maxixe o passo obsoleto da mazurca. Dança a Comissão Diretora. Dança o presidente, com delícia. E, vendo o presidente dançar delicioso, ingurgita, às pressas, o sr. Rocha Azevedo, o seu vigésimo quinto *croquette*, limpa os dedos nos abas da casaca do sr. Alarico Silveira e, depois de palitar os dentes com a unha do fura-bolos, sai também aos pulos"[8]...

Só Moacyr Piza não dança, pois espreita a ocasião de poder cumprimentar Washington Luís, "pelo risonho aniversário da República e pelo fulgor da festa com que está comemorando a grande data". O "paulista de Macaé", no entanto, "não chega para as encomendas", pois todos o cercam, os políticos, as senhoras, os *grands-seigneurs*... As horas passam e o jornalista, à guisa de consolo, saboreia um prato de canja e uma fatia de peru, acompanhada de farofa. Em seguida se entretém numa conversa, junto de algumas senhoras. Neste momento agradável, de descontração, Washington Luís se aproxima e Moacyr lhe dirige palavras amáveis:

— Excelência, os meus cumprimentos. A sua festa está uma maravilha!

Calado, o chefe do Executivo estende a sua "mão peluda", puxa suavemente o jornalista para longe das senhoras, fixa os seus olhos em Moacyr Piza e rosna:

— Que é que você está fazendo aqui? Tenho muito prazer em receber em minha casa os meus convidados. Mas, quanto a você...

O jornalista, no começo, pensa que é uma brincadeira, embora venha opondo restrições à administração do presidente, ao seu "delírio rodoviário", ao abandono em que ele deixa "os verdadeiros

---

[8] PIZA, Moacyr, *Roupa Suja (onde se faz o panegírico de alguns homens honrados da política republicana)*. São Paulo, 1923, p. 69-70.

problemas públicos". Todavia, Washington vibra de ódio, espumeja. E Moacyr responde:

— Ora esta, excelência, o que estou fazendo?! Pois ignora? Pensa, acaso, que entrei por baixo do pano?

Washington Luís não se aplaca:

— Não. Com franqueza, estranho a sua presença em minha casa. O senhor não devia estar aqui.

A coisa se torna mais séria, aos olhos de Moacyr, porque, conforme o seu raciocínio, é sintomático, na boca do presidente, a mudança do tratamento *você* para *senhor*... Imitando-lhe "a carranca bufa", o jornalista replica:

Washington Luís, martelando a moeda.
Caricatura de Belmonte

— Eu é que peço licença para estranhar a estranheza de vossa excelência. Deve saber que estou numa festa oficial, dada pelo presidente do estado à sociedade paulista, às altas autoridades e à imprensa, representando oficialmente o *Jornal do Commercio*. E ninguém mais autorizado do que eu, para fazê-lo, sendo, como sou, um dos seus principais redatores, e conhecido, como é, que fui o autor da maioria dos artigos de crítica aos atos do governo de vossa excelência.

Novo arremesso da fera, o tigre persiste em mostrar os dentes:

— Isto não explica nada. Repito-lhe que o senhor não devia estar aqui, em *minha casa*.

Moacyr apara o bote com um argumento:

— Opiniões, excelência. A sua provém de um equívoco. Pensa que está em sua casa, e não está. Está numa casa que o povo lhe oferece para residir durante quatro anos. Daqui a pouco não estará mais...

Testudo, inamolgável como um inquisidor espanhol da época de Torquemada, o presidente ruge:

— Insisto. O seu lugar não é aqui.

Querendo meter a lógica no cérebro do homem da "política do braço forte", Moacyr acrescenta:

— Convidou o *Jornal do Commercio* com a condição de me não mandar à festa? Fez mal, porque se quando organizou o seu governo não foi perguntar ao *Jornal do Commercio* quais deviam ser os seus auxiliares, deve reconhecer ao *Jornal do Commercio* o direito de compor como muito bem entender a sua redação, sem lhe dar absolutamente contas de quem é mais ou menos apto para representá-lo, onde quer que seja.

Após ouvir estas palavras, o mandão fez outro arreganho:

— Continuo a dizer-lhe que o senhor não devia estar aqui, *na minha casa!*...

À maneira de quem despreza um bramido de onça, o jornalista prosseguiu:

— Sim. Se o senhor Washington Luís quer insinuar a sua conhecida prepotência ao senhor presidente do estado, pode o senhor presidente do estado chamar os seus lacaios e mandar-me pôr daqui pra fora. Mas, enquanto isso não acontecer, fique vossa excelência certo de que permanecerei nesta festa oficial, dada pelo presidente do estado à sociedade paulista, às altas autoridades e à imprensa, representando oficialmente o *Jornal do Commercio*. Com sua licença...

Moacyr voltou as costas para o presidente e afastou-se. Segundo ele narra, Washington Luís "bufava como um possesso". E o satírico das *Vespeiras* ainda se aventurou a um *fox-trot*, estabelecendo concorrência com o político Rodolfo Miranda, que "martirizava os pés de uma rechonchuda beldade"... Às cinco e vinte da madrugada, no estertor do baile, Moacyr pegou o seu chapéu, o sobretudo e a bengala, a fim de sair do palácio. Antes de se retirar, executou na presença de Washington Luís, por gozação, uma grande curvatura de espinha:

— Senhor presidente do estado, as minhas homenagens a vossa excelência e à família republicana...

O jornalista foi para a sua casa, caiu no sono, e à tarde, ao entrar na livraria Garreaux, examinou um "manual do bom tom", intitulado *Rules and Maners of Good Society, by a member of the Aristocracy*. Nesta obra de um inglês, lançada em 1912, o leitor encontra o capítulo "States balls", a respeito das boas maneiras nas festas governamentais. Depois de pagar doze mil réis pelo livro, ele escreveu no volume esta dedicatória:

"Ao sr. doutor Washington Luís, como recordação afetuosa do baile de 15 de Novembro nos Campos Elísios.

MOACYR PIZA
SÃO PAULO, 16 DE NOVEMBRO DE 1922".

A fim de completar o serviço, Moacyr adquiriu um dicionário portátil, isto é, um *English-Portuguese*. Juntou a este vários recortes do *Jornal do Commercio*, do *Correio Paulistano* e de *O Estado de S. Paulo*. Fez de tudo um pacote e o remeteu à sua excelência, o doutor Washington Luís Pereira de Souza...

Houve gente que ao saber do episódio "tomou barrigadas de riso", mas o autor da gentileza teve de confessar:

"Eu não. Eu fiquei envergonhado pelo sr. Washington Luís. Nem atenuou a minha vergonha o verificar, mais tarde, que S. Exª fora vítima de uma torpe mistificação. Sim, porque o sujeito que me apareceu na festa, dizendo-se dono da casa, e a quem o sr. Júlio Prestes chama pitorescamente *dono da festa*, não era o sr. Washington Luís. Era, provavelmente, um irmão gêmeo de S. Exª, que o pai fizera feitor de escravos num antigo engenho de açúcar em Macaé e que pilhando S. Exª a dormir, extenuado pelos arranjos da casa durante o dia, lhe usurpara, abelhudo, o lugar, produzindo, pela carência de civilidade e tato, o feio desaguisado..."9

O sarcasmo de Moacyr Piza é a indignação, a desforra de um jornalista contra o arbítrio de um desses mandões da República Velha, incapazes de aceitar as críticas da imprensa. Episódio significativo, deveras eloquente, e que vem se repetindo nos dias atuais, com pequenas modificações e outros personagens.

* * *

Já no período de Epitácio Pessoa, quando estourou a revolta do forte de Copacabana, o senhor Edmundo Bittencourt foi detido no dia 5 de julho de 1922, em virtude da posição do *Correio da Manhã* contra Artur Bernardes. O jornal, nessa fase, seguiu a orientação de Mário Rodrigues, que acusou Epitácio de favorecer os exportadores de açúcar, devido a um colar de pérolas ofertado à esposa do presidente. A denúncia custou, a Mário, doze meses de prisão num quartel de polícia, odisseia narrada no seu livro de 1925, cujo título é este: *Meu libelo — Memórias do cárcere, escritas em torno de duas revoluções.*

Vítima da hidrofobia do governo, o matutino de Edmundo Bittencourt teve de suspender as tiragens, em agosto de 1924, sob a acusação de estar imprimindo, nas suas

Mário Rodrigues, por Guevara

---

9   PIZA, Moacyr. *Op. cit*, p. 79.

oficinas, o folheto clandestino *5 de julho*. Só voltou a aparecer em maio de 1925.

Mário Rodrigues, no *Meu libelo*, não pôde sopitar a revolta, o inconformismo do seu espírito:

"Que crime perpetrara eu? Que crime perpetrara Edmundo Bittencourt, afastado da imprensa e preso na sua fazenda, quando amargava a saudade de um filho morto? Que crime perpetrara Paulo Bittencourt, mocidade que começava a alçar o vôo de ideais ilibados, isentos de paixões, senão as da fé"?

Paulo era filho do diretor do *Correio da Manhã*, jornal onde exerceu a função de redator-chefe. Ficou detido na ilha Rasa, durante todo o ano de 1926, por causa da cerrada oposição ao governo de Artur Bernardes, governo exímio na arte de censurar, de reprimir as manifestações dos articulistas francos e denodados.

Comentando a sentença aplicada em Mário Rodrigues, o ex-presidente Epitácio Pessoa asseverou no seu livro *Pela verdade*, aparecido em 1925, que o ardor belicoso do *Correio da Manhã* consistia na "difamação sistemática dos homens dignos do país", no insulto e na calúnia "atirados diariamente contra todos os depositários da autoridade pública", no ataque à honra dos cidadãos e "às intimidades do lar"... Para ele, o paraibano de Umbuzeiro, "coagir o pensamento nacional" era uma empresa meritória, pois isto não deixava certos indivíduos, "baldos de educação e de patriotismo", cometerem todos os dias "a infâmia de pintar a nossa pátria como a última das nacionalidades, como nação onde impera a baixeza moral e política, a rapacidade dos governos, a abjeção dos dirigentes, a corrupção das famílias".

Foi contra esses elementos, frisou Epitácio, que se fez a Lei de Imprensa, e não a fim de prejudicar "os jornalistas cônscios da sua nobre missão e dos seus deveres de patriotismo". Os assuntos mais "incandescentes" deviam "ser discutidos sem ofensa à reputação ou dignidade dos adversários". Um ataque sistemático e calunioso à

Epitácio Pessoa, por J. Carlos

probidade dos homens públicos, no seu raciocínio, causava no próprio país "o descrédito das instituições", e, além das fronteiras, "a desmoralização da pátria". Ela, a imprensa, "é um instrumento de civilização e de progresso, não é arma de dissolução e de ruína".

O leitor sente, nos conceitos do substituto de Delfim Moreira na presidência da República, a presença do orador, do advogado, e também a do cidadão rígido, intransigente, fanático pela honra, pela ordem e pelas normas do Direito Penal:

"Todas as liberdades individuais são limitadas. Ninguém concebe a coexistência de seres livres sem a delimitação do direito de cada um pelo direito dos demais. A igualdade perante a lei, a liberdade religiosa, o direito de reunião e associação, a inviolabilidade do domicílio, a liberdade pessoal, o domínio, o exercício das profissões, a propriedade artística e literária – tudo, tudo está sujeito a restrições. Por que não o estaria a liberdade de imprensa, precisamente a mais perigosa de todas as liberdades?"

Mais adiante, após citar a Constituição Federal, o inflexível Epitácio Pessoa lançou este argumento:

"De sorte que, se, ao atravessar uma rua escura, um salteador, de pistola em punho, busca arrebatar-me a bolsa, sobre ele deve pesar a lei com todo o seu extremo rigor; mas se é um jornalista, muitas vezes um mercenário, que tenta de caso pensado roubar-me o bem precioso da honra... ah! esse não, esse deve ficar acima de todo e qualquer corretivo, superior a toda e qualquer vindicação legal da parte da vítima!

É querer criar na República uma casta inviolável e sagrada, a casta dos *salteadores de pena*!"

Um jornalista, diz Epitácio, leva dias, semanas e meses a injuriar e caluniar determinado cidadão, e "ninguém, na imprensa, levanta a voz contra esse procedimento". Todavia, forçado a comparecer nos tribunais, o difamador é condenado, mas como a vítima "não o releva da pena e não se mete na cadeia em lugar dele, logo na imprensa surge quem a acuse de proceder com falta de cavalheirismo!" Após salientar isto, o autor exclama, ainda mais indignado:

"É a inversão de todas as normas de bom senso, de moral e de justiça!"

Garante Epitácio Pessoa, no seu livro, que ele não criou a Lei de Imprensa. Já havia declarado isto diversas vezes. Insistira na afirmação por dois motivos, e este era o primeiro: se o trabalho fosse de sua lavra, não conteria certas disposições que lhe pareciam desacertadas. O segundo motivo: apesar de tudo, a lei representava um "assinalado serviço ao país", e Epitácio não queria "roubar glórias alheias". Portanto, à maneira de quem proclama a verdade, o ex--embaixador concluiu:

"Que a lei constitui de fato um serviço relevante ao Brasil, vê-se do comedimento e compostura em que logo se meteram, prudentes e apressados, os jornais de escândalo. Não mais assistimos às vergonhosas campanhas de viltas e calúnias de outros tempos e, fato assombroso, o presidente da República não mais foi chamado de ladrão, como o foram todos os seus antecessores, a partir de Campos Sales, sem exceção de um só!"

Contudo, sem levar em conta esse entusiasmo de Epitácio Pessoa, é forçoso reconhecer: a Lei 4.743, de 31 de outubro de 1923, também chamada Lei Adolfo Gordo, delimitou, de maneira absurda, a liberdade de imprensa. Tal fato explica por que os revolucionários Miguel Costa, Luís Carlos Prestes e Juarez Távora exigiram, em 14 de setembro de 1925, como um dos alicerces para o estabelecimento da paz, a revogação da citada lei. É o que se lê numa carta assinada pelos três, remetida de Goiás a Batista Lusardo.[10]

* * *

No mês de março de 1924, em Araranguá, comarca de Santa Catarina, ocorreu o assassinato de um delegado de polícia. Devido a esse crime, muitas pessoas foram denunciadas. O juiz substituto da comarca pronunciou-as, mas o doutor Aprígio Gomes, juiz de Direito, reformou o despacho, tirando-lhe o fundamento.

Advogado e jornalista, João de Oliveira fez a análise de tais fatos no seu periódico *A Imprensa*, da cidade de Tubarão. Bastou isto para que o governador Hercílio Luz ordenasse a prisão do jornalista, no prazo de doze horas, e de qualquer modo. Encarregou-se da tarefa, seguido de uma escolta, o capitão Elpídio Silveira, oficial da Força Pública, autor de inúmeras arbitrariedades em Araranguá, onde prendeu, insultou e espancou cidadãos inocentes.

Ao lado de um capanga, do "célebre desordeiro" Liduja Castro, o oficial desceu do trem de Criciúma, na manhã do dia 27 de março. João de Oliveira, decidido a resistir de armas em punho, abrigou-se no edifício de *A Imprensa*. E os soldados começaram a passar diante da sede do jornal, expelindo insultos e palavrões. Certa vez, quando se achava junto à janela, a vítima ouviu esta ameaça de Elpídio:

— Que boa casa para uma dinamite!

O jornalista respondeu:

— Pode estourar quando quiser, não tenho aqui família. Estou apenas com dois amigos.

Num assomo de cólera, Elpídio bramiu:

— Sai para a rua, valentão!

Eis como o advogado comentou o fato:

"À insolência da frase, tive pena desse homem! Ele, com todas as carabinas de seus soldados e com a Winchester do capanga Liduja Castro, queria ainda que, abandonando a última defesa, saísse do meu escritório de jornalista para me entregar, humilde como um cão, à sanha de suas garras. Insólito e provocador, esse oficial não soube sequer dar-me voz de prisão. 'Saia para a rua'! não é e nunca foi voz de prisão, dada por oficial que se preze"*.

Disposto a arriscar a vida, a resistir a um tiroteio por certo tempo, João de Oliveira afirmou: na verdade estava defendendo, antes de qualquer outra coisa, o texto da Constituição republicana, esfrangalhado pelo barbarismo de Hercílio Luz. Todavia, após desafiar pessoalmente o jornalista, Elpídio ordenou a um cabo que o intimasse a ir até a sua presença, no hotel onde ele, o capitão, havia se hospedado. O diretor de *A Imprensa* não engoliu a isca. Se o tira-prosa quisesse prendê-lo, era melhor entrar com as suas botas na sede do jornal. Ficaria ali, no seu lugar, à espera do cabra da peste.

Elpídio não aceitou o convite, mas apareceu o baderneiro Liduja Castro, bêbado, despejando palavrões, cheio de estardalhaço, de fanfarronadas. Como pútridas bombas de fezes, as suas ameaças explodiam na ruazinha pacata. Suplício de um modesto jornalista, que nenhum crime cometera, e que sempre defendia os fracos, os humildes, os injustiçados, os perseguidos.

Durante cinco dias e cinco noites, desde a manhã de 27 de março até a madrugada de 1º de abril de 1924, João de Oliveira resistiu ao assédio da força policial. A ordem de Hercílio Luz era inequívoca, drástica: João deveria ser preso e conduzido a Florianópolis. Valendo-se das trevas, querendo escapar da fúria daqueles jagunços, o mártir saiu a cavalo pelas campinas de Tubarão, com destino às coxilhas do Rio Grande do Sul.

No mesmo dia dessa retirada clandestina, às quinze horas, devido a um requerimento do advogado Nereu Ramos, o Superior Tribunal de Justiça do Estado concedeu, por unanimidade de votos, uma ordem de *habeas-corpus*, em benefício do jornalista. Decisão clara, irreplicável, que o amparava judicialmente contra o capitão e o governador, estes implacáveis violadores dos preceitos constitu-

---

* Recorte do artigo publicado em *A Imprensa*, no dia 30 de março de 1924, e corrigido pelo próprio autor. Pertencia ao arquivo do historiador Aureliano Leite.

cionais. Apesar disso, Hercílio Luz enviou um telegrama ao capitão Elpídio, no qual exigiu, mais uma vez, a prisão do diretor de *A Imprensa*. Sua excelência também aconselhou o seu cúmplice a desprezar o tal *habeas-corpus*:

"*É assunto que regularizarei*".

De volta a Tubarão, o jornalista sentiu-se desprotegido, pois nem o Poder Judiciário lhe ofereceria qualquer segurança. As ameaças do governador continuavam de pé. Isto o impeliu a enviar esta representação ao doutor Guedes Pinto, juiz de Direito:

"*Levo ao conhecimento de V. Excia. que estou sob iminente coação, visto o capitão Elpídio Silveira querer efetuar minha prisão, custe o que custar, por ordem do doutor Hercílio Luz, governador do estado, que assim o exige. Munido de uma ordem de* habeas-corpus *preventivo, que me foi concedida pelo Superior Tribunal de Justiça do Estado, a cuja ordem V. Excia. está incumbido, pelo Tribunal e por lei, de dar rigoroso e exato cumprimento, estou entretanto sem a menor garantia, pelo que peço a V. Excia. urgentes providências, não só por mim, como pelo Superior Tribunal, cuja decisão se pretende desacatar*".

(a) Dr. João de Oliveira".

Após ler o pedido, o doutor Guedes Pinto ouviu o capitão. Este declarou que de fato recebera ordens do governador Hercílio Luz, a fim de efetuar a prisão do jornalista. O *habeas-corpus*, por conseguinte, não tinha nenhum valor, havia sido escrito em poeira de móvel ou nas areias de uma praia...

Cumprindo as determinações de Hercílio, os policiais engaiolaram, durante algum tempo, o doutor Alexandrino Barreto e o senhor Pedro Spritze Júnior, que exerciam, respectivamente, as funções de redator-chefe e de gerente do jornal *A Imprensa*. Também sob o comando de Elpídio, os soldados invadiram a agência do Correio, em Tubarão, a fim de apreender os exemplares do periódico. Se ele fosse distribuído, vociferou o capitão, todos os carteiros e todos os funcionários iriam parar no xilindró, por ordem do governador.

Dia e noite a polícia cercava o edifício do jornal, para impedir a sua circulação. Vigiou todas as saídas da cidade, com o mesmo propósito. Encurralada como uma besta raivosa, *A Imprensa* não podia mais aparecer.

Nereu Ramos impetrou um *habeas-corpus* ao Supremo Tribunal Federal, em favor do doutor João de Oliveira. Ele disse, na petição, que Hercílio Luz estava padecendo de "anemia cerebral" e que vivia "do sangue dos filhos". Após relacionar os atos de arbítrio do governador, e estabelecer uma analogia entre Hercílio e Melgarejo, evocou esta frase do ditador boliviano, arremessada nos tímpanos de um defensor das liberdades públicas:

– Cale a boca, seu biltre, quem manda, manda!

Possuía Nereu Ramos a capacidade de compreender o drama do doutor João de Oliveira, pois ele, Nereu, foi o redator-chefe de *O Dia*, órgão do Partido Republicano Catarinense, e na época da primeira grande guerra mundial, com o objetivo de condenar o despotismo germânico, fundou o jornal *A Noite*, de Florianópolis. Mais tarde, em 1921, dirigiu o periódico *A República*.

Desembarcou em Tubarão, no dia 18 desse mês de abril, o substituto de Elpídio, o capitão Trogílio Antônio de Melo. Trouxera um aparatoso grupo de soldados, onde as carabinas embaladas reluziam, emitindo

O jornalista João de Oliveira, esmagado pelo "carro Hercílio Luz". Desenho do livro O Dictador Catharinense.

fulgurações ameaçadoras. As ordens que tinha de cumprir eram estas: prender o doutor João de Oliveira, invadir o edifício de *A Imprensa*, desmontar as máquinas de impressão e encaixotá-las, a fim de serem despachadas para Florianópolis.

21 de abril de 1924, dia de Tiradentes, o heroico inimigo do cesarismo, do poder arbitrário. É nesse dia, quando a cidadezinha desperta toda embandeirada, que o capitão Trogílio executa a operação bélica. Um magote de soldados, usando as coronhas das carabinas, investe contra o sólido portão da sede do jornal. Esse portão aguenta os violentos golpes daquelas armas, manejadas por homens robustos, pois ele se achava reforçado, no lado de dentro, por um cadeado de metal e uma tranca de ferro jungida a dois pilares de alvenaria.

Os coices estrondosos, bem como a fúria selvagem, apavoram os velhos, as crianças, as mulheres, os populares da rua tranquila, entregue a uma paz burguesa. Durante alguns minutos o portão resiste, mas acaba sendo esfacelado. Apenas a tranca de ferro permanece ali, quase incólume.

Fugindo pelas janelas, escalando os muros, saltando de um quintal a outro quintal, oito tipógrafos das oficinas gráficas conseguem escapulir das patadas desses hunos embravecidos. E aos berros, em tropel, o bando invade o prédio, escancara as portas, arrebenta e derruba mesas, cadeiras, vasos, objetos. Alexandrino Barreto, o redator-chefe, corre até a casa do juiz Guedes Pinto, para solicitar providências imediatas contra a razia da soldadesca desembestada. Mas o juiz, pálido de medo, com o queixo a tremer, recua, entra depressa no seu lar, fecha a porta na cara do jornalista...

O deputado João Colaço e a sua filha, esposa do doutor João de Oliveira, foram ao edifício invadido, a fim de lançar protestos. Alguns soldados apontaram as carabinas contra os dois, exigindo que se retirassem. Fulo de raiva, agitado, soltando palavrões, obscenidades, o capitão Trogílio esbravejou:

– Não sou eu o bandido, não sou eu! Veja esta ordem!

E mostrou à esposa do diretor de *A Imprensa* um papel datilografado, onde havia a ordem para a execução daquele ato de vandalismo. Ordem oficial, pois foi assinada, com o beneplácito de Hercílio Luz, pelo secretário do Interior e Justiça do estado de Santa Catarina...

Consumou-se o saque à mão armada. Ajudados por um mecânico e um carpinteiro, os brutos desmontaram as máquinas impressoras e as meteram em grandes caixas. Vagonetes da estrada de ferro, longe dos trilhos, arrastados pelo calçamento das ruas, conduziram o roubo até a estação. Dali, de modo senhoril, esses troféus dos vencedores viajaram até Florianópolis.

As vítimas, no dia seguinte, requereram ao juiz Guedes Pinto o competente auto de corpo de delito. Inquieto, ainda a tremelicar, o magistrado recusou-se a fazer o auto. E todos os escrivães do município de Tubarão, em número de quatro, logo se deram por suspeitos.

Chocado, Alexandrino Barreto comentou:

"Tenho sessenta anos, exerço a profissão de advogado há três decênios, fui promotor público durante quase três lustros, e nunca meus olhos presenciaram ato tão selvagem, praticado publicamente com tamanha desenvoltura"!

Este assalto ao jornal *A Imprensa* foi o segundo que ele sofreu. O outro se efetuou na madrugada de 7 de agosto de 1922, quando vários soldados e um assassino profissional, sob a liderança do tenente Atanásio Freitas, delegado de polícia, invadiram a oficina do periódico. Após terem subjugado um tipógrafo e o gerente Pedro Spritze Júnior, eles arrebentaram os prelos, todas as máquinas. Para completar o trabalho, não se esqueceram de jogar os outros materiais – o chumbo, as matrizes, as caixas de tipos – nas águas do rio Tubarão. Cumpriram as ordens do governador Hercílio Luz.

O Supremo Tribunal Federal, em sessão do dia 19 de maio de 1924, por unanimidade de votos, concedeu o *habeas-corpus* preventivo a João de Oliveira, solicitado pelo doutor Nereu Ramos. Serviu como relator o ministro Geminiano de Franca, que expôs o caso minuciosamente, diante dos abalizados jurisconsultos Muniz Barreto, Edmundo Lins, Viveiros de Castro e Hermenegildo de Barros, além de outros.

Continuava aceso, porém, o ódio dos hercilistas contra João de Oliveira. No dia 29 de junho chegaram a Tubarão, dispostos a eliminar o diretor de *A Imprensa*, três indivíduos suspeitos, mal encarados. Um louro e dois mulatos. Providos de revólveres, usando perneiras pretas e chapéus de aba larga, forneciam a impressão de serem soldados à paisana. Rondavam a casa de João e o prédio do jornal, ora encostados a uma esquina, ora parados em frente daquele prédio. Isto durou até alta noite, mas, talvez desconfiados de que haviam sido descobertos, recolheram-se ao quartel da cidade.

Hercílio Luz se afastara do governo por motivos de saúde, tendo embarcado para a Europa em maio de 1924. Quem o substituiu foi o coronel Pereira da Silva, que, ao saber desse último fato, logo tomou enérgicas providências, frustrando o plano homicida...

Os hercilistas não abandonaram os seus intentos, queriam punir, de qualquer maneira, o jornal *A Imprensa*. Então, no dia 1º de agosto, resolveram castigar o gerente desta folha, numa rua de Florianópolis. Dois soldados da Força Pública se plantaram, de súbito, na frente de Pedro Spritze Júnior, e um deles, com enorme capa – negro e agigantado – desferiu estrondosa chibatada na cabeça do jovem. Achatou-lhe o chapéu de palha e o reduziu a tiras, mas o agredido deu sebo às canelas. Em vão, apesar de ser lépido, o outro soldado tentou cercá-lo...

Tais atentados só cessaram após a morte de Hercílio Luz, ocorrida em 25 de outubro de 1924. Eram efêmeros, salientou Nereu Ramos, tinham a duração das rosas de Malherbe, os jornais que se opunham ao seu governo, pois nem bem surgiam, a polícia os empastelava. Homem de pulso forte e vontade tenaz, Hercílio realizou obras de grande vulto, embora fosse um político nada indulgente:

desenvolveu a pecuária e a agricultura; impulsionou a indústria; construiu, em ritmo acelerado, pontes, rodovias, estradas de ferro, edifícios, escolas urbanas e rurais.

* * *

Após a proclamação da República, em 1889, o estado de Alagoas ganhou o cognome de "Terra dos Marechais", pois eram alagoanos os nossos dois primeiros presidentes, os marechais Deodoro da Fonseca e Floriano Peixoto. Mas esse estado também poderia receber outra alcunha: "Terra da Imprensa Violenta," por causa do áspero relacionamento entre as folhas governistas e oposicionistas, devido a frequência de surras e prisões aplicadas em redatores e diretores de jornais, quase sempre acompanhadas pela destruição das oficinas impressoras, cujas máquinas acabavam indo parar nas águas profundas dos rios Satuba e São Francisco.

Pedro da Costa Rego, nascido na cidade alagoana de Pilar, em 12 de março de 1889, iniciou a sua carreira jornalística em 1907, como colaborador de dois matutinos cariocas, a *Gazeta de Notícias* e o *Correio da Manhã*. Ele subiu progressivamente, foi revisor e depois um repórter atilado, que conhecia na Câmara Federal, segundo informou Humberto de Campos, "todas as combinações das bancadas, das correntes, dos agrupamentos, de modo a ser-lhe fácil surpreender e, muitas vezes, impedir, pela revelação extemporânea, as negociações mais bem arquitetadas". O seu talento, a sua capacidade de interpretar os fenômenos do mundo político, mereceram o seguinte comentário:

— No dia em que esse menino se meter na política de Alagoas, até a cachoeira de Paulo Afonso se muda para Pernambuco!

Costa Rego envolveu-se num movimento revolucionário, do qual resultou, no seu estado, a ascensão do coronel Clodoaldo da Fonseca à chefia do governo, em 12 de junho de 1912. Obteve então, como recompensa, o cargo de secretário da Agricultura.

Terminada a primeira grande guerra, Costa Rego elegeu-se deputado federal na legenda do Partido Democrático. Depois, em 1919, esteve na capital francesa, representando o *Correio da Manhã*, durante as sessões da Conferência da Paz. Reeleito deputado federal em 1921, membro da Comissão de Instrução Pública da Câmara, líder da bancada do seu partido, ele se distinguiu, em todas essas funções, pelo ardor marcial e pela rude franqueza na exposição de suas ideias.

Alçado ao cargo supremo de Alagoas, no ano de 1924, o jornalista Pedro da Costa Rego foi o governador, em sua terra, que se revelou mais despótico em relação à imprensa. Ordenou o fechamento do *Correio da Tarde*, que lhe fazia oposição, e pôs no xilindró o diretor deste jornal, Manuel Bivar. Volta e meia, inchado de soberbia, Costa Rego exclamava:

— Expulsei o Manuel do jornalismo, durante quatro anos, enquanto durar o meu mandato!

Livre da prisão, o diretor do *Correio da Tarde* refugiou-se em Pernambuco. Dali, nas páginas do *Jornal de Recife*, assestou as suas baterias contra os atos de arbítrio do vingativo Costa Rego. Este deu ordens para que os exemplares do citado periódico fossem apreendidos por agentes policiais, nos lugares públicos de Maceió.

Acentua Humberto de Campos em seus *Perfis* (1ª série), ameno volume de crônicas: Costa Rego, "jornalista vigoroso, combativo", já mandara infligir uma surra num colega. Título de glória, justo padrão de orgulho!

Não foi a cachoeira de Paulo Afonso que se mudou para Pernambuco, quando Rego se meteu na política, mas sim o Manuel Bivar... Um jornalista algoz de outro jornalista. É por isto, vendo tais cenas, que o povo garante:

"Quem quiser conhecer o sujeito mau, entregue-lhe um pau".

O Hino de Alagoas, adotado oficialmente desde 1894, cuja letra é de Luís Mesquita e a música de Benedito Silva, apresenta estes versos:

"Ide, algemas que o pulso prendias
Desta pátria, outros pulsos prender,
Nestes céus, nas azuis serranias,
Nós, só livres, podemos viver".

Costa Rego desmentiu as afirmativas do hino, pois as algemas dos seus beleguins prendiam os pulsos de jornalistas inconformados, e ali os cidadãos nunca desfrutavam, de modo pleno, o direito de serem livres, sinceros, independentes, donos de suas opiniões.

* * *

Na manhã de 5 de julho de 1924, durante o governo de Artur Bernardes, o jornalista Maurício de Lacerda foi preso. O estado de sítio ainda não havia sido decretado, porém, mesmo assim, os policiais o trancafiaram na Casa de Correção, ao lado dos criminosos comuns. Ficou longo tempo na cadeia, meses e meses, sem processo nem culpa formada, por ordem do governo e de Aníbal Freire, João Luís Alves e Afonso Pena Júnior, ministros do presidente.

Três vezes, valendo-se de uma garantia constitucional – o *habeas-corpus* – o jornalista recorreu ao Supremo Tribunal Federal, para obter a liberdade, e três vezes o Supremo negou o pedido. Levado à chefatura de polícia, Maurício ouviu estas palavras do major Metralha:

– Não pode ser solto. É ordem do presidente e ordem severa.

Inútil a interferência de um deputado em sua defesa. Após entrar na Casa de Correção, o jor-

Maurício de Lacerda, por Alvarus

nalista foi metido numa solitária chamada "Novo Raio", um cubículo baixo, todo de cimento, destinado aos delinquentes muito perigosos. Os condenados não a podiam suportar por mais de uma semana, mas ele permaneceu ali o dobro desse tempo, quinze dias. E o motivo de Bernardes para ordenar a execução desse ato de arbítrio? Não houve apenas um motivo, explica Maurício no livro *História de uma covardia*:

"Deviam seguir-se os casos do estado do Rio, de Irineu Machado e da Bahia, em que o combati com ardor. Mas todos eles estão encampados na direção que tomei e na considerável parte que fui na criação do jornal *A Nação*, contra o qual ele viveu em ódio crepitante, a ponto de obrigar-me às campanhas mais ardentes contra o seu governo e, algumas, contra a sua pessoa, como quando prendeu o meu colega de direção daquele vespertino e me forçou, foragido, a tirar um jornal supletivo; ou quando ameaçou a circulação do que eu havia criado, compelindo-me a traçar artigos sucessivos de combate à sua política das leis de imprensa, das depurações, das intervenções e do sítio, que eu apontava como calamidades…"

O ódio de Artur Bernardes se foi enraizando, salienta Maurício de Lacerda. Contudo, nas vésperas das eleições de 1924, o presidente mandou propor ao jornalista, por intermédio de um advogado, a entrega de uma cadeira de deputado federal, a do senhor Sales Filho, e a compra do vespertino *A Nação*, pela quantia de 400 contos:

"Pensava, assim, engolir o homem, o candidato e o jornal e derrocar um inimigo, o sr. Sales Filho, reunindo tantas utilidades numa só infâmia, que ficou sendo a da sua proposta e seria também a de quem a tivesse aceitado. De uma cajadada mataria dois coelhos, dois nomes e duas reputações cuja firmeza moral e prestígio político o incomodavam".[11]

Maurício repeliu a tentativa de suborno, mas decorridos menos de três meses, quando colaborava no diário *A Rua*, um agente de polícia lhe deu voz de prisão:

Artur Bernardes

"Ainda nas vésperas dessa prisão, novo motivo de ódio surgiu entre mim e Bernardes. Este assoalhara ter convidado a missão inglesa para vir ao Brasil pontificar finanças e eu, pela imprensa, pela *A Rua*, desmascarava esse embuste, mostrando que a missão inglesa fora imposta pelos credores e trazia a ordem da revisão constitucional, que um dia se consumaria, afinal, com o país na guerra civil".

Um "prognata lombrosiano", informa Maurício no seu livro, exercia as funções de diretor da Casa de Correção. Tal fulano mandou prender, sem ordem do governo, o jornalista Orestes Barbosa, a fim de se vingar de uma crítica que este fizera contra a sua administração naquele estabelecimento... Edmundo Bittencourt estava num cubículo da 10ª galeria da Correção. Certa vez o "prognata lombrosiano" apareceu na cela de Maurício, em estado de fúria contra Edmundo, querendo matar o dono do *Correio da Manhã* com um soco. Maurício lhe disse que o jornalista era um prisioneiro e ele, o diretor, "um carcereiro, armado até de metralhadora". O seu ato, por conseguinte, seria uma covardia:

"... ao que ele me respondeu, chulamente, sentir de ódio o seu mamelão inchar, provocando-me a réplica de que ali se achava como diretor de uma casa, onde estavam justamente centenas de homens porque tivessem inchado demais o mamelão".

A rigor, o substantivo *mamelão* é oriundo do francês *mamelon*, diminutivo de *mamelle*, teta, seio, mamilo... Desconcertou-se com a resposta, o monstro. E Maurício de Lacerda frisa que o diretor da Casa de Correção, um "carrasco-mor", fez bem em não entrar na cela de Edmundo Bittencourt para lhe tirar a vida, pois o jornalista tinha uma arma. Portanto, se tentasse cometer o crime, possivelmente haveria um carrasco de menos...

1926 avançava, derradeiro ano do despotismo de Bernardes, e apesar de ainda se encontrar detido, Maurício se tornou, graças a uma eleição, intendente do Conselho Municipal do Distrito Federal. Segundo o anarquista Everardo Dias, seu companheiro de infortúnio, "a massa, constituída em sua grande maioria da classe média e pequena burguesia, foi buscá-lo às portas da prisão para conduzi-lo à escadaria do Congresso Nacional".

Artur Bernardes. Caricatura de Alvarus.

Irrompera em São Paulo, no dia 5 de julho de 1924, dia em que Maurício de Lacerda perdeu a liberdade, um movimento militar revolucionário, chefiado pelo general Isidoro Dias Lopes. Governava o estado um político do PRP, o doutor Carlos de Campos. E a capital começou a sofrer um bombardeio incessante, determinado por Artur Bernardes. Os canhões das tropas federais, dos soldados sob o comando do general Potiguara, despedaçavam os civis – velhos, mulheres e crianças – enquanto Carlos de Campos fugia, a fim de se refugiar num subúrbio.

Humilhados, a extravasar ódio, despeito, os legalistas resolveram castigar alguns órgãos da imprensa. Em 29 de julho, o secretário da Justiça ordenou a suspensão de *O Estado de S. Paulo*, medida arbitrária que se prolongou até 16 de agosto de 1924.

Inconformado diante do gesto tipicamente fascista, o jornal ingressou em juízo contra a Fazenda estadual, pleiteando uma indenização de 2 mil contos de réis. A sentença lhe foi favorável, registrada em cartório no dia 3 de junho de 1929. Sem encontrar outra saída, a Fazenda do Estado teve de pagar à empresa editora do matutino, por danos materiais, a quantia de 248 mil contos.

Alguns meses após o fim do seu mandato, Artur Bernardes proferiu esta frase em Paris, na residência do engenheiro Luís Carlos da Fonseca:

– Não me deixaram governar o Brasil.

Depois acrescentou, preocupado com o julgamento da História, da posteridade:

– Um dia hão de me fazer justiça. Eu tive a suprema coragem de parecer covarde.

É o caso de indagar: ele não foi covarde quando permitiu, por longo tempo, a prisão de Maurício de Lacerda, prisão sem processo nem culpa formada? Também não procedeu como um covarde, ao autorizar o bombardeio de São Paulo, do qual proveio a morte de dezenas de inocentes? Não foi covarde ao admitir o vandalismo contra uma cidade desprotegida, o aniquilamento de velhos, mulheres e crianças? Se tudo que mencionamos não é pura e simples covardia, então é preciso modificar, nos dicionários da língua portuguesa, o significado deste vocábulo.

* * *

No décimo quadriênio, isto é, no governo de Washington Luís, quando o Congresso já havia aprovado a Lei de Imprensa, o *Correio da Manhã*, em consonância perfeita com a independência de Edmundo Bittencourt, publicou um artigo onde o título se assemelhava a uma rajada de metralhadora:

Lei infame, lei celerada

Juca Pato jogando Artur Bernardes no lixo. Desenho de Belmonte

Esta lei permitia aos jornais, como a dádiva de um deus caprichoso, "a discussão e a crítica se tiver por fim esclarecer e preparar a opinião para as reformas e providências convenientes ao interesse público, contanto que se use linguagem moderada, leal e respeitosa". Quanta hipocrisia! O Estado era um fariseu, um tigre vestido de ovelha, abafando os seus bramidos, arrulhando doçuras de noivo... Mas deixava entrever as garras e mesmo sorrindo polidamente, de acordo com as normas da etiqueta, não conseguia ocultar os colmilhos aguçados...

Às vésperas da Revolução de 1930, ainda no governo do "paulista de Macaé", surgiu um curto período de estado de sítio, o qual gerou a prisão de numerosos jornalistas.

5

A SANHA CONTRA A IMPRENSA, DA REVOLUÇÃO DE 1930 ATÉ A RENÚNCIA DE JÂNIO

Delineada a vitória do movimento de 1930, as sedes de vários periódicos contrários à revolução foram depredadas. No Rio de Janeiro, por exemplo, em 24 de outubro daquele ano, data que marca o epílogo da revolta, atearam fogo no edifício de *O País*. E na praça Mauá incendiaram os móveis e objetos da redação de *A Noite*. Outras folhas padeceram nas garras dos ventas-rasgadas: *A Crítica*, *A Notícia*, *A Vanguarda*, o *Jornal do Brasil*. Em São Paulo, no mesmo dia, ocorreu o empastelamento do *Fanfulla*, que estava a serviço do PRP, bem como o de *A Gazeta*, na rua Líbero Badaró, e o do *Correio Paulistano*, na praça Antônio Prado.

No ano de 1932, exasperados com a oposição do *Diário Carioca* ao Tenentismo, com a atitude desassombrada de José Eduardo de Macedo Soares, seu fundador, alguns elementos decidiram empastelar esse jornal. Cerca de cento e sessenta ho-

O empastelamento do *Fanfulla*, em São Paulo, no dia 24 de outubro de 1930. Este jornal estava a serviço do Partido Republicano Paulista.

mens, no dia 25 de fevereiro, entre os quais se achavam cinquenta oficiais do Exército, desceram de automóveis e caminhões do Ministério da Guerra e da Prefeitura do Distrito Federal, todos fortemente armados, e passaram a destruir, na redação e nas oficinas, os móveis, as máquinas e os utensílios. Dois empregados do jornal, durante o salseiro, ficaram feridos.

A truculência produziu uma grave crise política, que Getúlio Vargas procurou solucionar com o seu modo ambíguo e reticente. Segundo algumas testemunhas, o general Leite de Castro assim comentou o episódio:

— Houve o que há muito eu previa. Os tenentes fizeram o que eu faria, se tivesse vinte anos.

João Neves da Fontoura, no livro *Acuso!*, de 1933, condenou a ação depredatória:

"O móvel aparente do crime fora a precariedade da censura à imprensa, que o novo ministro, num gesto liberal, levantara de início. Os moços militares não admitiam que os jornais lhes analisassem a conduta pública. Cada um deles se arrogava os privilégios de divindade intangível. No fundo, uma desculpa infantil, pois ao tempo do ministério Aranha, o sr. Macedo Soares escrevia seus artigos com a mesma virulência de linguagem e almoçava diariamente com o ministro".

Mas um autor defendeu os baderneiros: Virgínio Santa Rosa, no ensaio *O sentido do Tenentismo*, que é também uma resposta à obra de Alcindo Sodré, intitulada *A gênese da desordem*. Virgínio foi membro da Liga de Defesa da Cultura Popular, estabelecida no Rio de Janeiro, em abril de 1935, como um movimento político ligado à Aliança Nacional Libertadora, frente ampla de socialistas, comunistas e democratas, cujo objetivo era o desafio à miséria, ao latifúndio, à injustiça social, ao Fascismo, ao imperialismo econômico. No seu livro, publicado em 1932, ele assegura que os tenentes se tornaram "meros joguetes de leis sociais inexoráveis". Desejavam implantar uma ditadura forte, enérgica, apta a empreender a metamorfose da sociedade brasileira, por intermédio de reformas drásticas e profundas, a, fim de assegurar o domínio mais ou menos duradouro das classes médias urbanas e rurais. Este juízo talvez explique a simpatia de Virgínio pelos tenentes, a sua visão do atentado contra a sede do *Diário Carioca*:

"A imprensa redobrou os seus ataques ao Tenentismo, apresentando os seus homens representativos como as piores pragas sociais e os mais perfeitos analfabetos do nosso ultra-analfabetismo. Em nome da democracia, cuja existência eles julgavam seriamente ameaçada, excitando os preconceitos populares, os nossos jornalistas começaram afoitamente a demolição dos próceres do Outubrismo. Iniciara-se uma campanha de natureza exclusivamente pessoal, agressiva e indigna como costumam ser todas as campanhas do jornalismo indígena. E o *Diário Carioca*, acolhendo ressentimentos e agravos alheios, destacou-se no desmando de atitudes e desabridamento de linguagem. Os militares, a grande maioria do núcleo outubrista, tendiam a repelir as ofensas, e a reação, como era fatal, devia vir sob a forma de violência. Sem imprensa e outros meios de combate, só lhes restava o recurso da agressão física".

Depois, a fim de reforçar a sua defesa, Virgínio Santa Rosa complementa:

"Ademais, assim já o observou Oliveira Viana, o pundonor da bravura e valentia torna o militar um explosivo demasiadamente deflagrante quando em contacto com os processos rasteiros e vis do nosso meio politiqueiro. Eles entram nas lides partidárias com os mesmos preconceitos e a mesmíssima mentalidade do quartel, sem conformar-se com as deficiências da nossa falta de educação cívica. Daí os atritos, os atentados e violências inomináveis, toda vez que as vicissitudes da vida nacional os chamam ao cenário político. O explosivo detona ao menor insulto. E, assim, obedecendo a essa constante da nossa existência social, o *Diário Carioca* foi brutal e desassombradamente empastelado, com espetaculosidade rara, aparato de caminhões, forças e metralhadoras. Não bastando a violência, os responsáveis fizeram ostentação da brutalidade e da força".[12]

* * *

Um periódico de Assis Chateaubriand, *O Jornal*, pelo motivo de apoiar a Revolução Constitucionalista de 1932, resignou-se a ver a sua sede e a sua maquinaria confiscadas. João Alberto instigou a arbitrariedade. E na oficina do diário, *mutatis mutandis*, começou a ser impressa A *Nação*, uma folha do governo...

A derrota militar de São Paulo causou o exílio de briosos jornalistas, como Paulo Duarte e Júlio de Mesquita Filho. No exterior, ao menos, eles estavam distantes da lei das rolhas, das obtusas guardas pretorianas, dos daltônicos tribunais da ditadura.

O ódio, a fúria dos mandões contra a imprensa, podem impregnar o espírito de um artista, modificando-lhe a personalidade. Em 1º de julho de 1933, por exemplo, apareceu no *Correio da Manhã* uma crônica de Gondin da Fonseca, que ele assinou com e pseudônimo de M. Cláudio. Conforme escreveu o autor dessa crônica, o nome *João* é indispensável na feitura dos pseudônimos:

"Vão-se de cada vez tornando-se mais raros os pseudônimos sem João: Mendes Fradique, Tristão de Ataíde, Oscar d'Alva, Procópio Ferreira.

O caso deste último é interessante. Nascido no Funchal (ilha da Madeira), Procópio, que se chama, efetivamente, segundo já li em livro, João do Quintal Ferreira Júnior, veio pequeno para o Brasil e aqui estudou, cresceu e se fez homem. Entrando para o teatro, adotou um pseudônimo que a multidão já vai decorando e celebrizando. Amigo dos nossos homens de boemia e de letras, auxiliou ou custeou integralmente do seu bolso a publicação dos versos de Moacyr de Almeida – o saudoso poeta falecido com 23 anos – e das *Fábulas*, de Catulo Cearense. Além disso, quantas peças nacionais tem interpretado no decurso deste último decênio? Quantas?"

E Gondin acrescentou de modo lírico, pondo o artista nos carrapitos da lua:

"Todavia, mais do que qualquer comendador, presidente de sociedades regionais portuguesas, Procópio não esquece a Mãe-Pátria, o velho Portugal, e assim é que, nas suas companhias, admite de preferência atores lusitanos. Atores, atrizes, comparsas, empregados subalternos, etc. Poder-se-á, no entanto, com justiça, negar aplauso a tal atitude? Não, por certo. O que às vezes acontece é que, da confusão de prosódias verificada no palco da companhia de Procópio, nasce para o espectador um vago mal-estar: dir-se-ia que as peças são bilíngües...

Seja, porém, como for, João do Quintal Ferreira Júnior é um belo artista – tão amigo do Brasil quanto de Portugal. E fez um nome exclusivamente seu – Procópio Ferreira – nome que não herdou de ninguém, e do qual já se pode orgulhar".

Célere, impetuoso, após ler estas linhas no *Correio da Manhã*, o ator pegou um revólver e voou até a redação do periódico, a fim de matar M. Cláudio. De fato, como salienta Gondin da Fonseca, a pecha de *português* doeu mais em Procópio do que qualquer outra que lhe pudesse ser lançada, pois ele se sentiu "injuriado, aviltado, sujo em sua honra". Só encontrou um caminho: a desafronta à bala. A muito custo, informa Gondin, "um redator do jornal o dissuadiu de levar por diante os seus propósitos sanguinários". Mas Procópio impôs ao *Correio da Manhã* a publi-

Procópio Ferreira, por Mendez

cação do seguinte termo do registro de nascimentos da 3º Pretoria Cível da freguesia de Santo Antônio:

"*Aos nove dias do mês de julho de mil oitocentos e noventa e oito, nesta capital e cartório, compareceu Francisco Firmino Ferreira, natural de Portugal, de vinte e nove anos de idade, artista, morador à rua dos Inválidos setenta e oito, filho de Manuel Ferreira e Rosa de Jesus Ferreira, casado em Portugal com Maria de Jesus Ferreira, natural de Portugal, de vinte e sete anos de idade, filho de João Quintal e Gertrudes de Jesus; perante as duas testemunhas abaixo nomeadas e assinadas, declarou-me que em sua casa, às doze horas de manhã de ontem, sua mulher dera à luz a uma criança de cor branca e do sexo masculino, que tomou o nome de João. E para constar lavro este termo que lido assina o declarante com o escrivão e as testemunhas Antônio Alves Cunha, português, solteiro, de foro e morador à rua Uruguai, onze, e João do Nascimento Natal, brasileiro, casado, morador à rua D. Feliciana, etc"..*

Depois da publicação do termo, a Colônia lusa mostrou-se ofendida. O embaixador de Portugal explicou:

– E por duas razões. Primeiro, porque ele não provou chamar-se Procópio; segundo, porque se envergonhou de ser português. Arre! Ser português é desdouro?[13]

Temos a impressão de que Procópio Ferreira, influenciado pelo assalto dos tenentes ao *Diário Carioca*, ocorrido no ano anterior, também resolveu socorrer-se da violência, da força bruta, para "desenxovalhar a sua honra". Portanto convém repetir: o ódio, a fúria dos mandões contra a imprensa, podem impregnar o espírito de um artista, modificando-lhe a personalidade...

* * *

Aparício Torely, mais conhecido como Barão de Itararé, dirigia

---

13 FONSECA, Gondin da. *Arame farpado*. Rio de Janeiro, A. Coelho Branco Fº Editor, 1934, p. 168.

em 1934 o *Jornal do Povo*. Este começou a publicar um folhetim sobre a revolta dos marinheiros, liderada por João Cândido no ano de 1910. Um grupo de oficiais da Marinha, sob a influência dos integralistas e irritado com esse texto, resolveu punir o jornalista.

No dia 19 de outubro de 1934, véspera da chegada do futuro papa Pio XII ao Rio de Janeiro, o Barão de Itararé se viu cercado por cinco homens numa rua de Copacabana, todos de revólver em punho:

– Somos da polícia. Entregue-se!

Meteram o jornalista num automóvel, que depois rumou para a estrada da Gávea. De repente um dos assaltantes quis saber se o sequestrado tinha família. Aparício respondeu:

– Isto não vem ao caso. Nem é da conta dos senhores. Nesta situação só interessam os que estão aqui: os senhores cinco e eu...

Anunciaram-lhe a morte, Aparício iria comer capim pela raiz:

– Escreva despedindo-se. É um favor que lhe prestamos.

Incisiva foi a resposta:

– Dispenso-o.

Pairou um silêncio estranho. Segundo o depoimento da vítima, os sequestradores pareciam estar constrangidos, vacilavam, esmagados pela própria indignidade daquela ação. Mas um deles abriu a boca:

– Assuma o compromisso de retirar do *Jornal do Povo* o folhetim sobre a revolta dos marinheiros em 1910.

Deixemos o próprio Barão

O Barão de Itararé, por Guevara

de Itararé contar o que lhe veio à mente:

"Então vi tudo. Não eram policiais. Eram oficiais da Marinha, dos quais há dias vínhamos recebendo ameaças constantes e de cujos movimentos estávamos a par, esclarecidos por marinheiros nossos amigos, operários do Arsenal e fuzileiros. Muitos destes escreveram-nos cartas narrando o que se passava a bordo com relação ao *Jornal do Povo*, arrebatado das mãos das tripulações e rasgado pelos comandantes. E algumas dessas cartas foram publicadas em nossas edições".

Réplica imediata, corajosa, obteve o conselho daquele sequestrador:

– Não, não farei isto. Nem adiantaria nada. Se eu, por uma atitude de fraqueza, assumisse qualquer compromisso, seria desautorizado pelos meus companheiros. O *Jornal do Povo* tem uma linha definida. Não recuaria, mesmo que um dos seus diretores recuasse. Não me comprometo a coisa alguma.

Esta réplica altiva, viril, enfureceu os cinco militares. Trêmulos de ódio, espancaram Aparício, proferindo insultos num "calão abjeto", cortaram-lhe os cabelos e arrancaram-lhe as roupas:

"Queriam eliminar-me. Sentia-se que eles tinham uma vontade criminosa de me fuzilar, mas temiam as conseqüências".

Ocorreram trocas de opiniões, um aconselhou a soltar tiros nos pés do Barão, para ele ficar aleijado, outro achava melhor afogá-lo. Finalmente decidiram largar a vítima lá pelas bandas de Jacarepaguá. Dali, em cuecas e com a cabeça raspada, o jornalista conseguiu pegar um táxi.

Grande, estrepitosa, a repercussão do sequestro. Norton Demaria Boiteux, comandante de navios, enviou um telegrama a Aparício, hipotecando-lhe solidariedade, embora o almirante Protógenes Guimarães, ministro da Marinha, houvesse afirmado que a questão não era da alçada do seu ministério. Fato incapaz de alterar o bom humor do Barão de Itararé, pois ele colocou o seguinte aviso na porta da redação do *Jornal do Povo*:

Entre *sem bater*

Assunto delicado, explosivo, o levante dos marinheiros em 1910, a chamada "Revolta da Chibata", que inspirou a Aparício Torely o folhetim causador da agressão por ele sofrida. Qualquer referência à epopeia do marujo João Cândido, o impávido "almirante negro", feria a suscetibilidade dos aristocráticos oficiais da Marinha brasileira. Era um assunto tabu e abordá-lo seria grave ofensa à arma gloriosa de Tamandaré. Aliás, por ter lançado um livro sobre este episódio histórico – obra serena, objetiva e imparcial – o repórter Edmar Morel teve os seus direitos políticos cassados, após a vitória do movimento de 1964.

O jornalista Paulo Pereira escreveu isto num artigo de sua lavra, reproduzido em 1º de novembro de 1990, no número 142 do *Diário do Congresso Nacional*:

"Vicente Rao ordenou o seqüestro do jornalista Aparício Torely (o *Barão de Itararé*), libertando-o na floresta da Tijuca, sem custas de resgate, porém com a cabeça raspada".

A informação de Paulo Pereira é falsa ou digna de crédito? Sabemos que Vicente Rao se tornou ministro da Justiça em julho de 1934. Obteve, no exercício de suas funções, vigoroso apoio do chefe de polícia do distrito federal, do truculento Filinto Müller, o principal responsável pelo assassinato de Olga Benário Prestes num campo de concentração da Alemanha nazista. Convém lembrar: o próprio Rao, depois do êxito da Revolução de 1930, ocupou em São Paulo o cargo de chefe de polícia. Dotado de um espírito sistemático, ele exibia acentuadas tendências direitistas. Tal fato o levou a redigir a tirânica Lei de Segurança Nacional, sancionada em 4 de abril de 1935, e a criar, em janeiro do ano seguinte, a assustadora Comissão Nacional de Repressão ao Comunismo. Autor de várias leis arbitrárias, paladino dos governos fortes, inflexíveis, até antes do advento do Estado Novo, embora fosse catedrático de Direito Civil, o professor Vicente Rao, certa ocasião, ouviu numa sala de aula estes gritos dos seus alunos:

— Rao! Réu! Rua!

Orlando Dantas, diretor do matutino carioca *Diário de Notícias*, evocou o golpe de 1937 no artigo "Coisas destes 18 anos", publicado no referido órgão, em 13 de junho de 1948:

"Fui em 10 de novembro de 1937, quando se fundou a segunda ditadura de Vargas, o único diretor de jornal preso neste país. Não me levaram à Casa de Correção por motivo de conspiração, de participação minha, armada, perigosa, nos encontros em que os brasileiros livres se entendiam a cada passo, para defender a pátria contra o plano sinistro que os homens do governo e os seus asseclas estavam preparando. Vitorioso o golpe de Getúlio e da sua gente, mandou-me Filinto Müller para a prisão, por ordem do Catete, 'a título de advertência'. Essa honra, eu a recebi, simplesmente porque o meu jornal, livre até a véspera, viera cumprindo, com severidade, o seu dever. Nos três anos e pouco de regime constitucional, não deixara de zurzir, sem meias palavras, o grupo que assaltara o poder para uma obra de saque e para reduzir a zero o nível moral, administrativo e político do Brasil, de modo a não ficar pedra sobre pedra".

Corria o ano de 1938, o país mergulhara passivamente no regime autoritário. Um jornal clandestino começou a circular nos centros importantes da política e da administração pública. Chamava-se *Brasil* e era redigido por Paulo Duarte e Júlio de Mesquita Filho. Este jornal tirava o sono da ditadura, informa Duarte. As autoridades ofereceram um prêmio de 200 contos, quantia enorme para a época, a quem descobrisse os responsáveis pelo *crime*:

"O desespero do governo chegou a tal ponto que as buscas policiais estenderam-se a todo o país. Primeiro desconfiou-se de São Paulo, que era o centro mais contrário à ditadura, mas depois a ação policial alastrou-se. O Rio de Janeiro foi também vasculhado, depois estendeu-se a gana policial a Belo Horizonte, depois a Salvador, a Recife, a Fortaleza, a Porto Alegre. Em São Paulo não houve tipografia, por insignificante que fosse, que não tivesse sido vasculhada; não houve casa de suspeito, como no Rio ou Belo Horizonte, que não fosse invadida, tudo inútil, porque *Brasil* continuava a sair e a ser distribuído".

Paulo Duarte, o autor destas linhas, fornece outro esclarecimento: "No mês de janeiro deste ano de 1938, saíram cinco números do *Brasil* e cada qual mais escândalo provocando. Mas o número 5, com data de 26 de janeiro, acendeu o furor entre os ditatoriais e a corja de bajuladores, principalmente estes últimos manifestaram a sua ira com mais vigor. O artigo de abertura foi para desmanchar a balela de que o jornal era contra o Exército. Fizemos nossas as palavras de Rui sobre as classes armadas. Respeitamo-las enquanto ficarem em seu lugar. O Exército e a Marinha têm de cuidar do Exército e da Marinha, esta é a sua função. Mas o militar que vier para a política, abandonando o quartel, é um perjuro. Deixa de servir o seu país para desservir a nação".[14]

Tanto Paulo Duarte como Júlio de Mesquita Filho se tornaram os grandes suspeitos. Eram julgados os mais atrevidos, os jornalistas mais capazes de realizar uma ação tão perigosa. Resultado: Paulo foi preso quinze vezes, durante o ano de 1938, e Mesquita o acompanhou nesse calvário. Permaneceram longo tempo detidos, "ora no Esquadrão de Cavalaria do Ibirapuera, ora no Hospital do Exército, no Cambuci, ora na Delegacia de Ordem Política, à rua Visconde do Rio Branco, esquina da rua Timbiras, ora no chamado presídio do Paraíso, ora na Cadeia Pública, à avenida Tiradentes, ora em outras prisões e presídios".

Usando uma fonte nova de matrizes, comprada no exterior, ape-

---

14 DUARTE, Paulo. *Memórias*. São Paulo, Editora Hucitec, 1977, volume VI, p. 128.

nas um linotipista de confiança, das oficinas de *O Estado de S. Paulo*, compunha em sigilo o jornal *Brasil*. A impressão se efetuava à noite, na gráfica da Prefeitura, como se fosse um ritual da misteriosa Bucha, esta sociedade secreta fundada em São Paulo por Júlio Frank, no ano de 1831. E os clichês vinham das mãos do velho socialista Luigi Giusti, chefe da seção de gravura do *Estado*. Muito bem impresso, com oito páginas, o pequeno jornal clandestino tinha caricaturas feitas por Belmonte, que sempre mostrou a capacidade, segundo escreveu Paulo Duarte, de alterar o seu traço tão individual e tão característico.

O *Brasil*, dono de "violência terrível", aparecia em toda parte, como um novo rei Davi, disposto a abater outro gigante, outro Golias. Saíram vinte e um números. Deixou de circular em novembro de 1938, por causa do exílio dos seus responsáveis. Cheia de zelos, a polícia técnica contratou exímios peritos, no afã de identificar as máquinas onde ele era composto e impresso. Tudo inútil. Para responder às críticas do *Brasil*, a ditadura lançou o jornaleco *O Estado Forte*, modelo eloquente de sabujice, da arte de se desmanchar em zumbaias, diante dos ministros de um regime de arbítrio.

Homem frio, cerebral, pretendendo fiscalizar os jornais, e censurá-los quando julgasse necessário, Getúlio Vargas criou o DIP, o Departamento de Imprensa e Propaganda. Isto se fez pelo Decreto 1.915, de 27 de dezembro de 1939. A direção do novo órgão coube ao sergipano Lourival Fontes, um fascista convicto, e tão convicto, tão entusiasta de Mussolini, que confessou a um periódico carioca, no ano de 1934:

Lourival Fontes, por Alvarus

– Não sou apenas um escritor fascista, pois sou integralmente fascista.

As relações do DIP com a imprensa, como as do senhor feudal na Rússia tzarista com os servos da gleba, nem sempre transcorreram num clima de cordialidade. Logo que começou a publicar – é um exemplo – as suas denúncias contra as torturas da polícia de Filinto Müller, reunidas mais tarde no livro *Falta alguém em Nuremberg*, o jornalista David Nasser foi intimado a ir a uma delegacia. E ali, sem qualquer preâmbulo, os tiras queriam obrigá-lo a engolir a folha onde colaborava. Anos depois, David Nasser informou, empregando o humor negro, que os tais machões acabaram desistindo do "admirável projeto".

Segundo esclareceu Júlio de Mesquita Neto, durante a II Semana de Estudos de Jornalismo, realizada em São Paulo, "a ditadura de Vargas, com o objetivo de manter a imprensa sob seu controle, instituiu um sistema de financiamento indireto do papel importado, mediante o qual os jornais obtinham a sua matéria-prima essencial por um preço muito inferior ao do mercado mundial". O governo cobria a diferença, pois tinha a faca e o queijo na mão. Por haver sempre combatido os favores cambiais, salienta o referido jornalista, opondo-se a esta dependência, a este vínculo amoral, *O Estado de S. Paulo* se transformou, não poucas vezes, "em alvo de ataques e campanhas difamatórias". Uma prova dessa hostilidade, da fúria de uma ditadura encardida de raiva contra a altivez de um periódico, o leitor a encontra no episódio de 25 de março de 1940, quando a polícia permitiu que os seus beleguins ocupassem a redação de *O Estado de S. Paulo*, sob o pretexto de "descobrir" armas no forro do prédio e de eliminar um "movimento conspiratório"... A violência dos galfarros do governo cesariano nos traz à memória aqueles versos de um folheto de cordel, da lavra de João Cordeiro de Lima:

"O vigia nessa hora
de raiva vinha encardido,
partiu em cima do moço,

como um cão enraivecido".

Nas fazendas é usado o açaimo, um cabrestilho que se põe no focinho dos cães e de outros bichos, a fim de não comerem ou não morderem. A ação do DIP, no decorrer do Estado Novo, teve a natureza repressiva de um açaimo, de uma mordaça. Para ele – o DIP – a imprensa rugia como uma besta selvagem, um animalzão barulhento, arruaceiro, do qual era sempre preciso desconfiar ou tapar a bocarra.

As diretrizes da censura do Estado Novo, recolhidas por David Nasser, foram apresentadas pelo boletim da Associação Brasileira de Imprensa, no seu número de novembro-dezembro de 1974. Eis as normas concernentes a março de 1944, citadas trinta anos depois, na vigência de outro regime ditatorial:

"O Departamento de Imprensa e Propaganda (DIP) veta:

5 – Nada sobre questões com o Instituto dos Marítimos, mesmo como matéria paga, antes do despacho do Judiciário.

7 – a) Nada sobre o caso Cauby de Araújo, a não ser o que já havia sido passado e julgado; b) Nenhuma fotografia da Rússia.

8 – A Companhia de Navegação Aérea 'Condor' deve ser chamada 'Cruzeiro do Sul'.

9 – Nada sobre o trânsito de oficiais norte-americanos pelo Brasil.

16 – Nenhum ato oficial do Governo deve ser antecipado, seja ele qual for.

18 – Não noticiar a viagem do sr. Benjamim Vargas ao Rio Grande do Sul; b) Reiteração da ordem de proibição de fotografias de guerra da Rússia.

20) – a) Nenhum ataque à Companhia Antártica Paulista.

22) – a) Nada sobre a demissão do presidente do Banco do Brasil; b) Nenhuma notícia sobre a doença do Sr. Getúlio Vargas Filho.

25) – a) Nenhuma notícia antecipada da viagem do Presidente.

26 – a) Reiteração de ordem antiga, no sentido de não ser noticiado nenhum desastre de aviação, senão através da nota oficial do DIP; b) Nada sobre a posse do novo Coordenador, além da nota oficial.

27) – a) Regresso do Presidente da República. Nem notícias, nem fotografias; b) Sobre o petróleo, querosene e outros combustíveis, nada, a não ser de ordem do DIP, ou mediante consulta; c) Não noticiar a passagem pelo Brasil de autoridades norte-americanas".

Estas proibições exibem o férreo arbitrarismo de um Estado policial, de coloração nazifascista. Nem a viagem de Benjamim Vargas, irmão do ditador, nem a doença do filho deste, o Getulinho, podiam ser noticiadas. Fotografias da guerra na União Soviética também eram proibidas, a fim de que os jornais não pudessem "fazer propaganda do Comunismo". Aliás, as diretrizes do DIP para o mês de janeiro de 1945, quando o regime já ia caindo na agonia, ainda se mostravam muito rigorosas:

"12 – a) Reiteramos as instruções segundo as quais não pode ser divulgada nenhuma notícia ou fotografia retirada de jornais ou revistas nacionais ou estrangeiras, sem consulta prévia deste Departamento; b) Comentários, tópicos, notícias, etc., referentes ao Congresso dos Escritores, em São Paulo, somente podem ter curso depois de visados por este Departamento.

13 – Reiteramos as instruções segundo as quais não podem ser antecipados os atos do Governo. Desta forma, não pode ser transcrita a matéria publicada pelo Diário da Noite, *sobre novas leis (Código Eleitoral).*

15 – Quaisquer cartas de expedicionários somente podem ser divulgadas, pela imprensa ou pelo rádio, depois de submetidas às apreciações prévias deste departamento.

16) – a) Não pode ser publicado um telegrama enviado pelo sr. Antônio ao sr. Nelson Rockefeller sobre o preço do café; b) Não pode ser publicado o protesto da Associação Comercial de Lins contra vendas de café efetuadas pelo Departamento Nacional do Café.

17) – a) Não pode ter curso nenhuma notícia sobre a viagem, chegada, partida, etc, de uma alta patente (Sunner Welles) norte-americana pelo Brasil; b) Está liberada a reportagem procedente de Pindamonhangaba referente a uma operação pelo espírito de um médico.

18) – a) De conformidade com que dispõe os itens 11 e 12 das instruções permanentes, não pode ser divulgada nenhuma matéria sobre o movimento dos portos nacionais (entrada, saída de navios, etc.), que envolva a navegação dos países beligerantes, inclusive o Brasil; b) De acordo com as recomendações anteriores, não pode ter curso nenhuma matéria a respeito de manifestos, memoriais, etc., de caráter coletivo, notadamente aqueles que são enviados ao Presidente Getúlio Vargas.

19 – a) Não pode ser transcrito nem comentado o telegrama enviado ao Presidente da República pela Associação da Lavoura de Lins; b) Já pode ser publicada qualquer matéria referente ao Congresso dos Escritores, a ser realizado em São Paulo.

22 – a) Não deve ser noticiado o desastre ocorrido com um automóvel do general Mendes de Morais, em Copacabana; b) A notícia de uma reunião que teria sido realizada ontem, com a presença de elementos oficiais e personalidades políticas, só deverá ser publicada se for distribuída pela Agência Nacional.

23 – a) Não pode ser publicada, sem apreciação prévia do DIP, nenhuma matéria referente à FAB na Europa; b) Fica proibido o anúncio sob o título 'vinte e cinco mil dólares num contrato espetacular', divulgado ontem pela Folha Carioca *e* Rádio Mayrink Veiga.

25 – Não pode ser transcrita a matéria publicada no Correio da Manhã *de ontem sob o título 'De ponto fixo na Avenida Atlântica', a respeito de carros com licenças especiais; b) Não pode ser transcrita a reportagem publicada em* A Notícia *de ontem sobre a compra de um terreno em Irajá pelo IAPC, c) Não pode ser transcrita a reportagem publicada em* A Notícia *de ontem, referente a lucros fabulosos.*

26 – Qualquer matéria referente a contrabando de pneumáticos só pode sair depois de visada pelo DIP.

27 – a) Não pode ser publicado nenhum manifesto, moção ou manifestação coletiva de caráter político-social, inclusive a moção à imprensa, votada no Congresso dos Escritores; b) Não pode ser transcrita a matéria sobre o orçamento e o funcionalismo baiano; c) Não pode ser noticiado o acidente com a sra. Campos Leão.

31 – a) Não pode ser divulgada nenhuma notícia ou discurso da sra. Alzira Vargas na LBA, mesmo distribuída pela Agência Nacional, b) Não pode ser transcrita a matéria sobre as eleições, publicada pelo Diário da Noite de São Paulo; c) Não pode ser noticiada a ida para os Estados Unidos da sra. Vergara Portela".

Ordens típicas de um Estado totalitário. Enquanto eram baixadas, os soldados e os aviadores brasileiros lutavam e morriam na Europa, em defesa da liberdade, da democracia, a fim de que o Nazismo pudesse ser esmagado... Até as cartas dos pracinhas estavam sob vigilância Os censores temiam as coisas do além, pois liberaram, após certo tempo, a tal reportagem procedente de Pindamonhangaba, sobre uma operação executada pelo espírito de um médico... Por que proibir a notícia a respeito de um desastre com o automóvel do general Mendes de Morais? Talvez para não dar a impressão de revolta, de atentado terrorista, concebido por inimigos de Getúlio... Nenhum comentário a propósito da Força Aérea Brasileira, das suas proezas heroicas no céu da Itália, nenhum comentário em torno desse assunto aparecia na imprensa, sem o beneplácito do DIP. E, conforme já vimos, um discurso de Alzira Vargas foi vetado, o que demonstra que a censura não poupava a própria filha do ditador.

A partir do ano de 1940, o DIP impediu, com mão de ferro, o registro de 346 revistas e 420 jornais. Prova eloquente da ação de um departamento fascista, para o qual, como todos os departamentos dessa natureza, o direito da força era sempre superior à força do Direito.

* * *

Enganam-se os que consideram o governo Dutra, iniciado pouco depois da queda de Getúlio, essencialmente liberal e democrático. A rigor, era um governo farisaico. Pregava a paz, a concórdia, e no entanto agia com violência, chegou a vender armas brasileiras para a República Dominicana, por ocasião de uma guerra fratricida, quando dirigia esse país, como tirano sanguinário, o ditador Rafael Leonidas Trujillo.

Na época de Dutra, os comícios populares eram dissolvidos a bala; as autoridades proibiram as comemorações de 1º de maio, o Dia do Trabalho; foram processados cerca de mil e quinhentos operários paulistas, que entraram em greve. Os grevistas presos não podiam se comunicar com ninguém. Como haviam socorrido as vítimas de espancamentos policiais, vários médicos se viram afastados dos centros de saúde, perderam os seus empregos.

Tendo tomado posse em 31 de janeiro de 1946, o general Eurico Gaspar Dutra cancelou, em maio do ano seguinte, o registro do Partido Comunista Brasileiro. Um jornal desse partido, a *Tribuna Popular*, tornou-se alvo da selvageria dos policiais, pois a sua redação perto da Câmara dos Deputados, e a sua oficina, na rua do Lavradio, foram arrebentadas, reduzidas a escombros. Herbert Moses, presidente da Associação Brasileira de Imprensa, após obter garantias de Benedito Costa Neto, ministro da Justiça, encaminhou ao hospital as vítimas desse atentado. Também exigiu a liberdade dos gráficos e dos jornalistas presos.

General Dutra, por Augusto Rodrigues

O retorno de Vargas à presidência da República, em 31 de janeiro de 1951, acirrou o bravio espírito oposicionista de Carlos Lacerda. Jornalista que se utilizava da *Tribuna da Imprensa* como Roldão, no desfiladeiro de Roncesvales, brandia a durindana, a fim de proteger as hostes de Carlos Magno, o vulcânico Lacerda não se valia de circunlóquios. Lascava a pau. Numa de suas diatribes, a de 11 de junho de 1954, ele descreveu Getúlio como "o patriarca do roubo, o protetor de todos os corruptos, o Gerente Geral da Corrupção no Brasil".

Convertendo-se em porta-voz dos adversários do governo, assestando contra este os canhonaços de uma artilharia demolidora, o filho de Maurício de Lacerda exacerbou a ira de alguns radicais e a efervescente fome de vingança desses guascas-largados. Tal ódio explodiu como rebenta um petardo mortífero. Aconteceu no dia 5 de agosto de 1954, já no início da madrugada, no momento em que o jornalista voltava para o seu lar na rua Tonelero, em Copacabana, junto de um filho e do major Vaz, da Aeronáutica. Dois pistoleiros, de tocaia, abriram fogo. Lacerda recebeu um tiro no pé e o militar estatelou-se na calçada, o sangue jorrou-lhe do peito e ensopou a sua camisa amarela. O major não tardou a falecer.

A identificação dos autores do crime, indivíduos da guarda pessoal de Getúlio, provocou o suicídio deste, no dia 24. Sob certo aspecto, os tiros desfechados em Lacerda, um dos quais liquidou o major Vaz, foram tiros contra a imprensa, estampidos contra a voz de um jornalista. Não importa se esta voz, muitas vezes, revelava as paixões de um espírito nem sempre justo, honesto, sereno, ponderado. Não importa. Aquelas balas, na verdade, queriam silenciar a imprensa louca, implacável, destabocada, porém livre, independente, corajosa, sem açaimo ou peias na língua.

É necessário não esquecer o caso do repórter Nestor Moreira, do jornal *A Noite*. Certo dia de 1954, durante o governo de Getúlio, esse repórter se desentendeu com o "Coice de Mula", apelido de um truculento policial lotado numa delegacia de Copacabana. Após receber vários murros, homérica pancadaria, aplicada pelo brutamontes, Moreira foi "tomar a bênção a São Pedro".

Diante do seu corpo, exposto na redação daquele jornal carioca, milhares de pessoas desfilaram, políticos, advogados, jornalistas, operários, donas-de-casa, amantes do sadismo ou do masoquismo. Multidão de ar compungido, ávida de coisas mórbidas, invadiu o cemitério de São João Batista, a fim de acompanhar o sepultamento. Carlos Lacerda também apareceu, todo de preto, dos pés à cabeça. Outro jornalista ali presente, Samuel Wainer, enojado com a hipocrisia do diretor da *Tribuna da Imprensa*, declarou a um amigo:

— Vou-me embora. Não agüento ver a cara desse corvo na minha frente.

Inspirado no aspecto de Lacerda, no farisaísmo deste, Samuel Wainer e Paulo Silveira escreveram, para a *Última Hora*, o editorial "O corvo". A partir daí, Lacerda obteve a alcunha que para sempre se grudou na sua pessoa: "O Corvo da rua do Lavradio".

Eis o nome do "Coice de Mula", do tigre sanguissedento que fez o repórter Nestor Moreira entrar no além: Paulo Ribeiro Peixoto. A agressão ocor-

Carlos Lacerda, "O Corvo", por Lan

reu na madrugada do dia 11 de maio de 1954, porém o jornalista só veio a falecer onze dias depois. Segundo o laudo de exame cadavérico, Nestor, espancado na região lombar, teve os rins deslocados. Profunda hemorragia, forte coagulação do sangue, apressaram o início da sua viagem no expresso-de-madeira.

Dois vigilantes, também espancadores, ofereceram ajuda ao assassino: Celito Quitete e José Gonçalves. Um comissário, Gilberto Siqueira, presente no momento da sova, não quis tomar nenhuma providência, a fim de impedir o barbarismo. Eles foram impronunciados, escaparam da Justiça.

As patadas mortíferas do "Coice de Mula" se enquadravam, perfeitamente, no artigo 121, incisos III e IV do Código Penal, que estabelecia, em tais casos, a pena máxima de trinta anos de encarceramento. E antes de morrer no hospital Miguel Couto, cercado pelo desvelo dos seus médicos, o repórter acusou o delegado Fernando Bastos Ribeiro de ser o responsável por aquela selvageria, o mandante do crime. Qual o motivo, o que impeliu o delegado a agir como um chefão da Máfia? Coisa bem simples: as severas críticas de Nestor Moreira a ele, pois Fernando cometera toda sorte de desatinos em redor de outro crime – o da francesa Renée Aboab.

Quem percorrer os jornais da época ficará impressionado com a repercussão do caso. Herbert Moses, presidente da ABI, e o general Alcides Etchegoyen, presidente do Clube Militar, lançaram protestos inflamados. Chegou a haver a tentativa de

Herbert Moses. Caricatura de Alvarus.

dar uma feição política ao espancamento do repórter, mas Tancredo Neves, ministro da Justiça, acossado pelas perguntas dos jornalistas, soube defender o governo. Foi impossível, entretanto, refrear a cólera dos expoentes da imprensa. David Nasser viu no "Coice de Mula" um "chimpanzé assassino", que a fim de se tornar legalmente criminoso, entrara para a Polícia. Esta, na opinião de Franklin de Oliveira, era "um valhacouto de dementes, uma cubata de neuróticos sedentos de sangue". A tremer de indignação, o repórter Arlindo Silva publicou estas linhas na revista *O Cruzeiro*:

"Chamam-no de 'Coice de Mula'. Nenhum outro apelido retrataria, tão fielmente, o caráter sanguinário e a monstruosa formação física desse chacal de farda que é o assassino de Nestor Moreira. 'Coice de Mula' define-o bem. Paulo Ribeiro Peixoto, de humano tem, somente, o aspecto. Na realidade é um animal, uma besta que consegue manter-se de pé sobre duas pernas. A ruptura de um rim e do peritônio, as equimoses que se estendiam por todo o tronco do repórter massacrado, os sinais de socos encontrados pelos médicos legistas no rosto de velho Nestor, falam por si da violência e crueldade com que a fera atacou a vítima. O chacinador espancou com técnica. Aplicou no corpo cansado e quase cinquentenário de Nestor os chamados 'socos policiais', que atingem a vítima em lugares 'vazios'. Não deixam vestígios no exterior, mas rebentam os órgãos internos das vítimas. No caso de Nestor, porém, o bárbaro policial agiu com requintes de truculência, e os próprios golpes técnicos deixaram o corpo do repórter cheio de manchas negras. Não podia ser de outra forma, porque o apelido do criminoso é 'Coice de Mula'".

Araújo Jorge, promotor público, falou no tribunal sobre o caráter doloso do crime, a intenção homicida. Descreveu "os requintes de brutalidade animalesca" do "Coice de Mula" e solicitou, para ele, a pena máxima. Entretanto, de maneira quase lírica, os doutores José Ribamar e Mário Figueiredo, advogados do réu, apresentaram o ferocíssimo policial como um rapaz direito, de bons instintos, cumpridor dos seus deveres morais. Pegaram o Diabo e lhe forneceram o aspecto de anjo. Mas sem encontrar um firme ponto de apoio, conforme escreveu o jornalista Jorge Lyra, "a defesa recuava, avançava, dizia, desdizia, negava, afirmava". E pouco influiu no júri a peça oratória do doutor Evandro Lins, brilhante análise do crime, com o propósito de mostrar a nenhuma razão do seu cometimento.

Outro advogado notável, o doutor Serrano Neves, atuando na acusação, frisou que o assassinato do repórter havia sido perpetrado numa delegacia, num lugar onde se procura garantir a vida humana.

Epílogo dessa história: o juiz Souza Neto aplica no "Coice de Mula", em 27 de julho de 1956, a pena de nove anos de reclusão e um ano de detenção. Isto permitiria ao condenado, dentro de três anos, o livramento condicional. Justiça do nosso país, cuja venda nos olhos já deixou de ser, inúmeras vezes, o símbolo da imparcialidade, para se transformar em prova de sua cegueira, quando ela se atreve a punir certos crimes...

O assassinato de Nestor Moreira não foi um fato político, como os antigetulistas desejavam, mas sim um caso típico, bem eloquente, de arbitrariedade policial. Aliás, quanto a esta, sobram exemplos em nossa história.

No dia 24 de agosto de 1956, aniversário da morte de Getúlio, a polícia carioca, por determinação de Magessi Pereira, o chefe dos tiras, invadiu a redação da *Tribuna da Imprensa* e da sucursal de *O Estado de S. Paulo*, a fim de efetuar a apreensão dos exemplares dos dois jornais. É que estes haviam publicado o "Manifesto ao povo brasileiro", de Carlos Lacerda. Sem perda de tempo, o doutor Júlio de Mesquita Filho enviou um telegrama de protesto à Associação Interamericana de Imprensa:

"... não precisamos encarecer à AII a gravidade extrema dessas medidas, as quais indicam ter deixado de existir no Brasil a ordem legal e iniciado um regime que colocará a imprensa em idêntica situação de que sofrem neste momento nossos colegas da Colômbia, Venezuela e

República Dominicana".

Lacerda esbravejou, escreveu artigos repletos de indignação, condenando aquele atentado à liberdade de pensamento. O presidente do Brasil era Juscelino Kubitschek. Em setembro, o advogado Dario de Almeida Magalhães requereu, ao Supremo Tribunal Federal, um mandado de segurança contra essas ações do governo. Conseguiu a medida liminar...

Logo depois da renúncia de Jânio Quadros, em 25 de agosto de 1961, o *Correio da Manhã* e outros jornais bateram-se pela posse de João Goulart. Isto lhes custou algumas edições apreendidas, por ordem de Carlos Lacerda, na época governador do estado da Guanabara. E Lacerda, como vimos, havia experimentado na própria carne o ódio de certos inimigos da imprensa... Além disso, o que também não depõe a favor do seu caráter, ele foi jornalista do *Correio da Manhã*, onde redigiu, no ano de 1945, diversos artigos em forma epistolar. Júlio de Mesquita Neto protestou contra o ato de Lacerda:

"Um desses incidentes ocorreu na Guanabara, quando o governador era Carlos Lacerda. Não me recordo exatamente qual a notícia que os jornais então publicaram. Ele reagiu, impedindo a saída dos principais diários. Mandou apreender as edições do *Correio da Manhã*. Creio que isto aconteceu quando o senhor Jânio Quadros renunciou à presidência da República. Eu protestei. E quando o caso foi discutido na Associação Interamericana de Imprensa, voltei a manifestar a minha discordância com a arbitrariedade cometida".

As palavras aqui reproduzidas do doutor Júlio, diretor de *O Estado de S. Paulo*, foram pronunciadas em 16 de junho de 1970, durante a II Semana de Estudos de Jornalismo. Palavras que nos convencem de uma coisa: Carlos Lacerda nunca foi um liberal sincero ou democrata autêntico. No fundo era um mandão, devorado por insaciável ambição política. Quem prova isto, aliás, é o senhor Luís Viana Filho, no livro *O governo Castelo Branco*.

* * *

Com o apoio dos *Diários Associados*, grupo de jornais de Assis Chateaubriand, realizou-se em Belo Horizonte, no outono de 1961, uma solenidade na Associação Comercial de Minas Gerais. Proferiu um discurso, ali, para uma plateia conservadora, o general Punaro Bley, comandante da 4ª Divisão de Infantaria, sediada em Juiz de Fora. Ele afirmou que os comunistas eram uma séria ameaça ao regime democrático, pois se haviam infiltrado em todas as camadas da sociedade brasileira.

Após saber disso, o jornalista José Maria Rabelo, diretor do semanário *Binômio*, forneceu à sua equipe de repórteres a seguinte incumbência: investigar de modo minucioso o passado do general. Esses repórteres, entre os quais se achava o sutil e perspicaz Fernando Gabeira, descobriram, entre outras coisas, que Punaro Bley fora integralista militante e que mandara construir, como interventor federal no Espírito Santo, alguns campos de concentração, onde ficavam os seus inimigos políticos. A matéria saiu com esta manchete:

"Quem é o general Punaro Bley? Hoje democrata, ontem fascista".

O militar se estomagou, quando leu a reportagem. E disse ao diretor do semanário, pelo telefone:

— Você publicou um texto ofensivo à minha pessoa. Quero falar com você, a fim de resolver este caso.

Prudente, o jornalista aceitava um encontro, mas ele teria de ser efetuado na redação do *Binômio*. Em pouco tempo, vermelho de cólera, o general chegou e foi logo berrando:

— Não vim obter satisfações, seu canalha! Eu vim aqui para lhe dar uma lição!

De pronto, a bramir como touro enfurecido, Punaro Bley agarrou o jornalista pelo colarinho e aplicou-lhe um soco. No entanto, apesar do seu aspecto de intelectual, dos seus óculos de aro de tartaruga, José Maria Rabelo conseguiu reagir, dando dois murros no general, que o deixaram com um olho preto e o beiço partido.

Um capitão, ajudante de Bley, ouviu os gritos e entrou às pressas na sala. Os redatores do *Binômio* fizeram o mesmo. Viram a cena de pugilato e tentaram intervir. Quando o agressor se retirou, ensanguentado, o ajudante prometeu:

— Isto não vai ficar assim!

Rabelo chamou a polícia, a fim de mostrar que ele era a vítima. Soava nos seus ouvidos, como um vaticínio tenebroso, a ameaça do capitão.

Duas horas depois, cerca de trezentos oficiais do Exército cercaram as imediações do edifício do semanário. Proibiram o trânsito de veículos e a passagem dos pedestres. Munidos de fuzis e metralhadoras, velozes soldados das tropas de choque subiram as escadas, arrebentaram a porta e destruíram a redação. Uma árvore de Natal, símbolo do amor, da fraternidade – esta invasão ocorreu nas vésperas do dia 25 de dezembro – foi esmagada pelas botas desses soldados, transformou-se num informe montículo verde... Quebraram as mesas, as cadeiras, as máquinas de escrever, bem como as pias e os vasos sanitários do banheiro. E do lado de fora, na rua, bazucas haviam sido montadas, a fim de que as granadas-foguetes pudessem atingir a redação, de modo absolutamente preciso.

Concluída esta guerra, o doutor Magalhães Pinto, governador de Minas Gerais, declarou aos jornalistas do *Binômio*: a polícia de Belo Horizonte iria protegê-los. Magalhães defendia os direitos humanos, o regime democrático, pois se opôs ao Estado Novo, à ditadura de Getúlio Vargas, quando assinou em 1943 o *Manifesto dos*

O presidente João Goulart (no centro), após receber a faixa de Ranieri Mazzilli, em 7 de setembro de 1961

mineiros. Tal ato de coragem lhe custaria a perda do cargo de diretor do Banco da Lavoura.

João Goulart, depois de assumir a presidência da República, puniu o abuso de poder do general Bley. Este passa para a reserva em novembro de 1962, mas com a queda de Goulart e a posterior instauração do bipartidarismo, ele se tornou um dos membros do primeiro diretório da Aliança Renovadora Nacional (ARENA), agremiação formada pelos políticos que apoiaram o golpe de 1964.

Quanto a José Maria Rabelo, qual foi o seu destino, após o referido golpe? O jornalista teve de sair do Brasil, ficou no exílio durante quinze anos e dirigiu na capital francesa, de 1974 a 1979, a Líbrairie Portugaise e o Centro Cultural Ibero-Brasileiro. Podemos considerá-lo, em nosso país, um dos precursores da chamada "imprensa alternativa". Rabelo iria entrar, mais tarde, no Partido Democrático Trabalhista, fundado por Leonel Brizola.

* * *

Aconteceu em 26 de dezembro de 1963. É o exemplo clássico do ódio e da fúria de certos políticos irascíveis, prepotentes, contra as opiniões de um homem de imprensa.

Naquele dia o deputado Leonel Brizola, ex-governador do Rio

Leonel Brizola, por Lan

Grande do Sul, quando viu o jornalista David Nasser no Aeroporto do Galeão, caminhou a passos largos ao seu encontro, exibindo o recorte de um artigo. O "centauro dos pampas", bufando, soltou marcial rugido:

— Prepare-se para levar uma surra e engolir este artigo que você escreveu!

De supetão, em menos de um segundo, Brizola expediu um soco no jornalista, à altura do ouvido. David, ao tentar reagir, foi contido por populares. Outros socos lhe atingiram o rosto e o agressor o derrubou. Formou-se um tumulto. Soldados da Aeronáutica entraram em ação, impedindo que o banzé se generalizasse. Mas Brizola esbravejou:

— Ainda não estou vingado! Você vai apanhar mais!

Foram separados e David Nasser, com um hematoma no rosto, meio atordoado, disse a vários repórteres:

— Eles atacam sempre pelas costas. Este é o preço que se paga na luta pela democracia. Atitudes como esta não conseguirão, entretanto, desviar-me nem um milímetro do rumo que tracei. Nunca, em toda minha existência, fui vítima de tamanha covardia. O senhor Brizola, agora, vai sentir o peso dos meus artigos. Iniciarei uma campanha contra ele, a qual só irá parar com a minha morte. Contudo, não vou processá-lo.

Transcorridos alguns dias, Brizola assegurou, num programa de televisão, que se mostrava disposto a chimpar uma surra de chicote no jornalista. David Nasser respondeu, conforme registra a imprensa da época:

— Estarei pronto para enfrentar esse cão hidrófobo. A sua agressão só se tomou possível porque ele me acometeu pelas costas. Ele sabe onde moro e onde é o local do meu trabalho. Pode estar certo, porém, de que não me encontrará desprevenido.

Foi lacônica a reação de João Goulart, o presidente da República, ao tomar conhecimento do episódio:

— É... quem diz o que quer...

Leonel Brizola, hoje, é líder democrático, paladino das "Diretas Já" e inimigo de "qualquer tipo de autoritarismo". Na sua nota "Empresários roqueiros", divulgada na imprensa carioca, Brizola, escandalizado, escreveu que chegam ao cúmulo de apontá-lo como "autoritário", coisa absurda e inaceitável... Ora, no seu dicionário da língua portuguesa, já na segunda edição, o Aurélio Buarque de Holanda inseriu, como sinônimos do adjetivo *autoritário*, os seguintes vocábulos: *despótico, arrogante, violento*. Eu pergunto, após expor isto, se não é autoritário um homem que se arroja com ímpeto contra um jornalista e o esmurra, ainda querendo, depois do bote covarde, traiçoeiro, pespegar na vítima uma surra de chicote...

Acrescente-se outro fato, ainda mais desonroso para o agressor: David Nasser era um cidadão enfermo, pois já sofria, segundo nos informou Glauco Carneiro, da moléstia de Parkinson, cujos sintomas são os tremores, a rigidez dos músculos, a lentidão anormal nos movimentos, as perturbações no andar e no falar. Daí se conclui: o "democrata" Leonel Brizola, inimigo de qualquer tipo de autoritarismo, desferiu socos num homem fraco, doente, de aparência envelhecida, afetado por alterações motoras devido às deficiências funcionais do sistema nervoso central.

O parlamentar gaúcho havia criado, em fins de outubro desse ano de 1963, o movimento conhecido como Grupo dos Onze, cujo objetivo era lutar pela vitória das chamadas "reformas de base" e pela "libertação do Brasil da espoliação internacional". Eles, os tais grupos, seriam idênticos à Guarda Vermelha da re-

David Nasser

volução socialista de 1917, deflagrada na Rússia. Tornar-se-iam, usando a disciplina militar, a tática de guerrilhas, uma força pulverizadora contra o "capital espoliativo norte-americano". Devemos dizer, em prol da verdade, que o movimento se harmonizava com as ideias e as atitudes de Leonel Brizola, pois este, em maio de 1959, quando exercia as funções de governador do Rio Grande do Sul, decretou a encampação da Companhia de Energia Elétrica Rio-Grandense, filial da American and Foreign Power Company. Adveio, dessa medida, uma grave crise nas relações diplomáticas entre o Brasil e os Estados Unidos.

Entidades nacionalistas, como a União Nacional dos Estudantes (UNE), e o Comando Geral dos Trabalhadores (CGT), encarregaram-se de efetuar, para os mencionados grupos, um amplo recrutamento. Facções militares, no entanto, apoiavam Brizola: a Associação dos Marinheiros e o Comando Nacional dos Sargentos. Salienta Glauco Carneiro que chegaram a existir, em todo o país, 1.298 Grupos dos Onze.

A Frente de Mobilização Popular, adepta da filosofia do movimento, lançou um manifesto onde criticava João Goulart, por causa da sua política de conciliação com os elementos conservadores. Era necessário, a fim de conseguir as "reformas de base", modificar o governo. Surgiu então, no dia 17 de fevereiro de 1964, um semanário que se converteu no porta-voz das ideias dessa frente, intitulado *O Panfleto*. E de modo rápido, em menos de um mês, graças ao auxílio dos Grupos dos Onze, o semanário passou de uma tiragem inicial de 70.000 exemplares para 200.000.

Divulgando o pensamento da ala esquerda do PTB, esse jornal concedia pouco espaço às notícias. Caracterizou-se pela apresentação de artigos políticos, onde os autores se detinham, em análises minuciosas, no exame das reformas defendidas por Brizola.

Vida curta teve *O Panfleto*, saíram apenas sete números, pois foi empastelado nas primeiras horas do dia 1º de abril de 1964, em consequência da revolta dos generais contra o presidente João Goulart. Naquele momento o deputado Leonel Brizola sentiu como são intensos, animalescos, o ódio e a fúria dos mandões diante das ideias contestadoras de um jornal. Ódio e fúria que também se apossaram de sua alma, no Aeroporto do Galeão, quando ele aplicou vários murros na cara do jornalista David Nasser...

6

O HOLOCAUSTO DOS JORNALISTAS, DEPOIS DO GOLPE DE 1964

O carioca Márcio Moreira Alves, nascido em 1936, iniciou as suas atividades de jornalista aos dezessete anos, como repórter do *Correio da Manhã*. Ele foi correspondente de guerra deste matutino, quando Nasser, em julho de 1956, após ser eleito presidente do Egito, teve a audácia de nacionalizar o canal de Suez. No ano seguinte, de Maceió, a serviço do seu jornal, Márcio remeteu vários textos sobre a crise política de Alagoas, crise que fez a Assembleia Legislativa desse estado se reunir, a fim de decretar o *impeachment* do governador Muniz Falcão, responsabilizado pelo assassinato de um deputado oposicionista. Mas naquele momento houve a invasão da Assembleia e ali se travou, entre os parlamentares, um cerrado tiroteio, durante o qual Márcio recebeu uma bala. Entretanto, mesmo ferido, ele

Márcio Moreira Alves

conseguiu enviar a sua matéria. Isto lhe valeu, no ano de 1957, o Prêmio Esso de Reportagem.

Em setembro de 1964, como experiente homem de imprensa, Márcio estava comandando vigorosa campanha em defesa dos direitos dos presos políticos. Tinha ao seu lado, nessa cruzada, os jornalistas Edmundo Moniz, Hermano Alves, Otto Maria Carpeaux e Carlos Heitor Cony. Para denunciar a prática de torturas nos cárceres brasileiros, depois da vitória do "movimento redentor", Márcio desembarcou na capital de Pernambuco, no referido mês de setembro. Numa obra aparecida em 1966, *Torturas e torturados*, onde mostra o resultado de suas investigações, o corajoso jornalista reproduziu a seguinte declaração do coronel Hélio Ibiapina, proferida diante de dom Hélder Câmara, arcebispo de Olinda e Recife:

— Muitas vezes o senhor tem vindo ao IV Exército reclamar de torturas contra presos políticos. Traz os nomes e as torturas a que estes homens foram submetidos e não sei como consegue estas informações. Invoco o seu testemunho para dizer que nunca neguei que as torturas existissem. Elas existem e são o preço que nós, os velhos do Exército, pagamos aos jovens. Caso tivessem os oficiais jovens empolgado o poder, os senhores estariam hoje reclamando não de torturas, mas de fuzilamentos. Nós torturamos para não fuzilar.

Sinceridade perturbadora, de um dos maiores responsáveis pelos atos de arbítrio no estado de Pernambuco. Ali, "em defesa do movimento de 1964", era praticada a arte de flagelar o corpo humano. Elementos do Exército, desferindo murros, arrancaram dentes do jornalista Milton Coelho da Graça. Os testículos de um agitador camponês, cujo apelido era "Índio", foram amassados com tenazes. Dos canais auditivos do cidadão Gildo Rios saía o pus, em consequência da ruptura dos seus tímpanos, dos golpes que recebera nas orelhas. E o próprio coronel Hélio Ibiapina viu o suplício infligido ao professor Assis Lemos, da Paraíba: enfiaram, no ânus deste homem, um papel molhado em álcool e depois o acenderam, puseram-lhe fogo... Churrasquinho, eis o nome dessa tortura, uma variante do clister elétrico.

Márcio Moreira Alves encontrou no Recife um jornalista que ele já conhecia, antigo correspondente das folhas de São Paulo e do Rio de Janeiro. Era uma das vítimas do coronel Darcy Villocq Viana, comandante do Batalhão Motomecanizado, pois devido ao sadismo de Villocq, ele havia sido surrado e queimado com pontas de cigarro acesas. Na barriga do infeliz existiam os sinais da sua desgraça. Chegaram a simular o seu fuzilamento, à semelhança do drama vivido por Dostoiévski em 1849. A todo instante, informou Márcio, o jornalista interrompia o seu relato e confessava:

– Foi duro. Foi muito duro. Você não pode imaginar como foi duro.

E descreveu as humilhações que sofrera, após a série de torturas. Todos os dias, antes das oito horas da manhã, tinha de entregar num quartel os recortes das notícias mais importantes, publicadas pelos jornais do Rio. Ordem emanada da boca imperial de Villocq. O pior, no entanto, é que os seus amigos, os companheiros de infortúnio, começaram a vê-lo como um informante do coronel. Enfim, depois de contar tudo isto a Márcio, o rapaz advertiu:

– Se você publicar meu nome, desminto tudo. Você passa uns dias aqui, levanta as histórias todas e vai embora para o Rio. Eu fico. Nasci na estrada da Casa Forte, moro aqui, tenho mulher e tenho filhos que só posso criar em Recife. Você vai embora e eles me pegam de novo. Fica avisado. Se publicar, digo que tudo é mentira.

Havia fundamento nesse terror do jornalista, pois o coronel Darcy Villocq Viana espancara selvagemente o líder comunista Gregório Bezerra. Este foi acolhido, no quartel do Batalhão Motomecanizado, com golpes de cano de ferro na cabeça, pontapés e coronhadas por todo o corpo, sobretudo no estômago, no abdômen e nos testículos. Após a recepção, Gregório ficou estendido no cimento de um xadrez, mas Villocq continuou a surrá-lo, exibindo baba pelos cantos da boca e vomitando "termos pornográficos que nem as mulheres mais decaídas do baixo meretrício seriam capazes de pronunciar". Depois a fera quis introduzir a barra de ferro no ânus da vítima, porém não conseguiu. Gregório lutou de modo épico, como Hércules ao enfrentar Cérbero, o sanhudo cão do Inferno, provido de três goelas sempre escancaradas.

Gregório Bezerra

Colocaram o líder comunista de bruços e embora ele estivesse encharcado de sangue, com os dentes todos partidos, Villocq pisou na sua nuca, enquanto os demais algozes sapateavam naquele pobre corpo moído. Em seguida, cumprindo o ritual, fizeram Gregório tombar na cadeira. Três sargentos o seguraram por trás, para que Villocq, com um alicate, pudesse ir arrancando os cabelos do prisioneiro. Terminado este trabalho, ergueram o homem e o obrigaram a pisar numa poça de ácido. Logo, em poucos segundos, o ácido deixou a sola dos pés em carne viva. Imaginemos os urros lancinantes de Gregório Bezerra, como isto deve ter sido atroz.

Vieram as outras cenas do espetáculo ignóbil. Enfiaram três cordas no pescoço do "subversivo", a fim de forçá-lo a andar sobre pedregulhos fragmentados. Tal exercício, segundo Villocq, aliviaria a dor dos pés... Assim como um animal ferido, porém bravio, Gregório foi arrastado pelas ruas do bairro da Casa Forte. Conforme esclareceu nas suas *Memórias*, um sargento segurava a corda do lado direito, outro a do lado esquerdo, um terceiro a de trás. As cordas lhe apertavam o pescoço e ele, na ânsia de suportar o sofrimento, procurou contrair os músculos dessa parte do corpo.

O coronel, após se deter em frente do edifício do CPOR, concitou os alunos, os oficiais e os soldados a lincharem o rebelde. Ninguém o atendeu, o que aumentou a sua fúria. Mais adiante, num cruzamento, Villocq impediu o fluxo do trânsito e voltou a bater em Gregório, enquanto alçava a voz:

– Linchem este bandido! É um monstro! É um incendiário! Queria fazer a revolução comunista, a serviço de Moscou! Queria entregar o Brasil à Rússia soviética! Tinha um plano para incendiar o bairro da Casa Forte e matar todas as crianças queimadas! Matemos este bandido! Venham, batam, até ele morrer! Vinguemos os crimes que ele cometeu, agora está amarrado, não pode reagir! Vamos, batam!

Tudo inútil, ninguém aceitou o convite. A espumar de ódio, cada vez mais raivoso, Villocq pulava e surrava o prisioneiro, querendo que o povo apreciasse aquela sordidez. Chocadas, as pessoas viravam o rosto. Fitando Gregório, o coronel rugia:

– Eu sou ibadiano, filho da puta!

Golpeava a vítima, emitindo berros. E os sargentos respondiam, como se fossem os três mosqueteiros da infâmia, da suprema baixeza:

– Nós também somos ibadianos, Gregório! Tu querias nos intrigar com os nossos oficiais, bandido! Vais pagar caro!

Ibadianos eram os membros do Instituto Brasileiro de Ação Democrática, organização da extrema-direita, fundada em 1959 por Ivá Hasslocher, filho de Germano Hasslocher, com o objetivo de aniquilar o Comunismo no território nacional. O dinheiro do IBAD, segundo demonstrou Miguel Arrais, provinha de numerosas firmas estrangeiras, na maioria norte-americanas, como a IBM, a Shell, a Texaco, a Schering, a Coca-Cola, a General Electric. Fato confirmado em 1977 por Lincoln Gordon, embaixador dos Estados Unidos.

Quando Villocq e os seus asseclas chegaram a uma praça, ele instigou o povo a trucidar "o perigosíssimo" Gregório Bezerra, ex-companheiro de cela de Luís Carlos Prestes. Rolou no vazio o apelo. Um dos sargentos propôs: arrastariam Gregório até a casa do coronel. A ideia foi aceita.

Lá na sua residência, diante de muitas pessoas, de moças e senhoras, o "heroico" Villocq empina o peito, repleto de medalhas, e mostra um homem quase nu, seguro por três cordas, todo escangalhado, com os dentes em cacos, duas fendas na cabeça, devido aos golpes de um cano de ferro, a fisionomia deformada, coberta de hematomas, os pés em carne viva, queimados por um ácido bem corrosivo, pés transformados em rubras chagas sangrentas, nos quais dezenas de pedrinhas pontiagudas se acham encravadas. Darcy Villocq Viana impa de orgulho, como o valente caçador após abater um tigre feroz:

— Este é o bandido comunista Gregório Bezerra! Estava planejando incendiar o bairro e matar todas as crianças! Agora vai ser enforcado na praça! Venham assistir!

Algumas senhoras começaram a soluçar de modo convulsivo, ao ouvir tais bramidos. Cena execrável, nunca antes contemplada em qualquer cidade do Nordeste. Até a esposa de Villocq caiu num pranto angustioso. Sem se comover, o coronel indagou:

— Você está chorando por este bandido?

Ele desferia golpes e mais golpes em Gregório, o sangue do prisioneiro esguichava, tingiu as mãos do carrasco, salpicou-lhe o rosto e a farda:

— Este é o tratamento que damos aos comunistas!

Horrorizadas, várias pessoas de todas as condições sociais, homens e mulheres do povo, freiras, sacerdotes católicos, pastores protestantes, seguidores do Espiritismo, foram à presença do general Justino Alves Bastos, comandante do IV Exército, para pedir o fim daquela barbaridade. De instante a instante, como narra Gregório

Bezerra nas suas *Memórias*, as emissoras de rádio informavam que o líder comunista estava sendo trucidado numa praça pelo coronel Villocq e por um grupo de militares. Então, a mando do general Justino, o coronel Hélio Ibiapina teve de intervir, foi ao encontro de Villocq e tirou as cordas do pescoço de Gregório.

Recolhido a uma fortaleza, onde um enfermeiro lhe fez pequeno curativo, o mártir pôde sobreviver, mas ficou com o coração afetado. Um zumbido ecoava sempre nos seus ouvidos, consequência dos fortes golpes com mãos espalmadas que ele recebeu nas orelhas. Villocq, com os monumentais murros e pontapés, arrebentou-lhe os rins e a próstata. Durante largo tempo, suando, contorcendo-se em dores, Gregório não conseguiu urinar, só expelia gotas de sangue.

Vítima também do coronel Villocq, dos métodos desse membro do IBAD, o jornalista que Márcio Moreira Alves encontrou no Recife, em setembro de 1964, tinha razões de sobra para soltar aquelas palavras, já citadas por nós:

– Foi duro. Foi muito duro. Você não pode imaginar como foi duro.

O seu caso e o de Gregório Bezerra eram as cenas preliminares de uma tragédia calamitosa, a das torturas aplicadas em nome da lei, sob um regime militar, e que dilaceraram a alma e a carne de centenas de inocentes, cujo único crime havia sido este: o de lutarem pelos seus ideais e pela liberdade.

* * *

Com a vitória do golpe de 1964, o *Correio da Manhã*, fiel às suas diretrizes, resolveu combater "os excessos do movimento", os atos de arbítrio e de terrorismo, a "delação oficializada", as medidas atentatórias à ordem jurídica e aos princípios democráticos.

Uma bomba foi arremessada contra a sede do matutino, em 1968. E no começo do ano seguinte houve a prisão de sua proprietária, Niomar Muniz Sodré Bittencourt, bem como dos jornalistas

Nelson Batista e Osvaldo Peralva, membros da direção da folha. Agentes do DOPS cercaram a sede, e o governo impôs, ao *Correio da Manhã*, o colete de força da censura prévia. Outro castigo: a ordem que impedia a circulação do jornal por cinco dias.

Tudo isto acarretou para o órgão glorioso, a trincheira invicta de Edmundo Bittencourt, o baluarte de Rui Barbosa na Campanha Civilista, uma gravíssima crise financeira, da qual jamais pôde recuperar-se. A crise, oriunda da "carência" de anúncios, impeliu o jornal à agonia e finalmente à morte, em 8 de julho de 1974. Era de apenas oito páginas a sua última edição, e com uma tiragem de três mil exemplares... No editorial intitulado "Retirada", a dona do matutino apresentou um relato sobre este drama:

"Para inventariar os fatos mais recentes e significativos, recordarei apenas que no dia 7 de dezembro de 1968 uma bomba de alto teor explosivo foi atirada contra a nossa agência da avenida Rio Branco, recém-reformada. A 13 do mesmo mês, tivemos a redação invadida por policiais, de metralhadoras e revólveres, para prenderem, não a mim, mas ao nosso diretor-superintendente e redator-chefe Osvaldo Peralva, e que só foi posto em liberdade no dia 28. Em 7 de janeiro de 1969, toda a edição do *Correio da Manhã* foi apreendida, antes mesmo de ser integralmente impressa, e todos nós fomos arrastados ao cárcere, ficando ainda a casa submetida a regime de terror. A 26 de fevereiro o jornal teve a sua circulação suspensa por 5 dias, enquanto a nossa sede, escritórios, agências e oficinas gráficas – que imprimiam outros jornais – foram interditados pela polícia. A 12 de março, em decorrência de todos esses fatos, a empresa era compelida a pedir concordata preventiva, a fim de evitar o pior, que seria a falência".

Niomar ressaltou: as autoridades, na peleja contra o *Correio da Manhã*, "não se detiveram nas medidas de força e de terror", pois aliaram, a tais medidas, as perseguições econômicas. Isto provocou o retraimento de muitos clientes da área privada e a desaparição dos anúncios de empresas públicas:

"Era o bloqueio sem disfarces. A publicidade do Estado, financiada pelos contribuintes, representando 36% do total do mercado publicitário, foi sonegada maciçamente a uma instituição com quase 70 anos de relevantes serviços prestados à causa das liberdades, do progresso, da cultura e da dignidade humana neste país – doente pela falta de decência – onde a autenticidade e a grandeza tornaram-se luxo, pecado e crime.

Não havia dúvida: tratava-se de esmagar uma entidade que perpetrava o crime continuado de não trair suas convicções democráticas, de não traficar com seus princípios morais, de não renegar suas tradições liberais, de não se deixar convencer pela verdade oficial, de não se dobrar pelo suborno, nem pela intimidação".

A jornalista exibiu a sua amargura, o seu desencanto:

"Condenada ou posta em liberdade, não tenho, no momento, mais lugar neste país para continuar a minha missão, pois hoje entre nós é proibido ser gente. Viramos todos máquinas – que pensam? – mas só podemos transmitir o que nos é permitido. Do contrário é expor-se a todas as torturas físicas e morais, como as que passei, como as que venho passando. Com orgulho máximo de mim mesma, mas com náuseas para tanta coisa que me cerca".

Ela foi presa pelo DOPS e encerrada numa cela estreita, na companhia de ladras, prostitutas, mulheres delinquentes. Teve de vestir um uniforme de detenta. Permaneceu "enjaulada" por mais de dois meses – setenta dias – e durante muito tempo em regime de incomunicabilidade. E por que esta violência com a dona do *Correio da Manhã*? Um motivo bem simples, como já frisamos: o matutino erguera protestos corajosos, inflamados, contra o arbítrio, as prisões, as torturas, a ação selvagem dos elementos da extrema-direita. Osvaldo Peralva, num livro de crônicas, evocou essas horas difíceis:

"Coronéis presidentes dos famigerados IPMs foram em grupos à redação do *Correio*, na tentativa de intimidar o jornal. Fracassado o intento, veio o recado de um major da Vila Militar, 'muy amigo', para que o redator-chefe não ficasse de noite no jornal, pois um grupo de oficiais exaltados planejava empastelar suas oficinas gráficas e não se podia prever a que excessos se entregaria.

Comuniquei o fato à presidente, Niomar Muniz Sodré Bittencourt, e aconselhei-a a não aparecer ali por aqueles dias, para evitar que ambos fôssemos atingidos e o jornal ficasse acéfalo. 'Eles vão me empastelar junto', replicou, e enquanto a ameaça pairou no ar, só saía da sede depois que a edição rodava".

O depoimento de Peralva é um dos mais expressivos retratos dos coices contra a imprensa brasileira, arremessados por uma ditadura:

"Policiais empunhando metralhadoras invadiram o saguão do edifício do *Correio* à minha procura. Um repórter de polícia, alto, espadaúdo, muito intrometido, querendo ajudar-me a fugir, colocou-se à frente, declarando que era o Peralva. Tive a má inspiração de acalmar os policiais, agarrando no braço de um deles para explicar que o delinquente procurado era eu, e não o outro. Mas o policial, nervoso, se moveu rápido e, em vez de agarrá-lo pelo braço, agarrei a metralhadora. Um colega dele, pensando que eu queria subtrair-lhes o instrumento de trabalho, deu um tiro para o alto. A bala deve estar incrustada no teto até hoje.

Resultado: foram presos os dois Peralvas, o verdadeiro e o falso, só que o falso foi solto horas depois. Segundo resultado: meus amigos Odilo Costa Filho e Adonias Filho, que eram também amigos do general Sizeno Sarmento, comandante do 1º Exército, só a muito custo, duas semanas depois, conseguiram convencê-lo de que eu não era um ladrão de metralhadoras".[15]

Durou uma semana o retorno de Osvaldo Peralva à liberdade. Ao lado de Niomar e Nelson Batista, diretores do *Correio da Manhã*, ele foi conduzido à Polícia Federal, porque eram "subversivos", haviam "atentado contra o regime". Osvaldo ficou num cubículo úmido, cheio de "baratas esvoaçantes", e sem poder comunicar-se com ninguém.

Todos os pormenores desse caso são dignos de registro. Na tarde de 6 de janeiro de 1969, aí vai o exemplo, Niomar esteve num quartel, a fim de atender a uma convocação do general César Montagna de Sousa. Este lhe disse que a censura à imprensa havia chegado ao fim, e também as restrições aos editoriais do *Correio da Manhã*. A jornalista fez questão de pôr tudo em pratos limpos:

— Eu desejo saber se isto é a troca da censura prévia pela obrigação de termos de admitir a autocensura. Se for assim, não podemos aceitar.

O general tranquilizou-a:

— Fique sossegada, acabou a fiscalização.

Palavras tão claras eliminavam qualquer dúvida. Logo, em jubilosa manchete, o jornal anuncia o fim da censura à imprensa. E passa a dar informações sobre o período em que ele viveu sob a censura prévia. Narra com minúcias, inclusive, a detenção de Niomar, ocorrida após o discurso que ela pronunciou diante dos formandos do curso de jornalismo da PUC.

Os militares da linha dura morderam os beiços, tornaram-se mais azedos do que o *mazun*, o leite fermentado da Armênia. Vomitando a bile da intolerância, tão nefasta para a boa saúde da alma, exigiram a apreensão do *Correio da Manhã* nas bancas, nos aeroportos, nas estações rodoviárias, em todos os lugares onde era vendido. Quanto ao resto, o leitor já sabe, Niomar foi presa e processada. Só mais um detalhe: ela teve suspensos, por dez anos, os seus direitos políticos.

* * *

Cresceu, após a queda de João Goulart, a aversão de certos políticos pela imprensa. Artur César Ferreira Reis, apadrinhado por Castelo Branco, assumiu o governo do Amazonas em 27 de junho de 1964. E logo, a fim de mostrar competência, ordenou o fechamento de *A Gazeta* e de *O Trabalhista*, jornais da oposição. Os dois tinham publicado denúncias de caráter administrativo. Soldados da Polícia Política e da Polícia Militar, incumbidos dessa tarefa, agiram com presteza, sem hesitações, pois o redator-chefe de *A Gazeta* foi mandado diretamente para a Casa de Detenção, "o mais fedorento xilindró de Manaus".

É oportuno dizer: Artur, o responsável por esse gesto de violência, era jornalista, exerceu, na capital amazonense, as funções de redator-chefe do *Jornal do Commercio*, e em Belém, a urbe das belas mangueiras, colaborou na *Folha do Norte* e no *Estado do Pará*. Daí concluímos que também existem homens de imprensa despóticos, amantes da força coercitiva, jornalistas com a mentalidade dos caudilhos. Um desses se chamava Assis Chateaubriand, o fundador dos *Diários Associados*.

O Congresso Nacional promulgou, em 9 de fevereiro de 1967, e Lei 5.250, ou apenas Lei de Imprensa, sancionada pelo presidente Castelo Branco. Repressiva, intolerante, plena de ranço autoritário, ela é a irmã gêmea da Lei de Segurança Nacional e está ligada, por xifopagia, a um regime que a empregou como instrumento de arbítrio, de torturas, de perseguições políticas. Entre os delitos enumerados no monstrengo, "crimes contra a pátria", encontramos os "abusos" na liberdade de informar e de expressar o pensamento. No parágrafo 4º do seu artigo 37, por exemplo, a imunidade prevalece para o deputado, o senador, mas não existe para o jornalista, quando este divulga a informação. Garante o artigo 63, além disso, à sua excelência, o "sábio" e "infalível" ministro da Justiça, o direito de apreender edições de jornais e revistas.

Contudo, de modo sistemático, os "crimes de imprensa", depois do golpe de 1964, foram processados e julgados pela Lei de Segurança Nacional ou pelo Código Penal Militar. Os jornalistas, no período de exceção, como frisou Hamilton Almeida Filho, eram atingidos pelo poder arbitrário somente porque exercem as suas funções da maneira mais imparcial possível. E alguns periódicos não pretendiam outra coisa do que serem órgãos informativos de determinadas áreas.[16]

Golpe forte contra a liberdade da palavra veio do Ato Institucional nº 5, promulgado em 13 de dezembro de 1968, cujo texto é da autoria de Gama e Silva, ministro da Justiça. Documento característico do arbítrio, classificado de antilei pelo jornalista Pedro Dantas, além de restabelecer as cassações de direitos políticos e de mandatos legislativos, outorgou ao presidente da República a iniciativa de impor a censura prévia à imprensa. Muitos signatários desse ato, como Magalhães Pinto e Mário Andreazza, arvoraram-se mais tarde em legítimos defensores do regime democrático... Coisas do Brasil, do país onde o estadista Moacyr Dalla, presidente do Senado, nomeou 1.554 pessoas sem concurso, "vergonha civil", no conceito de Mauro Chaves, e onde o prefeito Darcílio Almeida Dias, do município baiano de Campo Alegre de Lourdes, pagou aos flagelados da seca com cheques sem fundos, em razão do serviço efetuado nas frentes de trabalho. Procedeu dessa maneira, o caridoso prefeito, depois de vender a três casas comerciais as quatorze mil toneladas de arroz que o governo da Bahia lhe confiou, em plena boa-fé, para serem distribuídas entre esses flagelados...

Num depoimento fornecido ao número 39 da revista *Imprensa* (outubro de 1990), o jornalista Miranda Jordão descreveu o clima gerado pelo AI-5. Ele disse que certo dia, nessa época, um general do II Exército foi à sede da *Folha de S. Paulo*, com o objetivo de baixar algumas normas para a redação dos textos. Devido a isto o diretor da empresa, Octávio Frias de Oliveira, reuniu numa sala os diretores dos seus jornais, pois afinal de contas, macaco velho não trepa em ramo seco... Octávio sentou-se à cabeceira da mesa e o general na outra extremidade. Quando a "sessão"

Gama e Silva (de óculos) anuncia o AI-5, em cadeia nacional de rádio e TV

teve início, o militar abriu a boca:

— Vou apresentar aos senhores o decálogo do Ato Institucional nº 5, sobre a atuação da imprensa. Tomem nota.

Como alunos bem comportados, todos puxaram as canetas, a fim de memorizar "a lição". Peremptório, imperialmente, nazistamente, o general decretou:

— *Um*, não se pode falar em Juscelino Kubitschek; *dois*, não se pode publicar discursos do papa que se refiram aos direitos humanos; *três*...

E sempre assim, à maneira de quem estivesse lendo um ucasse de Ivan, o Terrível, o milico despejava as normas. Mas, após citar o item nove, ele emudeceu. Cláudio Abramo, por baixo da mesa, cutucou o seu colega Miranda Jordão e lhe fez a seguinte pergunta:

— É um decálogo com nove itens?

Miranda pegou o pião na unha:

— General, o senhor expôs nove itens. E o décimo? Não é um decálogo?

Fitando os jornalistas, o interrogado emitiu uma resposta pulverizadora:

— O décimo item?... O décimo é *cumpra-se!*

De modo sublime, portanto, como as últimas notas da nona sinfonia de Beethoven, o decálogo se completou com esta explicação magistral...

Os radicais, em 1965 e 1968, fizeram explodir bombas na portaria da sede de *O Estado de S. Paulo*, situada na rua Major Quedinho. Em novembro de 1983, no pátio da nova sede deste jornal, na avenida Engenheiro Caetano Álvares, rebentou outro petardo. Acentue-se, como um dado expressivo da moderna história da imprensa brasileira, que a censura, em 13 de dezembro de 1968, proibiu a circulação de *O Estado*, por causa do editorial "Instituições em frangalhos," uma crítica severa aos desmandos do regime militar. Aliás, Hermínio Sacchetta, diretor do *Diário de S. Paulo*, num depoimento ao repórter Noé Gertel, evocou o drama de um jornalista desse tempo, quando incorria no desagrado da censura:

"Creio que foi em 1968. Os terroristas, sob o comando de Carlos Marighella, haviam assaltado as instalações da Rádio Nacional e de lá transmitiram uma longa mensagem, lida duas vezes pelo próprio Marighella. Eu publiquei o fato e a mensagem. Era, evidentemente, um assunto jornalístico, e que já era do domínio público, pois uma estação de rádio transmitira a mensagem por duas vezes. A própria Rádio Nacional emitiu um comunicado se desculpando perante os ouvintes e narrando os fatos. Publicando, já em segunda e terceira mão, um assunto dessa ordem, o jornal que eu dirigia não estava mais ameaçando o regime, as instituições, nem estava subvertendo coisa nenhuma. Pois fui levado à Polícia Federal, onde um delegado me tratou grossamente. E fiquei preso alguns dias. Foi também chamado o Edmundo Monteiro, diretor da empresa, também recebido com grosseria. E ocorreu algo interessante. Esse mesmo delegado, tempos depois, foi demitido pelo AI-5, e, além de demitido, preso, em Recife, para onde fora transferido. Em conseqüência disso, deixei mais tarde os *Diários*..."

Ações desse tipo eram comuns, e também outras, ainda mais violentas.

Caçado como "subversivo" em 1972, o jornalista gaúcho José Luiz Alves caiu nos garras dos torturadores. Ele era funcionário da gráfica do Senado, mas não teve alternativa: abandonou o emprego e fugiu para o exterior. Anos depois, em 1981, com a ajuda de amigos da Polícia Federal de Mato Grosso, esse jornalista soube que tudo havia sido um engano da burocracia dos órgãos policiais-militares. Homônimo do verdadeiro subversivo, José recebeu sopapos e bolachadas, sem conhecer de modo claro as razões da pancadaria.

A vítima dessa estupidez tentou recuperar o emprego. Informaram-lhe, então, que durante três anos uma pessoa, em seu nome, obtivera os benefícios da Previdência Social. Frustrado, envolvido num interminável processo administrativo, José Luiz Alves confessou no dia 7 de fevereiro de 1990:

— Desde 1972, já está completando quase vinte anos, passei a ser marginal sem saber por quê.

Tais fatos nos trazem à memória os métodos dos nazistas. Em junho de 1933, aqui vai um exemplo, quatro adeptos de Adolf Hitler prenderam na cidade de Munique, por engano, o inofensivo doutor Willi Schimid, crítico musical do *Muenchener Neueste Nachrichten*. Pois bem, como ele tinha o mesmo nome de um adversário de Hitler, acabou sendo fuzilado...*

Sérgio Porto, cujo pseudônimo era Stanislaw Ponte Preta, nasceu no Rio de Janeiro, em 1923, e iniciou a sua carreira de homem de imprensa no *Jornal do Povo*, a convite do Barão de Itararé. Da convivência com Aparício Torely lhe veio, em boa parte, a capacidade de inserir nos seus textos um sarcasmo devastador. Talentoso, muito irreverente, Sérgio Porto foi colunista do *Diário Carioca*, onde adotou aquele pseudônimo, mas solicitado por Samuel Wainer se transferiu para a *Última Hora*. As suas crônicas cheias de verve, nas quais sempre cintilava uma ironia esfuziante, bem carioca, apareceram no *Diário da Noite*; no jornal *A Carapuça*; no semanário *Comício*, de Joel Silveira; nas revistas *Sombra, O Cruzeiro, Manchete, Mundo Ilustrado* e *Fatos e Fotos*.

Inúmeros são os ditos famosos do criador da tia Zulmira, a veneranda ermitã da Boca do Mato. Eis dois exemplos:

"Não ponho a mão no fogo por mulher, porque não quero ficar com o apelido de Maneta".

"A posteridade jamais perdoará ao presidente Vargas o presi-

---

* Documento do Tribunal de Nuremberg, lata 135 (conspirações e agressões dos nazistas), volume VII, p. 883.

dente Dutra".

Crítico mordaz do regime de 1964, o jornalista Sérgio Porto cunhou frases brilhantes, originalíssimas:

"Em nosso país a política se resume em não deixar a onça com fome e o cabrito morrer".

"A situação está mais pra urubu do que pra colibri".

"O Brasil está andando tanto pra trás, que quem não pegar a última caravela de volta, vai acabar virando índio".

Inspirado nas violências dos militares, nas ações dos órgãos de segurança contra "os corruptos e subversivos," efetuadas no primeiro semestre de 1964, o brejeiro Sérgio Porto publica no referido ano um livro cujo título já mostra o seu conteúdo: *Garoto linha dura*. E em dezembro de 1966, lança outra obra sardônica, risonho libelo contra a burrice, a ignorância e o arbítrio das "autoridades constituídas": *O festival de besteira que assola o país*. Descreve nesse livro, por exemplo, como alguns agentes do DOPS invadiram o Teatro Municipal de São Paulo, com o objetivo de prender o dramaturgo Sófocles, autor da peça *Electra*, ali apresentada, peça de "natureza subversiva". Os policiais ficaram desapontados, pois vieram a saber que Sófocles havia falecido no ano 406 antes de Cristo... Num estilo simples, agradável, Sérgio Porto evoca, mais adiante, o drama do cidadão Airton Gomes de Araújo, natural de Brejo Santo, um lugarejo do Ceará. Ele foi preso pelo 23º Batalhão de Caçadores, pois teve a ousadia de afirmar que o pescoço do marechal Castelo Branco se assemelhava ao pescoço de uma tartaruga. Portanto, é inegável, Airton ofendera "um símbolo do país". O desgraçado depois emendou, o pescoço do marechal não era idêntico ao de uma tartaruga, mas o da tartaruga é que se parecia com o do marechal...

Estas gozações irritavam os elementos da extrema-direita. Na opinião deles, Sérgio Porto estava a serviço do Partido Comunista. Aliás, é oportuno lembrar que o presidente Costa e Silva, em 5 de abril de 1968, meses antes da morte de Sérgio, baixou a Portaria nº 177, determinando a apreensão de livros, jornais e outras publicações. Um atentado a bomba, no dia 20 daquele mês, destruiu a entrada da sede do jornal *O Estado de S. Paulo*. Ocorreram, em junho, choques sangrentos entre os estudantes e a polícia carioca. Pouco depois, uma caminhonete da Vanguarda Popular Revolucionária, com cinquenta quilos de dinamite, bateu contra um muro do Quartel-General do II Exército, na capital paulista, e a explosão causou a morte do soldado Mário Kozel Filho. Membros do CCC, do Comando de Caça aos Comunistas, em 18 de julho, invadiram o teatro onde era encenada a peça *Roda viva*, de Chico Buarque de Holanda. Depredaram o palco e espancaram vários artistas. Logo uma bomba estourou na sede da Associação Brasileira de Imprensa.

Como o leitor viu, este era o clima do nosso meio, quando Sérgio Porto comandava o Show do Crioulo Doido, no Teatro Ginástico do Rio de Janeiro. Durante os intervalos do espetáculo, o jornalista tinha o hábito de ingerir o café de uma garrafa térmica. Ao bebê-lo, num sábado do mês de julho de 1968, ele sentiu um gosto muito amargo. Sorveu apenas ligeiro gole, mas isto bastou para o deixar, mais tarde, com dores atrozes pelo corpo. Então decidiu tomar um sedativo, que fez efeito contrário, pois ficou acordado quase trinta horas, sem poder dormir.

Sérgio Porto sofria de graves problemas circulatórios, já sobrevivera a dois enfartes. Por recear o pior, foi ao Instituto Brasileiro de Cardiologia, onde o seu médico verificou: ele havia ingerido uma grande dose de cocaína, ou de heroína, ou de qualquer psicotrópico.

Depressa o jornalista iria chegar à mesma conclusão, porque a sua esposa lhe disse que vinha recebendo telefonemas anônimos, com ameaças de agressão física a Sérgio e de arrasamento do teatro. Ela permaneceu em silêncio, a fim de não assustar o marido.

Algum terrorista da extrema-direita, deduziu o criador do primo Altamirando, entrou no seu camarim e quis eliminá-lo, pondo "uma dose cavalar" de psicotrópico no café.

Dois meses depois, em 30 de setembro de 1968, num domingo frio e chuvoso, Sérgio Porto faleceu, vitimado pelo terceiro enfarte. E também, possivelmente, devido às consequências daquela tentativa de assassinato.

* * *

O repórter Antônio Carlos Fon foi preso às seis e meia da manhã, no dia 29 de setembro de 1969. Viera de Salvador, Bahia, a fim de trabalhar na imprensa de São Paulo, cobrindo a área policial. Residia no terceiro andar de um prédio de apartamentos, situado na esquina das avenidas São João e Duque de Caxias. Após ter sido repórter do matutino *O Dia* e do *Diário Popular*, exerceu esta função no *Jornal da Tarde*, dirigido por Ruy Mesquita. Naquela noite de setembro ficara bebendo e conversando até às quatro da madrugada, com dois policiais do DOPS, o delegado Luíz Orsatti e o escrivão Waldemar de Paula. Mas veja o leitor como o jornalista recordou o momento da sua prisão, no livro intitulado *Tortura*:

"Dormi duas horas e acordei com algo frio encostado no nariz. Abri os olhos e o quarto estava cheio de homens armados de fuzis e metralhadoras. O objeto frio encostado no meu nariz era o cano de uma pistola calibre 45, empunhada pelo delegado Raul Nogueira – que eu já conhecia como integrante do grupo clandestino de extrema-direita, Comando de Caça aos Comunistas, e policial que encontrava um estranho prazer em espancar estudantes.

Mais tarde o repórter ficou sabendo: um capitão do Exército havia comandado a invasão do apartamento. Ordenaram que se vestisse e ele foi levado a uma sala onde os seus pais e as suas irmãs já se encontravam detidos. Ia ser acareado junto de um homem baixo e entroncado, cujo nome era Francisco Gomes da Silva, conhecido por "David". Este, cansado e machucado, exibia equimoses no rosto e tinha um curativo na testa, as mãos algemadas. Uma metralhadora apontava para o seu peito. O tal capitão exigiu de "David" a identificação do repórter, porém o prisioneiro, de modo categórico, afirmou que não o conhecia.

Antônio Carlos Fon, após ser algemado com as mãos à frente do corpo, foi conduzido por dois policiais, um deles o delegado Raul Nogueira, o "Raul Careca", alcunha fornecida pelos seus colegas do Comando de Caça aos Comunistas:

"As mãos de Raul tremiam, não sei por que, mas na hora me pareceu medo. Ao nos aproximarmos do elevador, ele engatilhou a 45 e encostou-a na minha cabeça. Lembro perfeitamente de que senti medo – um arrepio que percorreu a espinha e não reclamei porque um pensamento passou-me pela cabeça: 'Diante de um covarde armado, o melhor é obedecer sem conversar'. O outro policial também percebeu a situação. 'Pra que isso, doutor?', ele chegou a perguntar. Raul Nogueira respondeu que 'essa gente é muito perigosa, muito perigosa'".

Meteram o repórter no banco de trás de uma perua, entre dois policiais. 'Raul Careca' ficou na frente, com o motorista. E o veículo se dirigiu para a rua Tutóia, no bairro do Paraíso, onde estacionou no pátio dos fundos do 34º Distrito Policial. Aos empurrões, Antônio teve de atravessar a porta do pequeno edifício de três andares. O delegado, quando entregou o jornalista a dois homens, emitiu um grunhido:

– Esse é daqueles que não sabem de nada.

Os indivíduos do "comitê de recepção" eram o sargento Paulo Bordini e o capitão Benone de Arruda Albernaz. Pertenciam à Operação Bandeirantes, uma iniciativa do general José Canavarro Pereira, instrumento extralegal de repressão contra o terrorismo. Consoante as informações de Antônio Carlos Fon, o sargento Bordini obteve o apelido de "Risadinha", devido às risadas histéricas que soltava, enquanto ia martirizando os presos. Albernaz, salientou o repórter, "foi um dos torturadores mais ferozes que passaram pelo DOI-CODI". Nos seus dias de plantão, o terror dobrava nos xadrezes da Operação Bandeirantes. Se não sabia como se distrair nos seus momentos de ócio, ele comparecia em qualquer xadrez, a fim de escolher um prisioneiro para espancar. Antônio também frisa: mais tarde correu a notícia de que Albernaz, depois de exercer as funções de adido militar do Brasil na Bélgica, tinha sido internado numa clínica destinada a doentes mentais.

Vamos ver como o repórter descreveu as suas horas de dor, de suplício meticuloso, executado com requintes do mais puro sadismo:

"Fui levado para a câmara de torturas, no segundo andar, e durante três horas submetido a 'pau-de-arara', espancamentos e choques elétricos. De tudo isto, lembro-me de que nada era mais

Torturador e torturado, por Miguel Paiva

terrível que os choques elétricos na cabeça, com um fio preso ao lóbulo da orelha e outro percorrendo os lábios, o pescoço ou o nariz. Esses choques provocam uma contração tão forte dos músculos da face que a língua é mordida e estraçalhada pelos dentes. Fiquei vários dias sem poder comer, até que um enfermeiro do Exército obteve autorização para levar-me um pouco de gelo, que anestesiava momentaneamente a língua, permitindo que eu me alimentasse.

Fiquei 17 dias na Operação Bandeirantes. Se o inferno existe, a Operação Bandeirantes é pior. Éramos, de início, doze pessoas em uma cela de cerca de 3,5 x 4,5 metros. Dormíamos no chão, cobrindo-nos com jornais velhos e um cobertor, que era reservado ao preso que estivesse em piores condições físicas. A alimentação era levada do quartel da Polícia do Exército e servida uma vez por dia, à noite".[17]

Uma pessoa com a boia no estômago, informou Antônio Carlos Fon, não deve ser pendurada no pau-de-arara ou submetida a choques elétricos, pois se acontecer isto, ela fica sob o risco de morrer de congestão. Assim sendo, os presos só recebiam o alimento à noite, a fim de que pudessem, durante o dia, cair nas garras dos torturadores.

O capitão Roberto Pontuschka era um algoz esquisito. Torturava os presos à luz do dia, e à noite, na missão de pastor evangélico, descia aos xadrezes para distribuir exemplares da *Bíblia*. Após espezinhar as carnes, procurava salvar as almas dos infelizes. Certa vez, Antônio quis conversar com ele, pediu que lhe explicasse como podia torturar os seus semelhantes, mostrando-se um homem tão religioso. Pontuschka respondeu:

– Eu trago a palavra de Deus, mas, para quem se recusa a ouvi-la, eu uso esta outra linguagem.

Quando acabou de dizer isto, ele exibiu a pistola de calibre 46, que trazia na cintura... Faminto, Antônio desejava obter um pão, mas Pontuschka assegurou: só iria ganhá-lo se revelasse o paradeiro do seu irmão, caçado pela Operação Bandeirantes. Valendo-se de uma passagem da *Bíblia*, o repórter proferiu estas palavras:

"Acaso serei eu guardião do meu irmão"?

Muito satisfeito com a resposta, o carrasco deu o alimento. Alguns meses depois, transferido para a II Circunscrição da Justiça Militar, o "bondoso" Pontuschka julgou diversos prisioneiros que ele mesmo havia torturado.

Um professor chamado Pardal – ave numa gaiola – perdeu a liberdade por esta razão: um dos seus alunos, inconformado com as

---

17 FON, Antônio Carlos. *Tortura – A história da repressão política no Brasil*. São Paulo, Global Editora, 5ª edição, 1980, p. 11.
Esse trabalho, em boa parte, foi publicado na revista *Veja*.

notas baixas, resolveu denunciá-lo como comunista. E certo japonesinho, inocente vendedor de livros, também se viu detido no 34º Distrito Policial, pois se achava na Faculdade de Economia da USP, no momento em que os agentes tentavam capturar um grupo de estudantes. Outro fulano, chamado Osvaldo, narra Antônio Carlos Fon, embebedou-se numa boate e foi encarcerado. Acordou no xadrez, sem descobrir o motivo de sua prisão:

"O agente que o detivera, provavelmente também bêbado, não conseguia lembrar-se por que o havia prendido. E, durante um mês, Osvaldo foi torturado para contar o motivo pelo qual havia ido parar na Operação Bandeirantes".

Antônio pôde ver, como cidadão e jornalista, as consequências de um regime de mão-de-ferro, de aviltamento do ser humano:

"Dramática era a situação do pintor Suzuki. Depois de quinze dias sendo torturado e vendo outros homem serem torturados, Suzuki chegou à conclusão de que a humanidade havia regredido e que éramos todos animais. Nos dias seguintes, enlouqueceu e passou a agir como se fosse um macaco. Ficava nu, pendurado nas grades da cela, e se recusava a comer outra coisa que não fosse amendoim ou bananas. Os agentes do DOI-CODI achavam isto muito engraçado e costumavam se reunir diante de sua cela, como em frente de uma jaula do Zoológico, para jogar-lhe o amendoim, a pipoca, que Suzuki tentava apanhar com a boca".

Após ter permanecido dezessete dias no 34º Distrito Policial, o repórter foi levado para o DOPS, onde aguentou o pau-de-arara pelo espaço de duas horas e recebeu choques elétricos, aplicados por um delegado e por um investigador. Devido a tudo isto, Antônio Carlos Fon ficou com as pernas paralisadas, durante vários dias. É oportuno reproduzir a sua descrição do pau-de-arara:

"O instrumento de tortura mais usado no Brasil. São dois cavaletes de madeira, com cerca de 1,5 metros de altura e uma ranhura na parte superior, onde se encaixa um cano de ferro. A vítima, geralmente nua, tem os pulsos e tornozelos envoltos em tiras de cobertores ou pano grosso e amarrados com cordas. Em seguida, o interrogado é obrigado a sentar-se no chão, de tal forma que os joelhos dobrados sejam abraçados. No espaço sob os joelhos e entre os cotovelos – introduz-se a barra de ferro, por onde se levanta o prisioneiro para pendurá-lo entre os dois cavaletes. Nesta posição, o supliciado, além das dores provocadas pelo próprio pau-de-arara – devido à tração e à paralisação da circulação nos membros inferiores e superiores – fica completamente à mercê dos interrogadores para ser submetido a outros tipos de torturas. Segundo os policiais, o tempo máximo possível de se 'pendurar' alguém é de quatro horas. Mas este limite dificilmente é alcançado porque, submetida a espancamentos, a vítima morre antes. Por isso, o tempo médio de tortura no pau-de-arara fica entre duas e três horas".[18]

Vinte dias foi quanto durou a permanência do repórter no DOPS. Antes de ser transferido para o Presídio Tiradentes, dois policiais lhe transmitiram esta informação: o delegado Fleury pretendia matá-lo. E Fon esclarece:

"O plano era simular uma tentativa de fuga e metralhar a mim e alguns outros presos que seriam levados em um micro--ônibus para o Presídio Tiradentes. O alvo principal, no entanto, seria eu, de quem o delegado Sérgio Fleury teria ódio, devido às matérias do *Jornal da Tarde*, onde eu trabalhava, denunciando o Esquadrão da Morte".

Falhou a tentativa de assassinato, talvez por causa da presença de testemunhas. Munido com uma metralhadora, o delegado Fleury permitiu, no momento da transferência, que o seu colega Rui Franceschi, também preso no DOPS, carregasse o repórter no colo, até

---

18 *Idem, ibidem*, p. 78

o micro-ônibus.

Em 15 de novembro de 1969, depois de mais de duas semanas no Presídio Tiradentes, o cidadão Antônio Carlos Fon foi posto em liberdade. Na hora da soltura, ele ouviu as seguintes palavras de um delegado:

— Que bela reportagem, se você pudesse escrever, hein?

Anos depois, o jornalista fez a reportagem e publicou-a na revista *Veja*, com dois títulos: "Descendo aos porões" e "Um poder nas sombras". O general Fernando Belfort Bethlem, ministro do Exército, processou a revista em fevereiro de 1979, pois viu no texto de Antônio Carlos Fon "uma ofensa à imagem do Exército perante o povo". Solicitou, inclusive, o enquadramento de Fon na Lei de Segurança Nacional.

Convém recordar: numa entrevista concedida à imprensa, no dia 8 de dezembro de 1978, o general Bethlem refutou a acusação de que, quando comandava em Santos a Artilharia de Costa e Antiaérea da 2ª Região Militar, havia ordenado ao coronel Erasmo Dias, seu subordinado, a colocação de uma bomba na sede do jornal *O Estado de S. Paulo*.

Também é oportuno lembrar outro fato, o que aconteceu com o "Raul Careca", aquele delegado que encostou o seu revólver na cabeça do repórter Antônio Carlos Fon. Esse policial, numa noite de novembro de 1976, repetiu o mesmo gesto, encostou a sua arma no rosto de Humberto Libertini Júnior, soldado do Exército, e desferiu um único tiro, assassinando o militar. A vítima tinha apenas dezenove anos. "Raul Careca" foi preso em flagrante.

O crime ocorreu em São Paulo, na rua Morato Coelho, do bairro de Pinheiros. Motivo: o policial achou que Humberto insultara um morador do seu edifício. Então, a fim de intimidar o jovem, de amedrontá-lo, uniu a face deste ao cano de um revólver, puxou o gatilho e obrigou o soldado a se engajar no batalhão da morte.

Só em junho de 1981 – a lei no Brasil anda numa cadeira de rodas, é paraplégica – o Primeiro Tribunal do Júri decidiu condenar o "Raul

Careca" a doze anos de cadeia, mas ele acabou sendo beneficiado, quatro anos depois, com a prisão albergue domiciliar. Expulso da polícia, reintegrou-se nesta, em meados de 1986, graças à decisão unânime (três a zero), do Tribunal de Justiça de São Paulo...

Temos a impressão de que ela, sua majestade, a Justiça, quis premiá-lo, consolá-lo, pois Raul, durante a vigência do regime militar de 1964, o leitor pôde ver, estava diretamente ligado às torturas, à repressão política, aos "órgãos de segurança", como a Operação Bandeirantes e o Comando de Caça aos Comunistas.

* * *

Alfredo Buzaid, um dos auxiliares de Plínio Salgado na estruturação do Integralismo, obteve a glória literária em setembro de 1972, como ministro da Justiça, quando lançou uma cartilha de caráter fascista. Esta cartilha deixaria Hitler e Mussolini em êxtase, com chiliques e soluços de admiração. Creio que, devido a esse repugnante trabalho, a Academia Paulista de Letras o elegeu para a cadeira nº 31, em 28 de setembro de 1972. As datas coincidem... Indago se a Academia, à vista disso, retrata as aspirações culturais de São Paulo, do estado onde surgiu a Independência e cuja indomável vocação liberal robusteceu a Abolição e a República, o brioso São Paulo do movimento constitucionalista de 1932, deflagrado contra uma ditadura. Prestigiando o ministro de outra ditadura, o autor de um código tirânico, arbitrário, fascista, elegendo esse ministro no próprio momento em que ele impunha a vigência do código draconiano, a Academia Paulista de Letras endossou a repressão contra a imprensa. Sim, pois o texto da tal cartilha vetava as notícias sobre "assuntos delicados", como, por exemplo, *eleições, anistia, democratização, situação econômico-financeira*, etc.

A obra-prima do ministro Buzaid, "texto rival" do *Der Kampf ums Recht*, este monumento jurídico de Von Ihering, despertou a repulsa patriótica do jornalista Ruy Mesquita, que sentiu "profunda humilhação e vergonha" por ver o seu país metamorfoseado numa "republiqueta de bananas", sob o domínio de um governo sem compostura.

Publicou *O Estado de S. Paulo*, em dezembro de 1972, uma pequena notícia sobre a detenção e o espancamento de um médico, violência cometida por órgãos de segurança de Brasília. O jornalista Carlos Chagas, diretor da sucursal do matutino na capital do país, foi indiciado, devido a este fato, num inquérito policial-militar, com base no artigo 16 da Lei de Segurança Nacional. Vários elementos do Exército o responsabilizaram pela divulgação de uma notícia que poderia "lançar o povo contra as autoridades constituídas". Carlos Chagas, portanto, estava correndo o risco de ser condenado a dois anos de prisão. Ele argumentou, diante dos militares, que para que o crime se configurasse, segundo o referido artigo 16, a notícia deveria ser falsa ou tendenciosa, ou então que o episódio fosse truncado ou adulterado. Ora, não havia verdade em nenhuma dessas hipóteses... Além disso, a sua função na sucursal era apenas a de coordenar as matérias, a fim de enviá-las, após este trabalho, à sede do matutino em São Paulo.

No afã de castigar a "audácia", o inquérito voltou-se contra o doutor Júlio de Mesquita Neto, diretor de *O Estado de S. Paulo*. Convocado a depor na 2ª Região Militar, ele assim respondeu a um coronel e a dois majores, quando os três quiseram saber como se processava o fluxo das informações dentro do seu jornal e a quem cabia a responsabilidade pela publicação das notícias:

Júlio de Mesquita Neto

— Em situações normais o responsável sou eu, mas como o jornal está sob censura prévia, com os censores recebendo ordens diretas do Departamento de Polícia Federal, que se acha, por sua vez, subordinado ao Ministério da Justiça, a responsabilidade pela divulgação da discutida notícia, aprovada por esses mesmos censores, cabe, dentro da lógica e da lei, ao professor Alfredo Buzaid.

Cáustica, escarnecedora, a resposta do doutor Júlio. E outra coisa não seria possível esperar de Buzaid, nas suas funções de ministro da Justiça, senão isto: censura policial. Integralista convicto, e portanto fascista, ele fez entrar em vigor, a partir de fevereiro de 1970, o decreto-lei de censura prévia a livros e periódicos. Plínio Salgado aplaudiu a medida e solicitou, à sua excelência, que o decreto fosse estendido aos jornais diários...

Ocorreu pela primeira vez no Brasil, durante a gestão de Alfredo Buzaid, um processo coletivo contra humoristas. Sim, o auxiliar do presidente Médici não aceitou as piadas, os sarcasmos, as gozações, as gargalhadas rabelaisianas de nove redatores e administradores do semanário *Pasquim*. Meteu toda essa gente na cadeia, seguindo os métodos de Heinrich Himmler, comandante da GESTAPO, o chefe supremo dos S.S., o todo-poderoso ministro do Interior da Alemanha nazista...

Os humoristas ficaram presos na Vila Militar, e por dois meses. Para liquidar o jornal, impedir os contratos publicitários, as autoridades advertiram a Volkswagen:

— Anúncio no *Pasquim*, nós consideramos a subvenção da subversão.

Diversos jornais desejaram quebrar os grilhões, romper a canga que os asfixiava. O semanário *Movimento* nem podia publicar matérias sobre as eleições no Corinthians, um inocente clube de futebol, e a *Gazeta Mercantil*, pelo fato de divulgar alguns informes a respeito do Acordo Nuclear com a Alemanha, teve uma edição apreendida, em 23 de agosto de 1979.

A revista *Veja*, durante cento e dezenove edições, do número 285 ao 404, sofreu o corte de 60 matérias e 10.352 linhas, tudo

Mino Carta

vetado pela censura. Esta proibia na *Veja* até os anúncios inofensivos, salienta o jornalista Paolo Marconi, como o do tecido Terbrim, o do absorvente higiénico O.B. e o de um curso por correspondência...

Mino Carta distinguiu-se na luta contra os censores. Repórter esportivo na cobertura do Mundial de Futebol de 1950, colaborou na revista *Anhembi*, de Paulo Duarte, e pertenceu à agência noticiosa ANSA. Foi editor da secção de política internacional do *La Gazzetta del Popolo*, de Turim. Podemos asseverar que graças ao seu talento, à sua competência, Mino Carta transformou a *Veja* na melhor revista brasileira do seu gênero, naquela época. Ele a dirigiu até

1976, quando acabou sendo demitido, em consequência das pressões de Armando Falcão, o ministro da Justiça.

Num depoimento concedido a Paolo Marconi, e registrado na obra *A censura política na imprensa brasileira*, Mino Carta informou que o número 15 da *Veja* foi apreendido nas bancas. Motivo: a capa da revista, onde o general Costa e Silva aparece sozinho no plenário do Congresso... E outro número também teve a mesma sorte, pois apresentou uma reportagem sobre torturas. Agentes do II Exército, comandados por um tenente-coronel, fiscalizavam as matérias. Na véspera do sesquicentenário da Independência do Brasil, em 1972, uma funcionária da Polícia Federal quis discutir, com os redatores da *Veja*, as interpretações de figuras históricas... Situação grotesca, embaraçosa. Inúmeras vezes o amável e paciente Mino Carta se viu constrangido a ir depor na Polícia, onde era enfiado numa sala, à espera das perguntas de um delegado, perguntas desta natureza:

– Qual é o nome do seu pai? Como é que se chama a sua mãe?

Talvez isto explique por que o jornalista Mino Carta ostenta, nos dias atuais, um sorriso meio irônico e um ar beatífico, algo idêntico ao de um mártir com auréola...

A censura exercida na imprensa, depois do movimento de 1964, foi a ressurreição das ordens drásticas do DIP, isto é, das normas brutais de uma ditadura. Veja o leitor, por exemplo, estas proibições de outubro de 1972:

"*58 – De ordem superior, fica esclarecido que sobre sucessão presidencial nenhuma notícia pode ser publicada. Proibições anteriores sobre outros assuntos ficam suspensas, devendo, a cada caso, ser feita consulta à Direção-geral. Proibição enviada hoje sobre Pernambuco fica mantida até segunda ordem. 6/10.*

59 – Fica proibido publicar notícias sobre encontro de policiais da Secretaria de Segurança de Pernambuco, em Engenhos de Matapiruma de Baixo, naquele estado. 6/10.

60 – De ordem superior fica proibido publicar discurso pronunciado hoje por Júlio de Mesquita Neto perante a Associação Interamericana de Imprensa, em Santiago do Chile, 10/10 (O doutor Júlio falou sobre as pressões econômicas e a censura policial, impostas aos jornais brasileiros).

61 – De ordem superior é proibida qualquer referência ao fato do deputado Lisâneas Maciel ter lido, na Câmara dos Deputados, o relatório do sr. Júlio de Mesquita Neto sobre a situação da imprensa no Brasil, e da publicação no Diário do Congresso *ter sido vetada pelo presidente da Câmara. 13/10.*

62 – Não pode publicar nada sobre o possível seqüestro de dona Rosa Cardim Osório. P.S. Ou outra mulher de coronel. 16/10.

63 – De ordem superior fica proibida divulgação de convites de Diretórios Acadêmicos desta Capital (Salvador), convocando estudantes para a próxima semana se reunirem em protesto contra atos decisórios da Reitoria da UFBa. 19/10.

64 – O abalo de terra que 'é igual a Conceição, pois ninguém sabe, ninguém viu', só pode ser noticiado discretamente, para não alarmar a opinião pública. 24/10.

65 – Não noticiar sobre o acidente com o oficial do Exército Fernando Alah Moreira Barbosa. 26/10.

66 – Nenhuma notícia sobre um diplomata argelino ou jordaniano que teria sido preso no Brasil, depois de ter sido solto em Amsterdã. 26/10".[19]

Lançado em 1972, no ano dessas proibições, o semanário *Opinião* obteve enorme sucesso. Era propriedade de Fernando Gasparian, o dono da América Fabril, um dinâmico e arrojado empresário. Raimundo Rodrigues Pereira, ex-editor da revista *Veja*, dirigia o novo periódico, que contava com uma equipe de excelentes jornalistas.

Desde o número 1 até o 7, a censura não incomodou muito os redatores do tabloide. Mas como este conseguiu noticiar a morte

---

19 MARCONI, Paolo. *Op. cit*, p. 246-247.

trágica do estudante Alexandre Vannucchi Leme, de vinte e três anos, torturado no DOI-CODI, e a missa de sétimo dia, celebrada na Catedral da Sé, em São Paulo, os homens da tesoura começaram a agir de maneira excessivamente rigorosa. É a prova de que num Estado policial, ou melhor, num Estado fascista, jamais é permitido expor certas verdades.

Os critérios da censura, quanto ao jornal *Opinião*, não se caracterizavam pela lógica. Foi vetada a matéria, aqui está um exemplo, a respeito do artigo de Murilo Melo Filho, aparecido na revista *Manchete*, onde o autor analisou o problema da sucessão presidencial. Esta matéria ia sair no número 15. Uma entrevista com d. Vicente Scherer, cardeal-arcebispo de Porto Alegre, sobre as relações entre o Estado e a Igreja no Brasil, não pôde ser publicada no número 23... E os censores vetaram completamente, no número posterior, o comentário em torno de dois romances policiais, um da lavra do escritor grego Antonis Samarakis e outro do norte-americano Paul Kavanagh. Também suprimiram os trechos de uma carta a propósito de ingênua entrevista do cômico Zeloni, na qual ele descreveu a sua vida na Itália do tempo de Mussolini... Por quê? Acredito que a censura não queria que os leitores vissem as semelhanças irrefutáveis entre o regime do *Duce* e o regime do general Garrastazu Médici. Observe o leitor, no nome desse militar existe um traço marcante do seu governo: garras. Por tal razão eu perguntava, naquela época:

— Governo Médici ou governo medieval?

Notas da censura, expedidas no dia 15 de abril de

O censor, por Jaguar

1973:

"*32 – De ordem superior poderá ser noticiada a apreensão do semanário* Opinião. *Entretanto a detenção dos diretores, bem como críticas ou protestos, não são permitidas. Igualmente quaisquer declarações dos diretores daquele semanário não podem ser divulgadas. 15/4 (Distribuída na Bahia).*

33 – Está proibida a publicação de qualquer notícia ou comentário sobre apreensão do semanário Opinião *e prisão de seus diretores, além de qualquer declaração atribuída aos mesmos. 15/4 (Recebida pela* Folha de S. Paulo*)*".[20]

Com o objetivo de garantir os direitos do periódico, e apoiado em indiscutíveis textos legais e constitucionais, o advogado Adauto Lúcio Cardoso, no dia 10 do mês seguinte, impetrou um mandado de segurança ao ministro-presidente do Tribunal Federal de Recursos. O julgamento foi assistido por estudantes, deputados, senadores, professores, jornalistas, membros da Ordem dos Advogados do Brasil. Segundo certas pessoas, as normas da censura eram impostas por Leonardo Greco, chefe de gabinete do ministro da Justiça. Durante a explanação, o doutor Adauto citou um artigo do *New York Review of Books*, traduzido pelo semanário e mutilado pela censura. Artigo referente aos estudos de Freud sobre grandes figuras históricas, onde o psiquiatra de Viena investigou esta possibilidade: a de terem sido homossexuais, em virtude de alguns episódios de suas vidas, "diversos militares, filósofos, pintores, escritores". Depois o causídico esclareceu:

– A palavra militares foi cortada.

Freud mencionou Leonardo da Vinci, entre os artistas que provavelmente eram homossexuais, disse o advogado. Tendo sublinhado isto, o doutor Adauto concluiu:

– Então, o doutor Leonardo Greco, não sei por quais razões, toda a

---

20 *Idem, ibidem*, p. 253.

vez que surgia o nome de Leonardo da Vinci, cortava o Leonardo...

Gargalhadas sonoras, potentes, estrugiram na sala de sessões, no augusto plenário do Tribunal Federal de Recursos.

Após o exame do mandado de segurança, os ministros daquela corte, por seis votos contra cinco, decidiram que a Polícia Federal não tinha o direito de fazer a censura prévia no semanário *Opinião*, pois tal censura era um ato de arbítrio, feria os preceitos da Carta Magna. Entretanto, apesar disso, com base no AI-5, o general Médici anulou a decisão da Justiça:

"Despacho do Presidente da República
Processo 5005/73
Exposição de Motivos n. GM 229 B,
de 20 de junho de 1973.

Diante do exposto neste processo pelo Senhor Ministro da Justiça:
1 – Ratifico o despacho exarado em 30 de março de 1971, na exposição de motivos n. 165 B, de 20 de março daquele ano, no qual adotei em defesa da revolução, com fundamento no artigo 9 do Ato Institucional n. 5, as medidas previstas no art. 152, § 2º, Letra E, da Emenda Constitucional b 1;
2 – Tendo a decisão proferida no mandado de segurança impetrado pela Editora Inúbia Ltda. afirmado não existir nos autos provas de imposição de censura por ato do Presidente da República, reitero a autorização de que a Polícia Federal estabeleça censura quanto ao periódico Opinião.

Emílio Garrastazu Médici
Presidente da República".

As incessantes brutalidades contra um semanário imparcial, democrático, obtiveram repercussão no exterior, sendo noticiadas no *Le Monde* e no *New York Times*. Os cortes da censura foram tão violentos, tão irracionais, depois do despacho de Médici, que o número 55 de *Opinião* ficou completamente desfigurado, não pôde ser impresso. Indignado, cheio de justa revolta, o dono do jornal escreveu esta carta:

"Rio de Janeiro, 22 de novembro de 1973.
Exmo. Sr. Alfredo Buzaid
DD. Ministro da Justiça
Ministério da Justiça
Nesta

Exmo. Senhor,
Julgamos nosso dever informar-lhe que a edição número 55 (cinqüenta e cinco) do jornal Opinião, *que deveria estar nas bancas na próxima segunda-feira, dia 26, deixará de circular por ter a Censura do Departamento de Polícia Federal cortado 170 das 348 laudas de texto enviadas a Brasília para liberação e de não podermos, de acordo com as normas a que somos submetidos, enviar artigos para sua substituição.*

Embora contrários à Censura Prévia, posição que defendemos vitoriosamente, através de Mandado de Segurança no Tribunal Federal de Recursos, estamos obrigados a aceitar essa triste instituição — imposta pelo Presidente da República com base no Ato Institucional número 5 — conforme despacho publicado no Diário Oficial, *após a decisão do TFR, enquanto aguardamos a publicação do acórdão daquela corte de justiça e julgamos da conveniência e necessidade de requerer sua confirmação pelo Supremo Tribunal Federal.*

É nosso dever, entretanto, protestar contra a forma arbitrária e kafkiana pela qual se exerce, sem qualquer norma escrita ou regulamento, a determinação presidencial, que leva a absurdos tais como:

a) O jornal ser censurado em Brasília, embora tenha sua redação e oficinas no Rio de Janeiro.

b) O jornal, um semanário de atualidades, ter seu último horário de fechamento de matéria redacional (que deveria ser sábado, no Rio, e é terça-feira, em Brasília) estabelecido pelas conveniências da polícia.

c) Serem cortadas matérias amplamente tratadas pelos demais órgãos de imprensa.

Não termos podido publicar, só para citar casos mais recentes, os pronunciamentos e uma biografia do general Otávio Jordão Ramos, o discurso do candidato à presidência da República, deputado Ulysses Guimarães, matéria sobre os esforços de fortalecimento do Congresso Nacional, pontos de vista de chefes de Estado de países árabes sobre a crise no Oriente Médio, artigos sobre a Índia, Turquia, Grécia, Chile, URSS, Vietnã, Camboja, Irã, Formosa, Japão, Inglaterra, escritos por órgãos tradicionais da imprensa do ocidente, como Le Monde, The Guardian, The Washington Post, Opinion, The Wall Street Journal, *e mesmo textos sobre assuntos vários, como a eubiose, o perigo das radiações nucleares, os fãs clubes dos Beatles no Brasil e o obituário do músico Gene Kruppa.*

Como patriotas, preocupados com os destinos deste país, como editor, preocupado com a sobrevivência de uma empresa e de um órgão de imprensa honesto e independente, criado e mantido com o esforço de uma centena de colaboradores e funcionários, e dezenas de milhares de leitores, considero meu dever comunicar-lhe estes graves atentados à liberdade e à Lei.

Atenciosamente,
Fernando Gasparian
Diretor".

O autor desta carta, meses antes, havia sido preso pelo inspetor Costa Sena, policial que cometeu muitas arbitrariedades na área da repressão política, segundo informa J. A. Pinheiro Machado, ex-editor de *Opinião*. Embravecido, apoplético, totalmente perturbado, Costa Sena assim se dirigiu ao dono do semanário:

— Se o senhor continuar desse jeito, eu lhe dou um tiro na cara.[21]

A prisão de Gasparian, durante vinte e quatro horas, causou escândalo, aturdiu a Câmara e o Senado, fez o deputado Lysâneas Maciel, ex-membro da União Democrática Nacional, apresentar um projeto de lei para conter as arbitrariedades de militares e agentes de polícia.

Fato curioso: o número 26 de *Opinião* não existe, pois a censura, apenas por vingança, impediu o seu nascimento... Eis um informe de Fernando Gasparian ao jornalista J. A. Pinheiro Machado:

"No final do governo Médici, a ação dos censores chegou a extremos de sofisticação e insolência. Quando se dizia, por exemplo, que 'a tendência dos jornalistas é *não* apoiarem o Governo, eles, com a maior tranquilidade, cortavam o *não*. Se você publicasse aquilo, alterava inteiramente o que havia sido escrito. Então, éramos obrigados a cortar tudo, sob pena de publicarmos algo que era o inverso do que havíamos redigido".

Pesada bomba explodiu na sede do semanário, em plena madrugada de 15 de novembro de 1974. O vigia do prédio só escapou com vida por um motivo: ele estava nos fundos do andar superior. Apareceu um rombo enorme perto do arquivo, devido à potência da bomba. Sob a ação do impacto, a cortina da porta de entrada voou, projetou-se à distância, e todos os ferros da grade dessa porta ficaram retorcidos. Tão forte repercutiu o estrondo, que os moradores das casas vizinhas acordaram. Algumas mulheres tiveram faniquitos, crises nervosas. Esse barulhão arrebentou, sem poupar nenhum, os vidros das janelas da parte lateral da casa nº 94, uma escola para crianças excepcionais.

Os autores do atentado colocaram no local este panfleto:

---

21 Pinheiro Machado, J. A. *Opinião X censura – Momentos da luta de um jornal pela liberdade.* Porto Alegre, L & PM Editores, 1978, p. 70.

"A Aliança Anticomunista Brasileira decidiu que não é mais possível deixar sem resposta as ações criminosas a soldo de Moscou, que este grupo de traidores vem realizando há longo tempo, em proveito da comunização do Brasil, através do jornaleco Opinião *e outras publicações.*

Esta é nossa mensagem de advertência: da próxima vez ajustaremos contas pessoais com esses excrementos humanos!

A hora da verdade está chegando, Fernando Gasparian e asseclas!

Estejam certos que pagarão com a própria vida a traição à pátria, que estão cometendo.

Morte à canalha comunista!

Viva o Brasil!
AAB – Aliança Anticomunista Brasileira"

Imediata, a repulsa ao atentado. Houve o protesto da Associação Brasileira da Imprensa e manifestações de solidariedade a Fernando Gasparian, como a de John Dexter, cônsul dos Estados Unidos no Rio de Janeiro. *El Clarín*, de Buenos Aires, além de outros jornais democráticos do exterior, também se pronunciaram nesse sentido, inclusive a Associação Interamericana de Imprensa.

A luta homérica do jornal *Opinião*, travada contra a estupidez de uma censura ferozmente estrábica, durou de 1973 a 1977, até a edição do número 231. Este número saiu sem cortes e a Polícia Federal o apreendeu nas bancas, por ordem de Armando Falcão, ministro da Justiça. Sua excelência, aliás, ordenou que Fernando Gasparian fosse processado pelo fato de ter cometido um crime execrando, imperdoável: "o crime da desobediência civil". Como se vê, o ministro fazia jus ao seu sobrenome, pois o *falcão* é

Armando Falcão

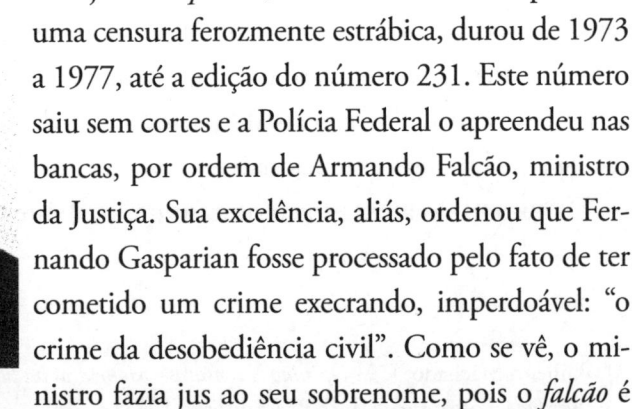

uma veloz ave de rapina, de possantes garras aduncas...

O tabloide já não suportava as perseguições. Gasparian decidiu: *Opinião* só voltaria a circular depois do fim da censura. Sim, era um semanário imparcial, equilibrado, não resta dúvida. Pôde apresentar nas suas páginas, o que foi uma novidade, artigos dos principais órgãos da imprensa internacional, textos de *Le Monde*, do *Nouvel Observateur*, do *New Statesman*, do *The Washington Post*, do *New York Review of Books*. Fundado em Paris, após a Segunda Guerra Mundial, o independente *Le Monde*, um dos grandes periódicos da França, sempre se preocupou com assuntos sérios, evitando toda espécie de sensacionalismo. *The Washington Post*, eis outro exemplo, é o diário de maior circulação na capital dos Estados Unidos. Daí se conclui: o regime surgido em 1964 temia os comentários desses jornais estrangeiros, os artigos reproduzidos nas colunas de *Opinião*. É verdade, no entanto, que *Le Monde* apontou os erros políticos dos generais Castelo Branco e Costa e Silva, mas isto não constitui um delito, porque segundo a Carta de Princípios do II Congresso Panamericano de Jornalistas, realizado em Havana, a liberdade de pensamento, e sua expressão falada ou escrita, são direitos básicos, inseparáveis, formam a garantia e a defesa das outras liberdades nas quais se fundamenta a democracia.

Coisa incrível, o próprio presidente da República, no semanário *Opinião*, convertera-se em alvo da censura... Desse modo, indagavam os redatores, o que lhes restava para escrever? E deram estas informações:

"Nos quatro e meio anos de existência do jornal, os 230 números que publicamos somaram 5.796 páginas impressas. Se acrescentarmos a este número as matérias vetadas pela censura, teríamos publicado um total de 10.548 páginas. É que precisávamos fazer semanalmente, para cada jornal publicado, quase dois".

O tabloide perguntou, em outro parágrafo:

"Que *Opinião* era essa que oferecíamos, mutilada, aviltada, desfigurada? Que matéria para meditação podíamos oferecer quando não mais podíamos sequer transcrever notícias já publicadas, ou frases pronunciadas pelo presidente da República?"

A repressão havia ganhado mais uma batalha inglória, mas eles, os redatores, pelo menos tinham cumprido o seu programa:

"Sabíamos e o afirmamos, no editorial de nosso primeiro número há quatro anos e meio, que a independência de um jornal está intimamente relacionada à sua independência financeira e ideológica. Por isso, não nos filiamos a grupos de qualquer natureza, econômicos ou partidários, financeiros ou ideológicos. Nossos compromissos sempre foram – e continuam sendo – com a defesa das liberdades democráticas, sem as quais não há desenvolvimento político; com a defesa de uma melhor distribuição da renda, sem a qual não há desenvolvimento social num país de mais de 100 milhões de habitantes; com a defesa do nosso patrimônio ecológico, sem o qual não há melhoria de qualidade de vida; com a defesa da economia nacional, sem a qual não pode haver Nação; com a defesa dos Direitos humanos, sem os quais não há sujeitos, mas súditos, e, por isso mesmo, não pode haver democracia".

Amigo do diálogo, prestigiando a cultura, os intelectuais, a inteligência, o semanário estabelecera uma ponte entre os seus leitores e o mundo, ao reproduzir as matérias dos periódicos estrangeiros. E depois desta afirmativa, algo idêntica a um consolo, os redatores enfatizaram:

"*Opinião* não é um jornal sensacionalista. Procuramos sempre a objetividade e a isenção. Tanto assim que não recusamos nosso aplauso ao governo quando medidas acertadas o justificavam. Qualquer um se consideraria – e teria toda razão para fazê-lo – desobrigado de louvar um governo que sonega o direito de crítica e que só se olha no espelho que construiu para si próprio. Mas ao elogiarmos atos governamentais acertados, estávamos contribuindo, independentemente do governo, para o processo de educação política necessária à prática democrática.

É com a democracia, com a democracia substantiva, pluralística, sem adjetivos, que temos compromissos. Em nome destes, repudiamos os radicalismos, de direita ou de esquerda. Ao primeiro pagamos o nosso tributo, no atentado a bomba que sofremos na madrugada de 15 de novembro e que até hoje não foi suficientemente investigado por quem teria obrigação de fazê-lo, ao segundo pagamos o preço da incompreensão e até de calúnia contra nossas intenções.

Por que, então, a censura que nos foi imposta a partir do nosso oitavo número?

Por que recrudesceu a censura prévia contra nosso jornal, precisamente quando fora suspensa em vários órgãos então sob seu guante?

Por que essa censura chegou a vetar a publicação da Carta dos Direitos Humanos, da qual o Brasil é signatário, e o próprio Hino da Independência?"

Formuladas estas perguntas, o jornal tentou responder:

"Talvez por termos sido nós, precisamente, a primeira publicação que recorreu contra a censura e que desvendou os mecanismos em que se firmava. Contra a censura apelamos ao Tribunal Federal de Recursos, em 1973, pela voz destemerosa do advogado Adauto Lúcio Cardoso, que levantou a preliminar de sua inconstitucionalidade. Mas a decisão foi anulada pelo Presidente Médici, ficando então nós, de *Opinião*, e o país inteiro, sabendo que a censura prévia à imprensa resultava de um despacho presidencial de 1971, até então secreto, baseado no AI-5. Desde então a censura nos dedicou uma atenção toda especial. O preço que pagamos foi o de conviver, até hoje, com a censura prévia, com o veto a alguns de nossos melhores colaboradores, com a paulatina erosão dos temas que nos eram permitidos, com a destruição do estilo, da qualidade dos nossos textos submetidos a uma censura freqüentemente bronca e sempre surda a qualquer apelo.

Aqui, portanto, fazemos nossas despedidas da censura. Dos leitores, não. Porque voltaremos um dia a ser LIVRES. Só encerramos, temporariamente, esta primeira etapa à espera do direito de opinar. A pausa que nos impomos não é de resignação e sim de protesto. Não paramos nossas máquinas com melancolia e sim com indignação, esta boa e bela indignação que lavra entre tantos brasileiros inconformados com o cerceamento de suas liberdades, a primeira das quais é a de pensar e a de dizer o que se pensa. Aguardamos, confiantes, o retorno ao país do livre direito de opinião".

Intelectuais de "diferentes horizontes políticos", membros do Conselho de Colaboradores do periódico, apoiaram o editorial: Antônio Callado, Antônio Cândido, Celso Furtado, Paul Singer, Francisco C. Weffort, Millôr Fernandes, Alceu Amoroso Lima, Fernando Henrique Cardoso, e outros.

A odisseia desse semanário é uma das mais belas e heroicas da história da imprensa brasileira, pois ele pelejou cheio de coragem, resistiu longo tempo em circunstâncias absolutamente adversas, sofreu um bárbaro atentado terrorista e toda espécie de iniquidades, de pressões econômicas, teve edições várias vezes apreendidas por motivos absurdos, oriundos da inventiva de cérebros estreitos e quadrados. E entrou com uma ação na Justiça contra a censura prévia, alcançando a vitória no Tribunal Federal de Recursos. Só a força ilegítima e desmiolada de um despacho secreto de 1971, baseado no AI-5, conseguiu tapar a boca de *Opinião*, mas sem destruir o seu brio, a sua honra, a sua impavidez, a sua independência moral.

Narramos com minúcias esta história porque é uma lição que não deve ser esquecida. Lição eloquente, pois mostra como um regime de arbítrio detesta os fatos, a verdade, o raciocínio, a *opinião*, e gera assombrações, os seus próprios fantasmas, mulas-sem-cabeça, isto é, a censura, e boitatás, os touros furiosos que jorram fogo pelas ventas e queimam tudo, isto é, os agentes de polícia, incumbidos de impor pelo cassetete, pelo revólver, pela metralhadora, a referida censura.

O advogado Sobral Pinto, numa carta dirigida ao general Orlando Geisel, ministro do Exército, carta de 17 de setembro de 1970, escreveu as seguintes palavras:

"Não leve a mal, excelência, que afirme ser o regime militar de agora muito mais rigoroso do que foi o regime do Estado Novo. Este jamais envolveu as Forças Armadas na repressão policial e judiciária aos inimigos do regime. Deixou esta função à Polícia dos estados e ao Tribunal de Segurança Nacional. Este, apesar de ser um tribunal de exceção, era presidido por um ministro do Supremo Tribunal Federal e tinha juízes togados em número igual ao dos juízes militares. Constava de seu regimento interno o recurso de habeas-corpus *para coibir os abusos, tanto das autoridades policiais quanto das autoridades militares. As suas decisões eram irrecorríveis, não há dúvida. Mas era permitido ao Supremo Tribunal Federal anulá-las em* habeas-corpus, *sempre que se ostentavam como manifestamente inconstitucionais ou ilegais".*

E o doutor Sobral Pinto, embora sendo um adversário do tzarismo, das medidas discricionárias, também reconheceu: o Estado Novo conservou o poder civil superior ao poder militar. Getúlio Vargas e Francisco Campos, o seu ministro da Justiça, "procuraram manter na administração um clima de confiança nas autoridades civis, militares e policiais, sujeitas ao seu comando". Inexistia, assegurou o advogado, como se notava naquele ano de 1970, a sanção em grande escala contra civis, políticos, funcionários e elementos do Exército, "sem que os atingidos fossem informados dos motivos de tão severas medidas".

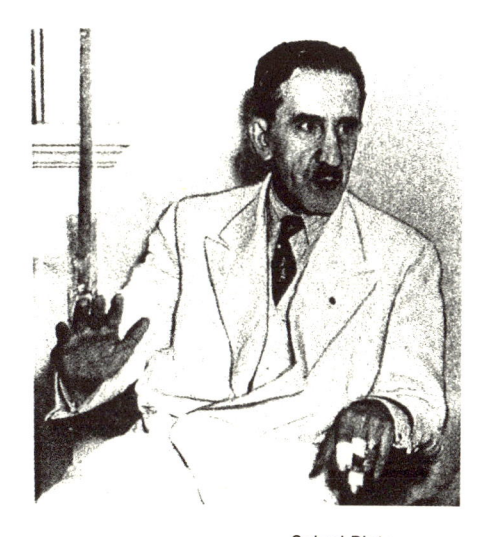

Sobral Pinto

Os fatos apresentados a seguir, em nossa narrativa, confirmam estas afirmações.

No início de 1970, o sisudo Hélio de Azevedo, da *Folha do Oeste*, de Guarapuava, cidade do Paraná, foi processado por um simples motivo: ele teve a ousadia de criticar o prefeito... Também aconteceu algo semelhante, nesse mesmo ano, ao jornalista Paulo de Castro Ramos, em virtude de um artigo aparecido no diário *O Estado*, de Florianópolis, sobre alguns atos do ministro Tarso Dutra, da Educação. Processos irracionais, estapafúrdios, típicos de um regime especializado em asfixiar a liberdade. Aliás, depois da queda de João Goulart, o doutor Sobral Pinto, diante das perseguições movidas contra os correligionários do presidente deposto, e em consequência do "expansionismo" do Poder Executivo, em detrimento do Legislativo e do Judiciário, assim definiu o regime de 1964: ditadura militar.

Quando *O Estado do Paraná*, de Curitiba, publicou uma notícia sobre o linchamento de um preso, isto bastou para enquadrar, na Lei de Segurança Nacional, o seu correspondente em Guaíra, cidade perto da fronteira com o Paraguai. A "notícia subversiva" estava na edição de 10 de fevereiro de 1971.

Um editorial da *Luta Democrática*, folha do Rio de Janeiro, matéria a respeito de um acidente de trânsito que vitimou uma criança, fez o jornalista Carlos Augusto Vinhaes ser processado em agosto do mesmo ano. Eis o delito do perigoso cidadão: "crime contra a Segurança Nacional". E meses depois, esse "crime" também levou, à barra do tribunal militar, dois jornalistas da *Folha da Tarde*, de Porto Alegre. Que traição à pátria haviam cometido? Apenas uma, e gravíssima: informaram no jornal que um preso se achava detido há dezoito anos na cadeia pública de Camaquã, por ter dado um tapa na esposa...

Após a cartilha fascista do professor Buzaid, criada para ensinar o bê-á-bá da subserviência aos cidadãos de espinha dorsal flexível, *O*

Estado de S. Paulo foi censurado em quatorze páginas, na edição de 10 de maio de 1973. Querendo protestar de modo irônico, gaiato, contra a imposição dessa gargalheira, objeto de escravos e não de homens livres, *O Estado* e o *Jornal da Tarde* começaram a publicar em grandes espaços, nas páginas das matérias suprimidas, versos de Camões e de Manuel Bandeira, cartas e receitas de culinária.

No ano seguinte, em 1974, a fim de matar dois coelhos de uma só cajadada, isto é, para homenagear um jornalista e ao mesmo tempo condenar, no plano externo, um governo autocrático, inimigo da palavra independente, a Federação Internacional dos Editores de Jornais, com sede em Copenhague, entregou a Júlio de Mesquita Neto o Prêmio Pena de Ouro da Liberdade, "pela sua notável decisão de manter uma imprensa livre, enfrentando o confisco de edições e uma rígida censura". O mesmo propósito, ainda nesse ano, fez o citado jornalista receber o Prêmio Mergenthaler, no mais alto grau, devido "a sua luta ininterrupta em favor da liberdade de imprensa no Brasil". Ambos os prêmios, se constituíam uma honraria justa, desvanecedora, também não deixavam de ser uma crítica veemente à cartilha de caráter fascista do ministro Buzaid.

Grande é o número de jornalistas que se transformaram em vítimas do arbítrio, da intolerância, depois do golpe de 1964. Evoquemos alguns casos.

Sebastião Nery sofreu um processo por haver publicado na *Tribuna da Imprensa*, no dia 12 de abril de 1971, inteligente comentário em torno desta afirmativa de Marcelo Caetano, primeiro-ministro de Portugal: a pátria de Salazar jamais abandonaria as províncias da África. Declaração semelhante, no raciocínio de Nery, à de Richard Nixon sobre o Vietnã, à de Adolfo Hitler a propósito da Iugoslávia, e à de Benito Mussolini a respeito da Albânia.

Parece incrível, mas, por causa da citada opinião, a Polícia Federal abriu um inquérito, acusando o jornalista baiano de assacar injúrias e calúnias contra o primeiro-ministro. Tal processo, que se estendeu de julho de 1971 a julho de 1972, terminou com a absolvição do réu...

Quanta perda de tempo em redor de uma ninharia, de uma crítica justa, dirigida a um político estrangeiro, quanto desperdício de papel, de dinheiro do contribuinte! E tudo isto se fez sob a égide de uma revolução cujo lema era o combate ao esbanjamento, à imoralidade no uso do dinheiro dos cofres públicos!

Em junho de 1971 foi instaurado inquérito, junto à 1ª Auditoria da Justiça Militar, contra Percival de Souza, do *Jornal da Tarde*. O "crime" de Percival consistiu em fazer "dolosamente" a apologia desta equação singular: *repressão mais esquadrão da morte, igual a governo*.

Os depoimentos dos jornalistas torturados são estarrecedores. Eis, por exemplo, o de Miriam de Almeida Leitão Netto, jovem de vinte anos, no auto de qualificação e interrogatório,

"... *que as pessoas que procediam os interrogatórios soltavam cães e cobras para cima da interrogada...*"

Este depoimento é de 1973. Aqui está um de 1975, o do jornalista Renato Oliveira da Motta, homem de cinquenta e nove anos:

"... *que a estica a que se referiu, como um dos instrumentos de tortura, é composta de dois blocos de cimento retangular, tendo argolas às quais são prendidas as mãos e os pés das pessoas ali colocadas com pulseiras de ferro, onde o interrogado foi posto e onde sofreu espancamento durante vários dias, ou seja, de 12 de maio a 17 do mesmo mês...*"

As declarações de José Augusto Pires, jornalista de vinte e quatro anos, prestadas em 1977, também nos sensibilizam:

"... *que sendo de novo encapuzado, foi levado para um local totalmente fechado, cujas paredes eram revestidas de eucatex preto, cuja temperatura era extremamente baixa... que naquela sala ouvia sons estridentes, ensurdecedores, capazes até de produzir a loucura...*"

Deram a tal lugar o nome de "geladeira". Consoante a descrição de Antônio Carlos Fon, é um cubículo de concreto, cuja altura chega apenas a dois metros. Tem um metro e oitenta de largura e o mesmo comprimento. A porta, que é de aço, só possui um metro de altura. Visão do conjunto: tudo pintado de negro... Caixas de som fixadas no teto, destacam-se na parede oposta à porta. E na parede lateral direita, a vinte centímetros do piso, há uma fresta para ventilação, protegida por uma tela de aço. Um nicho onde se acham as lâmpadas, construído no teto, também se apresenta com a referida tela. Após nos fornecer esses pormenores, Antônio Carlos Fon complementa:

"Em funcionamento – com um prisioneiro nu, que pode permanecer na 'geladeira' até por várias semanas – as caixas de som despejam ruídos de todo tipo: barulho de passos, de moedas girando em uma mesa, de trens, cornetas, de turbinas de jato, etc. O volume do som varia aleatoriamente, de extremamente alto a quase inaudível, assim como a temperatura ou as luzes. O equipamento de ventilação pode fornecer dias de frio quase insuportável, algumas horas de calor altíssimo e novamente frio; as luzes podem passar semanas sem se acenderem ou dias inteiros piscando ininterruptamente".

Vejamos como o citado José Augusto Pires, um dos frequentadores da "geladeira", descreveu os embalos da "cadeira-do-dragão":

"... o interrogado foi obrigado a se sentar em uma cadeira, tipo barbeiro, à qual foi amarrado com correias revestidas de espumas, além de outras placas de espumas que cobriam seu corpo; que amarraram seus dedos com fios elétricos; que, ao mesmo tempo, outro torturador com um bastão elétrico dava choques entre as pernas e o pênis do interrogado..."

Esse instrumento de suplício, a "cadeira-do-dragão", elucida Antônio Carlos Fon, é uma invenção dos técnicos da Operação Bandeirantes. Os braços da vítima ficam cobertos com placas de metal, nas quais são ligados os fios de uma "maquininha de choque" ou de uma "pianola Boilesen". Desde o ano de 1972, acrescenta o repórter, introduziram na tosca poltrona um microfone elétrico, que aproveita os sons para intensificar, conforme o volume, a voltagem da descarga elétrica transmitida ao supliciado. No momento de iniciar o interrogatório, o torturador fazia as perguntas em voz baixa e depois ia elevando-a progressivamente, até o instante de aproximar o microfone da boca da vítima, a fim de que os seus próprios gritos de sofrimento, de desespero, aumentassem a força da descarga.

Informa Antônio Carlos Fon: a "pianola Boilesen", comprada nos Estados Unidos, foi um presente do industrial Henning Albert Boilesen para o DOI-CODI de São Paulo. Ela é provida de um teclado, como os instrumentos musicais, teclado que ao ser premido lança descargas elétricas, em escala crescente... O amável industrial Henning, cujos gestos de filantropia se tornaram muito conhecidos, acabou sendo assassinado por terroristas...

* * *

Chocante, sob vários aspectos, é o caso do advogado e jornalista Dimas Perrin. Autor de notável livro sobre a Inconfidência Mineira, Dimas foi um dos oradores, em 1950, do "Comício contra a bomba atômica e o envio de tropas para a Coréia". Aliás, ele participou do Movimento Mineiro pela interdição das Armas Atômicas. E em 25 de julho de 1953, num artigo publicado no semanário *Jornal do Povo*, opôs objeções ao Acordo Militar Brasil-Estados Unidos. Devido a essas atitudes, passou a ser visto como "um subversivo", "um agitador comunista", pelo Departamento de Ordem Política e Social. A polícia, certa ocasião, invadiu a gráfica daquele semanário, do qual Dimas Perrin era redator, e o surrou tanto, de tal maneira, que ele perdeu os sentidos.

No começo de maio de 1974, durante o governo Geisel, empurraram brutalmente o jornalista para dentro de um automóvel. Ali a sua cabeça foi enfiada num capuz, além de ter sido algemado. Isto aconteceu no Rio de Janeiro. Perrin não tardou a descobrir que os sequestradores

Henning Albert Boilesen

eram policiais e por este motivo pediu que o levassem à Auditoria da 4º Região Militar, em Juiz de Fora, pois ela o havia condenado a nove anos de prisão. Uma forma de escapar das "carícias" desses policiais... Furioso, um deles rugiu:

— O senhor vai para Juiz de Fora, mas, primeiro, vai responder a algumas perguntas aqui no Rio.

Antes de entrar numa espécie de beco, o automóvel rodou cerca de sessenta minutos. Conduziram o jornalista, depois que desceu do veículo, a um quarto fechado, de cimento, onde ele começou a sentir falta de ar. Sempre com o capuz e algemado, Dimas Perrin teve de ficar assim, esperando a decisão dos sequestradores. Estes, após algum tempo, arrancaram-lhe as roupas, as meias, os sapatos. Só lhe deixaram o capuz, as algemas e a cueca.

Um fulano pegou a mão de Perrin, ali sentado, e, depois de amarrar uns fios no seu dedo mínimo direito, fez a mesma coisa num dos pés da vítima. Outros fios envolveram-lhe o pescoço, descendo pelas costas. Alguém lhe segurou a cabeça, uma segunda pessoa o seu braço esquerdo. Dois homens se postaram do lado direito. Súbito, acionaram algo como uma manivela, e o corpo do infeliz foi sacudido de modo violento, principalmente a perna e o braço direitos, em consequência da ação dos fios elétricos. O torturado quis segurar a mão e o braço direitos, pois ambos se agitavam, crispados por dor lancinante. Aí, nesse momento, veio um fulano, que pisou em cima do pé do jornalista, para esse pé se manter firme no chão. Pisou e berrou:

— Fica quieto!

Emitidas mais algumas descargas, uma voz autoritária ecoou nos tímpanos da vítima:

— Doutor, isto é para o senhor se 'descontrair' um pouco. O senhor está muito 'trancado', e nós precisamos conversar. Há muito tempo não ouvia falar em seu nome. Pensei até que tivesse morrido. Mas, no ano passado, tivemos notícias suas. Não estava em nossos planos prendê-lo agora, mas, como o senhor está se preparando para viajar, resolvemos apressar a sua prisão.

Frases tão amáveis logo desapareceram, foram substituídas pelo ímpeto raivoso de uma fera humana:

– Não adianta negar que ia viajar, porque alguém lá em Belo Horizonte já contou tudo. E não foi nenhum passarinho não, e olhe que nem chegou a apanhar.

As perguntas surgiram, estrepitosas como tiros de metralha. E pisões nos pés do desgraçado, a fim de se conservarem sobre o chão úmido, e socos no peito e no estômago, e choques e mais choques elétricos. Concerto macabro, de partitura sinistra, cujas notas mais agudas eram os berros de dor, e cujas árias mais melodiosas eram os palavrões dos torturadores, arremessados contra o jornalista e a sua esposa, a qual, como ele sublinhou, "de nada podia ser acusada, exceto de ser fiel ao seu marido".

Insatisfeitos com as respostas de Perrin, os monstros começaram a derramar água no seu peito, no seu pescoço, nas suas costas, nos seus braços e nas suas pernas. Bem molhado ficou o chão de cimento, para tornar os choques mais dolorosos, insuportáveis. Requinte digno de fiéis discípulos do marquês de Sade.

Cada pergunta sem resposta, avisaram, iria corresponder a um soco. Três silêncios do redator do *Jornal do Povo*, três murros. E voltou a funcionar a manivela de choques. Provocava um sofrimento tão intenso, em cada giro, que fornecia a Perrin esta impressão: a de lhe arrancarem um dente sem anestesia. Ritmo do espetáculo: pergunta, mutismo, soco, palavrões, choques elétricos, pisão no pé. Sinfonia interrompida por um dos "músicos":

– Nós vamos comer alguma coisa. Enquanto isto, o senhor aproveita o 'refresco' para pensar um pouco. Depois, vamos continuar a conversa. Nós não temos pressa. A nossa missão é obter informações para o presidente. Não pense que vai nos enganar. Em 64, 65, a gente não sabia como lidar com vocês. Mas de lá para cá aprendemos muito. Hoje, tudo é planejado, medido e controlado. Até o tempo necessário para a recomposição física. Há muita gente de estudo entre nós. Aqui mesmo há um colega seu, advogado. Por isto, não pense em nos enganar. Nós vamos conseguir o que queremos.

E Perrin ficou sozinho no quarto. Após analisar os fatos, sentiu esta impressão: havia chegado a hora de sua morte e portanto era necessário conformar-se e se preparar para o pior.

Quando os torturadores voltaram, tudo recomeçou, as perguntas, os suplícios, os palavrões, as ameaças, as cenas ignominiosas. Horas mais tarde um desses carrascos, indivíduo de voz roufenha, jogou um pano no chão, desprendeu a vítima da cadeira, sem lhe tirar o capuz e as algemas, e bramiu:

– Pode dormir aí.

Esbodegado, com os punhos inchados e doloridos, o jornalista estirou-se no chão. Doíam-lhe os pés, as mãos, as costas. Ele não quis comer e apenas aceitou um copo d'água. Ouviu alguns sons, vindos de fora – toque de corneta, palavras de comando – indícios da chegada da noite. Permaneceu de vigília, sobressaltado, à espera da volta repentina dos torturadores:

"A brutalidade e o sadismo com que me tratavam não me permitia alimentar a mais leve esperança de sair com vida daquele lugar terrível. Desde o princípio, percebi que iam me matar. Depois, eles mesmos me disseram tal coisa. Mas queriam, primeiro, vencer minhas resistências morais para destruir minha personalidade e transformar-me em algo indigno de mim mesmo. Os espancamentos e torturas visavam desarticular-me fisicamente, enfraquecer-me, impossibilitar-me de raciocinar e analisar meus atos. Só depois é que liquidariam o que restasse de mim".*

---

* Perrin, Dimas. *Depoimento de um torturado*. Rio de Janeiro, Nova Cultural, 1979, p. 21.

No dia seguinte, após o jornalista beber café numa caneca, apreenderam os remédios dos seus bolsos. Dimas exigiu a devolução desses medicamentos, pois a falta deles lhe prejudicaria a saúde. Veio um médico e este afirmou, depois de proferir alguns insultos contra o prisioneiro:

— Ele tem mesmo uma lesão cardíaca. Mas não precisam interromper por causa disso. Ele pode apanhar assim mesmo.

Dirigindo-se ao redator do *Jornal do Povo*, o médico escarneceu:

— Aqui você vai receber um tratamento melhor do que recebeu na Rússia.

Perrin, em 1954, fora à União Soviética, a fim de se tratar de uma lesão do pulmão, adquirida por causa dos murros dos agentes do DOPS... Mal o médico saiu, "pisando duro, como um fascista", os torturadores caíram em cima de Perrin. Aplicaram-lhe socos, pisões, choques e mais choques elétricos. Em determinado instante, um dos quebra-freios vociferou:

— Não adianta, vamos matar esse filho da puta.

A fera tirou algumas balas de um revólver e esclareceu:

— Olhe aqui, deixei uma só bala. A cada pergunta que deixar de responder, eu vou puxando o gatilho.

Com a cabeça presa, imóvel, Perrin sentiu o cano frio do revólver na sua nuca. Fizeram uma pergunta. O jornalista respondeu que não sabia e o tarado puxou o gatilho... Nova pergunta, outro puxão. Cada clique da arma era acompanhado de sonoros palavrões:

— Agora é a última chance. Fala, desgraçado! Fala ao menos o nome de um inimigo seu. Ou será que você não tem inimigo?

Silêncio da vítima e mais um puxão de gatilho. Tal resistência estava desesperando os algozes:

— Miserável, não tem amor à vida!

Um dos energúmenos, após pedir uma faca, emitiu este ganido:

— Vamos cortar isto logo.

Agadanhou e esticou uma das partes do corpo do mártir, fazendo a faca correr sobre ela, como se fosse um ferro de passar roupa. O jornalista escreveu, algum tempo depois:

"Protestei diante daquele inominável ultraje à minha pessoa, daquele desrespeito à minha dignidade".

Apegado à ideia de manter essa dignidade, de não se entregar ao desespero, Dimas Perrin continuou a resistir, a dar provas de força moral:

"Percebendo esta minha disposição, xingaram-me de masoquista e pensaram utilizar outros recursos, mais torpes ainda. Começaram perguntando-me quantos netos eu tinha. Respondi que nenhum. Um deles riu e perguntou-me: 'Então quem era aquele menino que o senhor levou à praia domingo?' Queriam saber de qual dos netos eu gostava mais. Pura chantagem".

Lançaram uma ameaça: se Perrin não fornecesse as informações, iriam arrastar todos os seus familiares para o local onde ele se achava e ali, na sua frente, aplicariam a essas pessoas a mesma série de suplícios.

Em outra ocasião, após três dias sem se alimentar, Dimas aceitou um pouco de comida. Esta veio em prato de folha, tinha gosto esquisito. Depois mostraram uma pasta de couro marrom e advertiram:

– Se disser que não é sua, vamos buscar o seu genro e a sua filha, porque a encontramos na casa deles.

Nesse momento o prisioneiro ouviu gritos de mulher:

– Eu não sei de nada! Me soltem! Eu não sei de nada!

Mas não pôde identificar de quem era a voz. Além dos socos e dos choques elétricos, nesse dia o submeteram a vários suplícios, como, por exemplo, a golpes brutais nas orelhas, isto é, à tortura chamada *telefone*, a qual deixa a vítima completamente tonta e quase surda, pancadas que o levaram ao chão, desmaiado.

No outro dia lhe deram uma gilete velha, a fim de fazer a barba, mas sem água e sabão. Ficou sob a mira de dois agentes armados, tendo ouvido esta ameaça:

– Se olhar para um ou outro lado, morre.

Ordenaram, em seguida, que vestisse as calças e a camisa, porém não lhe entregaram os sapatos. Posto de pé, foi fotografado, era preciso provar como havia recebido um "bom tratamento".

As barbaridades prosseguiram, no dia imediato. Nova sessão de choques e murros. Levantando o corpo de Perrin, começaram a jogá-lo para cima, de modo que, ao cair, ele tinha a impressão de se esborrachar. Erguiam o homem, sob pescoções e pontapés, e mais uma vez o coitado se transformava em bola de basquetebol... Cansados desse esporte, dedicaram-se a outro: amarrar fios de alta voltagem nos órgãos sexuais do jornalista, produzindo descargas tão fortes, tão intensas, que ele se estatelou no chão. Despejaram água no seu corpo e o obrigaram a ficar colado à parede, de mãos alçadas, a fim de impedi-lo de arrancar os fios e de proteger os órgãos sexuais, sacudidos por choques elétricos. Se Perrin conseguia afastar-se um pouco dessa parede, um dos torturadores o empurrava com a bota, em direção a ela, e assim podia evitar as descargas recebidas pela vítima:

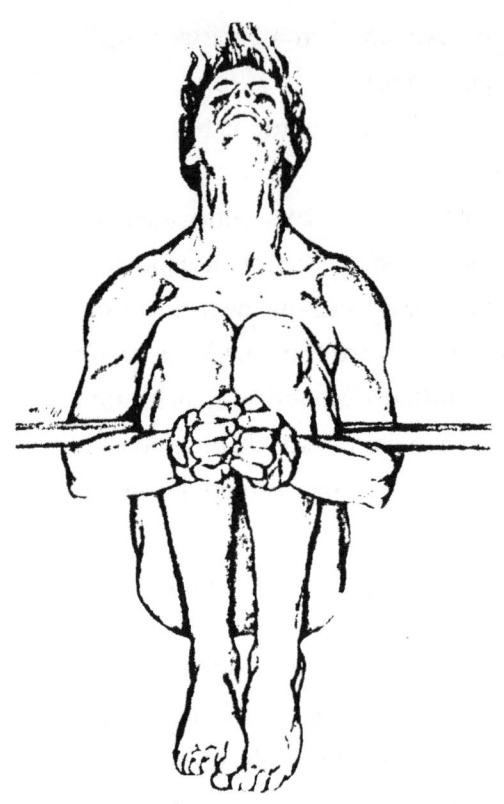

Torturado no pau-de-arara, por Milton P. Alves

"A dor era intensa. A humilhação, imensa. Um dos miseráveis ainda propôs outras crueldades, que prefiro nem relatar aqui, porque, em verdade, o que mais desejo é esquecer tamanhos sofrimentos, embora saiba que jamais poderei esquecê-los. A indignação tomou conta de mim. Gritei e xinguei. Regozijaram-se com os meus protestos, porque eles demonstravam que eu estava sofrendo muito.

Tentei reagir, agarrar alguma coisa que me ajudasse a acabar com tudo, mas eles eram muitos e redobraram as violências, espancando-me ainda mais. Perguntaram-me várias coisas. Queriam respostas imediatas. Não as dando, recomeçavam os choques e pancadas por todo o corpo, e os insultos e palavrões terríveis".*

Perrin sentiu a impressão de haver desmaiado várias vezes. E as torturas continuaram nos outros dias, por horas e horas, às vezes iam até o entardecer. O líder dos monstros garantiu: não era nada de caráter particular, a sua função consistia em manter bem informado o presidente da República. Portanto, como um bom profissional, ele precisava extrair informações de Perrin, e as obteria de qualquer maneira.

Meio surdo, cheio de dores, sem dormir, sem se lavar, cada vez mais debilitado, não podendo ficar em pé, o jornalista ouvia estas palavras, todas as manhãs:

– Olhe aí, como está. Um verdadeiro porco, sujo, só porque não quer colaborar.

Dimas então compreendeu, nessas horas, que "o suicídio nem sempre é um ato de covardia". A morte voluntária, raciocinou, em certas ocasiões é o modo de preservar a própria honra, de uma pessoa se conservar íntegra até o fim, pois não basta viver com altivez, é necessário também sucumbir com dignidade. E pelo fato de pensar assim, ele tentou matar-se, utilizando um prego grande da privada, mas não conseguiu tirá-lo do lugar onde estava. Queria cravar esse prego no peito... À noite, valendo-se do espaço de tempo em que sua mão direita permaneceu livre, sem algema, procurou soltar um pedaço de arame da cama de lona. Esforço inútil... No dia seguinte, ao ir à privada, escondeu alguns pedaços de papel higiênico dentro da cueca, única peça de roupa que tinha, e depois, à noite, enfiou-os nas narinas e na garganta, no afã

---

* *Idem, ibidem,* p. 26-27.

de morrer sufocado, porém foi malsucedido, não viajou para a terra do nunca mais.

Após suportar onze dias de vexames, de torturas, no quartel da Polícia Especial do Exército, sede do DOI-CODI, o jornalista Dimas Perrin, muito doente, quase morto, é levado para o SOPS, a Superintendência da Ordem Política e Social, na praça XV, onde ficou em regime de incomunicabilidade, até ser localizado pela sua família. Mais tarde o trancafiaram na Prisão do Ponto Zero, situada na rua Célio Nascimento, em Benfica. Graças à iniciativa da família, uma advogada, a doutora Elza Soares Ribeiro, foi ao encontro do "subversivo". Ela depois informou, durante o inquérito:

"... *na parte da manhã, quando esteve com o comissário Abreu, este já lhe afirmara que o estado do acusado era lastimável, solicitando, inclusive, à depoente, que providenciasse médico para assisti-lo, com o que, entretanto, não concordou a depoente, redargüindo àquela autoridade que à polícia caberia providenciar; que na parte da tarde, quando foi se entrevistar com o acusado, notou que seu estado era realmente lastimável, isto porque, ao ser trazido, apareceu sustentado por dois policiais, não conseguindo manter-se de pé e aparentando evidentes marcas de queimaduras, podendo a depoente acrescentar que o acusado apresentava uma queimadura grande na mão, sobretudo no polegar, nos ombros, e ainda se apresentou com o pé calçado em chinelas, por lhe ser impossível calçar sapatos, eis que estava com uma das unhas arrancadas*".

O doutor Abdo Elias Callil, médico arrolado no processo, escreveu num relatório:

"*Atesto que o doutor Dimas da Anunciação Perrin, advogado, detido na Carceragem Especial da Delegacia de Vigilância do Centro, desde 19 de agosto de 1974, vem sendo assistido por mim a partir do dia de sua chegada nessa prisão. Examinado, no dia seguinte ao da sua chegada, constatei que era grande o seu estado de desnutrição, estava muito magro e muito pálido, tinha a voz muito baixa e falava com dificuldade, de-*

monstrando cansaço e debilidade física. Apresentava equimoses e hematomas generalizados, inclusive nos punhos; queimaduras de primeiro e segundo graus no quinto quirodáctilo direito e no quinto pododáctilo direito; feridas contusas na região rotuliana esquerda, bem como na região tibial anterior direita, em número de três e duas respectivamente; arrancamento de unha do primeiro pododáctilo esquerdo (grande artelho). Queixava-se o paciente de dores nos ouvidos, na cabeça, nas costas, no tórax e na região sacra, e de diminuição de sua capacidade visual e auditiva. Dizia o paciente que sofrera graves violências, como choques elétricos, pisões, tapas e socos nos ouvidos e em várias partes do corpo, violências essas que sofreu até nos órgãos sexuais, o que constatei pelos indícios encontrados. O paciente queixa-se ainda das mesmas dores e deficiências, e ainda de uma forte sensação de frio na cabeça e de uma progressiva debilidade orgânica e mental. Tinha e ainda tem crises de lipotimia (tonteiras). Apresentava sintomas de poliúria (urina em excesso), polifagia (fome em excesso), e polidipsia (sede em excesso), o que denunciava diabetes descompensado, em virtude de ter o paciente ficado sem medicação adequada durante muitos dias, justificando o mesmo com a explicação de que, ao ser preso, tomaram-lhe os remédios que levava nos bolsos e não os devolveram mais, apesar de seus pedidos, o que agravou muito a sua doença, pois a medicação tinha de ser tomada diariamente, em vista do caráter incurável da mesma".

E o doutor Callil também informou, nesse documento assinado em 7 de fevereiro de 1975, isto é, em pleno governo do general Ernesto Geisel:

"O paciente é portador de insuficiência cardíaca e reumatismo poliarticular agudo, fatos que também diz ter levado ao conhecimento dos que o prenderam e o mantiveram preso. Sofre de constantes complicações intestinais. Queixa-se de intranqüilidade durante o sono e de acordar constantemente movido por sonhos e pesadelos relacionados com a sua prisão. Padece de perda de memória, o que se constata pelo esquecimento de obrigações rotineiras da prisão, pela troca de nomes de pessoas, esqueci-

mento do lugar onde coloca os objetos e até mesmo dos dias em que recebe a visita de seus familiares. Às vezes, fica deprimido, isola-se e passa a desconfiar de tudo e de todas as pessoas, e começa a falar consigo mesmo, ignorando os que estão por perto. Outras vezes, conserva-se calado, ou se emociona grandemente, principalmente quando fala em sua prisão e nas dificuldades financeiras da família, e na doença de sua esposa, agravada com sua prisão. Nessas ocasiões, quase não se alimenta e o seu descontrole se agrava, deixa cair as coisas, anda desordenadamente durante o dia e a noite. Daí ter sido fácil observar e concluir que seu poder de abstração e de percepção já não são normais, embora seja portador, em certos momentos, de senso comum".

Aí está o retrato de um torturado na época do governo Geisel. Um governo meio farisaico, porquanto alternava várias medidas discricionárias com algumas de natureza democrática. Cometi o erro de elogiar certos aspectos da ação desse general, e hoje estou muito arrependido de ter feito isto, pois ele fechou o Congresso, cassou direitos políticos e mandatos parlamentares, impôs à pátria de Rui Barbosa medidas de caráter fascista, como a abominável Lei Falcão, esta ofensa à Justiça, este ignóbil atentado contra a liberdade. Declarou o militar gaúcho, num dos seus discursos:

"Envidaremos esforços para o gradual, mas seguro aperfeiçoamento democrático".

Pergunto ao leitor, após haver transcrito o relatório do doutor Abdo, se esses esforços foram ingentes, significativos. Empregando uma imagem, é como o dono de um arranha-céu chamar os bombeiros, depois que o fogo o destruiu... Geisel acreditava na existência de uma "democracia relativa," porém esta nunca imperou em qualquer país e jamais existirá, porque a democracia não pode ser, por exemplo, "algo fascista". Isto também se aplica à decência. Ou um cidadão é honesto ou não é. Quem é "meio honesto", no meu raciocínio, é safado ou ladrão.

Defendido pelo advogado Alcione Barreto, o jornalista Dimas

Perrin se submeteu à decisão da Justiça Militar, em 20 de setembro de 1978. Eis as palavras do réu, no decorrer do julgamento:

"É profundamente humilhante para uma pessoa que passou a vida tentando ter uma existência digna, ser despido e depois torturado com fios elétricos, atados a todas as partes do corpo, inclusive aos órgãos genitais. Sei que sou uma pessoa franzina, e os homens que me prenderam jogavam-me para o ar como peteca, empurravam-me, com as botas nas minhas nádegas, de encontro à parede, para que sentisse mais o impacto dos choques. Mas, mesmo assim, eu resisti. Até que eles ameaçaram fazer o mesmo com os meus filhos, com minha mulher e os meus netos".

O réu alteou a voz e, emocionado, olhando a assistência e o júri, continuou a falar:

"Ninguém consentiria em ver a sua mulher e os seus filhos pelados, com fios elétricos amarrados nas partes sexuais. Tentei achar um meio de me matar. Vocês não imaginam o que é chegar à conclusão de que é melhor morrer para que os outros não venham a sofrer. Só quem passou por aquele lugar sabe como é duro perceber isto. Aquele lugar é um lugar sem esperança, é um inferno. Tentei arrancar um prego da privada para me matar, tentei arrancar um arame da cama de lona que me deram no último dia, para enfiar no meu peito. Até papel higiênico tentei usar para me asfixiar, mas não consegui. Tentei roubar um revólver do policial e também não adiantou".

Extremamente comovido, o redator do *Jornal do Povo* deu a impressão de possuir uma alma nobre:

"Apesar de tudo, não guardo rancor. Lamento que, nos lugares onde sofri, alguns tenham passado pelo mesmo e outros até morreram pelo que pensaram ser melhor para o povo. O que eu peço é que não mais existam lugares como esse e que haja liberdade, paz e justiça".

Dimas fez uma pausa e leu para todos uma poesia de sua lavra, escrita quando ele estava na Prisão do Ponto Zero:

"Na agonia da espera, da tortura,
Durante o desumano e cruel tormento,
E, após na solidão e na amargura,
Ao corpo procurava dar alento.

A mente transformando em firme abrigo
Para os que não esqueço um só momento,
E as idéias que nasceram já comigo,
E me orientaram sempre o pensamento.

E é pensando em meus entes mais queridos,
E nos que vivem sem felicidade,
Os pobres, explorados e ofendidos,

Que vejo só pureza em meus ideais,
De um mundo em que haja paz e liberdade,
Pão e justiça. E irmãos sejamos mais".

A poesia umedeceu os olhos de toda a assistência, até os do advogado Alcione Barreto, cuja voz ficou trêmula, perturbada, na hora de complementar a sua defesa.

Findo o julgamento, após uma reunião secreta, a Justiça Militar absolveu Dimas Perrin por unanimidade, devido à insuficiência de provas. Ele havia sido acusado de "guardar documentos ilegais" e de ajudar o Partido Comunista Brasileiro. Também decidiu, a mesma Justiça, em virtude das evidências insofismáveis, mandar verificar os maus-tratos que lhe infligiram.

Um ano depois, em 1979, mais sereno, exibindo melhores condições físicas, o ex-habitante do Inferno escreveu isto no seu livro *Depoimento de um torturado*:

"O sofrimento nos aproximou uns dos outros e nos ajudou a

compreender melhor por que devemos adotar, em nossas relações, uma convivência verdadeiramente democrática, em que nos respeitemos mutuamente, e cada um, embora pensando à sua maneira, contribua com os demais para o bem de todos.

Não podemos, nunca mais, nos esquecer de que, nos mesmos locais em que padeceram comunistas, católicos e socialistas, padeceram também trabalhistas e mesmo pessedistas e udenistas, assim como pessoas sem posição política ou religiosa definida, ou adeptas de outras ideologias ou religiões, mas igualmente patriotas e democratas.

Sejamos dignos dos que tombaram em defesa do povo e de seus ideais. Mesmo que jamais saibamos onde seus corpos se encontram ocultos, conservemo-los em nossas memórias, a fim de que nos mantenhamos unidos e sempre dispostos a lutar pelos direitos e interesses do povo, pelos quais morreram".

* * *

No dia 26 de fevereiro de 1975, atendendo à solicitação do Ministério do Exército, o ministro da Justiça abriu inquérito contra o *Jornal de Brasília*. A causa do inquérito: esse diário havia publicado notícias "com referências caluniosas e infamantes a órgãos de segurança". Toda a ira dos militares vinha da leitura de um texto sobre a prisão do ex-deputado Tavares Coelho, detido por motivos políticos. Recusaram-se a aceitar como verdadeiras, dignas de uma sindicância, as declarações de duas mulheres:

"Segundo a sogra e a irmã de Marco Antônio Tavares Coelho, o tratamento que ele recebeu no DOI é 'medieval' e as visitas têm que entrar no pátio encapuzadas. Na porta são recebidas por homens bêbados, portando metralhadoras, que não respeitam ninguém. Lá, eles dizem que fazem o que querem e que ninguém, nenhuma

Vladimir Herzog

autoridade, pode se meter, e que advogado só entra preso".

O fim do jornalista Vladimir Herzog, em 25 de outubro de 1975, ocorreu nas dependências do DOI-CODI do II Exército, em São Paulo. Infligiram-lhe torturas, disseram outros presos. Estes afirmaram ter ouvido os seus gritos. Em nota oficial, o comando do II Exército comunicou que Herzog se enforcara com uma tira de pano, mas o médico-legista Harry Shibata admitiu haver assinado, sem examiná-lo, o laudo cadavérico. Tal episódio, assim como o falecimento do operário Manoel Fiel Filho, na mesma área, levou o presidente Geisel a demitir o general Ednardo d'Ávila Melo, comandante do II Exército. Anos depois, em 1985, o jornalista Paulo Markun ouviu estas palavras do ex-governador Paulo Egydio, a respeito do afastamento de Ednardo:

– É preciso que se diga: pela primeira vez, em toda a história do Exército brasileiro, um general-comandante foi destituído. O único caso anterior era de um major, não de general de quatro estrelas, durante a Segunda Guerra, na Itália. O ato do presidente Geisel foi um dos mais graves na história do Exército brasileiro: ele destituiu um general-comandante de quatro estrelas. Evidentemente, o general Ednardo pediu a sua passagem para a reserva.[22]

Se o ato de Geisel "foi um dos mais graves na história do Exército brasileiro", como disse Paulo Egydio, isto se deve a uma coisa ainda mais grave: a morte de Vladimir naquelas circunstâncias.

Em 7 de novembro, poucos dias após o fim de Herzog, o jornalista Rodolfo Konder, corréu no processo daquele, prestou depoimento juramentado, diante de alguns juristas. As suas palavras foram anexadas aos autos do referido processo:

"No sábado pela manhã, percebi que Vladimir Herzog tinha chegado... Vladimir Herzog era muito meu amigo e nós comprávamos sapatos

---

22 MARKUN, Paulo (organizador). *Vlado – retrato da morte de um homem e de uma época*. São Paulo, Editora Brasiliense, 1985, 2ª edição, p. 209-204,

juntos, e eu o reconheci pelos sapatos. Algum tempo depois, Vladimir foi retirado da sala. Nós continuamos sentados lá no banco, até que veio um dos interrogadores e levou a mim e ao Duque Estrada a uma sala de interrogatório no andar térreo, junto à sala em que nós nos encontrávamos. Vladimir estava lá, sentado numa cadeira, com o capuz enfiado, e já de macacão. Assim que entramos na sala, o interrogador mandou que tirássemos os capuzes, por isso nós vimos que era o Vladimir, e vimos também o interrogador, que era um homem de trinta e três a trinta e cinco anos, com mais ou menos um metro e setenta e cinco de altura, uns 65 quilos, magro mas musculoso, cabelo castanho claro, olhos castanhos apertados e uma tatuagem de uma âncora na parte interna do antebraço esquerdo, cobrindo praticamente todo o antebraço. Ele nos pediu que disséssemos ao Vladimir 'que não adiantava sonegar informações'. Tanto eu, como Duque Estrada, de fato aconselhamos Vladimir a dizer o que sabia, inclusive porque as informações que os interrogadores desejavam ver confirmadas já tinham sido dadas por pessoas presas antes de nós. Vladimir disse que não sabia de nada e nós dois fomos retirados da sala e levados de volta ao banco de madeira onde antes nos encontrávamos, na sala contígua. De lá, podíamos ouvir nitidamente os gritos, primeiro do interrogador e, depois, de Vladimir, e ouvimos quando o interrogador pediu que lhe trouxessem a 'pimentinha' e solicitou ajuda de uma equipe de torturadores. Alguém ligou o rádio e os gritos de Vladimir confundiam-se com o som do rádio. Lembro-me bem que, durante essa fase, o rádio dava notícias de que Franco havia recebido a extrema-unção, e o fato me ficou gravado, pois naquele mesmo momento Vladimir estava sendo torturado e gritava. A partir de um determinado momento, o som da voz de Vladimir se modificou, como se tivessem introduzido alguma coisa em sua boca, sua voz ficou abafada, como se lhe tivessem posto uma mordaça. Mais tarde, os ruídos cessaram... O interrogador saiu novamente da sala e dali a pouco voltou para me apanhar pelo braço e me levar até à sala onde se encontrava Vladimir, permitindo mais uma vez que eu tirasse o capuz. Vladimir estava sentado na mesma cadeira, com o capuz enfiado na cabeça, mas agora me parecia

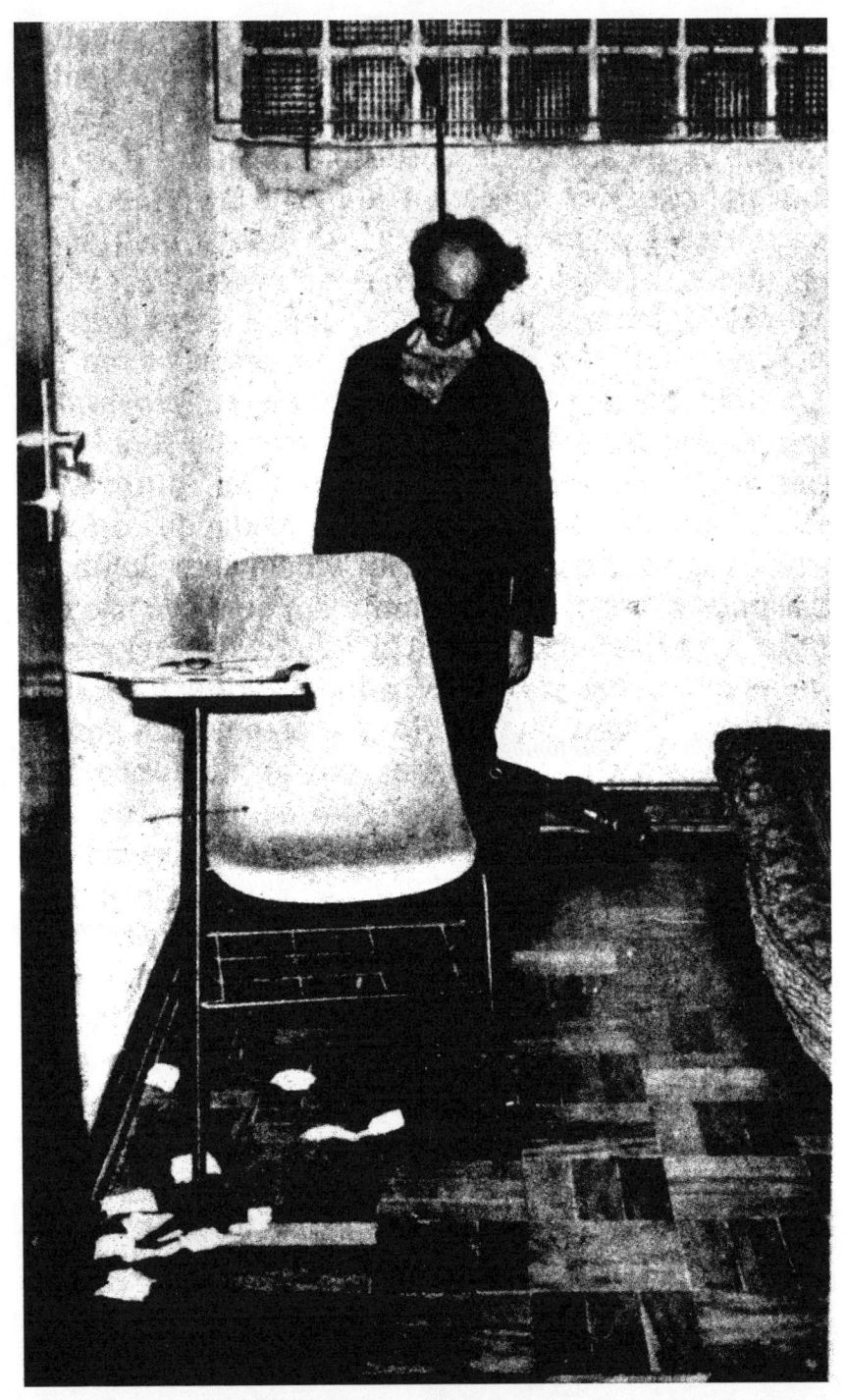

Dossiê Herzog. Foto anexada ao laudo de encontro de cadáver.

particularmente nervoso, as mãos tremiam muito e a voz era débil".

Impressiona, no depoimento de Rodolfo Konder, a quantidade de pormenores:

"Na manhã seguinte, domingo, fomos chamados... para ouvir uma preleção sobre a penetração russa no Brasil, feita por um homem que me pareceu o principal responsável pela análise das informações colhidas no DOI. Este cidadão, acompanhado pelo 'Doutor Paulo', um japonês de cerca de quarenta e poucos anos, magro, um metro e setenta de altura, e de um interrogador de cerca de vinte e cinco anos, alourado, magro e alto, com mais ou menos um metro e setenta e sete. O homem que me pareceu ser o principal é um homem moreno, rosto redondo, gordo, estatura mediana, e uma barba emoldurando o rosto. Ele primeiro se estendeu sobre a questão da espionagem russa no Brasil, e depois nos comunicou que Vladimir Herzog se suicidara na véspera, para concluir que Vladimir devia ser um agente da KGB, sendo, ao mesmo tempo, 'o braço direito do governador Paulo Egydio'... Que o interrogador de Vladimir Herzog vestia camiseta branca de gola olímpica e mangas curtas, e uma calça de brim que lhe pareceu ser do uniforme do Exército... Que o interrogador de Vladimir, antes descrito pelo depoente como sendo aquele que tinha uma tatuagem de âncora no braço, era branco. Que quando se iniciou a tortura de Vladimir, o declarante, estando na sala ao lado, chegou a ouvir sons de pancadas que lhe eram desferidas. Que o declarante, embora não possuísse relógio, calcula que a tortura de Vladimir tenha durado cerca de duas horas, menos que a do próprio declarante, que teria durado cerca de quatro horas. Que a tortura de Vladimir a que acima se referiu foi aquela que pôde ouvir, ignorando se Vladimir sofreu outras posteriormente em outra dependência do próprio DOI".

Após a análise dos documentos do caso Vladimir Herzog, pelo juiz Márcio José de Moraes, eis o resumo da sentença desse magistrado, apresentada no mês de outubro de 1978, em plena época do regime militar:

"Julgo a presente ação procedente e o faço para, nos termos do Artigo 4º, inciso I, do *Código do Processo Civil*, declarar a existência de relação jurídica entre os autores (Clarice, Ivo e André Herzog) e a ré (União Federal). Consiste na obrigação desta indenizar aqueles pelos danos materiais e morais decorrentes da morte do jornalista Vladimir Herzog, marido e pai dos autores, ficando a ré condenada em honorários advocatícios que, no teor do Artigo 20, parágrafo 4º, do mesmo diploma legal, fixo em CR$ 50 mil".

A sentença do juiz Márcio destruiu a versão oficial do II Exército, ratificada por IPM: Herzog suicidou-se com uma tira de pano.

No longo depoimento concedido a dois pesquisadores da Fundação Getúlio Vargas, o antropólogo Celso Castro e a cientista política Maria Celina D'Araújo, o ex-presidente Ernesto Geisel admitiu a existência da tortura, no decorrer do regime militar implantado após o Golpe de 1964:

"Eu acho que houve. Não todo o tempo. Uma das coisas que contavam do Frota (general Sylvio Frota) era que ele, quando comandava o Exército no Rio, impediu a tortura. Ia lá, visitava a área onde estavam os presos e impedia a tortura. Acredito".

Depois Geisel enfatizou:

"Mas já outros... Por exemplo, um caso que aconteceu no meu governo – mais tarde vamos voltar a isso – foi o problema de São Paulo, do jornalista Herzog e do operário Manoel Fiel Filho. Houve ali a omissão do comandante, do general Ednardo. O que acontecia? Ele ia passear no fim de semana, fazendo vida social, e os subordinados dele, majores, faziam o que bem queriam. Quer dizer, ele não torturava, mas, por omissão, dava margem à tortura. Várias vezes eu tinha advertido o Ednardo, de maneira que, quando ocorreu o segundo enforcamento, não tive dúvidas e o demiti. Ele não estava comandando".

O depoimento de Geisel, reproduzido acima, – é importantíssimo, e em nossa opinião seria bastante suficiente, se fosse divulgado no mês de abril de 1976, para Clarice, Ivo e André Herzog moverem uma ação cível contra o governo, responsabilizando-o por prisão ilegal, tortura e morte do jornalista Vladimir Herzog.

Um fato há pouco revelado: o governo dos Estados Unidos obteve duas informações sobre a morte de Herzog, em telegramas enviados a Washington pelo serviço diplomático daquele país.

Dom Paulo Evaristo Arns, arcebispo metropolitano de São Paulo, criador da atuante Comissão de Justiça e Paz, fundamental na defesa das vítimas do Golpe de 1964, numa de suas conversas com Frederick Chapin, cônsul americano na capital paulista, disse ter ouvido do então senador Magalhães Pinto, ligado aos militares, que realmente Herzog fora morto sob torturas e que não cometera suicídio. Confirmou-lhe isto, ainda segundo dom Paulo, a amante do principal torturador do jornalista. E os agentes do DOI-CODI o submeteram a esse martírio para arrancar informações sobre a profunda penetração de "comunistas perigosos" na TV Cultura de São Paulo, onde ele trabalhava.

O cônsul Frederick Chapin, num telegrama, forneceu estes dados a John Hugh Crimmins, embaixador dos Estados Unidos no Brasil, que por sua vez os enviou a Washington.

Não só aqui repercutiu fortemente o assassinato de Vladimir Herzog, mas também no exterior. Thomas Skidmore, brasilianista, professor da Universidade de Wisconsin, e mais quatro intelectuais americanos, especializados em história do Brasil, redigiram uma declaração na qual denunciaram o crime e o possível envolvimento do governo dos Estados Unidos no aparato repressivo dos nossos militares da Linha Dura.

Convidado pela rainha Elizabeth II, o presidente Geisel foi a Londres, em maio de 1976. Roberto de Oliveira Campos era o embaixador brasileiro na Inglaterra e antes da chegada do presidente recebeu a visita de

Roberto Campos, por Jimmy Scott

um grupo de sete parlamentares ingleses, liderados pelo deputado trabalhista Stan Newens. Eles se opunham à visita de Geisel, "enquanto não houvesse um comprovado esforço de redemocratização no Brasil". O embaixador aconselhou-os a procurar a liderança do Partido Trabalhista e em particular o Foreign Office, para discutir a validade da iniciativa do governo britânico. Entretanto, apesar de ser um defensor da ditadura, o perspicaz Roberto Campos, apelidado de "Bob Fields", confessou o seguinte, no seu livro de memórias *A lanterna da popa*:

"Procurei maximizar (na Inglaterra) o impacto das medidas corajosas de Geisel ao demitir o comandante militar de São Paulo, general Ednardo D'ávila, responsabilizado por atos de escalões inferiores que resultaram em torturas e morte, em 1975, do jornalista Vladimir Herzog (assunto de grande repercussão na imprensa londrina) e do operário Manoel Fiel Filho, em 1976".

Daí se conclui: dois expoentes do Golpe de 1964, o gélido Ernesto Geisel e o labioso Roberto Campos, não negaram as torturas infligidas a Herzog e o seu assassinato.

Mais tarde, em 21 de junho de 1983, o Tribunal Federal de Recursos manteve, por maioria de votos, a sentença do juiz Márcio José de Moraes, da 7ª Vara Federal de São Paulo, responsabilizando a União pela morte do jornalista. O ministro Pereira de Paiva, além de reconhecer isto, não admitiu a hipótese de suicídio. E o caso ainda não está concluído, pois o Conselho de Assuntos Hemisféricos anunciou em Washington, há pouco tempo, que juntamente com o Sindicato de Imprensa dos Estados Unidos, vai iniciar uma campanha para obrigar o governo brasileiro a conduzir à justiça os causadores da morte de Herzog.

Num depoimento prestado no dia 7 de novembro de 1975, reproduzido por Fernando Jordão no seu *Dossiê Herzog*, o jornalista Rodolfo Konder evocou as torturas das quais foi vítima:

"Me fizeram tirar a roupa e me deram um macacão do Exército e

eu fiquei sentado num banco com o macacão e o capuz. Fiquei cerca de uma hora esperando, tempo que não posso calcular com certeza, por terem me tirado o relógio, e fui chamado para o interrogatório. Fui levado para o primeiro andar, pois estava no térreo, e alguém começou a me fazer perguntas sobre minhas atividades políticas. Esta pessoa eu não posso identificar porque eu estava com o capuz na cabeça. Ela começou a se exasperar e me fazer ameaças, porque não estava satisfeita com as respostas que eu dava, e chamou mais duas pessoas para a sala de interrogatório, pediu a uma delas que trouxesse a 'pimentinha', que é uma máquina de choques elétricos e, a partir daí, eu comecei a ser torturado por uma pessoa, que mais tarde pela voz eu identifiquei como o chefe da equipe: era forte, barrigudo, moreno, de cara raspada. Este homem me batia com as mãos e gritava que ele era um anormal, o que eu achei muito estranho. Depois, instalaram nas minhas mãos, amarrando no polegar e no indicador, as pontas de fios elétricos ligados a essa máquina: a ligação era nas duas mãos e também nos tornozelos. Obrigaram-me a tirar os sapatos para que os choques fossem mais violentos. Enquanto o interrogador girava a manivela, o terceiro membro da equipe, com a ponta de um fio, me dava choques no rosto, por cima do capuz, e às vezes na orelha, para isso levantando um pouco o capuz, para que o fio alcançasse a orelha. Para se ter uma idéia de como os homens eram violentos, vale a pena registrar o fato de que eu não pude me controlar e defequei, e freqüentemente perdia a respiração".

Outro jornalista, Frederico Pessoa da Silva, estava detido no DOI-CODI, na mesma época da prisão de Vladimir Herzog. Eis como Frederico descreveu a Fernando Jordão o seu sofrimento nas dependências daquele órgão:

"Quando chegamos, me encapuzaram antes de entrar, quando passávamos perto do QG do II Exército. No DOI, fui colocado numa sala onde havia outras pessoas. Logo veio um cara, me colocou a 'máscara do Zorro', uma máscara de borracha que fica por baixo do capuz. Para eles,

sem a máscara não é seguro, não é cômodo, o capuz pode cair durante a tortura, há o perigo de o sujeito identificar o torturador. Por isso eles põem também a máscara de borracha, apertada, só nos olhos. É conveniente para eles, inclusive porque libera orelhas, boca e nariz para a tortura".

Após ser levado a uma sala, onde um fulano perguntou ao jornalista qual era o seu nome de guerra e a que organização pertencia, tendo esse fulano recebido a resposta de que "não havia nada daquilo", Frederico foi empurrado até outro lugar:

"Na sala de tortura me mandaram tirar a roupa e me recusei. Começaram a me bater: soco, pontapé, tapa, palmada com as mãos, com cassetete. Um monte de caras me dando porrada pra me obrigar a tirar a roupa. Como eu não tirava, me atiraram no chão, baixaram o pau de novo e aí arrancaram minha roupa. O capuz caiu, ficou a máscara de borracha. Aí entra um outro cara, que foi o que mais me torturou. Não vi a cara dele. Só sei que é preto, tem umas mãos imensas. Não vi as mãos, mas é a impressão que me ficou pelo peso que tinham. Esse cara entrou na sala e logo disse que o pessoal não estava fazendo certo, que ia deixar muita marca e não podia. Naquela altura, eles estavam me batendo mesmo, soco no estômago, soco na boca. Eu já estava sangrando.

Aí começou. Fui amarrado na cadeira-do-dragão. É uma cadeira comum com o encosto alto e com partes de metal. Começaram então a dar choque. Amarraram uns fios nos dedos dos pés, inclusive um fio na sola do pé. A única marca visível que eu tenho – cicatriz de tortura – é esta aqui, por baixo do pé. É do fio de cobre que ficava queimando. Com o impacto do choque, da dor, eu esperneava, o fio ia cortando e aqui cortou fundo. Outro fio estava ligado no pinto. Tinha fio nas mãos e também no ouvido, enrolado na orelha com a ponta para dentro. E o cara, ao meu lado, com um bastão de dar choque, ficava percorrendo o meu corpo, procurando descobrir a área mais sensível".

Frederico Pessoa da Silva informa: vários sujeitos se agruparam em redor dele. Ligavam as maquininhas de dar choque e punham em ação aqueles fios. O chefe da equipe, "débil mental completo", proferia indignidades, expelia propostas obscenas no ouvido do jornalista, e ao mesmo tempo não deixava de martirizá-lo, de flagelar a sua carne:

"Este cidadão me torturou de manhã e até coisa de 3 ou 4 horas da manhã do dia seguinte, direto, sem parar, sem cansar, mostrando muito prazer nisso. Um detalhe que eu percebia é que toda hora ele pedia um copo de leite. Depois da tortura, quando fiquei sozinho na sala, sem capuz, vi que a mesa estava cheia de copos sujos de leite".

Mas o degenerado era amante da higiene, da limpeza.. Às vezes, se metiam o bastão elétrico no ânus de Frederico, o que o fazia vomitar ou evacuar, esse chefe dos torturadores urrava como um possesso:

– Filho da puta!... Me sujou!

Então, para castigar a vítima, a sua mão coberta de vômito percorria a cara do jornalista. Ligeiro, com "método científico", enfiava outra vez o bastão elétrico no ânus do desgraçado, e também na boca, no nariz, colocando os choques elétricos até na língua:

"Depois de uma certa hora, acho que já era noite, depois de umas 10 horas de tortura, eles então – achando que nada conseguiriam – foram prender minha mulher, que jamais teve qualquer participação política em toda a vida dela. Prenderam minha mulher para torturá-la na minha frente. Eles tinham me avisado antes. Me diziam: 'Olha, ou você fala ou nós vamos trazer aqui tua mulher, tua mãe, teu pai, teus irmãos. Nós vamos estropiar tua família inteira na tua frente'. Eu não acreditei que eles fizessem isso, mas, numa certa hora, trouxeram minha mulher. Primeiro, puseram ela no corredor, ao lado da sala onde eu estava sendo torturado, para ela ouvir meus gritos. Depois, abriram a porta e a obrigaram a falar o nome dela alto para que eu ouvisse que ela estava lá. Aí é que eu considero a pior dor de todas as torturas: de um lado, você não quer contribuir, você não quer dar informação nenhuma; de outro, não dá para suportar. Quando puseram minha mulher na sala foi a pior coisa que me aconteceu nesse processo todo. Começaram a tirar a roupa dela e a bater".[23]

---

23 Jordão, Fernando. *Dossiê Herzog – prisão, tortura e morte no Brasil*. São Paulo,

Neste momento, sem encontrar outra saída, o jornalista gritou:
– Tirem ela daqui, não toquem nela, que qualquer coisa eu faço.

Contudo, mesmo assim, em outra sala voltaram a arrancar a roupa da sua esposa. E por sadismo, pela volúpia de infligir humilhação, sofrimento, pelo gozo de vê-la gemer, berrar de dor e de desespero, aplicaram-lhe diversos choques elétricos.

O doutor Sérgio Bermudes e o doutor Heleno Fragoso, advogados da família de Vladimir Herzog, são autores de um memorial apresentado ao juiz da 7ª Vara Federal, em São Paulo, no dia 16 de junho de 1978. Reproduziram, nesse texto, o depoimento do jornalista Anthony Jorge Andrade de Christo, a respeito dos suplícios infligidos às vítimas do DOI-CODI:

"... *que entre os dias 19 e 25, por duas noites, ouviu gritos de tortura, tendo conseguido identificar posteriormente as pessoas torturadas, sendo uma delas um correspondente do* Estado de S. Paulo *no Vale do Paraíba: que não tem certeza, mas lhe parece que seu nome era Luiz Paulo, ou Paulo Luiz; que perdeu um dente da frente e depois de torturado não tinha mais condições de se levantar; que na segunda-feira, após uma sessão de tortura, o depoente, praticamente, desmaiou, voltando a recuperar-se provavelmente três horas mais tarde*".

É da lavra de outra vítima da tortura, do jornalista Paulo Markun, este depoimento, também inserido no memorial dos dois causídicos:

"... *que a testemunha conheceu a cadeira-do-dragão, consistente numa cadeira rústica, com várias tiras de pano envolvendo os braços da cadeira; que o fundo dessa cadeira era de metal; que conheceu uma máquina de madeira com uma manivela que produzia choques elétricos e, segundo o depoente presume, era a máquina denominada 'pimentinha', que o depoente esteve detido juntamente com o jornalista Anthony Christo, Miguel Urbano Rodrigues, um ex-estivador, de nome Antônio Bernardino dos Santos, e outras pessoas que poderia citar; que*

Global Editora, 5ª edição, 1984, p. 134-135.

pôde verificar que entre os detidos tinha um de nariz esfolado e outro tinha as solas dos pés em carne viva; que havia também um jornalista, que soube ser correspondente do jornal O Estado de S. Paulo, *de nome Paulo Luiz Costa, que o depoente viu sendo amparado, por dois outros presos, ao que parece ao depoente, sofria doença da coluna, tendo sido espancado..."*

Devido a cenas iguais a estas, próprias do III Reich de Adolf Hitler, o doutor Heleno Fragoso escreveu as seguintes palavras na réplica de uma ação cível onde a União foi declarada responsável pela prisão ilegal, tortura e morte de Vladimir Herzog:

"A subversão tem sido praticada no Brasil pelos que prendem arbitrariamente, contra a Constituição e contra as leis, pelos que, violando todas as regras do Direito e da moral, torturam desapiedadamente, pelos que matam ou induzem à morte, pelos que, a todo instante, invadem lares, arremetem contra a liberdade de manifestação do pensamento e violentam de todos os modos e formas os direitos do homem, que não advêm da generosidade do Estado, mas são atributos da própria condição humana, da própria dignidade humana".

Palavras de um mestre, pois o doutor Heleno Fragoso, além de ser autor das *Lições de Direito Penal*, obra em quatro volumes, era livre-docente da Faculdade de Direito da Universidade Federal do Rio de Janeiro.

Evocando apenas um caso, agora veja o leitor como as afirmativas do doutor Heleno exprimem a verdade.

Homem ligado ao regime militar de Garrastazu Médici e arauto de suas realizações, o jornalista Gomes Cunha, do *Correio Braziliense*, denunciou as torturas a que havia sido submetida, em estado de gravidez, a presa política Hecilda Mary Veiga Fonteles de Lima. Ela foi martirizada por elementos do PIC, isto é, do Pelotão de Investigações Criminais de Brasília.

Resultado da denúncia de Gomes Cunha, um dos mais ardentes

ideólogos do sistema aparecido em 1964: ele foi processado, experimentou o peso triturador da Lei de Segurança Nacional...

Em 7 de novembro de 1975, poucas semanas depois da morte de Vladimir Herzog, o doutor Sobral Pinto enviou uma carta ao presidente Ernesto Geisel, onde redigiu estas linhas:

"No exercício de minha profissão, tenho me deparado com dezenas e dezenas de cidadãos presos nos cárceres políticos da nação, que foram longa e terrivelmente torturados. As prisões destes cidadãos são feitas, em geral, sob a forma de seqüestro nas residências, nos escritórios ou nas vias públicas. São conduzidos, em seguida, para locais ignorados, sendo o seu destino mantido em sigilo, quer para os advogados escolhidos por suas respectivas famílias, quer para os membros destas. No cárcere, excelência, sofrem torturas indescritíveis, que deixaram em muitos deles as mais revoltantes marcas.

Cada um destes presos, que tenho tido a triste oportunidade de ver, são, senhor presidente da República, eles próprios, o seu laudo de corpo de delito. Não há necessidade de se apelar para uma junta médica, que descreva a lamentável situação dos corpos destas vítimas da tortura impune e irresponsável. Cada cidadão é, em si e por si, mais do que o laudo médico".

Essas atrocidades eram cometidas, frisou o missivista, para estabelecer o terror entre os adversários do regime militar, e sobretudo no seio da classe dos advogados. O doutor Sobral Pinto, por exemplo, sabia que alguns dos seus colegas não aceitavam mais o patrocínio dos cidadãos metidos nos cárceres do Estado. Quando ele, como causídico, pedia providências a Geisel, a fim de pôr termo aos suplícios, apenas estava solicitando a aplicação de uma lei baixada pelo próprio movimento revolucionário de 1964: a lei 4.898, de 9 de dezembro de 1965. Assumiam o aspecto de crime, segundo o seu texto, todas as prisões arbitrárias, efetuadas sem as formalidades legais. E o doutor Sobral citou um trecho do artigo 3º da lei:

"Constitui abuso de autoridade qualquer atentado: à liberdade de locomoção; à incolumidade física do indivíduo".

Portanto, deduziu o advogado, "as torturas infligidas aos cidadãos, comunistas ou não", deviam ser consideradas um crime de abuso de autoridade, pela própria legislação do movimento revolucionário. Os preceitos da lei 4.898, acrescentou, haviam se tornado "letras absolutamente mortas", pois eram sempre desrespeitados em todo o território nacional. Ninguém, com o direito para fazê-los observar, ninguém se animava a punir os responsáveis por esta infração... Após salientar isto, Sobral Pinto transcreveu o artigo 59 do decreto-lei 898, de 1969:

"Durante as investigações policiais, o indiciado poderá ser preso pelo encarregado do inquérito até trinta dias, comunicando-se a prisão à autoridade judiciária competente. Este prazo poderá ser prorrogado uma vez, mediante solicitação fundamentada do encarregado do inquérito à autoridade que o nomeou.

§ 1ª – O encarregado do inquérito poderá manter incomunicável o indiciado até dez dias, desde que a medida se torne necessária às averiguações policiais-militares".

Tais prescrições, garantiu o autor da carta, não existiam para as autoridades civis ou das Forças Armadas:

"Prendem ou seqüestram cidadãos, que são colocados em cubículos que são um atentado à dignidade da pessoa humana, são encapuzados, permanecendo meses seguidos nessa situação deplorável, como se fossem indignos de pertencer à humanidade.

A magistratura e os advogados tomam conhecimento desses fatos e se vêem obrigados a cruzar os braços em face destas brutais ilegalidades, porque o Ato Institucional nº 5, de 13 de dezembro de 1968, de um lado suspendeu, no artigo 10, a garantia do habeas-corpus, e de outro lado excluiu, no artigo 11, a apreciação judicial dos atos praticados pelas autoridades civis e militares em nome da Segurança Nacional".

Depois o doutor Sobral se referiu à ineficácia do Conselho da

Defesa dos Direitos da Pessoa Humana, um órgão do Ministério da Justiça e Negócios Interiores:

"Este Conselho, entretanto, nunca funcionou. As denúncias documentadas, levadas ao seu conhecimento, foram sistematicamente arquivadas, não ousando seus membros a tomar qualquer providência. O exame dos casos relatados pelas vítimas, ou por suas famílias, ou por seus advogados, se processou sempre dentro do mais rigoroso sigilo, em sessões absolutamente secretas".

A Segurança Nacional, na opinião do velho advogado – e isto era o que mais o revoltava – não tinha necessidade de usar esses métodos bárbaros e esse procedimento arbitrário. Outra coisa, além disso: o Ato Institucional nº 5 não havia suspendido a vigência das leis que asseguram a liberdade dos cidadãos, leis citadas por ele, o doutor Heráclito Fontoura Sobral Pinto, fervoroso antimarxista e autor do livro *Por que defendo os comunistas*.

Perguntemos: o experiente advogado mineiro se excedeu nas acusações? Espichou as críticas, à semelhança de quem, graças à bruxedo, transforma minhocas em jiboias? Não, os fatos comprovam as suas denúncias.

Ettore Biocca, médico italiano que tem lutado contra as violações dos direitos humanos, fez a relação por ordem alfabética dos métodos de tortura mais conhecidos no Brasil, durante a época da República Militar Autoritária. Apresentou a lista no artigo "A estratégia dos torturadores", aparecido no número 4 de *Oitenta*, lançado em novembro de 1980:

Cadeira ou trono-do-dragão	Cadeira com muitos eletrodos, sobre a qual é amarrada a vítima.
Clister elétrico	Descargas elétricas na região coccígea, que provocam relaxamentos dos esfíncteres.
Corredor polonês	Passagem forçada entre duas alas de torturadores, que golpeiam a vítima.

	Curra	Violência homossexual sobre prisioneiros.
	Ferrinhos	Ferros que são enfiados debaixo das unhas.
	Galeto	Vítima pendurada no pau-de-arara, debaixo do qual se acende um fogo.
	Hidráulica	Ingestão forçada de grandes quantidades de água.
	Latinhas	Latas com as bordas cortantes, sobre as quais a vítima é obrigada a ficar com os pés descalços, até que as bordas penetrem na carne.
	Manivela	Aparelho para choques elétricos, manobrado a manivela.
	Mesa elástica	Mesa de tortura móvel e prolongável.
	Mesa operatória	Mesa de tortura.
	Hóstia sagrada	Descargas elétricas sobre a língua.
	Palmatória	Instrumento de madeira, em geral furado, com o qual é golpeada a vítima.
	Pau-de-arara	Pau que é enfiado debaixo dos joelhos dobrados da vítima, que passa entre os braços, com os pulsos amarrados entre eles. A vítima é depois pendurada no pau apoiado em dois cavaletes.
	Roleta russa	Revólver carregado somente com uma bala, com o qual se atira às cegas sobre a vítima.
	Strip-Tease	Desnudamento forçado de prisioneiras frente aos torturadores.
	Submarino	Imersão forçada e afogamento parcial.

Telefone	Golpes com a mão côncava nas orelhas, para provocar a ruptura da membrana do tímpano.

Com base nas denúncias das vítimas, tais suplícios foram subdivididos. Entre os *métodos biológicos* por exemplo, o médico cita os sons angustiosos, os cheiros repelentes, as luzes contínuas e ofuscantes; entre os *métodos psíquicos*, as ameaças de morte e as execuções simuladas; entre os *métodos físicos*, a desobturação de dentes, as perfurações e as castrações; entre os *métodos microbiológicos*, as tentativas de transmissão de doenças contagiosas, como a lepra; entre os métodos com *animais*, a utilização de jacarés e de ratos esfomeados; entre os *métodos químicos e farmacológicos*, o emprego de derivados do curare e de substâncias urentes ou capazes de provocar irritações insuportáveis nas mucosas oculares, nasais, orais, anais e genitais.

O doutor Ettore Biocca reproduziu a seguinte tabela, fruto de uma pesquisa minuciosa:

Tipos de tortura mais usados no Brasil
(com base nas fichas de 504 torturados)

	Número dos casos
Golpes generalizados	407
Eletricidade (manivela, etc.)	393
Pau-de-arara	285
Torturas psicológicas	176
Hidráulica	93
Posição forçada	80
Ferimentos	73
Telefone	71
Isolamentos e privações	71
Afogamento interrupto	41

Queimaduras 32
Eletricidade (cadeira-do-dragão) 29
Sevícias sexuais 24
Número total de suplícios 1775

O médico italiano afirma no seu artigo: o cérebro dos torturadores não capta a mensagem dos outros homens. E descreve o caso de um jornalista brasileiro que por vinte e dois dias conseguiu aguentar tremendo interrogatório, pois fora denunciado por um débil mental. Mas este também acabou sendo preso. Um capitão, chefe do IPM, convidou o jornalista para ficar sozinho com o seu acusador, a fim de se vingar, pespegando-lhe uma surra. Como o jornalista não quis fazer isto, o capitão insistiu:

— Tome cuidado somente para não bater com muita força. Já está com as costelas quebradas. Pode perfurar-lhe os pulmões.

Após ouvir esta recomendação, o jornalista explicou, de maneira delicada, que não tinha motivo para agredir ninguém e que o fulano, na sua opinião, era apenas um doente mental:

"O capitão não entendeu. Também o capitão já estava doente da mente: não podia mais entender".

* * *

Em 1975 nasceu o semanário *Movimento*, uma iniciativa do jornalista Raimundo Rodrigues Pereira, que deixou o tabloide *Opinião* por não concordar com a linha editorial deste, a partir do ano anterior. Raimundo fundou um periódico cujo objetivo era a luta pela independência do país, pela defesa das liberdades democráticas e pela elevação do padrão de vida dos trabalhadores. Desejava ser um órgão franco, sincero, "livre das pressões dos grupos econômicos", contra a exploração do Brasil por interesses estrangeiros.

Movimento foi o primeiro jornal a ficar sob censura prévia, antes de ir às bancas, de aparecer a edição de número zero. Um fato inédito na história da nossa imprensa. A Polícia Federal recolheu esse número, alegando o seguinte: ele continha matéria capaz de incitar a subversão pela violência e de sugerir a prática de depredações contra o patrimônio nacional.

Segundo informa Márcio Bueno no texto "A imprensa alternativa – ontem e hoje", devido a ação da censura não se realizou a expectativa da venda de 22 mil exemplares desse semanário. O número 45, de maio de 1976, é um bom exemplo. Foram suprimidas, do citado número, 58 das 69 fotos, e 283 das 305 laudas de matérias.

Apesar dos atos cirúrgicos dos homens da tesoura, *Movimento* não pôde lançar três edições previamente censuradas: a que apresentou extensa reportagem a propósito do trabalho da mulher brasileira, a que denunciava os contratos de risco na área da exploração do petróleo, e a que defendeu a anistia, a liberdade e a instalação de uma Assembleia Nacional Constituinte. Não havia, sob tal aspecto, um critério justo, da parte dos policiais. Mesmo após o fim da censura prévia, eles apreenderam, em novembro de 1978, a edição sobre a vitória do MDB no pleito eleitoral do referido ano.

Pelo motivo de denunciar vários casos de corrupção administrativa – os líderes do golpe de 1964 não admitiam a existência de peculatos e de outras roubalheiras no Brasil – o semanário *Movimento* foi processado pela Lei de Segurança Nacional. E a vingança dos donos do poder não ficou apenas nisto. O tabloide sofreu pressões econômicas, bombas destruíram as bancas de jornais onde ele era vendido.

No seu número 53, da edição de 5 de julho de 1976, apareceu um artigo especial sobre o bicentenário da independência dos Estados Unidos. Junto desse trabalho minucioso, informativo, os redatores colocaram a Declaração de Independência da pátria de Lincoln, texto de cunho democrático, redigido por Jefferson, e que teve a colaboração de Benjamin Franklin. Os censores se alvoroçaram, puseram-se a tremer, pois estas passagens do documento histórico assumiam, diante de suas almas em pânico, um caráter acentuadamente subversivo:

"Quando, no curso dos acontecimentos humanos, se torna necessário para um povo dissolver os grupos políticos que os têm unidos, uns aos outros, e para assegurar entre os poderes da terra a posição separada e igualitária com que as leis da natureza divina os capacita, o respeito às opiniões dos homens exige que sejam declaradas as causas que os levam a tal separação.

Nós sustentamos essas verdades por serem evidentes por si mesmas, que todos os homens são criados iguais, que eles são dotados pelo Criador de certos direitos inalienáveis, e que entre esses estão a vida, a liberdade e a busca da felicidade. Que para assegurar tais direitos são instituídos governos entre os homens, derivando seus justos poderes do consentimento dos governados. Que todas as vezes que qualquer forma de governo se torne destrutiva desses objetivos, é do direito do povo alterá-la ou aboli-la, e para a instituição de um novo governo, fundado em tais princípios e organizando seus poderes em tal forma, como deva parecer-lhe mais adequado para efetivar sua segurança e felicidade".

Outra passagem da Declaração da Independência, aliás, um dos trechos mais famosos, apavorou os censores:

"Mas quando uma série longa de abusos e usurpações, perseguindo invariavelmente o mesmo objetivo, evidencia um desígnio para reduzi-los à submissão, a um despotismo absoluto, é de seu direito e de seu dever destituir tal governo, e providenciar novos guardiães para sua segurança futura".

Problema angustiante! Tais palavras iriam incitar o povo brasileiro contra o seu governo... Aquilo era um apelo à baderna, à revolta, uma crítica infame, maligna, insolente, aos militares do golpe de 1964! Entretanto, como os censores poderiam vetar a Declaração de Independência dos Estados Unidos? E a "amizade tradicional" entre os dois países, as relações culturais, econômicas e diplomáticas que mantinham? Após muito rebuliço, muitos quiproquós, dezenas e dezenas de consultas aos escalões superiores de Brasília, o "grave problema" chegou até à mesa de Armando Falcão, o ministro da Justiça, e a decisão foi tomada: censura total do texto.

Em vista disso, o semanário *Movimento* remeteu um comunicado a diversos jornais do país e às agências internacionais de notícias, comunicado onde relatou o ocorrido. Imenso o escândalo, a repercussão. Todos os grandes órgãos da imprensa brasileira, diante desse fato, publicaram informes, e também a Declaração de Independência dos Estados Unidos. O matutino *O Estado de S. Paulo*, em 11 de julho de 1976, apresentou um editorial. E no exterior o caso forneceu ao Brasil a imagem de um país de ignorantes, dominado por uma ditadura atemorizada, sem o senso do ridículo. Paulo Francis, correspondente da *Folha de S. Paulo* em Nova York, ouviu os depoimentos de personalidades norte-americanas. Assim comentou o senador Frank Church:

– Dada a situação no Brasil, é perfeitamente compreensível a censura imposta pelo governo de Brasília, muito a caráter, eu diria.

Sarcásticas, arrasadoras, as palavras do romancista Gore Vidal:

– O governo brasileiro deve respeitar muito o povo. Nossa Declaração de Independência é altamente subversiva.

* * *

No ano de 1976, o jornalista Maurício Azedo descreveu ao juiz Abel de Azevedo Caminha, da 1ª Auditoria do Exército, o seu padecimento nas dependências dos órgãos de segurança. Descalço, encapuzado, de macacão curto, Maurício foi obrigado a sentar-se na cadeira-do-dragão, onde lhe deram, no período de quarenta e oito horas, intensos choques elétricos. Enquanto recebia essa terapêutica, os seus algozes rosnavam, aludindo a Vladimir Herzog:

– Vamos *herzogá-lo*.

Quatro jornalistas do modesto *Diário de Petrópolis*, cuja tiragem era de três mil exemplares, foram processados nessa época. A procuradora Renée Fonseca França, da 1ª Auditoria Militar do Rio de

Janeiro, denunciou-os como incursos em vários artigos da Lei de Segurança Nacional. Eis o "crime" dos quatro: "delito de opinião". Deveriam ser condenados, em virtude da soma das penas, a trezentos anos de prisão, um castigo suave, pois afinal de contas eles produziram "editoriais subversivos", de "crítica acirrada e sistemática", provavelmente "calcada no credo vermelho".

Em 1977, por ter publicado uma crônica na *Folha de S. Paulo*, considerada ofensiva às Forças Armadas, as autoridades enquadraram Lourenço Diaféria na Lei de Segurança Nacional. A iniciativa partiu do general Sylvio Frota, ministro do Exército, que divisou na crônica um ultraje ao duque de Caxias. O jornalista enalteceu no texto o sargento Sílvio Hollembach, morto no Zoológico de Brasília, ao cair num poço de ariranhas, quando procurava salvar um garoto. Diaféria sustentou: o povo prefere os heróis "de carne e sangue", como esse sargento, e não os "heróis estáticos e fundidos em metal", como os que se acham representados nas estátuas de bronze. E citou, a fim de dar um exemplo, a estátua de Caxias. Referiu-se a ela como teria mencionado a estátua de Osório, de Mena Barreto, de Tasso Fragoso, de Andrade Neves, isto é, as figuras imóveis de outros generais, aprumadas nos logradouros públicos. Pois bem, essa crônica lírica e simultaneamente realista, porque espelha a *nuda veritas* e evidencia a psicologia do povo, texto que revela um respeitável ponto de vista, foi o motivo para indiciar Lourenço Diaféria no Artigo 39 da Lei de Segurança Nacional… Um "delito" punível com até trinta anos de prisão! Medida capaz de aumentar o fulgor metálico das pupilas dos nossos nazistas, cujos deuses se chamam Adolf Hitler, Goebbels, Goering, Himmler, Josef Mengele, Julius Streicher e Von Ribbentrop.

Depois que o jornalista foi preso, a sua coluna na *Folha de S. Paulo* saiu em branco, com um pequeno texto da redação:

"A crônica diária de Lourenço Diaféria deixa de ser publicada em virtude de o cronista ter sido detido às 17 horas de ontem pela Po-

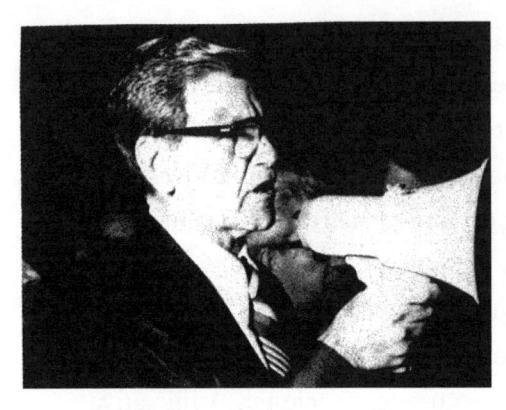

Coronel Erasmo Dias

lícia Federal, conforme noticiamos na primeira página".

Esta nota lacônica enfureceu o general Hugo Abreu, chefe da Casa Militar do presidente Geisel e ex-comandante das forças de repressão às guerrilhas no Brasil Central. Usando um tom enérgico na voz, Hugo Abreu telefonou para Octávio Frias de Oliveira, diretor do matutino, e ameaçou suspender a *Folha* por um mês... O coronel Erasmo Dias, além disso, secretário da Segurança, havia acusado o jornal de ter "elementos subversivos" nos seus vários setores, como o editor-chefe Cláudio Abramo. E durante um almoço com o senhor Frias, o secretário chegou a se irritar, pois desferiu um murro na mesa. A *Folha de S. Paulo*, na sua opinião, podia ser enquadrada na Lei de Segurança Nacional.

Por causa de tudo isto, ocorreu uma reviravolta no matutino e o jornalista Boris Casoy assumiu as funções de editor-chefe. Ele informou ao *Jornal do Brasil* que não iria afastar nenhum colega, em virtude de razões ideológicas. De fato soube agir com equilíbrio, inteligência e senso de justiça.

O juiz Nelson Guimarães, da 2ª Circunscrição Judiciária Militar, rejeitou a denúncia contra Diaféria, formulada pelo Ministério Público. E ao justificar a decisão, argumentou que o jornalista não havia desrespeitado o duque de Caxias. Segundo o magistrado, a morte heroica do sargento Sílvio era o único fato apresentado na crônica. Mesmo assim, em 17 de abril de 1979, o Superior Tribunal Militar condenou Lourenço Diaféria, por unanimidade, a oito meses de prisão, mas concedendo-lhe a suspensão condicional da pena.

Talvez, nesta fase de sua existência, Diaféria se sentiu como o bancário Joseph K., da obra *O processo*, de Franz Kafka, personagem que certo dia é preso e levado a um tribunal misterioso. Quanto mais ele se defende, mais se envolve na acusação indefinida, até ser condenado à pena máxima. O livro do escritor tcheco é a narrativa da "culpabilidade inocente", como o caso de Lourenço Diaféria é a prova de que o aforismo de Oscar Wilde exprime a verdade:

"A vida imita a arte, muito mais do que a arte a vida".

O pesadelo kafkiano de Diaféria encerrou-se em 12 de fevereiro de 1980, quando o Supremo Tribunal Federal, por três votos contra um, reformou a sentença do Superior Tribunal Militar e o absolveu da acusação de ter escrito uma crônica ofensiva às Forças Armadas.

Em 1978, como se fosse um sarcasmo do destino, o general Hugo Abreu, o homem que ameaçou suspender a *Folha* por um mês, tornou-se um dissidente do sistema. Depois de criticar o governo Geisel e de infringir as normas hierárquicas e disciplinares do Exército, ele faleceu no ano seguinte, mas exaltou a imprensa livre, sem mordaça, no seu livro *Tempo de crise*, editado postumamente:

"Uma das bases da organização democrática é a liberdade de informações. No entanto, o que vemos é a utilização de todos os recursos de que dispõe o governo no sentido de pressionar e manipular a imprensa. Para isso, os atuais governantes 'reeditaram' o Departamento de Imprensa e Propaganda, o DIP do Estado Novo, disfarçado sob o pomposo título de Secretaria da Comunicação Social. Não teremos democracia enquanto não tivermos liberdade de imprensa. Imprensa livre sempre foi o pesadelo maior dos regimes de arbítrio e geralmente é ela das primeiras vítimas da censura, intimidação, pressão econômica e corrupção".

Excomungando a censura de "caráter policialesco" – esse general, que no caso de Lourenço Diaféria agiu como um agente da Gestapo – esse general assim terminou o seu hino à liberdade de imprensa:

"Em suma, queremos o fim do arbítrio, a abolição da censura política sob qualquer forma, a extinção do moderno DIP inventado pelo poder, e a colocação dos direitos e garantias individuais acima de toda repressão de caráter policial".[24]

Terra original, singular, a pátria dos brasileiros... O general Hugo Abreu, quando dirigia a Casa Militar de Geisel, mostrou-se uma fera raivosa, implacável, em relação à *Folha de S. Paulo*. Desejava eliminar o jornal, pois suspendê-lo por um mês corresponderia ao seu desaparecimento. Muito bem, tendo aderido à oposição, o general assegurou: a imprensa livre sempre foi o pesadelo maior dos regimes de arbítrio... Portanto, depois de meticuloso exame dos fatos, como acreditar nos "salvadores" deste país, se as suas palavras estão em desacordo com as atitudes que adotam?

* * *

Devido a um processo baseado na Lei de Imprensa, o repórter Ricardo Kotscho chegou a ser condenado a um ano e quatro meses de prisão. Obteve, porém, à semelhança de Lourenço Diaféria, a suspensão condicional da pena. Vejamos o seu retrato de uma época de terror:

"... era raro o fim-de-semana em que um jornalista não desaparecia misteriosamente no prosaico trajeto entre a casa e o trabalho. Pequenas notas de pé de páginas, escondidas nos jornais diários, registravam o nome dos colegas presos nas dependências do Destacamento de Operações Internas do II Exército. A sigla DOI, associada à série de prisões, passou a fazer parte do nosso dia-a-dia – como essas pequenas tragédias que por sua monótona repetição acabam se incorporando, sem maiores traumas, ao quotidiano do jornalista".

Alguns políticos, a fim de bajular o governo, insultavam a im-

---

24 ABREU, Hugo. *Tempo de crise*. Rio de Janeiro, Editora Nova Fronteira, 1980, p. 270.

Ricardo Kotscho

prensa. O deputado federal Minoro Myamoto, da Arena do Paraná, soltou estas palavras doces, corteses, em 20 de junho de 1977:

– Os jornalistas não passam de fomentadores de boatos, com o objetivo de criar um clima de tensão. A crise política, por que passa a nação, foi montada nas redações dos principais jornais do país. Eles são também culpados de provocar a inflação.

Dois repórteres do *Jornal de Alagoas*, no referido ano, não caíram nas mãos de policiais e assessores do secretário da Segurança Pública, apenas porque o governador do estado impediu que fossem parar na cadeia. O "crime" de ambos: denunciaram as torturas de um sargento contra vários presos do xilindró do município de São Sebastião. Tais presos, além de aguentar os suplícios, eram obrigados a engolir "um ponche de fezes e urina".

Aberto o inquérito, por ordem do governador, a Justiça constatou que havia verdade na acusação dos repórteres. Foram punidos o sargento, um delegado e dois soldados. E o secretário da Segurança Pública, no entanto, garantira que tudo era boato, pois "a imprensa tinha adulterado os acontecimentos".

No dia 8 de agosto de 1978, enquanto Lourenço Diaféria ainda estava sob a mira da Justiça, aconteceu um fato curioso, digno de um filme de Fellini. Em tal dia, ao sair da igreja de São José, na cidade maranhense de Timon, o repórter Carlos Dias, do jornal *O Estado*, de Teresina, recebeu voz de prisão do delegado José Maria Barbosa:

– Se correr, eu atiro para matar!

O delegado, que havia descido de sua bicicleta (não é filme de Fellini), empurrou o jornalista, sob a ameaça de um revólver e o escoltou até a delegacia. Ali, ganhando socos e ouvindo palavrões, o repórter quase foi obrigado, sem beber água, a engolir um exemplar do seu jornal. No exemplar existia uma crítica contra esse delegado durão. A cena nos faz lembrar estes versos do folheto *Encontro de Dúbal Ribeiro com o bandido Zé Cabelo*:

> "Sou também o Zé Cabelo,
> o bamba desta porqueira,
> quem se mexer contra mim,
> irá entrar na madeira".

Enquanto Carlos enfiava um pedaço do matutino no bucho, sob a mira dos revólveres, um profissional, contratado pelo delegado, fotografou o jornalista. Depois o seráfico José Maria recolheu a vítima ao xadrez, sob a acusação de "desacato à autoridade". Carlos ficou numa cela com presos comuns e na companhia de um leproso. A esposa do repórter quis levar alimentos para o marido, mas recebeu ameaças dos soldados que guarneciam a delegacia... Um advogado, o doutor Paulo Santos, chefe do departamento jurídico de *O Estado*, de Teresina, chegou a impetrar *habeas-corpus* em favor do jornalista, mas o delegado insistiu em manter a prisão:

– É para mostrar que com cara de homem não se brinca!

Também no ano de 1978, a fim de colocar na cadeia o repórter Milton Soares da *Folha de S. Paulo*, um delegado forjou uma autuação em flagrante por desacato à autoridade. O repórter denunciara as arbitrariedades cometidas pela polícia de Guarulhos. Ele foi jogado numa cela onde se amontoavam diversos assassinos muito perigosos. Surrado pelos delinquentes, coberto de hematomas e ferimentos, Milton Soares teve de ser internado no Pronto Socorro.

Ainda nessa época, o jornalista Edson Garcia Flosi, do mesmo matutino, escreveu reportagens sobre certas irregularidades do Instituto Médico Legal e a respeito das condecorações entregues a alguns torturadores da polícia de São Paulo. Dois indivíduos se aproximaram do seu filho de quatorze anos, em plena rua, e o espancaram, aplicando-lhe socos e pontapés. Enquanto agiam desse modo, o menino ouviu estas palavras:

– Você está apanhando pelas reportagens de seu pai.

Cenas rotineiras da história de nossa imprensa. E aqui o leitor terá o ensejo de ver outras,

No ano de 1980, baseado na Lei de Segurança Nacional, o ministro do Exército representou ao ministro da Justiça, no sentido de que fossem tomadas as "medidas necessárias" contra o jornalista Alain Araújo, correspondente da *Tribuna da Imprensa* em Frankfurt, na Alemanha. Tais medidas também deviam visar os diretores do periódico. Motivo: a publicação de uma reportagem sobre os saques efetuados por militares nas indústrias automobilísticas do ABC, durante a repressão à greve dos metalúrgicos.

Fundamentado na mesma lei, correu também em 1980, na 1ª Auditoria da Aeronáutica do Rio de Janeiro, o processo contra

Cláudio Campos, diretor da *Hora do Povo*. Este jornal divulgou um texto sob o título "Saiu o listão dos corruptos", apresentando os nomes das autoridades que tinham conta bancária numerada na Suíça. Cláudio e mais dois diretores do periódico, seus "cúmplices", foram condenados à pena de um ano e seis meses de prisão. O Supremo Tribunal Militar, no julgamento de 16 de junho de 1981, agravou-a para dois anos e três meses, pena mantida pelo Supremo Tribunal Federal, numa decisão de 14 de abril de 1982.

Nascido no ano de 1947, portador de grande coragem, Cláudio Campos havia liderado a defesa do campus da Universidade Federal do Rio de Janeiro contra a invasão da tropa de choque da Polícia Militar, ocasião em que seu braço foi quebrado, devido aos golpes que recebeu quando tentava escapar dos murros dos soldados e dos golpes de cassetete. Ele ingressou, em 1969, na Resistência Armada à Ditadura, tendo sido preso e torturado. *Hora do Povo*, o seu jornal, sofreu dois atentados a bomba. Ambos destruíram a redação, em 30 de março de 1980 e em 2 de maio de 1981.

Quatro jornalistas, responsáveis pelos diários *Gazeta do Vale*, de Itajaí, e *Afinal*, de Florianópolis, viram-se enquadrados nos artigos 14 e 33 da Lei de Segurança Nacional. Haviam reproduzido a matéria da *Hora do Povo* sobre as autoridades que possuíam conta bancária na Suíça, matéria da qual constava o nome do governador de Santa Catarina, o senhor Jorge Bornhausen. Aliás, no número 70, a *Hora do Povo* confirmou as suas acusações. Isto lhe valeu a abertura de um segundo processo, a partir da representação do general Walter Pires, ministro do Exército, por intermédio do procurador geral da República. O pedido foi encaminhado à 2ª Auditoria da Aeronáutica do Rio de Janeiro.

A história não termina aqui. Solicitado pela 1ª Auditoria do Exército, o DOPS de São Paulo abriu inquérito contra o cantor Agnaldo Timóteo, deputado do PDT fluminense, porque este criticou, no programa de televisão de Hebe Camargo, a negligência das autoridades diante dessas denúncias de *Hora do Povo*.

Um insigne criminalista, o doutor Heleno Fragoso, respondendo a uma indagação sobre o *affaire* Cláudio Campos, proferiu as seguintes palavras:

"Eu não conheço exatamente o processo dos jornalistas da *Hora do Povo* e não sei por qual crime eles foram processados. Mas sei que os fatos não são bem assim. O informe que vinha do exterior não indicava os nomes dos depositantes. Indicava apenas o país de origem dos depósitos. Dizia, por exemplo, que do Brasil havia uma enorme soma de dinheiro depositada nos bancos, sem indicar nomes. Não conheço também o fato em detalhe para saber se o jornalista imputou, a alguns personagens importantes da vida nacional, a manutenção de depósitos no exterior. Não sei exatamente como foi. O que eu sei é que isto não era um crime contra a segurança nacional. Isto eu sei. Por quê? Porque faltava o propósito subversivo. Isto eu também sei. E isto toda a nação sabe e isto todos nós sabemos. Sabemos que os jornalistas estão mal condenados. Por quê? Porque a Justiça Militar vem entendendo que crimes comuns de imprensa são crimes contra a segurança nacional. É o que estou tentando denunciar. Se alguma coisa de útil tenha dito nessa reunião formidável que estamos realizando,[25] creio ser este o ponto mais alto, denunciar esses fatos. Denunciar que a Lei de Segurança Nacional vem sendo empregada com critérios autoritários, com critérios que não são democráticos. Que não eram sequer os que a própria Justiça Militar adotava no passado. Sei que isto é fundamental. O que posso dizer sobre o processo da *Hora do Povo* é só isto".

* * *

Em dezembro de 1981, por ter a *Tribuna da Imprensa* publicado a reportagem intitulada "Cals dá uma de Giscard e embolsa diamantes", quatro jornalistas foram enquadrados no artigo 14 da Lei de Seguran-

---
[25] Reunião na OAB, em 27-7-1983.

ça Nacional: Paulo Branco, Hélio Fernandes, Hélio Fernandes Filho e Eustáquio de Alvarenga Cruz. Tentando impedir a marcha do processo, os indiciados recorreram ao Supremo Tribunal Militar contra esse enquadramento, mas aquela corte denegou o pedido.

Numa carta enviada a Hélio Saboya, presidente da Ordem dos Advogados do Brasil, o jornalista Hélio Fernandes forneceu estas explicações:

"Acusei o ministro das Minas e Energia, César Cals, de ter dado o direito de lavra a poderoso minerador em troca de recompensa.

Apesar de a Lei de Segurança, como sabes muito bem, não permitir a exceção da verdade, o Ministério Público e o auditor se encarregaram de estabelecer as provas para mim. E assim ficou completamente demonstrado no processo o seguinte:

1. O ministro concedeu o direito de lavra no dia 23 de julho.

2. Foi a Itabira, onde recebeu um colar de esmeraldas, não conseguindo que ele fosse avaliado no dia 22 de julho, ou seja, na data do decreto.

3. O decreto da concessão de lavra foi publicado em agosto, mas com efeito retroativo. Então, a gosto desse governo, a partir de 22 de julho, dia em que recebeu o colar de esmeraldas de presente.

4. Em setembro, soubemos do fato e publicamos toda a história na primeira página da Tribuna da Imprensa.

5. O ministro, imediatamente, promoveu o meu enquadramento na Lei de Segurança, como diretor responsável do jornal, e mais o enquadramento do jornalista e vereador Hélio Fernandes Filho, na condição de editor-chefe do jornal, e ainda o enquadramento do jornalista Paulo Branco, na condição de chefe da redação.

6. Apesar disso, continuamos a investigar e publicar os fatos, até que eles se tornaram insuportáveis para o ministro. Finalmente, no dia 22 de dezembro, o ministro César Cals doou o colar de esmeraldas à Cruz Vermelha do Ceará, e lá está no processo — clara, nítida e elucidativa — a doação do ministro, o que equivale a uma confissão. Se ele não tivesse recebido o colar, logicamente não poderia doá-lo. Se o colar tivesse sido comprado pelo ministro, ele poderia exibir o recibo e nos massacraria completamente.

O caso ficou tão evidente, que minha absolvição seria líquida e certa, mesmo que o meu advogado fosse o ministro Ernane Galvêas".

Depois de enumerar estes itens, Hélio Fernandes completou:

"Arrolado como testemunha pelo Ministério Público, que melhor testemunha poderia existir do que o próprio autor da denúncia? Humilhado e ofendido pela acusação, o ministro fugiu durante quatro meses do depoimento. O ministro sabia e sabe que tem direitos legais; poderia marcar hora, dia e local para o testemunho. Mas o ministro é feio, tem as orelhas enormes, mas não é nada burro. Ele tinha completo conhecimento do que fizera e, ao depor, estaria sob juramento. Assim, ao crime de corrupção se juntaria o de perjúrio, e isso o ministro não queria.

Assim, durante quase quatro meses, o procurador e o auditor tudo fizeram para levar o ministro a depor, para obter a sua própria palavra, sua própria testemunha-chave, que, além de testemunha, era o autor da acusação.

Mas tudo ficou sem resposta, desde ofícios até carta-rogatória, até que o auditor mandou tocar o processo, que ficou pronto, e hoje serei julgado.

Só por esse resumo rápido se vê que a Lei de Segurança serve para tudo. O que é que tem a ver segurança nacional com o fato de um ministro de Estado receber um colar de esmeraldas, e depois, sob pressão e denúncia, doá-lo à Cruz Vermelha? Evidentemente que o ministro é hoje um revoltado e um ressentido contra a Lei de Segurança e contra a liberdade de imprensa, porque, se não fosse isso, ele poderia estar brilhantemente – a palavra exata é essa – de posse do colar de esmeraldas. E sem precisar prestar contas a ninguém. Essa é a grande vantagem da liberdade de imprensa, esse o grande equívoco da Lei de Segurança".

Hélio Fernandes, na época do governo Castelo Branco, desencadeou uma campanha, pelas colunas do seu jornal, contra a desnacionalização da economia brasileira. O jornalista respondeu, de modo simultâneo, a vinte e sete processos. Teve os direitos políticos suspensos por dez anos. E quando um acidente aéreo vitimou o marechal Castelo Branco, em 18 de agosto de 1967, ele escreveu um editorial colérico, apaixonado, que lhe custou trinta dias de confinamento na ilha de Fernando de Noronha e depois igual período na cidade paulista de Pirassununga. Decretado o Ato Institucional nº 5, em 13 de dezembro de 1968, Hélio foi logo preso na redação da *Tribuna da Imprensa*, tendo permanecido cerca de um mês no Regimento Caetano Faria, da Polícia Militar, ao lado dos "subversivos" Mário Lago, Carlos Lacerda, Osvaldo Peralva e Celso Nascimento Filho. Não terminou aí, porém, a sua via crúcis. Sofreu novas punições quando surgiu o governo da junta militar formada pelos ministros Lira Tavares, do Exército; Augusto Rademaker, da Marinha; e Márcio de Sousa e Melo, da Aeronáutica.

No depoimento fornecido a Paolo Marconi, em 22 de setembro de 1978, o indomável Hélio Fernandes descreveu a ação dos censores no seu jornal:

– Cortavam principalmente matérias sobre as multinacionais. A censura se transformou em capanga das multinacionais. Eu não podia revelar um escândalo da IBM, da ITT, da Esso, da Shell – e olhe que houve uma porção deles, como o da Ericsson, que está na Justiça, numa ruidosa rescisão de contrato com a Telerj, porque entregou uma partida de telefones muito malfeitos e tiveram que recolher todos. Os censores cortavam tudo, inclusive sobre laboratórios farmacêuticos, qualquer coisa contra as multinacionais.

A *Tribuna da Imprensa*, em setembro de 1969, foi fechada durante três dias, devido a um artigo do colunista Oliveira Bastos, artigo considerado "insultuoso" a Antônio Delfim Neto, o ministro da Fazenda. No mês seguinte, Hélio Fernandes voltou a ser detido, pois havia publicado um texto sobre as divergências existentes nas Forças Armadas, a propósito da escolha do futuro presidente da República. Incapaz de se acomodar, de calar a boca, fez várias denúncias contra a corrupção imperante em alguns escalões do governo Geisel e ficou envolvido, em outubro de 1978, num processo por "ofensa à honra do presidente da República". Um atentado à bomba, em 2 de março de 1981, destruiu as rotativas da *Tribuna da Imprensa* e causou enormes danos nas suas instalações. Hélio acusou o DOI-CODI como o responsável pelo atentado e logo se viu enquadrado nos artigos 14 e 36 da Lei de Segurança Nacional.

Bombas, aliás, não faltam na história do nosso jornalismo, após a Revolução de 1964: bomba na Associação Brasileira de Imprensa, em 22 de julho de 1968; bomba no *Jornal do Brasil*, em 7 de novembro do mesmo ano; bomba no *Correio da Manhã*, no dia 7 do mês posterior; bomba no semanário *Pasquim*, em 12 de março de 1970; outra bomba no mesmo semanário, em 10 de maio desse ano; mais uma bomba na Associação Brasileira de Imprensa, em 19 de agosto de 1976; bomba no jornal *Opinião*, dois meses depois, em novembro; bomba no periódico *Hora do Povo*, em 29 de março de 1980, etc.

Numa reunião efetuada na capital da Bahia, em 13 de agosto de 1980, o jornalista Boris Casoy, editor-responsável da *Folha de S. Paulo*, condenou os atentados com bombas de alta potência a bancas de jornais, explosivos que visavam certos periódicos:

"A imprensa atravessa uma encruzilhada intrincada, como a situação econômica do país. Intrincada também em relação às bancas que estão ameaçadas, num sistema velado de censura, que hoje ameaça a imprensa alternativa e amanhã não saberemos onde chegará".

Boris advertiu: tratava-se "de uma ação perigosa, nacional e coordenada". Ele exortou as autoridades a esclarecerem os atentados. A sociedade civil, disse o jornalista, deveria reagir, a fim de não conviver com esta ameaça sobre a sua cabeça.

As palavras de Boris Casoy eram sensatas e oportunas. Um conselho digno de ser acatado, pois o aumento das violências da extrema-direita causou a morte da senhora Lyda Monteiro, secretária do presidente da Ordem dos Advogados do Brasil. Ela faleceu por causa da explosão de uma carta-bomba.

O petardo que estourou no *Correio da Manhã*, em 7 de dezembro de 1968, foi um presente do CCC, do Comando de Caça aos Comunistas; o do *Pasquim*, em 10 de maio de 1970, também veio dessa organização; a bomba da Associação Brasileira de Imprensa, em 1976, foi uma "gentileza" da AAB, da Associação Anticomunista Brasileira... Portanto, sob o pretexto de "defender a democracia e esmagar o marxismo-leninismo", esses ativistas se converteram em brigadas da extrema-direita, em paladinos do Nazismo e do Fascismo. Verificou-se o seguinte: pela primeira vez em nosso país, devido a tal brutalidade, houve uma divisão maniqueísta entre a esquerda e os liberais do "centro", com prejuízo para esses liberais, para os democratas sinceros. A imagem dos cidadãos que não eram comunistas, mas que também nunca foram fascistas, adquiriu, em consequência disso, um aspecto negativo, antipático, pois o arbítrio e a violência, quase sempre, originaram-se de falanges como a CCC e a AAB, responsáveis pelo aparecimento desta expressão: *atentados terroristas da extrema-direita no Brasil*.

Ocorreu um fato espantoso em 1981, no setor da imprensa. Dois jornalistas, o já citado Boris Casoy, da *Folha de S. Paulo*, e Walter Fontoura, do *Jornal do Brasil*, foram processados sumariamente, apenas porque os seus diários publicaram declarações do deputado federal Getúlio Dias, rotuladas de ofensivas pelo Superior Tribunal Eleitoral. Já que o deputado tinha imunidades e a Câmara negou-se a conceder licença para processá-lo, aquela corte, como uma onça brava, investiu contra os dois jornalistas. Ela se esqueceu do parágrafo 8º do Artigo 153 da Consti-

Walter Fontoura

tuição da República:

"*É livre a manifestação de pensamento, de convicção política ou filosófica, bem como a prestação de informação independentemente de censura*".

Os processos contra Boris Casoy e Walter Fontoura, um ato ilógico sob todos os aspectos, mereceram o anátema de Tancredo Neves, então senador e presidente do Partido Popular. Ele viu em ambos a sobrevivência do AI-5, porque na verdade não havia como configurar, num caso e no outro, nenhum crime que pudesse colocar em perigo a segurança nacional.

A denúncia, como um espantalho caruchento, não conseguiu manter-se de pé. Desabou sob as vaias dos inimigos dos guantes de ferro e das aberrações jurídicas.

Mais um jornalista, no entanto – Júlio de Mesquita Neto – foi vítima de um processo absurdo, tão absurdo quanto a lógica da Rainha de Copas no capítulo doze de *Alice no País das Maravilhas*, de Lewis Carrol:

– Não! Não! Primeiro a sentença, o veredicto depois.

Por sete votos a cinco, em 24 de fevereiro de 1983, o Superior Tribunal Militar aceitou a denúncia contra o referido jornalista, acusado de ofender a honra do ministro Leitão de Abreu, num editorial publicado no dia 16 de setembro de 1982, nas colunas de *O Estado de S. Paulo*. Exibia este título, o texto que melindrou a susceptibilidade à flor da pele de sua excelência: "Cai a máscara do falso liberal". Pela primeira vez, na História, a queda de uma máscara acendeu o furor de um ministro e gerou um processo... A juíza-auditora Maria Letícia Alencar, apoiada no bom senso, rejeitou a denúncia, alegando que no comentário não se notava qualquer atentado contra a Lei de Segurança Nacional. O editorialista – asseverou a juíza – até prestou um serviço à democracia, na sua análise da conduta político-administrativo de Leitão de Abreu. E o doutor Manuel Affonso Ferreira, advogado do jornalista, demonstrou que a denúncia se ressentia de "plausibilidade acusatória mínima, exigível como requisito para que a ação penal possa ser instalada".

Rolou no vácuo, no sorvedouro dos erros, das incongruências, dos disparates, a acusação contra Júlio de Mesquita Neto. Era inconsistente como uma gelatina, mole como um bolo fofo. Teria de se esvaziar, à maneira do balão vaidoso que sobe, escala as nuvens, porfia em ganhar as alturas e depois despenca por causa de uma pedrada...

O historiador Hélio Silva assim comentou este fato, no decorrer de um debate promovido pela Ordem dos Advogados do Brasil, em 27 de julho de 1983:

"As sucessivas leis de imprensa nunca visaram a dar garantias aos jornalistas, mas limitar praticamente o exercício da liberdade de imprensa. Como jornalistas tínhamos, antigamente, um foro especial. Já não existe. Atualmente, deveríamos, pela Lei de Imprensa, ser julgados pelos tribunais comuns, o que raramente acontece, porque a maior parte das vezes somos processados exatamente porque denunciamos abusos do poder, e a Lei de Segurança Nacional estabelece a sacralidade da pessoa que exerce o poder. Não podemos dizer que o presidente da República manca de uma perna, porque ele pode achar isto ofensivo. Não podemos dizer que o ministro da Aeronáutica fala demais. Não podemos dizer, em suma, coisíssima alguma que possa afetar uma autoridade. Basta citar o caso recente de *O Estado de S. Paulo*, um jornal poderoso, do doutor Júlio de Mesquita Neto, com o ministro Leitão de Abreu. O jornal disse uma verdade. Todo mundo sabe que o Leitão de Abreu é o homem menos indicado para uma função política. Já provou isto no governo Médici e vem provando agora, não direi brilhantemente, mas exuberantemente".

Estas palavras de Hélio Silva se ajustam a um episódio da vida de um semanário do Rio Grande do Sul, o *Coojornal*, oriundo da Cooperativa dos Jornalistas de Porto Alegre. Periódico de linha democrática, fundado em 1976, e querendo ser um bom órgão informativo, ele publicou documentos sobre as guerrilhas do Araguaia e do Vale do Ribeira, a segunda chefiada pelo capitão Carlos Lamarca. Os seus diretores, por causa disso, depois de serem enquadrados na Lei de Segurança Nacional, tiveram de cumprir a pena de cinco meses de prisão.

Aqueles documentos, considerados secretos, foram entregues por um militar. Ocorreu, desse modo, a quebra do sigilo de Estado e a divulgação dos papéis constituiu, no entender das autoridades, uma ameaça para o país. Daí se conclui: a doutrina vesga da Segurança Nacional fornecia, aos seus intérpretes, o privilégio de efetuar um julgamento extremamente subjetivo. Pois cumpre a zelosos servidores da pátria, e nunca a qualquer jornalista, impedir que certas informações, rotuladas de secretas, possam ser notícias dadas em primeira mão. A rigor, no caso do *Coojornal*, se houve a culpa de alguém, esta deveria cair sobre quem entregou os documentos.

Isto aconteceu no Brasil, mas em 1972, nos Estados Unidos, a Suprema Corte negou ao governo federal o direito de processar o *The New York Times*, pela divulgação de documentos sobre a guerra do Vietnã, qualificados de secretos e pertencentes ao Departamento de Defesa.

Embora os hipócritas tentem derrubá-la, a seta da verdade sempre voa bem alto, em linha reta, para ferir mortalmente o coração da mentira. Hoje podemos garantir que Elmar Bones, Rafael Guimarães, Osmar Trindade e Rosvita Saneressing, redatores do *Coojornal*, viram-se na arriscada situação de depor no inquérito policial-militar, aberto pelas autoridades do III Exército, apenas porque "os homens da Justiça" queriam obrigá-los a revelar as fontes de suas informações. Ora, nada os levaria a agir dessa maneira, pois a Lei 5.250 (Lei de Imprensa), apesar de exibir um caráter autoritário, um rosto duro, inquisitorial, assegurava-lhes, em seu artigo 7º, o direito de manter o sigilo:

"No exercício da liberdade de manifestação do pensamento e de in-

formação, não é permitido o anonimato. Será, no entanto, assegurado e respeitado o sigilo quanto às fontes ou origem das informações recebidas ou recolhidas por jornalistas, rádio-repórteres ou comentaristas".

Em nosso país o decreto-lei 898, de 29 de setembro de 1969, favoreceu o arbítrio, a injustiça, a prepotência. Decreto que definiu os crimes contra a segurança nacional, a ordem pública e social. Conforme o parágrafo 1º do seu artigo 16, por exemplo, era proibido lançar uma notícia capaz de expor "a perigo o bom nome, a autoridade, o crédito ou o prestígio do Brasil". Pena: detenção de dois a cinco anos. Ficava sob o critério pessoal dos juízes da ditadura, portanto, classificar como subversiva, ou não, uma notícia algo suspeita...

* * *

O general Newton Cruz, comandante militar do Planalto, ex-chefe da Agência Central do SNI, durante uma entrevista concedida em Brasília, no dia 17 de dezembro de 1983, após haver acusado a imprensa de publicar "coisas de má-fé", irritou-se com as observações do repórter Honório Dantas. Percebendo que o jornalista aproximava um gravador dos seus lábios, o general o empurrou e emitiu este berro:

– Cale a boca, deixa eu falar e desligue essa droga!

O repórter, com o gravador na mão, pronunciou estas palavras:

– De minha parte, depois de ser empurrado pelo general Newton Cruz, me sinto muito honrado...

Honório foi andando, mas o general, inteiramente fora de si, de olhos esbugalhados, começou a urrar, a espumar, e desvencilhando-se dos oficiais que o continham, deu um pulo de mais de um metro e agarrou o repórter pelo pescoço. Aplicou uma chave de braço em Honório e o arrastou até um grupo de militares, jornalistas e cinegrafistas de televisão. Suado, lívido, descontroladíssimo, com a farda em desalinho, prendendo o repórter pela gola da camisa, o general gritou diversas vezes:

– Peça desculpas, seu moleque!

Dantas balbuciou:

– Desculpa...

O general não ficou satisfeito:

– Não é assim. Diga: eu peço desculpas.

Transido, encurralado, Honório cedeu:

– Eu peço desculpas.

A fera apaziguou-se, soltando o braço de sua presa:

– Ah, assim está bem. Então vai embora.

Quando viu a cena pela televisão, no "Jornal Nacional" da TV Globo, o presidente Figueiredo, que antes estava bem-humorado, fechou a cara e logo comunicou o seu desgosto ao general Walter Pires, ministro do Exército. Outro militar, o general Heitor Herrera, um dos principais elementos da Escola Superior de Guerra, declarou que o comportamento de Newton Cruz lhe forneceu a impressão de ser "o de alguém que tem arteriosclerose ou então foi mordido por cachorro louco".

Meses mais tarde, na parada de 7 de setembro de 1984, o general Cruz desfilou de capacete de aço, montado num cavalo branco. Admirando o seu garbo, a sua altanaria, o presidente Figueiredo comentou com outro militar, que no palanque se achava ao seu lado:

– Olha lá o Nini. É o nosso Mussolini.

Nini, algum tempo depois, foi exonerado e passou a exercer funções burocráticas. O jornalista Carlos Brickmann assim registrou este fato:

"O general Newton Cruz diz que deixa o Comando Militar do Planalto muito feliz. Nós também, general. Todos nós estamos felizes".

Este desabafo não foi o único, por parte dos homens inteligentes do Brasil.

Paulo Sérgio Pinheiro licenciou-se em sociologia pela Universidade de Vincennes e doutorou-se pela Sorbonne, após ter cursado a Fundação Nacional de Ciências Políticas de Paris. Exerceu também as suas atividades de intelectual culto, talentoso, no Departamento de História da Universidade de Yale, em New Haven, nos Estados Unidos. Aqui em nosso país se tornou professor da Universidade Estadual de Campinas e membro da Comissão de Direitos Humanos da OAB – SP. Pois bem, após o acesso de furor do general Newton Cruz, o jovem mestre Paulo Sérgio Pinheiro escreveu um artigo que exprime, quanto ao incidente, a opinião dos brasileiros lúcidos, sensatos, amantes da democracia, e com repulsa pelos atos de arbítrio, de cólera injustificada, Tal artigo, publicado na *Folha de S. Paulo*, em 20 de dezembro de 1983, recebeu um título significativo: "Quebramos a cara-*bis*". Declara o autor, logo no começo do texto:

"O general Newton Cruz terminou o seu mandato de *condottiere* das medidas de emergência em Brasília, como começou, mussolinamente. Quarenta milhões de brasileiros viram, numa edição irrepreensível, um general correr atrás de um repórter, depois de havê-lo empurrado e manietá-lo, obrigando Honório Dantas, da Rádio Planalto, a pedir desculpas".

E o professor salienta, em outro parágrafo:

"O abuso de autoridade e a agressão do general refletem a concepção que várias autoridades do regime fazem da imprensa e dos meios de comunicação. A própria entrevista do general indica que sua excelência nada entende do funcionamento da moderna imprensa no mundo, apesar de sua larguíssima experiência no Serviço Nacional de Informações. Nas suas declarações que precederam a agressão, o general, por exemplo, deblaterava contra a circulação de in-

Newton Cruz

formação dos correspondentes para jornais de outros órgãos, como se o telefone e o telex não fossem dignos de crédito. Depois, ninguém agüenta mais as lamúrias dos atuais detentores do poder, repetidas na entrevista, de como as nossas sacrossantas autoridades federais são maltratadas pela imprensa".

Tendo frisado isto, Paulo Sérgio Pinheiro observou de modo justo:

"Antes que alguns porta-vozes comecem a confundir tudo, é preciso deixar bem claro que condenar a atitude do general Newton Cruz não tem nada a ver com qualquer concepção que se tenha do Exército brasileiro. As Forças Armadas não estão postas em causa pela grosseria e pela intolerância do general Newton Cruz. Sua excelência, caso já tivéssemos superado o regime de exceção disfarçado em que vivemos, deveria por isso ser submetido às ações legais e aos processos que caberiam, nesse caso, à sua conduta individual. Nenhum cidadão pode obrigar outro a pedir desculpas em público, sob coação".

O fim do artigo – texto notável pela sua clareza e pelas deduções lógicas – mostra o sentimento dos nossos jornalistas em relação ao paroxismo de ódio do comandante militar do Planalto:

"Apesar das luzes do Natal que mal escondem a miséria brasileira, e do espírito do tempo, os horrores da conduta daquele general não devem ser esquecidos levianamente. Façamos um esforço, pelo menos nós, que temos tanto a ver com os nossos colegas de imprensa, como o repórter Honório Dantas. Todos fomos ofendidos pelo general Newton Cruz".

Homem de muita fé, católico ardente, pois pertenceu ao Centro Dom Vital, tenaz adversário da filosofia marxista – e isto não o impediu de defender Harry Berger e Luís Carlos Prestes – o advogado Sobral Pinto comentou:

– Os políticos abaixam a cabeça e aí os militares fazem o que querem. A atitude do general Newton Cruz com o jornalista Honório Dantas é um exemplo disso, mas não me surpreendo, pois é próprio desse general e da mentalidade militar. Convoco toda a sociedade para que esta reaja à altura, não com revolução e matando, mas resistindo com dignidade e coragem.

Depois o advogado lamentou as desculpas de Honório Dantas:

— Se ele tivesse reagido, este general não tomaria esta atitude uma segunda vez. Acontecesse o que acontecesse, o jornalista não deveria se desculpar, até porque não tinha motivo para tal.

Newton Cruz, no decorrer das medidas de emergência, havia comandado a invasão da Ordem dos Advogados do Brasil, seção Brasília. Foi o primeiro abuso de força do general, abuso que antecedeu o pulo em cima do repórter. E recordemos outro fato: em dezembro de 1968, após a decretação do AI-5, o doutor Sobral Pinto ficou preso durante alguns dias. O seu oficial-carcereiro, querendo enaltecer o golpe de 1964, declarou ao autor de *Lições de Liberdade*:

— O AI-5 visa o estabelecimento de uma democracia à brasileira.

Sobral Pinto replicou:

— Coronel, há peru à brasileira, mas não há soluções à brasileira. A democracia é universal, sem adjetivos.

Entretanto, à semelhança das novelas de televisão, a história do general Newton Cruz não termina aqui. Continua e parece que ainda tem muitos capítulos, pois o delegado Ivan Vasques, em 16 de setembro de 1985, indiciou esse militar como coautor dos homicídios do jornalista Alexandre von Baumgarten, de sua companheira Jeanette Hansen e do barqueiro Manuel Valente Pires, o *Manuel Português*. Garantiu o delegado: está provada a liderança do general no sequestro de tais pessoas. E acrescentou que o rapto foi o meio utilizado pelos criminosos, a fim de executar as vítimas...

A Emenda Dante de Oliveira ia ser submetida às egrégias luzes do Congresso Nacional, no dia 25 de abril de 1984. Ela restabelecia as eleições diretas para a presidência da República, como um novo casamento do Estado com o país, sob as bênçãos da legitimidade política. Mas antes da votação do Congresso, querendo "defender o Poder Legislativo", o governo decretou as medidas de emergência nas áreas de Goiânia, de Anápolis, do distrito federal e de oito municípios do estado de Goiás. Logo essas medidas se estenderam a todo o território brasileiro, devido a uma resolução do comando militar do Planalto. Bélico desacato aos direitos individuais, prescritos na Carta Magna. Era o retorno à violência, à repressão, às técnicas intimidatórias.

Em Brasília, como executor dessas ordens, foi designado o general Newton Cruz, que incumbido de idêntica tarefa nos fins de 1983, revelou-se um militar agressivo, carente de equilíbrio emocional. O "nosso Mussolini", naqueles dias do mês de abril de 1984, pintou o diabo, encurralou a capital, quis entrar em confronto físico, proibiu as reuniões em prol das "diretas já", deu ordens de prisão a populares, deputados, intelectuais e jornalistas, estalou o seu rebenque na capota dos automóveis.

Newton assumiu a responsabilidade pela invasão da sucursal do jornal *Hora do Povo*. Elementos não identificados, talvez cumprindo as suas ordens, incendiaram a sede de outro periódico, a *Tribuna Operária*. E no dia 24 do referido mês de abril, por determinação do executor das medidas de emergência, oito homens armados invadiram a sede da Federação Nacional dos Jornalistas (FENAJ). Sem motivos aceitáveis, prenderam o senhor Raimundo Pinto, vice-presidente da entidade. Conduzido a uma delegacia de polícia, como um criminoso comum, ele teve de prestar longo depoimento, sob coação. A violência constituiu insofismável ato de represália, pois horas antes a FENAJ impetrara na Justiça, contra o general, um mandato de segurança.

No mesmo dia, às 22 horas, o Duce de Brasília comandou pessoalmente as prisões dos jornalistas Júlio Bernardes, da Agência Ágil, e Carlos Carvalho, este a serviço da revista norte-americana *Newsweek*. Dois repórteres fotográficos também foram detidos: José Carlos e Luciano Andrade, ambos do *Jornal do Brasil*. Um repórter da revista *Veja*, o senhor Raimundo Costa, quando tentava, nesse instante, mostrar o seu documento de identidade, recebeu um empurrão do general Newton Cruz, que ao fazer isto soltou majestoso rugido:

– Aqui não tem imprensa, não!

Infatigável, sempre colérico, o general já havia prendido os deputados Aldo Arantes, do PMDB de Goiás, e Jacques D'Ornellas, do PDT do Rio de Janeiro. Perto dali, ao fotografar a detenção de Jacques, o repórter Josemar Gonçalves, da *Última Hora*, acabou sendo preso. Consequência de uma ordem drástica de Newton, transmitida a brutais soldados da Polícia Militar.

Graças à pancadaria, aos canos dos fuzis, dos revólveres e das metralhadoras, às bombas de gás lacrimogênio, a esses gestos de ternura, nascidos sob a égide do executor das medidas de emergência, viram-se ameaçados, em suas integridades físicas, os jornalistas Gilberto Alves, do *Correio Braziliense*; Mino Pedrosa, do *Jornal de Brasília*; Pedro José, do *Estado de Minas*; Luiz Antônio, de *O Globo*; Antônio Dorgivan, do *Jornal do Brasil*; Jorge Araújo, da *Folha de S. Paulo*, além de muitos outros.

Madrugada do dia 26 de abril de 1984. Após dezoito horas de sessão, num clima tenso, "enquanto o general Newton Cruz o protegia", o Congresso rejeitava a emenda Dante de Oliveira. Frustrado, cantando o hino nacional, o povo verteu lágrimas de vergonha. E tinha razões para chorar, pois o seu sonho das "diretas-já", há tanto tempo acalentado – sonho de destruir o Brasil fascista e erguer o Brasil democrático – fora traído por uma infame e nojenta manobra política.

* * *

O presidente João Figueiredo, no começo de 1984, ficou em estado de fúria contra os repórteres fotográficos, por não gostar dos ângulos das fotos desses profissionais, quando queriam exibir a cara de sua excelência. Sentiu-se tão ferido na vaidade, que num ímpeto de braveza proibiu a entrada dos pobres repórteres no seu gabinete.

Eles se atreveram – oh crime inaudito! – a desprezar a nobre efígie de sua excelência, ou se o leitor preferir outra expressão, o "perfil de medalha" do ex-comandante da Força Pública de São Paulo, perfil idêntico ao de vários imperadores romanos, ao de Marco Aurélio, Otaviano Augusto, Severo Alexandre, Antonino Pio, Caio Júlio César… Achei que esse fato era uma coisa absurda, extremamente grotesca, gesto indigno de um chefe de Estado e incompatível com a cultura, com a respeitabilidade de uma nação do porte do Brasil. Desejando expressar o meu protesto, a vergonha por ver o meu país sujeito a tais palhaçadas, escrevi o artigo "Quatro episódios ridículos", publicado pelo jornal *O Estado de S. Paulo* na sua edição de 8 de fevereiro de 1984, em plena vigência do regime autoritário. Retrato de uma época, durante a qual imperaram os desmandos contra a imprensa, aqui o reproduzo:

"Eça de Queiroz, numa carta sobre Ramalho Ortigão, enviada ao jornalista Joaquim de Araújo, escrita em Newcastle upon Tyne, no dia 25 de fevereiro de 1878, quando ali desempenhava o cargo de cônsul, afirmou que o riso é a mais antiga e ainda a mais terrível forma de crítica. E acrescentou:

'Passe-se sete vezes uma gargalhada em volta duma instituição, e a instituição alui-se'.

Mas antes desse grande romancista, o francês Ferrand garantiu que nenhuma autoridade resiste ao ataque do ridículo. E o poeta latino Horácio, nas Sátiras, *onde vergasta os vícios e as cenas grotescas do seu tempo, formulou a seguinte pergunta:*

Ridentem dicere verum quid vetat?

("Que é que poderia impedir aquele que ri de dizer a verdade?")

Quando alguém, diante de certos fatos, não sofreia o riso, esse alguém, na minha opinião, já está falando, não precisa movimentar a língua, a fim de soltar qualquer frase. Pois agitar os músculos do rosto, em conseqüência de uma impressão cômica, é, em última análise, exprimir um juízo crítico. Se conversamos com os olhos, também é possível, por meio do riso, traduzir o nosso pensamento. Daí se explica por que o melodioso Cruz e Sousa produziu estes versos:

'Ri tua face um riso acerbo e doente
que fere, ao mesmo tempo que contrista...
Riso de ateu e riso de budista,
gelado no Nirvana impenitente'.

Na velha Roma, em frente do majestoso pórtico do Capitólio, existia uma pedra onde foi esculpida a figura de um leão. O sujeito que se afundava na bancarrota, que caía na falência comercial, que se sentia coagido a abandonar os bens aos seus credores, era forçado a assentar-se na dita pedra, com as nádegas nuas. Logo em seguida ele aplicava, sobre ela, três pancadas das suas nádegas, exclamando simultaneamente:
— Cedo os meus bens!
Depois dos gestos tão burlescos, efetuados sob as vistas de um público que se escangalhava de riso, os credores deixavam o devedor em paz. A vítima da gozação, entretanto, adquiria má fama, tornava-se objeto de escárnio, perdia o direito de testar e de ser testemunha em juízo... Tal costume se estabeleceu na Roma Imperial com o fito de ab-rogar um artigo da Lei das Doze Tábuas, pelo qual era lícito aos credores fazerem do devedor um escravo, ou mesmo matá-lo, se por acaso se manifestasse, nele, a intenção dolosa.
Rir desse fato histórico, portanto, equivale a expender uma sentença, é dispensar comentários sutis ou irônicos.
Como reprimir a hilaridade, após tantos séculos, diante do julgamento de um galo, realizado em Basiléia, no ano de 1474? Esse altivo sultão dos galinheiros, em data tão longínqua, foi acusado de haver posto um ovo... Tentaram provar, no tribunal, que as feiticeiras se utilizavam dos ovos de galo no preparo das suas beberagens diabólicas. E o pobre bicho se viu condenado à morte, não como animal, mas como uma bruxa disfarçada na forma de um galo... Acabou sendo queimado vivo, nas chamas de uma fogueira.
No Brasil temos dois episódios muito jocosos, ocorridos com chefes do Poder Executivo.
O primeiro aconteceu em 8 de agosto de 1899. Chegou ao nosso país,

nesse dia, o general Júlio Roca, presidente da Argentina. E a bordo do Riachuelo, aguardando o visitante, estava o presidente Campos Sales, acompanhado do seu ministério. De súbito, dirigindo-se ao almirante Carlos Baltasar da Silveira, ministro da Marinha, o presidente Campos Sales indagou:

– O almirante já providenciou sobre a bagagem do general Roca,?

Baltasar da Silveira respondeu, num assomo incontido:

– Sou ministro da Marinha e não ministro bagageiro, senhor presidente!

Campos Sales empalideceu, ficou

Campos Sales, por Julião Machado

embasbacado, pois não tivera o mínimo desejo de ofender o seu ministro. Este revelou extrema susceptibilidade. Todos os presentes se mostraram estarrecidos, enquanto pairava, no recinto, um silêncio absoluto, constrangedor.

Transcorridos alguns dias, encerrada a visita de Júlio Roca, o ministro da Marinha solicitou, a Campos Sales, sua exoneração do cargo. Apesar de o presidente lhe fornecer as explicações cabíveis, necessárias, convencendo-o de que agira sem o propósito de melindrá-lo, o almirante aferrou-se ao seu intento. Declarou, numa carta a Campos Sales, que entregava a pasta por causa de delicado incidente, em virtude do 'natural constrangimento' em que se achava, tanto perante o chefe do Executivo como perante os seus 'ilustres e distintos colegas de Ministério'. Sem outra alternativa, Campos Sales atendeu ao pedido e designou, para o substituir, o contra-almirante José Pinto da Luz.

O fato é cômico, não resta dúvida, mas pelo menos Baltasar da Silveira possuía o senso do ridículo, um vivo e respeitável sentimento de *dignidade.*

Veja agora o leitor o segundo episódio, que aconteceu há poucos dias, nesse início de 1984.

Sua excelência, o presidente João Figueiredo, proibiu a entrada de fotógrafos e cinegrafistas no seu gabinete. E por qual motivo? Segundo Carlos Átila, porta-voz do Palácio do Planalto, o presidente vem agastando-se com o trabalho desses profissionais, pois 'eles buscam sempre o ângulo mais inconveniente e desagradável para as suas fotos'. Proferidas tais palavras, que mais parecem de um cameraman, *de um técnico em* close-up *do que de um jornalista, o senhor Átila, fazendo jus ao seu nome, acutilou os modestos e inocentes repórteres fotográficos:*

– Se você olhar as fotografias que aparecem nos jornais, vai constatar que elas saem sempre nas piores poses do presidente. Eu acho até que, se os fotógrafos dos jornais aqui credenciados trabalhassem como fotógrafos de casamento e batizados, já estariam todos desempregados, porque só batem fotografias enfocando o ângulo negativo. Então, isso vem aborrecendo dia a dia o presidente. E quem semeia vento colhe tempestade.

Concluindo, eu posso afiançar: a imagem de um presidente não depende da perícia de um fotógrafo ou de um cinegrafista. Esta imagem – boa ou péssima, grandiosa ou medíocre – só se projeta na História. O ângulo negativo de um chefe de Estado não é uma foto mal tirada, que mostra a fisionomia jovial ou sisuda do supremo mandatário, e sim, da parte de sua excelência, uma ação reprovável, uma atitude intempestiva, prepotente, arbitrária.

Todavia, não quero proclamar aqui o óbvio ululante do Nelson Rodrigues. Limito-me, na minha singeleza, a confessar que ri a valer, às casquinadas, ao tomar conhecimento desses quatro episódios: o do indivíduo das nádegas nuas, na Roma Imperial; o do galo condenado à morte em Basiléia, no ano de 1474; o do ministro bagageiro, em 1899, na época de Campos Sales; e o dos repórteres fotográficos no Palácio do Planalto, neste ano de 1984, acremente excomungados pelo requintado esteta Carlos Átila, cujo gosto apuradíssimo lhe permitiria exercer, no Palácio de Versalhes, durante o reinado de Maria Antonieta, as funções de gentil, lépido e empomadado mestre de etiqueta"...

* * *

Vejamos agora, em ordem cronológica, um levantamento de nossa autoria, a relação de alguns jornalistas mortos sob tortura, ou fuzilados, ou desaparecidos, após o golpe militar de 1964. Relação incompleta, acreditamos, porém de seca e alta eloquência:

1970 – Governo Médici

Mário Alves de Souza Vieira, morto sob tortura em 16 de janeiro, no Rio de Janeiro.

Joaquim Câmara Ferreira, morto sob tortura no dia 26 de outubro, em São Paulo.

1971 – Governo Médici

Luiz Eduardo da Rocha Merlino, morto sob tortura no dia 20 de julho, em São Paulo.

1972 – Governo Médici

Ruy Oswaldo Aguiar Pfutzeureuter, fuzilado no dia 16 de abril, em São Paulo.

Antônio Benetazzo, morto sob tortura no dia 30 de outubro de 1972.

Carlos Nicolau Danielli, morto sob tortura no dia 28 de dezembro, em São Paulo.

1973 – Governo Médici

Maurício Grabois, desaparecido em 25 de dezembro na região do Araguaia.

1974 – Governo Geisel

David Capistrano da Costa, desaparecido em 16 de março, no trajeto do Rio Grande do Sul para São Paulo, e depois assassinado.

Luiz Ignácio Maranhão Filho, desaparecido no dia 3 de abril, em São Paulo.

Walter de Souza Ribeiro, desaparecido no dia 12 de abril, em São Paulo.

1975 – Governo Geisel

Hiram de Lima Pereira, desaparecido no dia 15 de janeiro, em São Paulo.

Jayme Amorim Miranda, desaparecido no dia 4 de fevereiro, no Rio de Janeiro.

Orlando da Silva Rosa Bonfim Júnior, desaparecido em 8 de outubro, no Rio de Janeiro.

Vladimir Herzog, morto sob tortura no dia 25 de outubro, em São Paulo.

1976 – Governo Geisel

Pedro Ventura Felippe de Araújo Pomar, fuzilado no dia 16 de dezembro, em São Paulo.

1978 – Governo Geisel

Norberto Armando Habeger, desaparecido em 31 de julho, no Rio de Janeiro.

1982 – Governo Figueiredo

Tobias Granja, fuzilado em Maceió (data não apurada).
Alexandre von Baumgarten, fuzilado em outubro, no Rio de Janeiro.

1984 – Governo Figueiredo

Mário Eugênio Rafael de Oliveira, fuzilado no dia 11 de novembro, em Brasília.

Paulo Brandão Cavalcanti, fuzilado no dia 13 de dezembro, em João Pessoa.

* * *

Os jornais *Novos Rumos* e *Voz Operária* eram dirigidos por Mário Alves de Souza Vieira. No dia 16 de janeiro de 1970, após sair de sua casa, ele foi sequestrado por agentes do DOI-CODI do Rio de Janeiro e conduzido ao centro de torturas da rua Barão de Mesquita, onde o interrogaram:

– Teu nome completo é Mário Alves de Souza Vieira?

– Vocês já sabem.

– Você é o secretário geral do Comitê Central do Partido Comunista Brasileiro Revolucionário?

– Vocês já sabem.

– Será que você vai dar uma de herói?

Mário não respondeu e o interrogador comentou:

– Herói foi Guevara, que morreu na Bolívia com uma metralhadora na mão. Você caiu e não tem um canivete no bolso.

Ali, no segundo andar do Pelotão de Investigações Criminais de Polícia do Exército, o jornalista passou a ser torturado. Também detido no mesmo local, o advogado Raimundo Teixeira Mendes iria prestar este depoimento:

"Depois de violentamente espancado, submetido a choques elétricos no pau-de-arara, a afogamento, Mário Alves manteve a posição de nada responder. Coisa que considero ter aumentado a ira deles, ao se verem impotentes diante de um indivíduo desarmado e sem defesa. Os torturadores então introduziram um cassetete de madeira com estrias em Mário Álves, que provocou a perfuração de seus intestinos e a hemorragia que determinou a sua morte".

Impedida de divulgar o assassinato do seu esposo pela imprensa, Dilma Vieira fez chegar esta informação ao exterior:

"Alguns presos, levados à sala de tortura para limpar o chão sujo de sangue e de fezes, viram meu marido moribundo, sangrando pela boca e pelo nariz, nu, jogado no chão, arquejante, pedindo água, e os militares torturadores em volta, rindo, não permitindo que lhe fosse prestado nenhum socorro".

DilmaVieira ainda revelou: além de ter sido empalado com um cassetete cheio de estrias, Mário sofreu esfoladuras em todo corpo, devido a movimentação de uma escova de arame. Rasgaram-lhe a pele, deixando-a em carne viva.

O general Sizeno Sarmento, comandante do I Exército naquela época, e Alcyone Portela, comandante do DOI-CODI, sempre negaram que houve esse crime, essa barbaridade, mas o vereador Antônio Carlos de Carvalho, do MDB, e o advogado Raimundo Teixeira Mendes, confirmam hoje tudo isto.

* * *

Joaquim Câmara Ferreira, diretor de vários jornais do PCB, comandante da Ação Libertadora Nacional, foi preso no dia 23 de outubro de 1970, pela equipe do delegado Sérgio Fleury, no bairro paulistano de Indianópolis. Sob torturas o levaram a um sítio clandestino do delegado, e ali ele morreu, após horas e horas de maus-tratos, de espancamentos.

O jornalista Luiz Eduardo da Rocha Merlino, vivo

Uma nota oficial do DOPS atribuiu o seu falecimento a problemas cardíacos, por ter reagido à prisão e lutado com os policiais, versão desmentida pela presa política Maria de Lourdes Rego Melo, testemunha do assassinato.

Antes de Joaquim morrer, um médico o atendeu, trazido por Fleury. Este o queria vivo sob torturas, a fim de lhe arrancar mais informações.

* * *

Não pesava nenhuma acusação dos órgãos repressivos contra Luiz Eduardo da Rocha Merlino, da *Folha da Tarde*, quando ele foi preso em Santos na casa de sua mãe, no dia 15 de julho de 1971. Os policiais do DOI-CODI, nesse momento, chegaram a agredir a irmã do jornalista, Regina Merlino.

Torturado durante cerca de vinte e quatro horas seguidas, Eduardo ficou numa cela totalmente escura, onde havia no piso um colchão manchado de sangue e uma latrina fedorenta, chamada de *boi* pelos presos. A luz só entrava na cela por uma portinhola, que recebia a comida.

Após a longa permanência no pau-de-arara, Luiz gemia sem parar, com fortíssimas dores nas pernas. Um enfermeiro bruto aplicou-lhe massagens e gracejou:

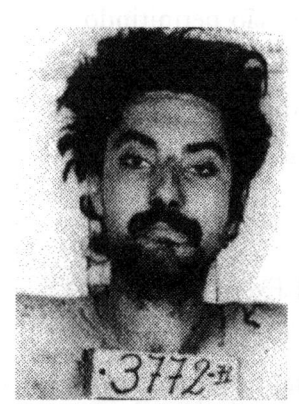

Luiz Eduardo da Rocha Merlino, após ter sido morto sob tortura

– Capitão, o Merlino está reclamando de dores

nas pernas e diz que não pode fazer pipi. Vai ver que andou demais durante a noite...

A dormência das pernas do jornalista aumentou. Não podia mais erguer-se. Guido Rocha, companheiro de cela, tinha de carregá-lo até a latrina fedorenta, embora mal o aguentasse, por ser franzino. E Luiz perdeu, de modo completo, a sensibilidade das pernas gangrenadas. Nem conseguia urinar. Agravou-se-lhe, cada vez mais, o estado de saúde. Se comia, vomitava logo, e aparecia um sangue muito vivo, rubro, no seu vômito.

Desesperado, Guido Rocha bateu na maciça porta de ferro da cela e gritou por socorro:

– Venham depressa, o Merlino está muito pior!

Removido para o Hospital Geral do Exército, logo morreu. Vários presos políticos o viram depois com o corpo repleto de equimoses, de chagas, de manchas pretas e vermelhas, tomado por uma gangrena generalizada.

Os órgãos repressivos deram estas versões, de maneira contínua, a fim explicar a sua morte:

Primeira versão: suicidou-se.

Segunda versão: mal cardíaco.

Terceira versão: autoatropelamento.

Quarta versão: anemia aguda traumática, por ruptura da artéria ilíaca direita.

Vejam o absurdo: se Merlino nem conseguia ficar de pé, como poderia autoatropelar-se, correr e se atirar sob as rodas de um automóvel?

O Estado de S. Paulo, por intermédio de anúncio fúnebre, convidou o povo para a missa de trigésimo dia em prol da sua alma. Realizada na Catedral da Sé, cerca de 770 jornalistas compareceram na cerimônia. A rigor, foi um desafio ao po-

Ruy Oswaldo Aguiar Pfutzeureuter, vivo

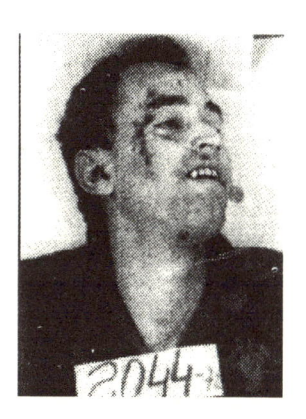

O jornalista Ruy Oswaldo Aguiar Pfutzeureuter, após a sua morte

der da ditadura, ao forte e espalhafatoso aparato policial, pois até no coro do templo havia dezenas de policiais, carregando metralhadoras.

* * *

Formado em Jornalismo e Sociologia pela Universidade Federal do Rio Grande do Sul, o jovem Ruy Oswaldo Pfutzeureuter foi torturado e morto no DOI-CODI de São Paulo, segundo as declarações, em auditorias militares, dos presos políticos Ayberê Ferreira de Sá e Américo Melquíades de Araújo. Isto ocorreu, como já informamos, no dia 16 de abril de 1972, porém um relatório do Ministério da Marinha garante que ele sucumbiu depois de um tiroteio com uma equipe de segurança. Entretanto, na certidão de óbito assinada pelo doutor Isaac Abramovitch, consta o seguinte, como causa da morte: "anemia aguda traumática". Devemos então perguntar: desde quando a morte por tortura é assim chamada?

Redator do jornal *Imprensa Popular*, o italiano Antônio Benetazzo veio para o Brasil ainda menino, onde se tornou professor de História. Antes do golpe militar de 1964, participou de movimentos culturais e políticos, imbuído de um vigoroso sentimento antifascista. Ele se desligou do Partido Comunista Brasileiro em 1967, ingressando na Aliança Libertadora Nacional. Depois dirigiu o Movimento de Libertação Popular (MOLIPO), mas encarcerado no dia 28 de outubro de 1972, e em seguida conduzido sob murros até ao DOI-CODI de São Paulo, foi torturado ininterruptamente durante dois dias, até falecer no dia 30, porque não pôde resistir a tantas surras.

Mais tarde o Estado assumiu a responsabilidade pela sua morte, como admite num relatório o gene-

Antônio Benetazzo

ral Oswaldo Gomes:

"Não resta dúvida de que Antônio Benetazzo se encontrava preso pelas autoridades policiais, embora levado para a rua em diligência. O seu suicídio, nestas circunstâncias, leva o relator a propor que a Comissão considere a morte dele enquadrada no estabelecido no Artigo 4 do inciso I, Letra b da Lei 9.140/95, de 4 de dezembro de 1995".

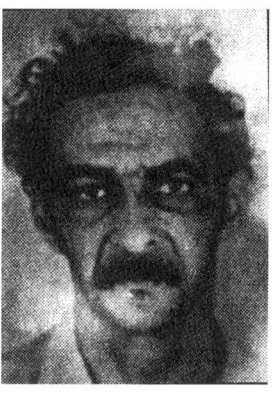

Dois membros da comissão especial incumbida de apurar a culpa do Estado em relação às vítimas do Golpe de 1964, o deputado Nilmário Miranda e a senhora Suzana Keniger Lisboa, não aceitaram a versão oficial da morte de Benetazzo por suicídio. Ambos estavam certos, pois vários depoimentos de presos políticos desmentiram a notícia de que ele, quando pressentiu a chegada dos torturadores dos órgãos de segurança, resolveu atirar-se sob as rodas de um pesado caminhão. Salienta o *Dossiê dos mortos e desaparecidos políticos, a partir de* 1964:

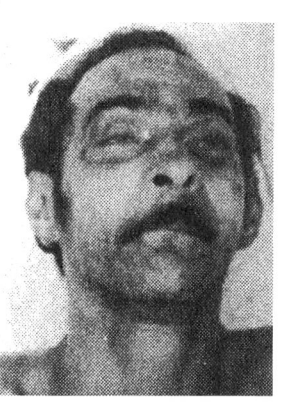

O jornalista Carlos Nicolau Danielli, ainda vivo

O jornalista Carlos Nicolau Danielli, após ter sido morto sob tortura

"Outro fato de relevância no desmascaramento da nota oficial é a inexistência de qualquer acidente no dia, hora e lugar do suposto atropelamento a que se refere a versão dos órgãos de segurança, responsáveis pelo seu assassinato".

* * *

Preso no dia 28 de dezembro de 1972, o jornalista Carlos Nicolau Danielli foi torturado durante três dias, na sede do DOI-CODI de São Paulo. Eis os nomes dos seus algozes, segundo o dossiê acima citado: Carlos Alberto Brilhante Ustra (major), Dalmo Lúcio Muniz Cirillo (capitão), Aparecido Laerte Calandra (delegado de polícia).

Todo arrebentado, sangrando, coberto de feridas, de hematomas, Danielli manteve a altivez e recusou-se a dedurar os seus companheiros do PC do B:

– É disso que vocês querem saber? Pois é comigo mesmo, só que eu não vou dizer.

Diversas vezes, informa o referido dossiê, ele repetia:

– Só faço o meu testamento político.

Na Auditoria Militar testemunhou sobre a sua morte, em consequência das torturas, o casal César Augusto Teles e Maria Amélia de Almeida Teles, presos e torturados juntamente com Danielli.

Apesar das informações erradas dos órgãos de segurança, o general Rodrigo Otávio pediu que as peças concernentes às torturas e sevícias infligidas ao jornalista, "fossem encaminhadas ao procurador-geral da Justiça Militar, para apuração dos possíveis crimes previstos nos artigos 209 do Código Penal Militar e 129 do Código Penal comum. Mas tudo, como sói acontecer em nossa pátria querida, deu em nada, transformou-se em fumaça...

* * *

David Capistrano da Costa nasceu em 1913, no Ceará. Ex-sargento da Aeronáutica, membro do PCB, envolveu-se no Levante de 1935 e disso resultou a sua expulsão das Forças Armadas. Anistiado em 1945, após receber a pena de dezenove anos de prisão, foi um dos combatentes da Brigada Internacional na Guerra Civil Espanhola. Lutaria depois na Resistência Francesa, durante a ocupação nazista. Aprisionado pelos alemães, permaneceu num campo de concentração até o fim do conflito. De volta ao Brasil, logrou ser eleito deputado estadual, em Pernambuco, onde dirigiu os jornais *A Hora* e *Folha do Povo*, mas

David Capistrano da Costa

o golpe de 1964 o colocou na clandestinidade. Saiu do nosso país em 1971 e asilou-se na Checoslováquia.

No começo de 1974, cansado do exílio, nutrindo a esperança de ver na sua pátria a abertura política do futuro governo Geisel, decidiu retornar.

Os beleguins da ditadura logo o prenderam. Um médico, o doutor Amilcar Lobo, participava das torturas nos órgãos de repressão do Rio de Janeiro, e disse à jovem Maria Carolina, filha de David, que ele havia sido o último preso torturado, ao qual dera assistência, lá nas instalações da rua Barão de Mesquita.

A sentença de morte, aplicada ao jornalista David Capistrano da Costa, é comparável a do juiz nazista Roland Freisler, presidente do macabro Tribunal do Povo *(Volksgerichshof)*. Freisler, em 1944, na época do III Reich, condenou os que atentaram contra a vida de Adolf Hitler a ficarem pendurados em oito ganchos, a estrebuchar com arames de aço em redor dos pescoços. Sim, pois segundo uma entrevista concedida à *Veja* por um dos assassinos de David, este, após ser levado para o DOI-CODI do I Exército, no Rio de Janeiro, foi esquartejado, e os pedaços do seu corpo ficaram espalhados na estrada Rio-Santos.

Cego diante de todas as atrocidades aqui evocadas, o senhor Olavo de Carvalho enalteceu deste modo o golpe de 1964, classificado por ele de "Revolução", num artigo da edição do dia 15 de abril de 1999 do *Jornal da Tarde*:

"Criminalizar a Revolução de Março de 1964, dar a um dos regimes autoritários mais brandos, equilibrados e produtivos que o mundo já conheceu as feições monstruosas de um nazi-fascismo tupiniquim, eis um empreendimento de falsificação histórica…"

Anotem o juízo do senhor Olavo de Carvalho e vejam até que ponto pode chegar a falta de bom senso, a alienação palavrosa de um articulista cujos textos se acham abarrotados de disparates.

Durante os vinte e um anos do regime militar, segundo um informe de agosto de 1985, divulgado pela Associação Nacional de Advogados

Delegado Sérgio Paranhos Fleury

Criminais, 359 presos políticos foram mortos no Brasil, ou então simplesmente desapareceram. A maioria desses casos ocorreu entre 1969 e 1974, na época do governo do general Emílio Garrastazu Médici. Nesse período, e até o começo do governo Geisel, cerca de 144 pessoas sumiram, conforme o levantamento da Cúria Metropolitana de São Paulo. Mas as 1.500 ossadas descobertas numa vala comum do cemitério Dom Bosco, em Perus, zona oeste da capital paulista, no dia 4 de setembro de 1990, provam que é bem maior o número de vítimas da repressão policial-militar. Esta vala clandestina, aliás, já havia sido citada pelo *Dossiê dos mortos e desaparecidos*, elaborado em 1979 para os trabalhos do 2º Congresso Nacional de Anistia, realizado em Salvador. Depois, no ano de 1984, a Assembleia Legislativa do Rio Grande do Sul tomou a iniciativa de publicar o referido documento, numa edição de pequena tiragem.

Quem mobilizava o DOI-CODI, na fase mais sanguinária das torturas, dos assassinatos, era o major Carlos Alberto Brilhante Ustra. Ele exerceu as suas atividades no período de três anos e quatro meses, de 29 de setembro de 1970 a 23 de janeiro de 1974. A Lúcio Vieira, um delegado, coube a direção, em São Paulo, do Departamento de Ordem Política e Social, porém o controle efetivo desse órgão estava nas mãos do tenebroso Sérgio Paranhos Fleury. O general Humberto de Sousa Melo, comandante do II Exército, fornecia respaldo a tudo isto, como esclarecem os *Documentos sobre a repressão no Brasil*, aparecidos em Lisboa na década de 1970.

Convido o leitor a acompanhar, de maneira sintética, o ritual do crime impune, uma das principais "cerimônias cívicas" da nossa inesquecível República Militar Autoritária.

Primeiro momento. Se não tombavam mortos, nas ruas ou em outros lugares, sob as balas dos revólveres e das metralhadoras, os presos políticos eram conduzidos ao DOI-CODI, onde faleciam sob torturas. Segundo momento. Dali, dos covis do edifício da rua Tutóia, os cadáveres iam parar no IML, no Instituto Médico Legal, a fim de serem autopsiados pelos médicos-legistas, cidadãos quase sempre vinculados à Secretaria da Segurança Pública e que redigiam laudos falsos, oficializando o embuste. Terceiro momento. Em camburões do IML, os defuntos viajavam até ao cemitério Dom Bosco, no qual iam cair na gulosa e comprida vala comum, perto ou junto dos cadáveres de indigentes, dos esqueletos de democratas e patriotas.

Militante da Ação Libertadora Nacional (ALN), o jovem universitário Alexandre Vannucchi Leme expirou sob torturas no DOI-CODI, em 17 de março de 1973. Dois legistas, Isaac Abramovitch e Orlando José Bastos Brandão, afirmaram no laudo necroscópico que ele havia se atirado sob as rodas de um veículo, tendo sofrido lesões traumáticas crânio-encefálicas... Os seus próprios algozes o enterraram como indigente no campo-santo de Perus, mas sem a presença de testemunhas. Jogaram cal virgem no corpo desfigurado, com o objetivo de eliminar as marcas dos suplícios e apressar o processo de decomposição. No entanto, em 1983, os restos mortais de Alexandre foram levados para Sorocaba, sua cidade natal.

Várias pessoas viram o pobre moço sem sentidos, a sangrar abundantemente, e sendo arrastado por alguns homens. Um advogado da família do morto quis descobrir toda a verdade, porém o Supremo Tribunal Militar rejeitou o pedido de abertu-

O estudante Alexandre Vannucchi Leme, morto sob tortura na época do governo Médici

ra do inquérito. Alexandre Vannucchi Leme, aluno da Faculdade de Geologia da USP, que obtivera o primeiro lugar nos exames vestibulares, foi considerado pelos órgãos de segurança "um elemento perigoso, um terrorista," cujo propósito era "perturbar a ordem, a tranquilidade e o progresso do Brasil". Dona Eglê, a mãe do rapaz, não aceitou esta definição "cínica e mentirosa". Indignada, sem conter as lágrimas, ela reagiu:

– Mais do que o respeito pelo cadáver do meu filho, o que me interessa, o que me toca, o que me crucia, é saber o que fizeram com o meu filho vivo. Por que tanta selvageria? E como explicar a total impunidade dos responsáveis?

7

CONCLUSÕES FIRMES, INSPIRADAS NOS FATOS

Quando o Nazismo se instalou na Alemanha, tal fato provocou o desaparecimento, entre os anos de 1934 e 1935, de 4.600 jornais. Episódio significativo. Torna-se oportuno, por conseguinte, citar mais uma vez as palavras de Hitler no seu *Mein Kampf*, apresentadas como epígrafe no início deste livro:

"... é especialmente necessário ter-se a imprensa debaixo da mira, porque a sua influência sobre os homens é especialmente forte e penetrante... O Estado não deve perturbar-se pelo brilho da chamada liberdade de imprensa e deixar-se conduzir à falta do seu dever, ficando a nação com os prejuízos... Ele deve, e com decisão implacável, assegurar-se desse meio de esclarecimento e colocá-lo a seu serviço e no da nação".

Os nazistas, os fascistas, abominam a liberdade de imprensa. Narra Gaetano Salvemini, por exemplo, na obra *La terreur fasciste*, publicada em Paris no ano de 1930, que em 1922, na Itália, os sequazes de Mussolini pilharam e incendiaram as oficinas e as redações dos jornais da oposição. Redatores e correspondentes foram surrados e expulsos do país. Tiragens inteiras de periódicos, informa Salvemini, eram incendiadas ao sair das oficinas ou quando chegavam nas estações das estradas de ferro. Até os jornaleiros se transformaram em vítimas da bestialidade dos fascistas, pois além de serem espancados, as suas bancas desmoronavam sob o fogo. Todos os democratas, todos os amantes da liberdade, poderiam baquear, morrer, consumidos pelas labaredas da intolerância, do ódio inexorável, raivoso, ensandecido.

Em breve tempo, na pátria de Gabriele D'Annunzio, o Fascismo reduziu o número de jornais, de 157 para cerca de 50. Liquidou sumariamente, com a fúria de um terremoto, todas as folhas que não liam pela mesma cartilha.

Contudo, e aí vemos um paradoxo, Mussolini foi um jornalista popular, muito bem dotado. Admitido em 1909 como secretário da Câmara de Trabalho de Trento, cidade italiana anexada ao Império Austríaco, o criador dos *Fasci d'Azione Rivoluzionaria* logo assumiu, naquela urbe, a direção do periódico *L'Avenire del Lavoratore*. Expulso de Trento, fundou em Forli o jornal *La Lotta di Classe*, belicoso adversário da burguesia. Mais tarde, no ano de 1912, o feroz romanholo comanda o *Avanti!*, folha socialista, e em poucos meses consegue duplicar a sua tiragem.* Obrigado a renunciar à editoria desse órgão, por fornecer apoio à entrada do seu país na primeira grande guerra, ele começou a dirigir, em novembro de 1914, graças ao auxílio financeiro dos industriais ingleses e franceses, o jornal *Il Popolo d'Italia*, causador de rumorosa cisão no Partido Socialista.

Pelo fato de conhecer a força da imprensa em larga escala, pois escreveu para esses periódicos e os dirigiu, Mussolini subjugou-a. Não agiria de outro modo, já que de sua boca saíram estas palavras:

"Ditador algum pode calcular com prudência, porque, no final, todos os ditadores perdem qualquer senso de equilíbrio e passam a perseguir suas ambições obsessivas num mundo de irrealidades".

Vejamos agora um caso mais recente. O governo racista da África do Sul, depois de impor a censura à imprensa, quis proibir, em

---

* Conforme vimos no capítulo 4, já havia sido fundado em São Paulo, no ano de 1900, o periódico *Avanti!*, inquebrantável defensor dos proletários.

março de 1987, o lançamento de uma edição do jornal *The Johannesburg Star,* o maior da terra do *apartheid,* devido à publicação de um anúncio do DPSC, isto é, do Comitê de Apoio aos Pais dos Detidos. Este anúncio, além de pedir o fim do estado de emergência, denunciou a prisão de vinte e cinco mil pessoas – entre elas dez mil crianças – desde o dia 12 de junho de 1986.

Segundo o decreto do tal estado de emergência, não podia ser publicada qualquer notícia sobre as atividades de organizações antirracistas. A Suprema Corte da África do Sul, no entanto, permitiu a circulação do *Star,* contendo o anúncio.

Temos aí prova de que a censura à imprensa, o racismo e o Nazismo são farinhas do mesmo saco.

Alguém é capaz de dizer: dezenas de jornais não merecem respeito, mesmo numa sociedade democrática. Baudelaire, desiludido com a imprensa de sua época, escreveu estas linhas no *Mon coeur mis a nu*:

"Eu não compreendo que mão limpa possa tocar um jornal, sem uma convulsão de repugnância".

Como se estivesse apoiando Baudelaire, outro poeta, Louis Aragon, afirmou no seu *Traité du style*:

"Portanto declaro que é possível apertar a mão de um jornalista. Sob certas reservas, entenda-se. Lavar depois. E não apenas a mão contaminada, mas todo o resto do corpo, particularmente as partes sexuais, pois ainda conhecemos de modo bem imperfeito como o jornalista envenena as suas vítimas, e não é muito seguro que ele não solte, por todos os poros da pele ou da roupa, um tipo de veneno volátil e singularmente infecto…"

Benito Mussolini, por Guevara

Uma passagem do artigo "Liberdade de imprensa," de Líbero Badaró, artigo aparecido em 1829 e citado no capítulo 2 deste livro, constitui réplica a tal sarcasmo do grande poeta francês da resistência ao Nazismo e à ocupação alemã:

"A lei contra os abusos existe, sirvam-se dela, e se não é boa, faça-se outra, e liberdade a todos de esclarecerem os legisladores, pela imprensa livre".

Lamartine, num célebre discurso pronunciado na Câmara dos Deputados, em 2 de agosto de 1835, condenou a posição de Sauzet, parlamentar de Lyon, contra a liberdade de pensamento:

"Sim, senhores, a imprensa, há quatro anos, destila em cada linha o ódio, a calúnia, o insulto, e transuda insurreição e anarquia. Eu senti isto como vós. Quantas vezes não gemi, quantas vezes não detive o ímpeto de maldizê-la e de lhe colocar correntes, mas lembrei-me que acorrentar a imprensa é acorrentar ao mesmo tempo a mentira e a verdade, é acorrentar o próprio espírito humano!"

Rui Barbosa, a voz mais eloquente do liberalismo no Brasil, ressaltou o seguinte, ao dissertar sobre *a inquisição da palavra escrita*:

"Deixai a imprensa com as suas virtudes e os seus vícios. Os seus vícios encontrarão corretivos nas suas virtudes".

Aliás, dom Silvério Gomes Pimenta, arcebispo de Mariana, ao ser recebido na Academia Brasileira de Letras, em 28 de maio de 1920, declarou no discurso de posse que "o mal da imprensa desviada de seu alto destino, só pela imprensa honesta pode ser corrigido". Segundo este dignitário da Igreja, autor da notável *Vida de dom Viçoso*, "nem as leis, nem os congressos, nem os oradores, nem mesmo os pregadores," lograrão sustar os estragos causados pelos jornais deletérios, se uma potência de vigor idêntico – "a boa imprensa" – não lhes acudir em auxílio. É a força neutralizadora, o peso adicional colocado num dos pratos da balança, a fim de evitar o desequilíbrio.

Nos últimos tempos, neste país, vários jornalistas foram assassinados: Tobias Granja, em Maceió, no ano de 1982, por um pistoleiro; Alexandre von Baumgarten no mesmo ano, e que acusou o general Newton Cruz de tramar a sua morte; Mário Eugênio, do *Correio Braziliense*, em 12 de novembro de 1984, varado por mais de cinco tiros de revólver; Paulo Brandão, do *Correio da Paraíba*, que tombou em João Pessoa, no mês seguinte, sob a fuzilaria de trinta e sete tiros de revólver, escopeta e metralhadora.

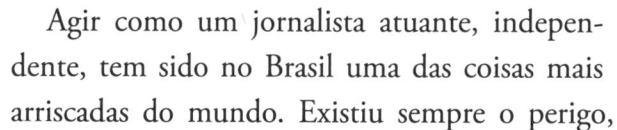

Agir como um jornalista atuante, independente, tem sido no Brasil uma das coisas mais arriscadas do mundo. Existiu sempre o perigo, remoto ou não, desde a época do Império, de acontecer tudo isto a esse jornalista: ser preso, agredido, processado, torturado, assassinado. O motivo é simples. Neste país da injustiça social, da demagogia e da roubalheira, os autocratas, quase sempre, aliaram-se à ignorância e à boçalidade, aos esfola-caras, aos patudos cujos argumentos são o porrete, o bofetão, o sopapo, o rabo-de-arraia, a cabeçada, o punhal, a peixeira, a navalha, o berrante, o trabuco, o fuzilamento.

Mario Eugênio, do *Correio Braziliense*

Preferi citar aqui, no último capítulo, a fim de ilustrar a minha tese, o caso do jornalista Paulo Maranhão, da *Folha do Norte*, o maior diário do Pará e de toda a Amazônia. Quando o doutor Augusto Montenegro se tornou presidente desse estado, em consequência da chamada "política dos governadores", Paulo Maranhão ficou sitiado com a sua família na sede do jornal, durante doze anos, de 1901 a 1912. Não podia sair do prédio, cruzar as ruas, pois a sua vida estava correndo perigo... Em 11 de abril de 1949, no dia do seu aniversário, ele foi agarrado numa praça pública e banhado em fezes. Depois dessa violência, Paulo escreveu um editorial que até hoje é muito citado no Pará, a propósito de ações de terrorismo, de espezinhamento dos direitos individuais:

"Ato porco de um governo porco"

No ano de 1934, aliás, Joaquim de Magalhães Barata, interventor federal no Pará, após ordenar o encarceramento de Paulo Maranhão, deportou o filho deste, que era gerente do diário. Mais tarde, em 1943, quando Barata recebeu pela segunda vez a interventoria, ele mandou prender novamente o jornalista... Já bem idoso, Paulo Maranhão combateu outro governo do seu estado: o do coronel Jarbas Passarinho, que tomou posse em junho de 1964, devido ao *impeachment* de Aurélio Correia do Carmo.

O caso desse jornalista é bastante expressivo, é como o resumo de todos os demais, lembrados nesta obra, fornece solidez à nossa tese: o ódio e a fúria dos mandões contra a imprensa brasileira, desde a época do Império até os dias contemporâneos, quase sempre assumiram o aspecto de violências do Estado *aristoplutocrático*, de um sistema político dominado por uma elite desonesta, ávida de lucro, endinheirada, liberticida.

Vejamos outro exemplo impressionante.

Na redação do seu jornal *Folha Nova*, de Florianópolis, no dia 17 de fevereiro de 1927, o jornalista Crispim Mira foi covardemente assassinado. Todos os redatores presenciaram o homicídio, consequência das denúncias de Crispim a respeito das bandalheiras executadas durante a construção do porto da capital de Santa Catarina. Ficaram impunes os acusados: Aécio Lopes, Nico Silva, Pio Pereira, Sebastião Coelho e Tito Lopes. Este último era engenheiro do porto. Até hoje, como sublinhou José Joffily, paira "um silêncio tumular" em torno desse crime.

* * *

Propus-me a desmascarar, ao longo do meu texto, certos mitos da história do Brasil. E vamos ver alguns exemplos.

José Bonifácio, embora houvesse influído muito na declaração da Independência, agia como um precursor do Fascismo. Foi acusado, conforme já vimos, de mandar sapecar uma sova no raquítico jornalista Luís Augusto May. Intolerante, rancoroso, ordenou o depredamento do periódico *Sentinela da Liberdade* e a detenção do seu redator na fortaleza da Laje. Não impediu que a folha de Joaquim Gonçalves Ledo, o *Revérbero Constitucional Fluminense,* acabasse sendo empastelada. Ele, o próprio José Bonifácio, lavrou o decreto da prisão desse jornalista, cuja bandeira era o liberalismo fundamentado nos postulados filosóficos da Revolução Francesa... Um artigo sobre os atos do "patriarca da Independência," da lavra de João Soares Lisboa, valeu a este, em 1823, a pena de dez anos de cárcere, a multa de 100$000 e a suspensão do seu jornal, o *Correio do Rio de Janeiro.*

Imaginem agora o que aconteceria, se José Bonifácio se tornasse o rei do Brasil...

O ódio contra a imprensa, desencadeado na época do Império, foi na maior parte das vezes uma reação das forças conservadoras. Isto ficou demonstrado no capítulo 2, com o episódio do empastelamento do periódico *A República*, em 27 de fevereiro de 1872. Carece de base, portanto, esta afirmativa do príncipe d. Pedro Gastão de Orleans e Bragança, herdeiro presuntivo da coroa brasileira:

– A monarquia permitiu toda a propaganda em favor da República, sem qualquer perseguição e com a mais ampla liberdade.[26]

Sua alteza precisa adquirir boa cultura, a fim de não soltar mentiras iguais a esta. Eu o aconselho a andar menos a cavalo pelos arredores de Petrópolis e a mergulhar mais na leitura de certas obras, evocadoras do nosso passado.

Mas é necessário disseminar a verdade: os republicanos de 1889, sob esse aspecto, também não eram santinhos. Deodoro reagiu contra um artigo aparecido no jornal *A Tribuna*, da autoria de Eduardo Prado. Batalhões do Exército, a fim de "desafrontar" o marechal, planejaram um assalto a esta folha, e Deodoro assegurou a Campos Sales: se tal coisa ocorresse, ele estaria "dormindo para não ver nada". O ataque à *A Tribuna*, o leitor não ignora, aconteceu no dia

---

26 "Príncipe só espera liberdade". *O Estado de S. Paulo*, 12 de fevereiro de 1987.

29 de novembro de 1890. Causou a morte do revisor João Ferreira Romariz, o espancamento de todos os redatores, de todos os empregados, a destruição completa dos móveis e dos objetos do jornal.

Já salientamos que a investida contra os periódicos monarquistas, após o 15 de novembro de 1889, era um ato de fraqueza dos republicanos, pois o Império se convertera num cadáver. Assim sendo, por medo, eles agrediam um espectro...

A ira descarregada em cima dos jornais *Avanti!*, *A Plebe*, *Hora Social* e *La Battaglia*, defensores dos direitos dos trabalhadores, refletia a mentalidade de uma época em que a questão operária interessava mais à ordem pública que à ordem social. Isto foi sublinhado no capítulo 4.

O espírito autoritário dos adversários da imprensa livre, sempre presente na história do jornalismo brasileiro, contagiou alguns intelectuais: Afonso Celso Júnior, em 1883, quis aplicar bordoadas em José do Patrocínio; o "poeta" Lindolfo Collor, em 1913, atacou Gilberto Amado a bengaladas e o fez revidar com tiros de revólver; Germano Hasslocher e Antônio Torres, em 1919, bateram-se num duelo a espada. A razão desses choques: artigos de jornais, textos de crítica. E até o ator Procópio Ferreira, em 1933, talvez influenciado pelo assalto dos tenentes ao *Diário Carioca*, pretendeu matar um jornalista.

Bem expressivo o diálogo entre Moacyr Piza e o presidente Washington Luís no palácio dos Campos Elísios, em 15 de novembro de 1922. Esse diálogo mostra a presunção do "paulista de Macaé", presunção néscia, absurda, tão grande que volta e meia ele assim se referia ao palácio do governo: *minha casa*.

A arrogância do "Cavanhaque de Bode," ultravisível naquela conversa com o jornalista, o seu temperamento de proprietário de senzala, a sua teimosia equina e desencabrestada em aboletar Júlio Prestes na presidência da República, tudo isto produziu a Revolução de 1930.

Quanto a Epitácio Pessoa, basta lembrar o seguinte: no seu livro *Pela verdade*, lançado em 1925, ele asseverou, em relação à liberdade de imprensa, que "coagir o pensamento nacional" era uma tarefa meritória. Conclusão: o "Júlio César de Umbuzeiro" deveria ter participado, no ano de 1922, da marcha sobre Roma, ao lado de Italo Balbo, Cesare De Vecchi, Emilio de Bono, Alessandro Pavolini, Benito Mussolini e de outros fascistas...

O presidente Artur Bernardes, quando mandou prender o jornalista Maurício de Lacerda, em 5 de julho de 1924, provou ser um político injusto, arbitrário, desalmado, pois agiu dessa maneira por vingança torpe. Maurício, como o leitor constatou, não pôde socorrer-se do *habeas-corpus*, solicitado três vezes ao Supremo Tribunal Federal. Ele permaneceu longos meses na cadeia, *sem processo nem culpa formada*, junto dos delinquentes comuns, debaixo das ordens de um "prognata lombrosiano", o diretor da Casa de Correção.

Bernardes, durante a Revolução de 1924, autorizou o bombardeio da capital paulista. Dezenas e dezenas de velhos, mulheres e crianças morreram estraçalhados, ouvindo o rugido dos canhões das tropas federais. São Paulo era uma cidade aberta. Bernardes ordenou o massacre de inocentes, foi um criminoso, o Herodes do Brasil. E há quem o chame de estadista, a esse mineiro de Viçosa, ex-aluno do colégio do Caraça, dos missionários lazaristas! Muito religioso, católico praticante, ia todos os domingos à missa. Indago se rezava sempre pelas almas dos inocentes que ele permitiu que fossem assassinados.

Francolino Camêu afirmou o seguinte, no livro *Políticos e estadistas contemporâneos*, lançado em 1928:

"O doutor Artur Bernardes não foi nem pusilânime nem tirânico. Não foi tirânico porque a tirania se encarna num tipo vulgar, e sua excelência deu provas de grande elevação, de alto descortino, de compreensão não acessível a todos. Fosse um tirano, e não se teria mostrado, como por vezes mostrou-se, superior a todos quantos o atacavam; vingar-se-ia. Não o fez por dois motivos ponderosos: primeiro, porque jamais foi presa de ódio; segundo, por entender que, chefe da nação, seu dever era receber serenamente todas as ofensas, julgando-se bem pago se, em troca, a pátria conseguisse a tranqüilidade duradoura e construtora que reclamava".[27]

Conversa mole para boi dormir. Papagaiada. Estamos na dúvida: tais assertivas revelam estreiteza mental ou os salamaleques de um bajulador? Talvez as duas coisas ao mesmo tempo. Nem sempre a tirania se encarna num tipo vulgar, e basta trazer à memória, a esse respeito, os vultos de Napoleão e Stalin. Mas comparar Bernardes aos dois é diminuí-los. Bernardes era um tiranete, um ditador de meia tigela, porém mau, fanático, medíocre, vingativo, rancoroso. Garante o senhor Francolino Camêu: ele jamais se viu dominado pelo ódio. Ora, se isto é certo, então por que o doutor Artur Bernardes enfiou o jornalista Maurício de Lacerda na cadeia, *sem processo nem culpa formada?* Por quê? Unicamente para extravasar os seus angélicos sentimentos de igrejeiro? Esses sentimentos de fariseu, de catolicão, manifestaram-se quando sua excelência, com a austera fisionomia de seguidor dos Evangelhos, mandou bombardear a cidade de São Paulo, a fim de reduzir, a sangrentas postas de carne, um grande número de inocentes, dezenas e dezenas de velhos, mulheres e crianças.

Prossigamos, todavia, em nosso retrospecto. O leitor viu, no capítulo 5, a reação do general Leite de Castro, ao saber da investida de cinquenta oficiais do Exército contra a sede do *Diário Carioca*, ataque efetuado em 25 de fevereiro de 1932:

– Houve o que há muito eu previa. Os tenentes fizeram o que eu faria, se tivesse vinte anos.

Tal reação, quase idêntica à de Deodoro em 1890, infelizmente passou a ser em nosso país uma característica de certos militares,

---

[27] Camêu, Francolino. *Políticos e estadistas contemporâneos – Subsídios para a história política do Brasil.* Rio de Janeiro, Officinas Graphicas de *O Globo*, 3ª série, 1928 p. 142.

perante as críticas da imprensa. Contudo, a fim de usar o bom senso, um critério de justiça, não devemos confundir esses militares com o Exército, a instituição mantenedora da soberania nacional e da integridade territorial, organizada e aparelhada para o cumprimento dos seus deveres constitucionais. Não, não devemos misturar as coisas. Cabe aqui a opinião de Rui Barbosa, numa entrevista a *O Imparcial* do Rio de Janeiro, publicada na edição de 25 de fevereiro de 1914:

– O elemento militar está na Constituição, mas subordinado à ordem civil. Da inversão destas posições resulta o militarismo, que é o que eu condeno. A subordinação da ordem civil ao elemento militar.

E em outra entrevista ao mesmo jornal, aparecida no dia 7 de março do citado ano, Rui Barbosa enfatizou:

– Na fase atual da civilização, o militar corresponde a uma necessidade. Em qualquer estado social, ao contrário, o militarismo será uma desgraça. O militar é a força obediente. O militarismo, a força dominante. O militar é o soldado servindo. O militarismo, o soldado reinando. O militar é a espada sob a lei. O militarismo, a lei debaixo da espada.

Estas palavras de Rui se tornaram atualíssimas no Brasil, de 1964 a 1985, em todo o período da República Militar Autoritária.

De acordo com o seguimento lógico do nosso livro, vamos tirar outras deduções. Por exemplo, a confissão de Lourival Fontes em 1934 – "Não sou apenas um escritor fascista, pois sou integralmente fascista" – retrata toda a natureza do órgão que ele dirigiu na época do Estado Novo, o Departamento de Imprensa e Propaganda. Esse órgão foi "reeditado", após o movimento de 1964, "sob o pomposo título de Secretaria da Comunicação Social". Um dissidente do sistema militar, o general Hugo Abreu, admitiu isto no seu livro *Tempo de crise*. Daí se conclui, portanto, que os líderes de 1964 ressuscitaram um departamento fascista do regime ditatorial de 1937, órgão incumbido do controle dos veículos de comunicação de massas.

A leitura do capítulo 5 desta obra evidencia o seguinte: é preciso liquidar um mito. O mito do Carlos Lacerda liberal, democrata, campeão da liberdade. Isto é lenda, é mentira. Lacerda era um hipócrita. Como podia ser democrata o homem que depois da renúncia de Jânio Quadros, em agosto de 1961, mandou apreender o *Correio da Manhã* e outros jornais? Ele, o "democrata" Carlos Lacerda, exercia o cargo de governador do estado da Guanabara. Agiu como um fascista, irritou-se com esses jornais, porque defendiam a posse de João Goulart na presidência da República. Grande democrata, o Carlos Lacerda! Até o doutor Júlio de Mesquita Neto protestou contra a ação hitleriana do fariseu. Quem melhor o definiu foi o repórter Epitácio Caó: "carreirista da traição". Informa este, aliás, que Lacerda se tornou "um dos principais colaboradores do antigo DIP", recebendo dinheiro de Lourival Fontes, por causa da publicação de seus artigos em louvor do Estado Novo. Está bem claro: Lacerda não procedeu de maneira incoerente quando ordenou a apreensão dos jornais, pois antes ele já esteve a serviço do órgão fascista de uma ditadura.

O jornalista Newton Rodrigues, num dos capítulos do livro *Brasil provisório – de Jânio a Sarney*, citou as seguintes palavras do fundador da *Tribuna da Imprensa*:

"Continuar. Insistir. Quem disse que a democracia é fácil?"

Realmente a democracia não é fácil quando um cidadão com ares de líder carismático, de paladino dos anseios populares, utiliza-se de botes de fera, como, por exemplo, ordenar a apreensão dos jornais, cerceando o direito de noticiar os fatos e de expressar os pontos de vista.

Existe um episódio, na vida de Lacerda, que bem revela o seu caráter. Membro da Juventude Comunista, após ser preso na Bahia, ele se acovardou e mostrou às autoridades todos os planos de ação da referida juventude. E fez mais: entregou a lista completa de nomes e endereços dos antigos companheiros. Devido à traição, esses elementos foram presos, converteram-se em vítimas da violência policial.[28]

Nunca em toda a sua vida, cheia de incoerências e de intrigas, o "Corvo da rua do Lavradio" conseguiu livrar-se do labéu de ter sido um judas, um dedo-duro.

Outro gesto vil, indigno de um político que se julga socialista: o do deputado Leonel Brizola, em 26 de dezembro de 1963, quando aplicou vários socos na cara de David Nasser. E depois ainda quis lhe dar uma surra de chicote! O jornalista, como já salientamos, era um homem doente, sofria do mal de Parkinson.

Lacerda e Brizola, sob tal aspecto, procederam do mesmo modo, isto é, à traição, pois aquele delatou os seus companheiros da Juventude Comunista e o segundo atacou David Nasser pelas costas.

* * *

Agora vamos tecer considerações sobre a parte mais dramática deste livro: a concernente ao golpe de 1964.

Os postulados da Doutrina de Segurança Nacional, oriundos do pensamento político-ideológico da Escola Superior de Guerra, acabaram sendo fixados na Lei de Segurança Nacional, de 29 de setembro de 1969, "o exemplo mais eloquente do extremo abuso do poder político," segundo a declaração de um advogado, porque esta lei é incompatível com qualquer regime que pretenda ser democrático.[29] Ela admitia, por exemplo, a apreensão de edições inteiras de jornais e revistas, bem como a responsabilidade criminal do editor, do redator e do proprietário do jornal, se divulgassem notícias ou opiniões contrárias ao regime.

---

28 CAÓ, Epitácio. *Carreirista da traição* (2ª edição, revista e aumentada). Rio de Janeiro, Gevarsa, 1964, p. 12-13.

29 MORAES FILHO, Antônio Evaristo de. *Um atentado à liberdade – Lei de Segurança Nacional* (prefácio de Sobral Pinto). Rio de Janeiro, Zahar Editores, 1982, p. 70.

Para se compreender o holocausto dos jornalistas, após a queda de João Goulart, é necessário mencionar alguns instrumentos da repressão.

A Carta Magna de 1967 reduziu as funções do Congresso, abrindo brechas no direito à inviolabilidade parlamentar. Os projetos de lei não podiam sofrer emendas e, decorrido o prazo de sessenta dias para a rejeição, eram automaticamente aprovados.

Texto de 1965, o Ato Institucional nº 2, a fim de "assegurar a continuidade do movimento de 1964", já havia criado restrições ao Poder Judiciário. Proibiu que este julgasse os crimes contra a segurança nacional e dispôs, no seu artigo 15, sobre as cassações de mandato e a suspensão dos direitos políticos por dez anos.

Inclinado a "aperfeiçoar o mecanismo jurídico-político", o governo do general Costa e Silva editou, em 13 de dezembro de 1968, o Ato Institucional nº 5. Foi também baixado com o objetivo de não permitir que indivíduos ou grupos antirrevolucionários, os "pregoeiros da baderna", pudessem conspirar, trabalhar ou atentar contra a ordem e a segurança. Esse ato, além de punir mais de 1.600 pessoas, entre as quais se achavam muitos jornalistas, facultou tudo isto ao presidente da República: a suspensão de direitos políticos de quaisquer cidadãos; a intervenção nos estados e nos municípios; o recesso das câmaras de vereadores, das assembleias legislativas e do Congresso Federal; a suspensão do exercício de funções por prazo certo e das garantias de estabilidade, vitaliciedade e inamovibilidade.

O jornalista Carlos Castelo Branco, um dia após a decretação da nova medida, fez este comentário na sua coluna do *Jornal do Brasil*:

"Ele é completo e não deixou de fora aparentemente nada em matéria de previsão de poderes discricionários expressos... A medida estancou todas as fontes políticas de resistência ao governo, não deixando nenhuma válvula".

No dia seguinte, depois da publicação do comentário, a coluna do jornalista desapareceu, evaporou-se do matutino, porque Carlos foi preso.

Organismos de repressão policial-militar, por sua vez, começaram a exercer um severo controle político-ideológico: a Operação Bandeirantes (OBAN), o Departamento de Operações Internas (DOI), o Centro de Operações de Defesa Interna (CODI), o Centro de Informações do Exército (CIEX), o Centro de Informações da Marinha (CENIMAR), o Centro de Informações e Segurança da Aeronáutica (CISA), o Departamento de Ordem Política e Social (DOPS).

O DOI e o CODI estavam subordinados ao Exército, mas esses organismos, de um modo ou de outro, tinham vínculos com o Serviço Nacional de Informações e com o Conselho de Segurança Nacional.

Da montagem de todo esse conjunto resultou o surgimento de um Estado policial, opressor e repressor. Em 15 de abril de 1964, antes de tomar posse na presidência da República, o marechal Castelo Branco não se esqueceu de advertir:

– Haverá punição para os traidores, responsáveis pela desordem e pela comunização do país.

Castelo unificou os institutos de aposentadoria e pensões, criou o salário educação, o Instituto Nacional de Previdência Social, o Fundo de Pesquisas Industriais e Técnicas e fez aprovar o Regulamento Geral do Instituto Brasileiro de Reforma Agrária. Extinguiu diversas sinecu-

Marechal Humberto de Alencar Castelo Branco

ras, como os cargos de ministros de assuntos comerciais do Ministério das Relações Exteriores. Do ponto de vista social, econômico e administrativo, realizou um governo fecundo, se compararmos as suas ações com as de Costa e Silva, Garrastazu Médici, Ernesto Geisel e João Baptista Figueiredo. Apesar da cara fechada, do aspecto granítico e da frase acima reproduzida, Castelo Branco foi o mais "liberal" de todos esses presidentes. E não faltam provas a esse respeito. Quando a *Última Hora* e o *Correio da Manhã* denunciaram a existência de torturas em prisioneiros políticos, sobretudo em São Paulo e Pernambuco, ele incumbiu o general Geisel de visitar os lugares indicados pelos jornais. O próprio Castelo escreveu uma nota, onde revelou a missão de Geisel:

"... *buscar minuciosas informações para a adoção de providências imediatas* e *assegurar a vigência de todas as franquias constitucionais*".

O presidente Castelo Branco carregando as cabeças de Juscelino Kubitschek e Jânio Quadros. Caricatura de Appe.

Desagradando à "linha dura", Castelo Branco recusou-se a punir os "esquerdistas" Hermes Lima, San Tiago Dantas e Afonso Arinos de Melo Franco. Os militares mais fanáticos o acusaram de ser tolerante, pois também não aceitou as listas enormes de cassações, enviadas por Magalhães Pinto e Ildo Meneghetti, aquele governador de Minas Gerais e este do Rio Grande do Sul. Revoltados contra as críticas do jornalista Carlos Heitor Cony, numerosos oficiais do Exército queriam castigá-lo, mas o presidente se opôs:

"Não vejo razões para cassar-lhe o mandato. É, às vezes, insolente e, quase sempre, mentiroso. Tem atacado desabridamente o ministro da Guerra e enuncia idéias desrespeitosas às Forças Armadas. Contra mim, formula insultos: o presidente é um 'pau-mandado' na mão de seus subordinados. Em vez de retirar-lhe os direitos políticos, o que muito o valorizaria, prefiro deixá-lo com os seus artigos. A revolução sairá ganhando.

Em 11 de junho de 64.
Castelo".

Carlos Heitor Cony

O destemor, a sinceridade, a honestidade do jornalista, por outro lado, incomodavam o pessoal da "linha dura", pouco disposto a ler comentários desfavoráveis. E fato insofismável: Cony não era deputado ou senador. Portanto o marechal cometeu um erro, quando declarou que não via motivos "para cassar-lhe o mandato".

Todos os meios foram utilizados para intimidar o autor de *Os sete pecados capitais,* inclusive ameaças telefônicas, proferidas em linguagem do mais baixo calão. A filhinha de Cony, por sorte, escapou de ser raptada. Criou-se um clima muito pesado, acentua Nelson Werneck Sodré no livro *História da história nova,* e o *Correio da Manhã* se sentiu no dever de fixar as responsabilidades, num editorial de primeira página, aparecido na edição de 2 de setembro de 1964:

"Nosso companheiro Carlos Heitor Cony esteve, ontem, sob ameaça iminente de seqüestro, em sua própria residência. O noticiário dará aos leitores os pormenores de mais essa prova do ambiente de insegurança que se instalou no país e que agora tenta recrudescer... Esquecem-se os promotores da violência que lhes será impossível prender, amordaçar ou espancar todos os que se recusam a aceitar o atual estado de coisas, que constitui um desrespeito à legalidade democrática".

Processado, colhido nas redes da Lei de Segurança, o jornalista foi defendido pelo professor Nélson Hungria, cujas razões, por oito votos contra um, obtiveram o acolhimento do Supremo Tribunal Federal. Mesmo assim os militares da linha dura não desistiram de persegui-lo, de atormentá-lo, embora o presidente da República se opusesse a esses atos de arbítrio.

A prudência, o equilíbrio de Castelo Branco nesse sentido – e até mesmo o seu senso de justiça – formam um contraste acentuado com as ações e as reações do general Emílio Garrastazu Médici. É o que vamos mostrar.

O jornalista Antônio Carlos Scartezini, coordenador de reportagens policiais do *Correio Braziliense*, conseguiu ter diversos contatos com Médici, depois que este deixou de ser o presidente da República. Uma ocasião – ele evoca isto no livro *Segredos de Médici* – o jornalista quis entrevistar o general. A resposta foi imediata, num inflexível tom de voz:

– Não, eu não vou dar entrevista nenhuma. Eu sou o presidente do arbítrio. Qualquer coisa que eu disser agora, quando estamos indo para as eleições, será apontada como uma ameaça às eleições. Não, eu não posso dizer nada. Tenho que ficar calado. Eu sou o arbítrio, eu sou a ditadura. A ditadura não fala. Agora, eu fiz um governo que enfrentou até greve de militares...

Médici se considerava um "injustiçado", pois o terrorismo desapareceu no Brasil, na sua opinião, graças à ordem drástica fornecida por ele ao ministro Orlando Geisel: não poupar a vida dos guerrilheiros. Também contou a Scartezini que certa vez recebeu "uma esculhambada" de uma mulher:

– Ela chegou a mim e perguntou: 'O senhor é o presidente Médici?' Respondi: 'Sou'. Ela: 'Foi o senhor quem matou e torturou?' Respondi: 'Não vá nessa conversa'. Ela insistiu: 'O senhor torturou e matou'. Respondi: 'Não vá nessa, minha senhora'. Ela continuou: 'O senhor torturou e matou'. Respondi: 'Minha senhora, eu nunca matei, torturei nem cassei!' E fui embora.

Após um "certo constrangimento na sala", narra o jornalista, o general assim se referiu à sua imagem de assassino e torturador:

– Isso é coisa dos comunas.[30]

Palpitava a verdade, nestas palavras do ex-presidente? Bem, esmiucemos os fatos.

Apesar de um espalhafatoso progresso econômico, progresso que culminou na euforia transitória do "milagre brasileiro" com os "projetos de impacto social", o aumento das exportações e do mercado interno, a construção acelerada de pontes, viadutos, hidrelétricas e rodovias, apesar de toda essa febre, dos slogans *Brasil grande* e *Brasil potência*, os cárceres, no período de Médici, engoliam centenas de "subversivos", e muitos eram submetidos a torturas apocalípticas. Vários jornalistas, aliás, enfrentaram esses suplícios. Isto não aconteceu apenas no governo do ex-comandante do III Exército, mas igualmente em quase todas as fases da República Militar Autoritária. Alguns mártires da nossa imprensa, após março de 1964: Rodolfo Konder, Maurício Azedo, Vladimir Herzog, Miriam de Almeida Leitão Netto, Renato Oliveira da Motta, José Augusto Pires, Antônio Carlos Fon, Frederico Pessoa da Silva, Dimas da Anunciação Perrin.

---

30 SCARTEZINI, A. C. *Segredos de Médici* (prefácio de Jarbas Passarinho e Paulo Brossard). São Paulo, Editora Marco Zero, 1985, p. 34.

Certa mulher, conforme o leitor viu, acusou o general Médici de ter sido um assassino e um torturador. Ele próprio, depois de descrever para o jornalista Scartezini o seu encontro com essa mulher, ele próprio acrescentou que tal imagem era "coisa dos comunas". Ora, o governo desse general se estendeu do dia 30 de outubro de 1969 até 15 de março de 1974. Explicado isto, acompanhemos os episódios ocorridos na região do Araguaia, nos primeiros dias de outubro de 1973, isto é, ainda em pleno governo Médici, episódios descritos por Fernando Portela, repórter do *Jornal da Tarde*, no seu livro *Guerra de guerrilhas no Brasil*.

Valentões armados, sujos e barbudos, sob as ordens das autoridades, invadiram o lugarejo de São Domingos, "dando saltos de samurais em frente aos casebres, fazendo o povo sorrir de admiração". Depois das piruetas, dignas de causar inveja a todos os símios das matas adjacentes, eles penetraram nos casebres, com o objetivo de prender os suspeitos, os amigos dos guerrilheiros. E outros grupos, nos povoados de Metade, Bom Jesus e Palestina, arrebanharam mais de cem homens, criaturas simples, modestas, desprovidas de malícia. Os filhos e as mulheres desses indivíduos, em vista disso, pediram a ajuda do bispo Estevão Cardoso de Avelar. Este sacerdote, após ouvir alguns oficiais, tranquilizou aquela gente: era apenas uma investigação corriqueira, sem maiores consequências...

No fim de 1973, em seguida a semanas de expectativa, os prisioneiros regressaram, exibindo "marcas nos corpos" e "desequilíbrio emocional". Tinham ficado nas celas minúsculas da cadeia pública de Marabá, onde só conseguiam permanecer de pé, devido a exiguidade do espaço. E todos completamente nus. As janelas dos cubículos, informa Fernando Portela, foram pregadas com tábuas. Um policial rosnou:

– É para o ar não passar.

A temperatura em Marabá, elucida o jornalista, sempre ultrapassa os trinta graus. Veio a sede ardente, insuportável. Eles mijavam e defecavam ali mesmo, apertados uns contra os outros. De pé, gemendo, ansioso por beber, o preso Mariano implorou a um companheiro:

– Quando você quiser urinar me avise, me avise porque eu não agüento mais a sede...

Transcorrido um certo tempo, o mau cheiro exalado dos cubículos afligiu os soldados. Resolveram lavar o chão com baldes de água e creolina. Estabeleceu-se um tumulto, pois essa água, misturada às fezes, à urina, foi disputada pelos presos sedentos, que nem sequer podiam beber uma gota, por causa do aperto, da falta de espaço.

Após isto, informa ainda Fernando Portela, todos foram arremessados em caminhões. E naquele clima abrasador, viajaram debaixo de lonas! Um avião os levou até o território do Amapá, o local do interrogatório, das perguntas iguais a esta:

– Onde estão os terroristas?

Cavaram-se buracos nas cercanias do acampamento. Pendurados de cabeça para baixo, jungidos com cordas em estacas enfiadas à beira dessas covas, os presos ganharam sopapos e choques elétricos. Entretanto, se um infeliz perdia os sentidos, o médico da equipe de torturadores aplicava-lhe uma injeção revitalizante.

Um professor, homem de pequena estatura, era agarrado pelos pés e pelas mãos, à maneira de uma bola de futebol. Ninado como um bebê, isto é, balançado de um lado para o outro, os carrascos o jogavam longe, no solo, graças a um impulso mais forte. E bramiam:

– Onde estão os terroristas? Você é amigo deles! Você sabe...

O professor tentava erguer-se, mas as bestas-feras o seguravam depressa, a fim de que o divertimento não fosse interrompido. Quando desmaiava, o médico o socorria.

Esses moleques da tortura eram loucos por brincadeiras originais. Certo preso, colocado no perto de um formigueiro, recebeu ordens para ganir. Se não latia como eles desejavam, a sua carne virava o banquete das formigas.[31]

Tais fatos aconteceram no governo do general Médici. Sua excelência afirmou que nunca havia matado ou torturado ninguém. Pessoalmente não fez isto, acredito, mas isto foi feito sob o seu governo. A lógica me diz: se no meu lar eu não torturo a minha esposa, mas autorizo um sádico a submetê-la a suplícios, posso considerar-me um inocente? E outra coisa: por que, durante a presidência de Médici, o *Times* de Londres, o *Figaro* e o *Le Monde* de Paris, o *Osservatore Romano* do Vaticano, o *The Washington Post* e o *New York Times* dos Estados Unidos, enfim, por que todos esses jornais publicaram extensas matérias sobre as violências cometidas contra os presos políticos no Brasil?

Gertrude Stein, a amiga de Picasso, sempre dizia: "uma rosa é uma rosa é uma rosa". Frase sem vírgula, num estilo insólito. E aproveitando-a para trazer à lembrança o desfile de torturas da época de Médici, podemos assegurar: um fato é um fato é um fato.

O depoimento da jornalista Miriam de Almeida Leitão Netto, reproduzido no capítulo 6 – ela contou que os torturadores soltavam cães e cobras em cima do seu corpo – esse depoimento nos recorda o do judeu Josef Czarney, sobrevivente do campo de concentração de Treblinka. Quando o carrasco John Demjankuk foi julgado em Israel, o senhor Josef informou no tribunal: os nazistas haviam treinado um enorme cão e este, ao ser açulado, arrancava os órgãos genitais dos presos.

Sim, os suplícios dos carrascos brasileiros, após o movimento de 1964, assemelhavam-se aos dos nazistas. E também eram algo idênticos aos da Santa Inquisição. Nesta,

---

31 PORTELA, Fernando. *Guerra de guerrilhas no Brasil*. São Paulo, Global Editora, 1986, 7ª edição, p. 75. Este livro é a ampliação de uma grande reportagem publicada no *Jornal da Tarde*, de São Paulo, em janeiro de 1979.

conforme salientou a historiadora Anita Novinski, encontramos "o modelo ideal da implantação de regimes totalitários, de seus métodos de tortura, de como são tratados dissidentes políticos e sociais".

Inquestionáveis, sem dúvida, as analogias entre os métodos de tortura dos policiais do DOI-CODI e os dos juízes ordinários da Inquisição. Se o interrogado pelo Santo Ofício, por exemplo, não denunciasse os parentes, ele logo ia saber de que lado despontam as batatas. Pois bem, o jornalista Antônio Carlos Fon, no 34º Distrito Policial de São Paulo, foi torturado para revelar onde se achava o seu irmão, caçado pela Operação Bandeirantes. Teve mais sorte que Diogo Correia do Vale, médico de Ouro Preto. Este homem, um dos mártires da Inquisição, viu-se obrigado a delatar o próprio filho como herege, o moço Luís Miguel Correia. Ambos, depois de suplícios atrozes, foram queimados vivos numa fogueira.

O lavrador Agostinho José de Azevedo, residente em Minas Gerais, perdeu a razão nos calabouços do Santo Ofício, por causa dos sofrimentos que lhe infligiram, e o pintor Suzuki, companheiro de Antônio Carlos Fon, após ser torturado durante quinze dias, também enlouqueceu, passou a se comportar como um macaco: ficava nu, pendurado nas grades da cela, e só queria comer amendoim ou bananas.

Em Lisboa, os inquisidores amarravam o corpo do "herege" a um catre. Requinte de perversidade: os pés descalços do infeliz, lambuzados com banha ou manteiga, eram postos a fritar num braseiro, como se fossem um churrasco apetitoso... Os carrascos do governo Médici também apreciavam as labaredas, pois no método de tortura denominado *Galeto,* acendiam um fogo debaixo da vítima, suspensa no pau-de-arara.

Mestres do Direito brasileiro, como o doutor Sobral Pinto e

o doutor Heleno Fragoso, estigmatizaram com altivez, com coragem, as torturas da República Militar Autoritária. Duas cartas do primeiro, a de 17 de setembro de 1970, dirigida ao ministro do Exército do governo do general Médici, e a de 7 de novembro de 1975, enviada ao presidente Ernesto Geisel, são denúncias enérgicas contra o despotismo, a violência injustificada. As atitudes desses advogados contrastam com o servilismo, a falta de espinha dorsal da Academia Paulista de Letras, quando elegeu para a cadeira nº 31, em setembro de 1972, e ministro Alfredo Buzaid, logo depois que este lançou uma cartilha de caráter fascista. O texto do ministro proibia o direito de transmitir informações, a liberdade de pensamento. A Academia, elegendo Buzaid, apoiou o Nazismo, o arbítrio, a repressão, a brutalidade contra a imprensa. Ela envergonhou São Paulo, o indômito São Paulo da Revolução Constitucionalista de 1932, o estado que sozinho, em luta desigual, combateu heroicamente uma ditadura.

O gesto da Academia Paulista de Letras, gesto de sabujice, fez crescer o meu desprezo por esta sociedade grotesca, verborrágica, anacrônica, inoperante, inútil. Nada mais ridículo do que a posse de um membro dessa agremiação. Asfixiados em casacas rabudas e colarinhos duros como pedra, os "imortais" adquirem o aspecto de pinguins da Antártida e exibem no peito umas condecorações redondas e volumosas, semelhantes a tampas de lata de goiabada.

Dois estrangeiros foram eleitos

Alfredo Buzaid

membros honorários do sodalício do largo do Arouche: o senhor Ambrosio Perera, da Venezuela, e o senhor Edgardo Ubaldo Genta, do Uruguai. Eu não compreendo, por este motivo – já que a Academia prestigiou o Buzaid depois de sua cartilha fascista – por que ela não elegeu, no tempo da segunda grande guerra, como seus membros honorários, os ditadores Hitler e Mussolini. Aliás, Gabriel Marcel, um dos mais eminentes pensadores cristãos da nossa época, autor de *Rome n'est plus dans Rome*, escreveu estas palavras em 1958, a respeito dos métodos nazistas no conflito da Argélia:

"Hitler foi um precursor... Penso que se desonra quem silencia diante de tais horrores. Desaparecem as diferenças de opinião política, já que não têm a menor importância neste terreno. Restam somente os que aprovam, e os que reprovam e vomitam de asco".

Não há dúvida, Hitler foi um precursor. De quem? Ora, do ministro Alfredo Buzaid, pois este apresentou em 1972 a tal cartilha fascista. Também me incluo na segunda categoria de Gabriel Marcel. E confesso: senti nojo, o estômago embrulhado, quando a Academia Paulista de Letras elegeu o ministro, a fim de apoiar, de aplaudir o seu delito contra liberdade.

A indignação de um corajoso jornalista, contra o referido ato de arbítrio, está expressa no seguinte telegrama enviado a Buzaid, em 19 de setembro de 1972:

"Senhor ministro:

Ao tomar conhecimento dessas ordens emanadas de vossa excelência, meu sentimento foi de profunda humilhação e vergonha. Senti vergonha, senhor ministro, pelo Brasil, degradado à condição de uma republiqueta de bananas ou de uma Uganda qualquer, por um governo que acaba de perder a compostura. Parece incrível que os que decretam hoje o ostracismo forçado dos próprios companheiros de revolução, que ocuparam ontem os cargos em que se encontram hoje, não cogitem cinco minutos no julgamento da História. O senhor ministro deixará de sê-lo um dia. Todos os que estão hoje no poder, dele baixarão um dia. E en-

tão, senhor ministro, como aconteceu na Alemanha de Hitler, na Itália de Mussolini, ou na Rússia de Stalin, o Brasil ficará sabendo a verdadeira história deste período em que a revolução de 1964 abandonou os rumos traçados pelo seu maior líder, o marechal Castelo Branco, para enveredar pelos rumos de um caudilhismo militar que já está fora de moda, inclusive nas repúblicas hispano-americanas.

Cheio de vergonha por ver meu país degradado a essa condição, subscrevo-me humilhado.

Ruy Mesquita, diretor do Jornal da Tarde *e de* O Estado de S. Paulo*".*

* * *

Antes das conclusões finais, apresento ao leitor um retrato do Brasil para os que não gostam da mentira. Este retrato mostra isto: a falência do nosso presidencialismo, da ideologia do Estado *aristoplutocrático*, cego, mudo e surdo diante dos problemas sociais, do mal emprego do dinheiro público, dos crimes contra a natureza e contra a saúde do povo.

Cerca de sete mil mendigos e indivíduos sem ocupação, bem como três mil menores abandonados, perambulam à cata de subsistência, nas ruas centrais da cidade do Rio de Janeiro. É uma pesquisa do Primeiro Encontro Setorial de Instituições de Assistência à População de Rua, efetuado no Sesc de Engenho de Dentro. Toda esta penúria visível, palpável, clamorosa, que se alastra, que se esparrama nas artérias esburacadas da ex-capital federal, espetáculo que nos entristece e nos confrange, toda essa penúria, frequentes vezes, exibe a sua miséria junto dos magníficos arranha-céus das empresas estatais. O Estado dos tecnoburocratas é rico, o seu povo, porém, é pobre, vive da graça de Deus.

No entanto, o "governo socialista" de Leonel Brizola dissipou 18,5 bilhões de cruzeiros na construção do Sambódromo, segundo elucida um relatório do prefeito Marcelo Alencar, enviado à bancada do PDT na Câmara Municipal do Rio... Nelson Santive, coordenador do ensino do 1º grau da Secretaria da Educação do Rio de Janeiro, inconformado com essa orgia de gastos, com esse esbanjamento do dinheiro público, solicitou demissão do seu cargo e assegurou que o governo do estado, para erguer o Sambódromo, havia desviado verbas destinadas ao ensino.

Este é o Brasil, o país do Chacrinha, do Maluf e do Agnaldo Timóteo, a nação do disparate, da irracionalidade.

Sim, da irracionalidade, ou, se o leitor preferir, da falta de juízo, de bom senso, de discernimento.

A degradação ambiental, nesse país, é uma realidade. Em Imbituba, por exemplo, município de Santa Catarina, a estatal Petrofértil instalou, no ano de 1979, a Indústria Carboquímica Catarinense. Dois anos depois, várias famílias da região se viram forçadas a abandonar suas casas, em consequência das chuvas de ácido sulfúrico. Chuvas que duravam horas. Esse ácido, como poucos ignoram, é um líquido denso e viscoso, muito forte e altamente corrosivo. Os cientistas sabem que estas chuvas de substâncias químicas, além de envenenar o solo, as águas e a vegetação, destroem a saúde humana, geram irreversíveis alterações cromossômicas.

É um despautério, uma tontice de marca maior: o Estado brasileiro, em vez de zelar pela integridade física dos cidadãos, atenta contra essa integridade, estraçalha a saúde, aleija ou mata!

Huguette Bouchardeau, ministra do Meio Ambiente da França, ao visitar a Vila Parisi em Cubatão, o chamado "Vale da Morte", no dia 15 de outubro de 1984, foi incapaz de reprimir o seu assombro diante da devastação ecológica daquela área. E não pôde compreender como é possível medir os efeitos da poluição, decretar os sinais de alerta e de emergência, sem acompanhar a saúde dos que residem ali.

O governo no Brasil é um bárbaro sanhudo, indiferente aos afagos da natureza, e que se compraz em permitir o aniquilamento da vida do ar, das águas e das florestas do país.

Há vinte anos, na bacia do rio Paraná, abundavam os soberbos dourados de quase 30 quilos, com mais de um metro de comprimento. E também surubins de mais de três metros e 40 quilos, maiores do que o pirarucu, o peixe da Amazônia. Agora a bacia do Paraná é um largo esgoto sem peixes, sob o azul do céu impassível.

O célere desmatamento da Amazônia provoca a erosão e tende a alterar as condições climáticas, o regime dos rios, sujeitando-os a enchentes catastróficas e estiagens implacáveis. A assertiva é dos pesquisadores do INPA, pois milhões de hectares de floresta já foram derrubados em Rondônia, em Mato Grosso, na região do Araguaia, do Rio Tocantins, no sul do Pará, no norte de Goiás e no oeste do Maranhão.

Segundo a inglesa Margaret Mee, autora de *Flowers of the Brazilian Forest*, e que está intensamente impressionada com a rápida extinção da floresta amazônica, a Alcoa, isto é, a Aluminium Company of América, destroçou dez quilômetros de floresta, num vale do encachoeirado rio Trombetas. Esta empresa responde a 600 processos nos Estados Unidos, movidos pelo The Sierra Club, uma eficaz e poderosa entidade de proteção ao meio ambiente. A derrubada de árvores por serra elétrica, informou Margaret Mee à jornalista Heloisa Dadario, de *O Globo*, vem acarretando uma grave erosão no rio Solimões, onde, a cada momento, em suas margens, tombam enormes pedaços de terra. Terra do Brasil, corpo da nossa pátria, corpo ferido e despedaçado por estrangeiros ávidos, cujos corações são caixas registradoras e que só batem assim: *dinheiro, dinheiro, dinheiro...*

Esses atos de vandalismo, de monumental estupidez, fizeram o ecologista José Lutzenberger enviar uma denúncia ao Congresso dos Estados Unidos, por não desconhecer que o Banco Mundial concedeu um empréstimo de 443 milhões de dólares ao Brasil, a fim de serem investidos na região amazônica. Tal empréstimo, entretanto, apressou o desmatamento, contribuiu para uma migração desenfreada, metamorfoseou áreas agrícolas em campos de pastagem, impulsionou a especulação, a violência, o arbítrio, o gangsterismo, as invasões de propriedades indígenas.

É o Brasil, o Brasil onde sua excelência, um benemérito prefeito do Embu, sob o pretexto de "restabelecer o equilíbrio ecológico", autorizou a matança de cerca de 5.000 rolinhas, tico-ticos e sabiás...

E vejamos como o nosso país cuida do seu futuro, isto é, das crianças.

Uma pesquisa realizada no Instituto Adolfo Lutz constatou, no leite materno, resíduos de inseticidas organoclorados, na proporção de 0,20 miligramas por quilo, nível quatro vezes mais alto do que o limite tolerado. Daí se infere: os bebês brasileiros, quando mamam, estão ingerindo resíduos de pesticidas letais, como o DDT, capaz de provocar o câncer. É devido ao uso indiscriminado de agrotóxicos na produção de alimentos. Sendo consumidas pelas gestantes, as substâncias deletérias se dissolvem e penetram no tecido gorduroso do organismo, de onde não demoram a participar do fenômeno da lactação.

A denúncia, bem recente, é do professor Waldemar Ferreira na Associação Paulista de Medicina, ao participar de mesa-redonda sobre defensivos agrícolas.

Revela um documento de onze páginas, elaborado por técnicos da Seplan, da Sudene, da Previdência Social e de outros órgãos, sob a orientação do Ministério da Saúde, que no Nordeste ocorrem 340 mortes de menores de um ano, para cada grupo de 1 mil crianças nascidas vivas! E 66% da população rural infantil, entre um e cinco anos, sofre os efeitos da desnutrição. A taxa é um pouco menor nas áreas urbanas: 58%.

Mais outra coisa absurda: dos 1 mil e 375 municípios nordestinos, somente 59 possuem serviços de saúde...

De acordo com um relatório do Instituto de Planejamento Econômico e Social da Secretaria de Planejamento da Presidência da República, a desnutrição no Brasil chega a provocar defasagem de 20% no peso das crianças de cinco a seis anos de idade, em relação às normalmente alimentadas.

Albert Sabin, quando visitou em Fortaleza o hospital infantil que leva o seu nome, veio a tomar conhecimento deste fato: 70% das internações tinham como causa a desnutrição, oriunda de uma carência proteica e calórica.

Técnicos do Ministério da Saúde verificaram que no Brasil, a cada minuto e 42 segundos, falece uma criança sem conseguir alcançar um ano de vida. Eis qual foi o número total de mortes de crianças, em todo o decorrer do ano de 1984, conforme o cálculo desses técnicos: 308 mil. O equivalente a 843 mortes por dia, ou 35 mortes por hora!

Como Alberto Torres e Monteiro Lobato veriam essa tragédia? Eles que amaram tanto o Brasil, que tanto se engolfaram nos problemas do país, que tanto se afligiram com o seu futuro, não passariam a experimentar a vergonha de ser brasileiros? Ainda conseguiriam acreditar no porvir dessa pátria? Nas "promessas divinas da esperança", do verso de Castro Alves?

Que país é este, o Brasil? Herodes I, no dizer de São Mateus, ordenou o massacre dos meninos de Belém, com menos de dois anos de idade, a fim de eliminar o "Rei dos Judeus", cujo nascimento fora anunciado pelos Magos. Pois bem, o meu país, contemplando a morte, no ano de 1984, de 308 mil criancinhas, logo me deu a impressão de ser o Herodes das nações. Deploro, mas devido à incapacidade do seu regime presidencialista, o Brasil ganhou a catadura, para mim, de um monstro, de um criminoso, pois esses inocentes lhe pertenciam, eram seus filhos, só queriam receber duas coisas do pai: amor e proteção.

* * *

Frisou o jornal O *Estado de S. Paulo,* na sua edição de 6 de março de 1987:

"Nas Forças Armadas, é grande a resistência a qualquer sistema que não seja o Presidencialismo. De preferência, forte".

Afonso Arinos de Melo Franco, informa o jornal, vem pugnando pela vitória do Parlamentarismo. Não conheço as opiniões do senador mineiro sobre este, mas aqui vou expor as minhas.

É conveniente eliminar no Brasil o Presidencialismo, hoje uma forma de governo inadequada, sem meios de propiciar a edificação de uma pátria moderna e dinâmica. O Presidencialismo fracassou, está defasado, tem sido o fator máximo da instabilidade das nossas instituições. No seu lugar coloquemos o Parlamentarismo, que nasceu em nosso país com a ideia do Poder Moderador, expressa na Constituição de 1824. Ficou esquecido, esse novo sistema, durante o período da Regência, porém, em 1843, d. Pedro II deu ao Marquês de Paraná o direito de escolher o ministério. Surgindo a República em 1889, a nação aceitou um presidencialismo "à americana". Tivemos, é verdade, no ano de 1961, um "Parlamentarismo de emergência", o qual garantiu a posse de João Goulart. Mostrou-se supérfluo e inoportuno? Nem tanto: evitou uma guerra fratricida.

O Parlamentarismo aniquila, de maneira rápida, as crises permanentes, os traumas institucionais, pois o Poder Legislativo, composto de representantes do povo, indica o primeiro-ministro e aprova o ministério. Tanto o Executivo como o Legislativo se entrosam, tornam-se atuantes. E os deputados podem exigir, do Executivo, responsabilidade política, ou que este encaminhe a "questão de confiança". Além disso, se quiser, o Legislativo promove a "moção de censura".

Sejamos francos, o Brasil sempre foi um Estado unitário, jamais federado, como os Estados Unidos. Na época do Império tínhamos províncias, todas subordinadas ao governo central. A organização político-administrativa dessas províncias, que na República se transformaram em estados, não era a de um sistema federalista. Em nosso país, isto é indiscutível, a implantação do regime federativo se processou pelo fracionamento do Estado unitário, vigente no período monárquico.

Devemos adotar, com o regime aqui proposto, o unicameralismo, a estruturação do parlamento numa só câmara ou assembleia legislativa. O Senado no Brasil é uma excrescência, um desperdício, macaquice do sistema norte-americano. É um peso morto, um parasita, não vale nada, apenas escorcha o povo. Custou aos cofres públicos, no ano de 1987, mais de três bilhões de cruzados! Sustenta mais de 6.000 funcionários! A gráfica do Senado, por exemplo, tem 1.583, e entre eles a colunista social Consuelo Badra. Suas excelências, os senadores, possuem um mandato de oito anos... Todos mamando nas tetas do Estado. Para quê? Basta uma câmara de deputados. Não há coisa alguma capaz de impedir que esta execute as funções privativas do Senado, como autorizar, por exemplo, a obtenção de empréstimos externos a estados e municípios, ou aprovar a designação de ministros dos tribunais superiores.

Os presidentes da República, no país de Leonel Brizola, ostentam um carisma de ditadores, carisma amparado pela política dominante. É o que pensa Arnaldo Contier, professor de História Contemporânea da Universidade de São Paulo. Perfeitamente, e no meu entender, só o Parlamentarismo pode suprimir a deformação, apagar essa imagem nociva, plasmada pelas ambições inconfessáveis dos cortesãos do poder.

Além disso, salienta Raymundo Farias de Oliveira, o atual regime, ao longo de nossa história, tem sido excessivamente vulnerável às crises políticas, mostrando-se pouco compatível com a independência do Legislativo, pois este, via de regra, "opera como mero homologador dos projetos presidenciais". Se o Legislativo assume uma posição mais independente, segundo o mesmo autor, ele provoca graves crises. Estas conduzem ou a um autoritarismo do Executivo, conforme aconteceu em 3 de novembro de 1891, ocasião em que o marechal Deodoro dissolveu o Congresso, ou à renúncia do presidente, como se verificou em 25 de agosto de 1961, durante o governo de Jânio Quadros.

Frase simples, talvez acaciana, porém verdadeira: a vida é renovação, da qual depende o progresso das nações. Os ventos das mudanças sopram em todas as latitudes. Na União Soviética, por exemplo, a política inovadora de Mikhail Gorbatchev permitiu, em 23 de junho de 1986, que os funcionários do Partido Comunista divulgassem um manifesto onde pediram reformas radicais e a liberdade de imprensa.

Cláudio Abramo, num comentário publicado na *Folha de S. Paulo,* em 2 de março de 1987, escreveu estas palavras:

"O que adianta agora é ir em frente, tirar os ensinamentos políticos da situação, projetar para o que vem aí, traçar a estratégia, fixar a tática para essa estratégia, avançar até onde for possível, recuar quando preciso. Por Deus, sejamos adultos".

Concordo plenamente: o meu velho e caro amigo Cláudio Abramo estava certo. E abaixo os negativistas, pois o pessimismo é a esperança virada pelo avesso. Vamos lutar sem tréguas contra os sistemas que ficam de pálpebras cerradas diante da injustiça, da corrupção e do crime, sistemas de mão-de-ferro quando querem reprimir a liberdade, e de mãos flácidas como as de Pôncio Pilatos, mergulhadas em bacias de água fedorenta, quando fecham os olhos para as safadezas, as tranquibérnias.

Os jornalistas são as principais testemunhas do nosso tempo. Ajudam a estruturar a visão do presente. Se um mau repórter adultera os fatos, o bom jornalista consegue retificar um erro histórico. Afirmou o doutor Ruy Mesquita que a maioria esmagadora dos oficiais conspiradores de 1964 – oitenta por cento – já havia abandonado as Forças Armadas no governo Costa e Silva. O motivo dessa atitude? Sentiam-se completamente decepcionados com as diretrizes da "revolução," pois quem a dominou, segundo Ruy Mesquita, não foram "os revolucionários autênticos", homens incapazes de praticar torturas. Fatores acidentais tumultuaram todo o processo do movimento. Tendo convivido com esses oficiais, o diretor do *Jornal da Tarde* podia transmitir esta informação. Um "desvio do percurso", e o marechal Castelo Branco, na opinião do jornalista, acabou se tornando uma vítima.[32]

A revista *Lua Nova,* de onde extraímos estes dados, também publicou as declarações de Otávio Frias Filho, secretário do Conselho Editorial da *Folha de S. Paulo,* no ano de 1984. Discorrendo sobre o "poder político dos jornais", o jovem secretário fez uma crítica ao narrar um acontecimento. Contou que o presidente Figueiredo, quando cumpriu os cinco anos de mandato, foi comemorar a "grande data" na plataforma de Campos. E o ministro Leitão de Abreu, nesse dia, assegurou numa entrevista: a imprensa estava desfrutando de um poder excessivo no Brasil, poder superior ao dos partidos. Sem esconder a sua revolta, Otávio Frias Filho emitiu estas palavras:

– Ele falou literalmente isso, que a imprensa – idiotamente – deu com pouco destaque.

Uma observação do mesmo jornalista: enquanto os vestígios da ditadura não forem removidos para sempre, enquanto não surge o espaço para os partidos mais fortes, ideologicamente mais enraizados, enquanto tal coisa não ocorre, a imprensa continuará a usurpar esse espaço outrora pertencente à Igreja e às agremiações políticas.

---

[32] "O 'Estadão' e o golpe de 64" (entrevista de Ruy Mesquita). *Lua Nova*, vol. 1, nº 2, julho-setembro de 1984, p. 30.

As palavras de Otávio Frias Filho nos convencem do seguinte: os jovens jornalistas podem fornecer lições aos eruditos, aos livrescos, porque o amor à liberdade não se adquire apenas com a leitura de "O navio negreiro", de Castro Alves, e de *Os sete pilares da sabedoria,* de T. E. Lawrence,[33] mas também, e principalmente, com a reprovação de tudo que reduz o homem à escala zoológica. E a imprensa é o melhor veículo para condenar os liberticidas, sobretudo quando o jornalista, como no caso do pronunciamento do ministro Leitão de Abreu, alia o seu ardor de jovem à ojeriza pela passividade moral. As suas frases, nestas circunstâncias, são tropas em marcha, exércitos invencíveis na batalha contra os erros, o obscurantismo, a tirania, as submissões vergonhosas.

Gestos de brio, de coragem, de independência mental, não faltam na história da nossa imprensa. Dunshee de Abranches, presidente da ABI, de 1910 a 1913, fornece belo exemplo, digno de ser evocado. Certa feita, quando um delegado de maus bofes mandou espancar um jornalista, recolhendo-o ao xadrez, Dunshee requereu o *habeas-corpus* preventivo, a fim de proteger o colega, e pediu, contra o ato de arbítrio, as enérgicas providências do ministro da Justiça. Furioso, o delegado quis invadir a sede da ABI, na Avenida Central, depredá-la, mas Dunshee de Abranches, no dia da ameaça, passou a noite em vigília, de revólver em punho, disposto a esperar o pior.

Ação decisiva, não há dúvida, exerceu a imprensa brasileira no ano de 1821, pois surgiu nessa época o *Revérbero Constitucional Fluminense,* a folha onde Joaquim Gonçalves Ledo e Januário da Cunha Barbosa pelejaram desassombradamente pela Independência, com o propósito de desmoralizar os projetos

---

33 Este livro, um clássico moderno, é a narrativa do movimento nacional árabe contra a opressão turca, durante a Primeira Grande Guerra.

de recolonizarão das autoridades de Lisboa.

O *Bahiano,* de Antônio Pereira Rebouças; o *Universal,* de Bernardo de Vasconcelos; *A Aurora Fluminense,* de Evaristo da Veiga; o *Observador Constitucional,* de Líbero Badaró, eis os jornais que ajudaram a mudar a história do Brasil, a pôr termo ao Primeiro Reinado, a forçar a abdicação de d. Pedro I.

E como esquecer a atuação marcante de Rui Barbosa, Silva Jardim, Rangel Pestana, Quintino Bocaiúva, e de outros homens de imprensa, no movimento destinado a esfacelar o regime monárquico? Importantíssima, por exemplo, era a colaboração de Rui no *Diário de Notícias.* Segundo Benjamin Constant, o artigo intitulado "Plano contra a pátria", da lavra da "Águia de Haia", foi o responsável pela queda do Império, nas vésperas da proclamação da República.

Acentuemos também que uma entrevista de José Américo de Almeida, publicada no *Correio da Manhã,* em 24 de fevereiro de 1945, impulsionou a redemocratização do país de Getúlio Vargas, o sepultamento do Estado Novo, do regime ditatorial instituído no dia 10 de novembro de 1937.

Unindo todos esses fatos, à maneira de quem deseja montar uma peça inteiriça, vamos lembrar outra vez: o doutor Tancredo Neves, ex-repórter do *Estado de Minas,* depois de ser eleito presidente da República em 1985, enalteceu o auxílio da im-

Revérbero Constitucional Fluminense, jornal de Joaquim Gonçalves Ledo.

prensa na reconquista do "bom e velho caminho democrático", caminho obstruído pelos crimes e pelos desmandos da chamada "Revolução de 31 de março de 1964". Sim, Tancredo não mentiu, essa imprensa, "sob a censura policial, a coação política e econômica, ousou bravamente enfrentar o poder para servir à liberdade do povo".

DOCUMENTAÇÃO

A SEGUNDA AGRESSÃO FÍSICA CONTRA LUÍS AUGUSTO MAY

"Um fato horroroso acaba de passar-se no Rio de Janeiro. O senhor deputado Luís Augusto May, saindo da Câmara às duas horas da tarde do dia 26 do corrente, em companhia do deputado Cunha Matos, foi acometido na Rua Detrás do Carmo por um assassino que o investiu e lhe atirou algumas pauladas sobre a cabeça, deixando-o bastante maltratado. O senhor Cunha Matos, no ato de acudir ao seu colega, foi também espancado sobre o braço; e o cabra, executor desse atentado, tomando a fugida, salvou-se rapidamente, sem que fosse apreendido. Acrescenta-se que ele viera acompanhado por um homem branco que lhe designara a vítima; e as vozes, que antes circulavam pela cidade, as provocações das folhas ministeriais a respeito da *Malagueta* e de seu redator; a circunstância atroz de se achar no chapéu do ferido, sobre o lugar da fonte, cravado um pequeno prego, bem como o furor com que o malvado descarregou os seus golpes, mostram claramente a intenção e plano combinado de acabarem a existência do senhor May. É já a segunda vez que este cidadão paga tão caro o crime de defender as liberdades públicas pela imprensa; visto que a nenhum outro motivo se pode atribuir tão horrível façanha, e em ambas as ocasiões se procurou agravar a atrocidade do delito com circunstâncias que atacam ainda mais a ordem social.

No primeiro acontecimento, a sua casa foi invadida por homens armados, não se respeitando o sagrado da habitação; no segundo, é às duas horas da tarde, diante de todo um povo, e quando o deputado se retirava de exercitar as funções Augustas de Legislador e Delegado da Nação – que o acometem, como para mostrar que se zomba de todas as Leis e que o fim do atentado era aterrar com um exemplo abominável todos aqueles que, ou na Câmara ou fora dela, se atrevem a usar livremente dos direitos que a Constituição nos afiançou, e cujo abuso só pode ser reprimido na conformidade da lei".

(*A Aurora Fluminense*, 28 de agosto de 1829)

EVARISTO DA VEIGA ESCAPA DE SER ASSASSINADO

"Fomos feridos pouco abaixo do olho esquerdo e três das pessoas que aí se achavam mais ainda do que nós, recebendo o senhor Padre Cândido Martins da Costa, oficial da Secretaria da Guerra, dois quartos de bala na cabeça, o senhor Engrácio José Dias, negociante do Rio Grande, quatorze bagos de chumbo no braço, e o senhor Francisco Máximo de Souza, caixeiro daquele estabelecimento, duas feridas no peito, outras duas em uma mão e sobre o olho. Felizmente nenhum perigou; porque os tiros não profundaram, talvez em razão de ser a pistola carregada em demasia; que a raiva cega os homens e até os impede de bem dirigir os golpes do seu furor.

O agente do assassínio foi preso a poucos passos de distância do teatro do crime, aí conduzido, e perante o Juiz de Paz da Candelária, o senhor Manuel Ferreira de Araújo, depôs tudo o que vamos referir e que ao depois, em dias subseqüentes, confirmou na presença do juiz criminal: que se chamava Joaquim José e era morador no Saco do Alferes, em casa do tenente Luiz Pinto, do extinto batalhão 21 de Minas, e ali trabalhava pelo ofício de sapateiro; que este fora quem o havia aliciado para nos matar, da parte de um coronel alto, morador na rua do Alecrim, próximo ao Campo da Honra e amigo do senhor José Bonifácio"...

(*A Aurora Fluminense*, 19 de novembro de 1832)

PALAVRAS DE JOSÉ DO PATROCÍNIO, APÓS SER AGREDIDO COM UMA BENGALA PELO DEPUTADO AFONSO CELSO JÚNIOR

"Eu não tenho por mim senão o meu valor pessoal. Filho do meu trabalho, entendi que devia servir à minha pátria, fazendo-lhe o sacrifício da minha própria vida. Nenhuma consideração particular me prende, nem mesmo o doce e suplicante olhar de minha consorte, que é para mim, como o sol para a natureza, a fonte da minha energia, o colorido dos meus períodos, o calor que faz germinar em mim o patriotismo. Sou jornalista e consigo manter um jornal, sem proteção do Tesouro. Tenho dado à imprensa da tarde uma vida que ela nunca teve. Faço imprensa honesta e independente. O senhor Afonso Celso Júnior é somente um filho de seu pai. Literato, é um plagiário; deputado, é um trânsfuga do seu partido. Pode tudo contra mim, porque, nesta terra, em tempos de liberais, o código é substituído pelo punhal, a segurança individual fica à mercê do bom ou mau humor das oligarquias. Há uma coisa que o senhor Afonso Celso Júnior não pode contra mim: é confundir-me com a sua pessoa".

(José do Patrocínio, "A emboscada", *in Gazeta da Tarde,* 4 de junho de 1883)

O ASSALTO À *A TRIBUNA*

"Ontem, à noite, reuniram-se no escritório do *Jornal do Commercio* os representantes da imprensa desta capital e resolveram por unanimidade o seguinte:

A imprensa fluminense, representada pelos jornais abaixo declarados, reunida hoje na sala da redação do *Jornal* do *Commercio,* para tomar conhecimento das medidas empregadas pelo governo para assegurar e manter a liberdade de exame e discussão, gravemente comprometida pelo assalto feito à *A Tribuna,* e pelas ameaças de que têm sido alvo outros jornais, resolve declarar:

1) Que não satisfaz a declaração hoje publicada pelo *Diário Oficial,* por ser dúbia e frouxa;

2) Que espera que serão punidos na forma das leis os culpados do assalto de que foi vítima *A Tribuna,* demonstrados pelo inquérito a que se está procedendo;

3) Que está resolvida, caso tal punição não se dê, ou não desapareça a falta de segurança em que se acha, a empregar todos os meios dentro das suas funções para assegurá-la e mesmo suspender coletivamente a publicação dos jornais.

Rio, 2 de dezembro de 1890 – *Jornal* do *Commercio* – *Gazeta* de *Notícias* – *Gazeta da Tarde* – *O País* – *Diário de Notícias* – *Diário* do *Commercio* – *Cidade* do *Rio* – *Novidades* – *Correio do Povo* – *Democracia* – *Revista* dos *Estados Unidos* – *La Voce del Popolo* – *Mequetrefe* – *A Patria*".

(*Jornal do Commercio,* 2 de dezembro de 1890)

OFICIAIS E SOLDADOS EMPASTELAM O *DIÁRIO CARIOCA*

"Os que nesta casa trabalham pacificamente, fiados no aparelho legal do País, à sombra da autoridade de seu governo, seguros do grau de civilização que atingiu a sociedade brasileira, viram-se, entretanto, inopinadamente assaltados e agredidos, assistiram à destruição de nossas máquinas, móveis e utensílios por um grupo de oficiais comandando soldados, manejando armas que a Nação lhes confiou para a sua defesa, envolvendo nesse ato de inexplicável selvageria a responsabilidade política e jurídica do Governo da República. Os oficiais que cometeram esse tríplice atentado contra a liberdade de opinião, a segurança de pessoas e o direito de propriedade, não podiam alegar que, nesta folha, tenham sido injuriados o Exército ou a Marinha, que sempre estiveram integrados no alevantado culto do nosso patriotismo. Não podiam alegar que os tivéssemos pessoalmente insultado, porque na lista dos indicados autores do crime não conhecemos ninguém, nunca lhes escrevemos os nomes e nunca fizemos a mínima referência ou alusão. Não podiam alegar procuração de outros oficiais por acaso ofendidos, em primeiro lugar porque no código da honra militar não se conhecem semelhantes delegações. Em segundo lugar porque no trato dos assuntos jornalísticos é notório que sempre nos esforçamos por pairar numa atmosfera de serenidade impessoal, não tendo recebido reclamações contra deslize nosso injurioso.

O Governo Provisório, estatelado diante da ferocidade do assalto, abandonou sua autoridade entre os escombros destas oficinas. O poder militar, no lusco-fusco das situações indefinidas, remeteu-se às comodidades do silêncio, diante do fato consumado.

A indisciplina impune dissolveu o governo desmoralizado e redigiu o triste boletim da vitória, que 8 dias após o crime, no Palácio Rio Negro, declamou diante da maior vítima do seu desvario".

(*Diário Carioca*, 5 de abril de 1932)

LEONEL BRIZOLA AGRIDE DAVID NASSER A SOCOS

"Rio, 26 (FOLHA) – Violenta troca de socos ocorreu, hoje, no Galeão, entre o deputado Leonel Brizola e o jornalista David Nasser, quando ambos se defrontaram ao rumar para o mesmo aparelho que conduziria o parlamentar para Porto Alegre e o jornalista para Campinas. Ao ver David Nasser no saguão do aeroporto, o senhor Leonel Brizola caminhou ao seu encontro, e com um recorte de um artigo em que lhe era dirigida uma série de ofensas, disse para o jornalista: 'Prepare-se para levar uma surra e engolir este artigo que você escreveu'.

E, sem perda de tempo, vibrou alguns socos no rosto de David Nasser, que foi ao chão, dada a rapidez da cena. Imediatamente, formou-se uma confusão generalizada no aeroporto, todos querendo tomar conhecimento dos fatos, em face da popularidade dos contendores.

Soldados da Aeronáutica entraram logo em ação e evitaram que a cena tivesse maiores proporções. Contudo, só a muito custo, conseguiram serenar os ânimos que estavam bastante exaltados.

Campanha até a morte

Falando aos jornalistas, David Nasser, ainda meio atordoado e com visível hematoma no rosto, disse que nunca, em toda a sua existência, fora vítima de tamanha covardia: 'Ia em férias para Campinas, mas mudei de ideia. O senhor Brizola agora é quem vai sentir o peso da minha pena. Iniciarei uma campanha contra ele, que só irá parar com a minha morte. Não pretendo, contudo, processá-lo'.

Já o deputado Leonel Brizola, mais calmo, antes de rumar para o avião, disse à reportagem: 'não pude conter o ímpeto. Ao ver aquele que não poupa ninguém para assacar suas infâmias, especialmente contra minha pessoa, e sem razão alguma, quis encará-lo. Chamou-me de 'monstro' inúmeras vezes e injustamente, porém constatei de perto que, na realidade, 'monstro' é ele mesmo'.

Viracopos

Campinas, 26 (IP) – Ao passar por Campinas, o senhor Leonel Brizola permaneceu no interior do avião, nada querendo declarar à imprensa.

No Rio Grande do Sul

Porto Alegre, 26 (FOLHA – Cia Western) – 'Meus conterrâneos sabem que não sou homem que alimenta ódio, mas como todo bom gaúcho a gente perde o controle sobre os nervos' – disse o deputado Leonel Brizola ao desembarcar no aeroporto desta capital, comentando o incidente de hoje na Guanabara, quando agrediu o jornalista David Nasser. O parlamentar, que veio acompanhado de esposa e filhos, afirmou que 'ver aquela figura (do jornalista) foi para mim uma provocação: fui até ele, bati-lhe nas costas para que se virasse e se preparasse para receber o troco de tudo que tem dito de mim e dos meus. Então ocorreu o que todos sabem'.

Desagravo

Chamando a agressão 'desagravo', o deputado guanabarino confirmou ter atingido o desafeto várias vezes no rosto, dizendo que a 'reação de Nasser foi a de um covarde que procura fugir'. E prossegue: 'Entretanto o que dei nele não foi suficiente para me desagravar dos insultos, calúnias e felonias que me vem dirigindo'.

Reação de Goulart

Brasília, 26 (FOLHA) – A reação do chefe do governo à notícia do incidente ocorrido no Rio entre o deputado Leonel Brizola e o jornalista David Nasser foi lacônica: 'É... quem diz o que quer... O desentendimento foi-lhe comunicado no Aeroporto Militar desta capital, logo após o seu desembarque, por volta das 14 horas".

(*Folha de S. Paulo,* 27 de dezembro de 1963)

"BRIZOLA NÃO ME APANHA MAIS DESPREVENIDO"

"Rio, 30 (FOLHA) – 'Estarei prevenido para enfrentar esse cão hidrófobo' – disse o jornalista David Nasser, comentando as declarações do deputado Leonel Brizola feitas à televisão, em que o parlamentar gaúcho afirmou estar disposto a dar uma surra de chicote no jornalista.

Acrescentou David Nasser que a agressão de que foi vítima no aeroporto do Galeão só foi possível porque o deputado Leonel Brizola o apanhou desprevenido, pelas costas.

'Ele sabe onde moro e onde é o local do meu trabalho. Pode estar certo, porém, de que não me encontrará desprevenido'".

(*Folha de S. Paulo,* 30 de dezembro de 1963).

INQUÉRITO CONTRA JORNALISTA

"O promotor Henrique Vailatti Filho enviou representação à 1ª Auditoria da Justiça Militar, pedindo a instauração de inquérito contra o jornalista Percival de Souza, do *Jornal da Tarde*. O pedido foi feito com base em informação enviada à Auditoria pelo inspetor chefe da Delegacia Regional de Polícia Federal.

Segundo este documento, o *Jornal da Tarde* tem publicado uma série de reportagens sob a responsabilidade de Percival de Souza, as quais procuraram chamar a atenção da opinião pública por meio do sensacionalismo, envolvendo nomes de autoridades públicas que são prejudicadas pelo repórter. Como exemplo, cita trecho de uma dessas reportagens: 'Um alívio para Fleuri e seus amigos'. E diz que o termo *alívio,* a que se refere o repórter, é dúbio, porém que ele teve intenção de defini-lo no sentido de cobertura, isto é, o ex-secretário da Segurança Pública deu cobertura aos acusados. Esta é a conclusão lógica ao se ler, abaixo da foto de um dos acusados: 'eis o chefe do grupo de abnegados policiais elogiados pelo ex-secretário da Segurança Pública em fins do ano passado, por combater terroristas'. Chama-se atenção dos termos *abnegados policiais* que, no artigo, foram colocados entre aspas. Esses termos foram usados na Resolução da Secretaria da Segurança Pública nº 40, do então titular da Pasta, coronel Danilo Darcy de Sá da Cunha e Melo, elogiando os policiais que conseguiram prender um dos mais perigosos líderes da subversão no Brasil – Joaquim Câmara Ferreira – o Toledo. A nota continua:

'O repórter não se preocupa em esconder sua intenção de deturpar, corromper, viciar e desfigurar o ato das autoridades públicas, mutilando a publicação daquela louvável resolução'. Diante disso, são desnecessários outros argumentos para afirmar-se que Percival de Souza faz dolosamente a apologia da equação: 'Repressão mais Esquadrão da Morte, igual Governo'.

'Nestas circunstâncias, o repórter infringiu o artigo 16 da Lei de Segurança Nacional, em toda a letra do artigo. Senão vejamos o que diz a lei no artigo 16: 'divulgar, por qualquer meio de comunicação social, notícia falsa, tendenciosa, ou fato verdadeiro truncado ou deturpado, de modo a indispor ou tentar indispor o povo com as autoridades constituídas'.

'Observação 1 – notícia falsa – A nota é falsa porque o Exmo senhor Secretário da Segurança Pública não pretendeu jamais *aliviar* no sentido de cobertura.

2 – tendenciosa – porque faz a apologia da equação Repressão mais Esquadrão da Morte, igual Governo, e neste aspecto se pode antever o instinto inconfessável do repórter.

3 – fato verdadeiro truncado – porque o noticiário, embora verdadeiro, é publicado incompleto e mutilado.

4 – deturpado – porque corrompeu um ato social, procurando viciá-lo, desfigurando-lhe completamente sua finalidade, que foi o elogio aos policiais.

5 – tentar indispor – porque desacreditando a autoridade pública, o repórter tentou lançar a opinião pública contra o governo, visando naturalmente a perturbação da ordem pública".

(*Jornal da Tarde,* 8 de junho de 1971)

REVELADAS TORTURAS A JORNALISTAS

Das Sucursais

"Os jornalistas Luiz Paulo Machado e Oscar Maurício de Lima Azedo denunciaram, ontem, ao juiz Abel de Azevedo Caminha, da 1ª Auditoria do Exército, no Rio, as torturas que sofreram nas dependências de órgãos de segurança onde estiveram presos, em março deste ano. Ambos também negaram as acusações, constantes do processo a que respondem, de ligações com o clandestino Partido Comunista Brasileiro.

Luiz Paulo disse que foi preso no dia 5 de março, perto de seu local de trabalho. Encapuzado e colocado num carro por desconhecidos, foi levado a local ignorado, onde recebeu socos, pontapés e choques elétricos, que agravaram seu estado de saúde, debilitado por uma úlcera gástrica. Ele afirmou que lhe fizeram ameaças no sentido de que sua mulher e filhos seriam presos e que a criança, de quatro meses, seria depois entregue a pessoas estranhas.

Após assinar um depoimento que lhe foi imposto, disse que o transferiram para o Dops, onde prestou novas declarações, sob coação. Dali, como não confirmasse o depoimento que já assinara, foi mandado de volta para a primeira prisão, onde o obrigaram a escrever uma carta renegando o Partido Comunista, com a promessa de que isto contribuiria para sua libertação. Luiz Paulo disse que só ficou tranqüilo quando foi levado pelo delegado Borges Fortes, do Dops, à presença do general Reinaldo Mello de Almeida, comandante do I Exército, que mandou libertá-lo.

Maurício Azedo relatou que na primeira fase de sua prisão permaneceu 10 dias incomunicável, submetido a torturas físicas e psicológicas e que, no sexto dia, o delegado Borges Fortes constatou seu estado de abatimento e cansaço. Azedo estava descalço, de macacão curto e encapuzado, mas, segundo disse no depoimento, aquela autoridade não tomou qualquer providência para alterar esse tratamento.

Todas as declarações que fez, afirmou Azedo ontem, foram obtidas sob tortura. Ele contou ter sido obrigado a sentar-se na 'cadeira-do-dragão', onde lhe aplicaram choques elétricos durante dois dias. Enquanto isso, diziam-lhe: 'Vamos herzogá-lo', numa alusão ao jornalista Vladimir Herzog, que morreu no ano passado nas dependências de um órgão de segurança, em São Paulo".

(*O Estado de S. Paulo,* 22 de outubro de 1976)

REPÓRTERES DO PIAUÍ SOLTAM COLEGA PRESO POR DELEGADO ATACADO POR ELE EM ARTIGO

"TERESINA – Quinze repórteres piauienses arrebataram ontem, às 16h45m, o jornalista Carlos Dias das mãos de um agente de polícia de Timon – cidade maranhense separada de Teresina pelo rio Parnaíba – que o escoltava para submeter-se a exame de corpo de delito, no Instituto Médico Legal da Secretaria de Segurança do Piauí, pondo-o em liberdade.

Desde às 8h30m de ontem, o senhor Carlos Dias, repórter político do jornal *O Estado,* de Teresina, estava preso, incomunicável, numa cela com presos comuns e em companhia do senhor Alfredo Pereira da Silva, um leproso. A prisão foi feita pelo delegado José Maria Barbosa, de Timon, cidade onde mora o jornalista.

"Eu atiro"

Segundo depoimento de Carlos Dias, ele saía da Igreja de São José, quando recebeu voz de prisão: 'Se correr eu atiro para matar'. O delegado José Maria desceu de uma bicicleta, empurrou o jornalista, escoltando-o sob ameaça de seu revólver até a delegacia, onde o recolheu ao xadrez, sob a acusação de 'desacato à autoridade'.

Na delegacia o repórter recebeu ameaças, socos, e por pouco, como revelou, não foi obrigado a engolir, sem beber água, um exemplar do jornal em que denunciou arbitrariedades cometidas pela autoridade policial.

A Secretaria de Segurança do Piauí tomou conhecimento do fato através de entrevista que o delegado concedeu à TV do Piauí, reconhecendo que a prisão do senhor Carlos Dias era arbitrária, 'mas está feita e ele vai passar 24 horas em *cana* para aprender a respeitar homem investido na autoridade'.

Habeas-Corpus negado

O diretor-presidente do jornal *O Estado,* senhor Hélder Feitosa, intercedeu junto à autoridade policial de Timon, mas o delegado insistiu em manter o jornalista preso, 'para mostrar que com cara de homem não se brinca'. O advogado Paulo Santos Rocha, chefe do departamento jurídico de *O Estado,* ainda chegou a impetrar *habeas-corpus,* sem ser contudo atendido.

Dois fotógrafos de jornais de Teresina, que procuraram fotografar o senhor Carlos Dias no xadrez, com as roupas rasgadas, tiveram suas máquinas apreendidas pelo delegado, que é cunhado do Prefeito de Timon. Segundo ainda o jornalista, que é candidato a deputado estadual pelo MDB, sua prisão tem origem política, pois o prefeito Napoleão Guimarães é seu adversário.

'Desde a véspera de minha prisão, eu já pressentira que alguma violência seria cometida contra mim, pois o boato já se espalhara na cidade. Não me surpreendi, portanto, com a detenção, mas com as humilhações a que fui submetido, juntamente com minha esposa', disse.

A mulher do senhor Carlos Dias foi impedida de levar alimentos para o marido e também recebeu ameaças dos soldados do destacamento, que foram todos deslocados para guarnecer a delegacia".

(*Jornal do Brasil,* 9 de agosto de 1978)

LOURENÇO DIAFÉRIA É ABSOLVIDO

"O jornalista Lourenço Diaféria foi absolvido, ontem, pelo Conselho Permanente da Justiça Militar, por quatro votos a um, da acusação de ter ofendido as Forças Armadas ao publicar na 'Folha de São Paulo', há pouco mais de um ano, a crônica 'Herói. Morto. Nós'.

O julgamento do jornalista começou às 9h30, na 2ª Auditoria da 2ª Circunscrição Judiciária Militar, na rua Brigadeiro Luís Antônio. Depois que o promotor militar Dácio Gomes Araújo e o advogado de defesa pediram a absolvição de Lourenço Diaféria, o Conselho Permanente da Justiça Militar e o juiz auditor Valdir Silveira Melo permaneceram reunidos por quase duas horas e meia, em sessão secreta.

A sentença

Exatamente às 12h40, o Conselho reabriu o julgamento, quando o presidente do Conselho, major Ronald Carvalho Cruz, leu o veredicto:

'A inconseqüência é a mãe dos problemas'.

'Querer elevar algo em detrimento de outro é sempre dar azo à diminuição de algum bem, provocando um mal, mesmo que não desejado'.

'As informações do réu, neste caso, dando a sua interpretação à intenção havida, na realidade, provocaram o ato de dúvida que impede, na certeza real, o reconhecimento da ofensa da dignidade das Forças Armadas, ou mesmo, de abalo ao crédito ou à confiança que estas devem merecer do povo'.

'É de se reconhecer que a experiência do irrogado dá base para a crença de que o mesmo poderia avaliar os resultados de sua vontade consciente; entretanto, para se alcançar a verdade verdadeira, há que se ter a certeza consciente, plena, direta e total de que houve ação dolosa para confirmar o crime'.

'Assim sendo, este Conselho, por maioria de 4 votos a 1, é por absolver ao acusado Lourenço Diaféria, da irrigação que se lhe foi feita, dada a insuficiência de plena certeza probante, para fundamentar uma condenação, consoante permite o artigo 439, letra 'e' do Código de Processo Penal Militar'.

'Façam-se as comunicações de estilo'.

'Estão encerrados os trabalhos'.

Cansado

Após ouvir o veredicto, o jornalista Lourenço Diaféria se dizia cansado. Disse que 'esperava que o problema fosse resolvido bem antes', mas acabou afirmando: 'Tenho certeza de que a Justiça pode demorar, mas ela aparece'.

O promotor Dácio Gomes de Araújo revelou, por sua vez, que 'não cabe à promotoria recorrer ao Supremo Tribunal Militar, diante da absolvição, pois, no caso, o próprio Ministério Público solicitou a absolvição'".

(*Folha da Tarde*, 15 de setembro de 1978)

JUIZ CONDENA UNIÃO PELA MORTE DE HERZOG

O MAGISTRADO MÁRCIO JOSÉ DE MORAIS
DETERMINA A APURAÇÃO DE TORTURAS
OCORRIDAS HÁ 3 ANOS, NO DOI·CODI

"O juiz Márcio José de Morais, da 7' Vara da Justiça Federal de São Paulo, deu ganho de causa, ontem, à família de Vladimir Herzog, responsabilizando a União pela prisão ilegal, pelas torturas e pela morte do jornalista, nas dependências do DOI-CODI do 2º Exército, no dia 25 de outubro de 1975. O juiz determinou também que a Justiça Militar apure todas as torturas sofridas por vários jornalistas e que são mencionadas nos atos do processo.

Diante de fatos e das provas, o juiz concluiu primeiramente que Vladimir Herzog 'estava preso nas dependências do DOI-CODI do 2º Exército e faleceu nessas condições'.

Na sua sentença o juiz concluiu também que o jornalista estava preso ilegalmente, o mesmo acontecendo com outras testemunhas que depuseram no processo, porque nem no IPM (Inquérito Policial Militar), nem no processo, 'não há sequer menção à existência de inquérito em que Vladimir Herzog tenha sido indiciado, ao mandado de prisão, à autoridade competente que o tenha expedido e mesmo a comunicação da prisão ao juiz competente'.

'Mas o que importa – ressaltou o juiz – é que, estando Vladimir Herzog preso nas dependências do 2º Exército, a União Federal assumiu o dever legal de zelar pela sua integridade física e moral'.

O juiz também derrubou a tese da União de que Vladimir Herzog teria responsabilidade exclusiva por seu suposto suicídio. Caso quisesse sustentar essa tese – argumentou o juiz – a União teria que provar primeiramente que ocorreu o suicídio.

No entanto, a União não conseguiu prová-lo, pois, segundo o juiz, a prova documental principal – o laudo médico legal – ficou prejudicado com o testemunho de um dos dois médicos que o assinaram – Harry Shibata – que admitiu não ter visto o corpo e assinado o parecer 'em confiança'. Em segundo lugar, porque a única prova testemunhal apresentada pela defesa foi o de uma testemunha que concluiu pelo suicídio, tendo apenas lido o laudo médico referido. Da mesma forma, o laudo complementar preparado a pedido do presidente do IPM sobre o caso, general Cerqueira Lima, também baseou-se no primeiro documento, perdendo seu valor jurídico.

'Embora esse juiz não possa categoricamente afirmar que o suicídio de Vladimir Herzog não ocorreu, o certo é que a União Federal não logrou comprová-lo... e permanece íntegra a sua responsabilidade civil pela morte de Vladimir Herzog' – afirma a sentença.

Torturas

O juiz ainda afirma que constatou a prática de crime do abuso de autoridade, 'bem como há revelações veementes de que teriam sido praticadas torturas não só em Vladimir Herzog, como em outros presos políticos nas dependências do DOI-CODI do 2º Exército'.

Veja-se a respeito – esclareceu o juiz – os pungentes depoimentos das testemunhas Gildásio Westin Cosenza, George Duque Estrada, Gofredo da Silva Telles Júnior, Antony de Christo, Paulo Sérgio Markun, Sérgio Gomes da Silva, Luís Weiss e a declaração extrajudicial prestada por Rodolfo Konder".

(*Folha de S. Paulo,* 28 de outubro de 1978)

PASSSARINHO GARANTE QUE, SE FOSSE JUIZ, DARIA ABSOLVIÇÃO

Das sucursais, dos correspondentes e do serviço local

"O senador Jarbas Passarinho fez questão de se pronunciar sobre o indiciamento na Lei de Imprensa do editor responsável da 'Folha', Boris Casoy, e afirmou ontem que 'se eu fosse juiz absolveria Boris Casoy'. Jarbas Passarinho ainda fez ressaltar que 'seria exigir muito, mediante um Código de ética da imprensa, que ela não publicasse declarações ofensivas às autoridades', acrescentando que 'a responsabilidade deve ser do autor da declaração'.

Espírito do AI-5

'O presidente nacional do Partido Popular (PP), senador Tancredo Neves, entende que o processo de abertura pode sofrer impactos, não em razão de grandes acontecimentos que possam eclodir no campo parlamentar, mas em decorrência de episódios colaterais que, nos seus desdobramentos, venham assumir características surpreendentes e tanto mais lamentáveis, porque todos eles são perfeitamente evitáveis'.

'É assim – explicou Tancredo Neves – com o caso dos processos contra os jornalistas parlamentares e líderes sindicais. São, todos eles, casos em que o espírito do Ato-5 está prevalecendo, porque em substância não há como configurar, nas hipóteses, nenhum crime contra a Segurança Nacional' – concluiu o senador, reiterando solidariedade aos jornalistas Boris Casoy e Walter Fontoura, do 'Jornal do Brasil', a Lula e aos deputados João Cunha e Genival Tourinho.

Fascismo

Luís Carlos Prestes, ex-secretário-geral do Partido Comunista Brasileiro:

'Trata-se de um absurdo. É uma evidente pressão política sobre um editor que publicou uma notícia verídica. Se o governo não gostou da notícia, que processe os responsáveis por ela. Na minha opinião esse indiciamento faz parte dos remanescentes do fascismo que ainda faltam ser eliminados para podermos chegar à democracia'".

(*Folha de S. Paulo,* 12 de fevereiro de 1981)

NOTA OFICIAL DA ABI AFIRMA QUE A LEI É ULTRAPASSADA

"A propósito dos processos movidos pelo Superior Tribunal Eleitoral contra os jornalistas Boris Casoy, editor responsável da 'Folha', e Walter Fontoura, do *Jornal do Brasil* (este já condenado), a Associação Brasileira de Imprensa (ABI), distribuiu ontem a seguinte nota, assinada pelo presidente da entidade, Barbosa Lima Sobrinho:

'A Associação Brasileira de Imprensa não consegue entender que esteja em vigor e que ainda seja invocado o preceito contido no parágrafo 4, artigo 37 da Lei de Imprensa (Lei 5.230, de 9 de fevereiro de 1967), que estabelece a responsabilidade do jornal pela divulgação de pronunciamentos de deputados ou senadores cobertos pelas imunidades legislativas, desde que recusada a licença para o respectivo processo. A frase pronunciada pelo deputado gaúcho Getúlio Dias é, sem dúvida, injuriosa, quando classificava o egrégio Superior Tribunal Eleitoral de 'latrina do Planalto', por ocasião do julgamento que concedia à sra. Ivete Vargas a legenda do PTB. Mas é notório que a licença para o processo foi negada pela Câmara, depois que o deputado Getúlio Dias apresentou explicações que ela considerou satisfatórias.

'O inexplicável é que o processo continue, depois da recusa da licença e das explicações do deputado. E que sejam visados dois órgãos de comunicação, como a *Folha de S. Paulo* e *Jornal do Brasil*, que apenas se limitaram a divulgar um fato de interesse geral, cumprindo o dever realmente sagrado de informação, sendo de notar que não foram os únicos órgãos de informação que assim o fizeram.

'O preceito local em questão é uma herança da famosa Lei Adolfo Gordo, dos tempos da Presidência Artur Bernardes. Visava menos o direito de informação que a limitação das imunidades parlamentares, permitindo, assim, que o Poder Judiciário se transformasse em juiz das próprias imunidades parlamentares, sobrepondo-se à recusa da licença para o processo das palavras injuriosas. Para alcançar os jornais que as houvessem divulgado, não se fez nenhuma prova de que os jornais, na divulgação, fossem solidários com o *animus injuriandi* da frase incriminada, condição fundamental para aplicação de penalidades que pressupõem culpa ou dolo. Tanto mais que seria alarmante a equiparação dos atos – o da autoria da injúria e o de sua publicação – num jornal criado para isso mesmo, isto é, para informar.

'O delito do jornal existiria se o autor da injúria fosse desconhecido – ou inidôneo – pois assim se revelaria a cumplicidade da publicação. Mas considerar um deputado eleito pelo povo inidôneo, ou incapaz, é uma ofensa ao próprio Poder Legislativo. Mais que uma ofensa, uma afronta. E sobrepor-se o julgamento do Poder Judiciário ao julgamento da Câmara, que negou a licença para o processo, é outro absurdo, que surge como desrespeito às imunidades legislativas de um conflito entre poderes que a Constituição rege, que existem separados e harmoniosos.

'É caso para apelar para a consciência dos magistrados brasileiros, e sair até onde serão obrigados a admitir e respeitar preceitos legais, que são verdadeiros atentados contra normas essenciais do nosso regime político e, sobretudo, contra exigências fundamentais da Justiça humana, que não equipara atos de natureza tão diferente, nem confunde o *animus injuriandi* com o dever de informar".

(*Folha de S. Paulo,* 12 de fevereiro de 1981)

FOTO DEIXA O PRESIDENTE IRRITADO

Da Sucursal de Brasília

"'Quem é do *Jornal de Brasília?*' A pergunta, em tom de muita irritação, foi feita ontem pelo presidente João Figueiredo, quando os fotógrafos entraram em seu gabinete, às 11 horas, para documentar seu encontro com o governador do Acre, Nabor Júnior. Diante da apresentação do fotógrafo Júlio Fernandes, trêmulo, Figueiredo colocou o dedo perto do nariz e continuou ainda mais irritado: 'Fotografa agora e publica no seu jornal, vocês só publicam foto minha com o dedo no nariz. Vamos, fotografa', insistia ele, quase apoplético.

O episódio durou cerca de 30 segundos, para surpresa e susto do governador do Acre pelo PMDB, pouco acostumado aos acessos de cólera que já se vêm tornando uma constante no general Figueiredo, quando os fotógrafos se aproximam dele. Num outro episódio recente, flagrado cavalgando nas imediações da Granja do Torto pelo fotógrafo Garlos Namba, ele desceu do cavalo, virou-se de costas e pediu: 'Fotografa agora, porque não deu para você fotografar quando eu estava sentado na sela'.

No episódio de ontem, entretanto, ele arrependeu-se rapidamente do que fizera às 11 horas. E 30 minutos depois, ao tomar conhecimento de que havia cometido uma injustiça, pois a foto a que ele se referia tinha sido publicada não no *Jornal de Brasília,* mas no *Correio Braziliense,* mandou chamar Júlio Fernandes e pediu-lhe desculpas, sem deixar de voltar a manifestar sua revolta com as fotos onde ele aparece ao lado do ministro da Marinha, Maximiano da Fonseca, numa foto de primeira página, coçando o nariz, e na página 3, de boca aberta, coçando o lábio superior.

Ele colocou um círculo de caneta em volta de cada uma das duas fotografias publicadas no jornal, entregou a Fernandes com a recomendação de que ele passasse a Wilson Pedrosa, o real autor da fotografia, para que este a levasse ao jornal. 'Eu me enganei', disse Figueiredo ao cumprimentar Júlio Fernandes, que lhe informou que seu colega Pedrosa, do *Correio Braziliense*, estava na sala quando ele se irritara. 'E por que ele não se acusou? Mas a culpa talvez não seja nem do fotógrafo, mas do editor do jornal', afirmou Figueiredo.

Com isto, o trabalho dos jornalistas credenciados junto ao Palácio do Planalto fica cada vez mais difícil, pois o humor do presidente Figueiredo costuma contagiar seus auxiliares, em particular seus agentes de segurança. Um ex-fotógrafo, que agora trabalha agregado à Secretaria de Imprensa e Divulgação, José Rodrigues – com a única e específica função de acompanhar os profissionais de imagem de jornais e televisão quando o presidente permite ser fotografado – exigia ontem o pronto afastamento de Pedrosa do Palácio do Planalto, com a cassação de sua credencial, que afinal não se efetivou, até o final da tarde".

(*O Estado de S. Paulo*, 8 de dezembro de 1983)

ABUSO DE AUTORIDADE

General descontrolado agride um repórter em entrevista e causa estupor até nas casernas

'O general-de-divisão Newton Araújo de Oliveira e Cruz, 59 anos, comandante militar do Planalto, fez questão de sair do prédio do Quartel-General do Exército em Brasília e se dirigir à entrada do hotel de trânsito de oficiais, a poucos metros de distância, para falar aos jornalistas sobre o fim da vigência das medidas de emergência na capital. Já irritado, ele começou a conversar, acusando os advogados da seção brasiliense da Ordem dos Advogados do Brasil de terem agido ambiguamente quando, na condição de executor das medidas de emergência, ordenou a invasão da sede da entidade. 'Eu não tenho comportamento de bastidores, meu comportamento é claro: digo o que penso, na hora oportuna', afirmou. Momentos depois, cerca das 12h30m do último dia 17, essas palavras se revelaram precisas.

Em voz muito alta, expressão irritadiça, Cruz acusou a imprensa de ter publicado 'coisas de má-fé' e, questionado sobre o motivo de não ter sido aplicada a lei de imprensa para castigar tais deslizes, considerou esta 'uma boa pergunta para fazer ao presidente da República'. 'Querem me dar um presente de Natal?', tonitruou, dirigindo-se aos atônitos repórteres. 'Esqueçam de mim'. Gravador em punho, o radialista Honório Dantas, 40 anos, funcionário da Rádio Planalto, interveio: 'O senhor pede, então, que esqueçam a emergência?' 'Não estou pedindo isso, não', foi a resposta 'Esqueçam a mim. Emergência, não estou ligando para isso'. Dantas retorquiu: 'O Distrito Federal jamais vai esquecer o estado de emergência'.

Olhar esbugalhado, Cruz virou-se para ele e, a partir daí, provou que diz o que pensa, literalmente, mesmo nas horas inoportunas.

– 'O que você sofreu?', perguntou o militar.

– 'Não sofri nada', respondeu o jornalista.

– 'Não sofreu nada, está falando para mim desse jeito e ainda me diz liberdade'.

– 'Não, general. Eu não sofri nada porque sou um homem pacato e cumpridor dos meus deveres'.

– 'Então você não tem nada com medida de emergência. O que não é possível é o seguinte: chega, por exemplo, o presidente da OAB aqui do DF, vai lá no discurso dele e diz o seguinte: que Brasília, pacata e ordeira …,

– 'E é'.

– 'Deixa eu falar', berrou Cruz.

– 'Pode falar, general', disse Dantas.

– 'Então cala a boca! Brasília, pacata e ordeira …'

Ao perceber que Dantas aproximava o gravador de sua boca, Cruz interrompeu a frase, empurrou o jornalista e bradou: 'Desliga essa droga!' Dantas vacilou alguns segundos, desligou o aparelho e, em protesto pela grosseria, retirou-se do local. Ele descia a escada, em direção ao estacionamento, relatando no gravador a agressão, quando Cruz perdeu, de vez, as estribeiras. 'Olha aqui garoto... Se você falar isso outra vez, eu... Vem aqui, ó moleque'. O jornalista continuou o trajeto e o general tentou correr atrás dele. Foi seguro pelos coronéis que o cercavam, enquanto um oficial acompanhava Dantas até o carro.

Espumando, Cruz gritou para seus subordinados: 'Me larguem, me larguem'. Debatendo-se, o general desvencilhou-se dos oficiais, desceu aos pulos a escadaria e alcançou o repórter. Deu-lhe uma chave de braço e arrastou-o de volta até o grupo de jornalistas que, estupefatos, acompanhavam a cena. Descontroladíssimo, Cruz gritou, oito vezes seguidas: 'Peça desculpas, seu moleque'. Dantas balbuciou 'desculpas', mas o militar não se satisfez. 'Não é assim. Diga: eu peço desculpas', exigiu. 'Eu peço desculpas', cedeu o repórter. Assim está bom. Então vai embora', ordenou o comandante militar do Planalto, largando, finalmente, o braço de sua presa.

Levadas ao ar na edição de sábado do *Jornal Nacional*, da TV Globo, as imagens do descontrole do comandante militar do Planalto chocaram o país. Um general-de-exército, ex-colega de turma de Newton Cruz, definiu o episódio com três palavras-chaves: 'autoridade, arbítrio e impunidade'. No Rio de Janeiro, um antigo professor de Cruz ponderou: 'Militares devem, acima de tudo, manter o controle de seus nervos. São treinados para manter esse controle nas circunstâncias mais adversas. O general Cruz agiu mal, militar e profissionalmente'. Essa opinião é compartilhada pelo general reformado Heitor Herrera, um dos expoentes do chamado 'Grupo da Sorbonne', que nos anos 50 lançou os alicerces doutrinários da Escola Superior de Guerra. 'Quanto mais importante é a função que um homem desempenha, mais grave é o destempero, e acho que ele deveria ser destituído'. Para Herrera, 'o comportamento (do general Cruz) parece o de alguém que tem arteriosclerose, é típico, ou então foi mordido por cachorro louco'.

No Palácio do Planalto, as críticas também foram duras. Na manhã da segunda-feira, dois funcionários do Gabinete Militar ouviram um preocupado comentário de um dos chamados 'ministros da casa'. 'Um comandante não pode se descontrolar assim', disse o ministro. Desgostoso com a visão do destempero de Cruz – a que assistiu pela televisão – o presidente João Figueiredo fez chegar ao ministro do Exército, Walter Pires, sua reprovação. Pires, por sua vez, alertou o comandante militar do Planalto sobre o constrangimento que sua reação causara nas Forças Armadas. Mas na terça-feira, durante cerimônia no Quartel-General do Exército, o ministro esquivou-se de fornecer esclarecimentos sobre uma eventual punição do general. 'Que providências o senhor tomou a respeito?', perguntou um jornalista. 'Você sabe lá se tomei ou deixei de tomar?', disparou secamente o ministro.

Essa é a questão: ninguém sabe, e ainda que o Exército venha a castigar o comandante do Planalto com uma de suas possíveis punições reservadas, no caso ela parece inútil. Na verdade, mais do que manchar a folha de serviços de um militar, importa mesmo no episódio oferecer uma satisfação à opinião pública, ferida pelo inaceitável comportamento do general. Mas responder reservadamente a agressões públicas já vai-se tornando um comportamento habitual do governo – e Cruz, se necessário, pode invocar exemplos de cima para justificar seu destempero. Há duas semanas, irritado com a publicação de uma fotografia retratando um gesto deselegante seu, o presidente João Figueiredo aproveitou a audiência que concedia ao governador oposicionista Nabor Júnior, do Acre, que os fotógrafos credenciados no Planalto registravam, para agredir verbalmente o representante do *Jornal de Brasília*, Júlio Fernandes: 'Aproveite agora, fotografe', provocou, enfiando o dedo no nariz. Perplexo, sem saber do que se tratava, Fernandes não reagiu. Mais tarde, foi chamado de volta ao gabinete para ouvir um constrangido pedido de desculpas, reservado para uma ofensa que fora recebida diante de todos os colegas. 'Você me desculpe, eu me enganei', disse-lhe Figueiredo. 'Eu queria falar era com o fotógrafo do *Correio Braziliense*'. Desculpou-se pelo erro de pessoa, e não pela grosseria, incompatível com o cargo de presidente da República".

(*Isto é*, 28 de dezembro de 1983)

SOBRAL LAMENTA QUE JORNALISTA TENHA PEDIDO DESCULPAS

Da Sucursal do Rio e da Reportagem Local

" 'Os políticos abaixam a cabeça e aí os militares fazem o que querem. A atitude do general Newton Cruz com o jornalista Honório Dantas é um exemplo disso, mas não me surpreendo, pois é próprio desse general e da mentalidade militar'. A opinião é do advogado Sobral Pinto, o qual convocou toda a sociedade a reagir à altura, 'não com revolução e matando, mas resistindo com dignidade e coragem'.

Sobral Pinto lamentou que o jornalista tenha se desculpado com o general Newton Cruz: 'Se ele tivesse reagido, este general não tomaria esta atitude uma segunda vez. Acontecesse o que acontecesse, o jornalista não deveria se desculpar, até porque não tinha motivos para tal', enfatizou o advogado.

Para ele, uma atitude deste tipo, partindo de um homem como o general Newton Cruz, que invadiu a sede da Ordem dos Advogados do Brasil, seção Brasília, durante a vigência das medidas de emergência, chega a ser normal. 'E é para um homem desse tipo que se entrega o Comando Militar do Planalto', lamentou.

O governador Franco Montoro disse ter tomado conhecimento da agressão contra o jornalista pelos jornais. Alegando desconhecer os detalhes do episódio, Montoro afirmou apenas 'ser lamentável que fatos como este continuem acontecendo'. O governador assistia à 'Sinfonia de Natal Itaú', realizada no Parque do Ibirapuera.

O deputado federal Eduardo Suplicy (PT-SP), por sua vez, pediu o afastamento do general Newton Cruz, ao repudiar a agressão contra o jornalista Honório Dantas: 'O que se espera – disse – é que o general Newton Cruz peça desculpas ao jornalista e a toda a imprensa. Se não o fizer é melhor que seja afastado de suas funções pelo perigo que hoje representa pelas suas atitudes'.

Antes, o deputado petista afirmara que os atos do general precisam ser melhor investigados. 'É necessário que desapareça a cortina de fumaça com que se tentou encobrir suas ações, enquanto no SNI, com referência aos episódios da bomba do Riocentro, das irregularidades do Grupo Capemi, da morte do senhor Alexandre von Baumgarten e da sua própria tentativa de estender as medidas de exceção a todo o território nacional".

(*Folha de S. Paulo,* 19 de dezembro de 1983)

ANISTIA QUER CADEIA PARA OS MATADORES DE REPÓRTER

"BONN – A organização Anistia Internacional pediu ontem ao ministro da Justiça, Ibrahim Abi-Ackel, uma investigação imediata do assassinato do jornalista Mário Eugênio Rafael de Oliveira, morto a tiros na semana passada em Brasília. A Anistia diz em seu comunicado que está preocupada com o crime e pede ao governo brasileiro que esclareça o caso o mais rápido possível, julgando seus autores.

Mário Eugênio foi assassinado no dia 12, quando se preparava para entrar em seu carro, estacionado próximo à *Rádio Planalto,* onde trabalhava. O jornalista – que também escrevia para o *Correio Braziliense* – era conhecido pelas denúncias que fazia sobre o Esquadrão da Morte e já tinha recebido várias ameaças de morte, além de ter conseguido escapar de um atentado.

A Anistia Internacional destaca que Mário Eugênio tratava com freqüência dos casos de assassinatos de sindicalistas, advogados e trabalhadores de áreas rurais do País. Acrescenta que os jornalistas brasileiros costumam denunciar as atividades ilegais e os excessos de latifundiários ou autoridades policiais e militares e, por isso, são perseguidos e recebem ameaças de morte, são presos ou mortos.

O comunicado da Anistia, que já ganhou o Prêmio Nobel da Paz há alguns anos – diz que a organização se preocupa com o fato de que crimes como esse parecem não ser objeto de investigações rápidas e eficientes no Brasil. Em dezembro de 1982, a Anistia pediu ao governo brasileiro uma investigação sobre a morte do também jornalista João Melo Alencar, ocorrida no dia 2 daquele mês, no território de Roraima. A organização pediu ainda esclarecimentos sobre as perseguições que eram feitas a seu colega Péricles Perruci.

Os dois trabalhavam em uma rádio e freqüentemente criticavam as autoridades locais. Alencar também havia recebido ameaças de morte e conseguiu escapar de um atentado. A Anistia diz que até hoje não recebeu nenhuma informação de que o assassino tenha sido encontrado.

Um telegrama da agência de notícias alemã DPA lembra que os últimos presos políticos no Brasil foram quatro jornalistas, justamente por terem escrito matérias que criticavam o governo brasileiro. A agência acrescenta, porém, que todos eles foram libertados depois que a Lei de Segurança Nacional foi modificada, em dezembro do ano passado".

(*O Estado de S. Paulo*, 23 de novembro de 1984)

MAIS UM JORNALISTA ASSASSINADO NO BRASIL

Abatido a tiros de metralhadora.
Denunciava a corrupção oficial

"JOÃO PESSOA – O industrial e jornalista Paulo Brandão Cavalcanti, de 35 anos, foi barbaramente assassinado por volta das 19h00 do sábado, 15/12, quando deixava sua fábrica localizada na estrada que liga João Pessoa a Recife (BR-101).

Ao reduzir a velocidade do carro para entrar na rodovia, dois desconhecidos – que se encontravam sentados junto ao acostamento durante mais de uma hora, segundo testemunhas – deram 37 tiros de metralhadora, escopeta e revólver, principalmente no rosto e tórax, e um tiro de calibre 38 na testa da vítima.

Em seguida fugiram com um cúmplice que os esperava na outra pista, em um Passat.

Denunciava escândalos

O carioca Paulo Brandão é muito conhecido na Paraíba; além de dono de uma indústria – a Poliutil – ele dirigia o jornal *Correio da Paraíba,* de João Pessoa, e mais quatro emissoras de rádio, duas na capital do estado e duas em Campina Grande. Pelo jornal, Brandão vinha denunciando uma série de escândalos no governo Wilson Braga, na prefeitura de João Pessoa e no órgão encarregado de promover o turismo no estado, a PBTur.

Culminou com a denúncia de uma fraude ocorrida na compra de máquinas e caçambas pela prefeitura de João Pessoa e o arrendamento de uma rede de hotéis a uma empresa do Rio Grande do Norte, constituído 18 dias antes do julgamento da concorrência.

Paulo Brandão Cavalcanti era casado com a sobrinha do governador de Pernambuco, Roberto Magalhães. E há cerca de 11 dias ele recebeu um telefonema anônimo, advertindo-o de que se encontrava na Paraíba um pistoleiro profissional, contratado para matá-lo.

Paulo Brandão conversou longamente com o denunciante, mas nada apurou de concreto. Sabia que o pistoleiro o estava seguindo há mais de um mês e que não o havia matado por falta de oportunidade; tentou saber a identidade do homem, mas não conseguiu. Brandão tentou ainda saber do denunciante se o matador aceitaria uma oferta maior em dinheiro para não consumar o assassínio, ao que o denunciante respondeu que o 'cara' era perigoso e que não costumava descumprir os tratos.

Paulo Brandão, que deixou esposa e dois filhos menores, foi sepultado na tarde de domingo, no cemitério de Santo Amaro, em Recife.

Crime sem solução

A morte do empresário e jornalista Paulo Brandão causou grande impacto na Paraíba. O governador em exercício, José Carlos da Silva Júnior, recomendou maior rigor nas investigações. Apesar disso a população paraibana está descrente da atuação da polícia – desde o início do atual governo não se esclareceu nenhum crime de impacto ocorrido no estado, e já aconteceram pelo menos cinco violentos crimes, sem contar o de Brandão.

Os deputados da oposição e alguns setores da imprensa acusam o atual secretário da segurança, Fernando Milanez, de estar ligado ao 'Grupo da Várzea', composto pela extrema-direita do PDS e do latifundiário paraibano.

Na Capital Federal, outro caso rumoroso engatinha na Justiça. O ministro da Justiça ainda não encontrou uma fórmula de retirar da Secretaria da Segurança Pública do Distrito Federal a condução do inquérito que apura o assassinato do jornalista Mário Eugênio, do *Correio Braziliense*. Mas na próxima semana o ministro Ibrahim Abi-Ackel pedirá pessoalmente ao governador José Ornellas e ao secretário Lauro Rieth, explicações para a demora.

Esta afirmação foi feita por Abi-Akel a representantes da Federação e Sindicato dos Jornalistas, que cobraram medidas eficazes para solucionar o misterioso assassinato de Mário Eugênio, ocorrido dia 11 de novembro último, em meio a denúncia da existência do 'Esquadrão da Morte', em Brasília.

Recompensa de 20 milhões

Na edição que circula esta semana, a revista *IstoÉ* está oferecendo um prêmio de 20 milhões de cruzeiros a quem apresentar pistas que levem à identificação e prisão do matador – ou matadores – do jornalista Mário Eugênio. A revista garante sigilo às possíveis testemunhas e coloca à disposição os telefones 231-2110 (São Paulo) e 224-4673 (Brasília).

Em uma reportagem de destaque, a revista explica que esse procedimento incomum justifica-se: como estão na cúpula policial os principais e até agora únicos suspeitos da autoria dos disparos contra o jornalista, pode-se imaginar que dificilmente as investigações tomarão um rumo consciente – e o primeiro mês de trabalho absolutamente inútil está aí para demonstrar a lógica desse raciocínio.

O ministro Abi-Akel concordou que o processo de investigação está 'muito lento', manifestando ainda estranheza com o fato de os retratos falados dos suspeitos não terem sido ainda oficialmente divulgados pela Delegacia de Homicídios. Os desenhos que foram divulgados pela imprensa foram feitos por um perito da Polícia Civil de São Paulo, com base no depoimento de duas testemunhas, identificando os delegados Ângelo de Azevedo Neto, Waldemar Gomes Ribeiro e Teodoro Pereira Rodrigues. A secretaria, no entanto, não reconheceu essas identificações e solicitou, da Polícia Federal, um perito para novos desenhos, que não foram divulgados.

Se pessoas honestas, que denunciam crimes de corrupção, suborno, etc., morrem e praticamente nada se faz para 'achar os culpados', deve-se concluir que este é o país da impunidade e logo mais não haverá pistoleiros sem trabalho".

(*Agora!*, 28 de dezembro de 1984)

CRUZ

"Ao ver o general Newton Cruz desfilar de cavalo branco e capacete de aço na parada do 7 de Setembro, o presidente Figueiredo não pôde conter uma brincadeira; e comentou com outro militar que sentava a seu lado no palanque: 'Olha lá o Nini. É o nosso Mussolini'.

Nini teve uma atribulada passagem pelo Comando Militar do Planalto. No dia 24 de abril, véspera da votação da emenda Dante de Oliveira, ele foi às ruas como executor das medidas de emergência – e provocou confusões. Rebenque em punho, ele interpelava pessoalmente quem buzinava em apoio às diretas já. Não satisfeito, acabou prendendo dois deputados federais – Aldo Arantes (PMDB-GO) e Jacques D'Ornellas

(PDT-RJ) – que participavam de uma passeata. Chamou-os de comunistas e deu um soco no peito de D'Ornellas. Há pouco mais de dois meses, repetiu a dose, desta vez agredindo o major Antônio Augusto de Abreu Paiva, durante um jantar no Setor Militar Urbano de Brasília. O major foi atirado ao chão pelo general. Nini, exonerado do Comando Militar do Planalto, irá exercer as funções burocráticas de vice-chefe do Departamento Geral do Pessoal do Exército".

(*Jornal da Tarde*, 29 de dezembro de 1984)

JORNALISTA ESPANCADO

"O delegado-chefe da Polícia Civil da Bahia, Jurandir João Moisés, determinou ontem em Salvador 'rigorosa apuração' no espancamento sofrido pelo jornalista Carlos Alberto Caetano, da *Tribuna da Bahia*, agredido a socos e pontapés por cinco integrantes da Polícia Militar, comandados pelo sargento Francisco e um policial civil, na 9ª Circunscrição Policial e diante da delegada de plantão, Maria Dail Barreto.

O jornalista esperava o ônibus em companhia de um amigo, na madrugada do último sábado em um ponto na avenida Otávio Mangabeira, na orla marítima de Salvador. Temendo ser assaltado, procurou a proteção de dois soldados da PM que estavam do outro lado da rua. Acabou agredido a socos e pontapés, a partir do momento em que se identificou como jornalista da *Tribuna da Bahia* – órgão que se tem caracterizado pelas denúncias de corrupção policial, especialmente no Detran. Caetano foi também agredido pelo sargento Francisco e por dois outros soldados que estavam no interior de uma viatura da PM, que se juntaram aos demais no espancamento".

(O *Estado de S. Paulo*, 26 de março de 1985)

FIGUEIREDO: "BOTA PRA FORA ESSES CARAS"

"Após uma permanência de dois dias em São Paulo, onde fez exames de rotina no Instituto do Coração do Hospital das Clínicas, o ex-presidente da República João Figueiredo retornou ontem de manhã ao Rio de Janeiro (vôo das 9 horas da ponte aérea), muito irritado com os jornalistas que tentaram entrevistá-lo na sala Vip do Aeroporto de Congonhas. 'Bota esses caras para fora, senão eu vou encrencar', ordenou Figueiredo, nervoso, ao coronel Nélson Dourado, seu ex-ajudante de ordens na Presidência da República.

Apesar da insistência dos seguranças do ex-presidente, os jornalistas não deixaram a Sala Vip, pois têm credencial da Infraero que permite o livre acesso àquela sala de embarque. O incidente foi presenciado pelo empresário George Gazale, a ex-ministra da Educação Esther Ferraz, e a delegada do MEC em São Paulo, Dalva de Souto Maior, que foram despedir-se de Figueiredo no aeroporto. Ontem mesmo, o ex-presidente seguiu para o seu sítio em Nogueira, e no próximo dia 5 viajará para Los Angeles, EUA, acompanhado de sua mulher e do casal Gazale. De lá, eles farão um cruzeiro marítimo pelo Pacífico".

(O *Estado de S. Paulo*, 29 de março de 1985)

BALEADA IMPORTANTE TESTEMUNHA NO CASO DO JORNALISTA MORTO

Brasília
Agência Estado

"O agente de polícia Moacir Assunção Loiola, de 25 anos, testemunha-chave no caso da morte do jornalista Mário Eugênio – assassinado em novembro na Capital Federal – foi encontrado ontem de manhã com um tiro na cabeça, na cidade-satélite de Taguatinga. Até o final da noite, o policial permanecia internado na UTI do Hospital de Base em estado grave. A tentativa de assassínio de Moacir – ou suicídio, hipótese que a polícia não afastou – pode ajudar bastante o esclarecimento da morte do jornalista.

Moacir Assunção foi encontrado baleado por volta das 9 horas, perto de um centro esportivo de Taguatinga, a menos de um quilômetro da sua casa. A seu lado havia um revólver calibre 38, com indícios de que disparou um tiro e carregado com cinco balas. Junto dele estavam também dois exemplares da edição de ontem do jornal *Correio Braziliense,* de Brasília, contendo uma longa reportagem sobre o depoimento que Moacir havia dado terça-feira, em Luziânia (GO), em que incriminou o sargento do Exército Antônio Nazareno, um dos principais suspeitos do assassínio de Eugênio. O depoimento fez parte das investigações sobre o assassínio do chacareiro João Batista de Paulo Matos, em abril de 1984. A morte do chacareiro foi uma das últimas reportagens de Eugênio, e ela dá indicações de que um grupo de policiais e membros do Exército teria praticado esse crime.

O policial baleado acusou ontem o sargento Nazareno de comandar a operação que matou o chacareiro, e também de ser um dos chefes do 'esquadrão da morte' que age em Brasília e nas cidades goianas próximas do Distrito Federal. Por isso, Nazareno tornou-se o principal suspeito da morte de Mário Eugênio. Até há algumas semanas, o sargento era integrante do Pelotão de Investigações Criminais do Exército.

Os membros do grupo que Nazareno supostamente chefiava foram vistos perto da redação do *Correio Braziliense,* poucas horas antes de o jornalista ser assassinado com cinco tiros na cabeça. Mário Eugênio foi morto quando se retirava do prédio da *Rádio Planalto,* onde também trabalhava e para onde se dirigiu depois de sair da redação do jornal. Segundo amigos do jornalista, ele estava prestes a denunciar o sargento como chefe do 'Esquadrão da Morte'.

(*O Estado de S. Paulo,* 7 de junho de 1985)

REABERTO O INQUÉRITO DO ATENTADO À BOMBA

"O procurador da Justiça Militar Federal em São Paulo, Newton Rangel Coutinho, oficiou ontem à Policia Federal pedindo uma série de importantes providências para que o Ministério Público Militar venha a determinar a reabertura do inquérito policial relativo ao atentado à bomba ao edifício de *O Estado de S. Paulo,* ocorrido em 14 de novembro de 1983. Dessa forma, o procurador atende a pedido formulado pelo advogado de *O Estado de S. Paulo* e *Jornal da Tarde,* Manuel Alceu Affonso Ferreira, que informou à autoridade o surgimento de novas evidências referentes ao caso.

Em síntese, o procurador da 2ª Auditoria da JMF pede à Polícia Federal as seguintes providências preliminares: tomar depoimento do repórter João Batista Olivi que, no programa 'Olho Mágico', da *TV Gazeta,* acusou Maria Luiza Catappani de ter participado do atentado; tomar depoimento da citada Maria Luiza, que seria – de acordo com reportagem divulgada na revista *IstoÉ,* de 29 de maio – ex-agente do extinto DOI-CODI do I Exército e à época seria conhecida por 'Bia'; requisitar a fita gravada do programa da TV Gazeta.

O procurador da JMF, após receber da Polícia Federal as informações relativas às diligências preliminares e formar convicção, poderá determinar a reabertura do inquérito. Mais adiante, poderá oferecer ou não denúncia no âmbito da Justiça Militar. No momento, o procurador adota tais providências a nível de competência processual normativa do Ministério Público Militar, sem que haja, necessariamente, nesta fase, o acionamento do juiz militar competente".

(*O Estado de S. Paulo,* 20 de junho de 1985)

DICKSON ACUSA OFICIAIS NO CASO BAUMGARTEN

Rio
Agência Estado

"O coronel Dickson Melges Grael apontou os nomes do coronel Manhães, ex-chefe do Centro de Informações do Exército, no Rio; do capitão da reserva e contraventor do jogo do bicho Ayrton Guimarães Jorge; e do sargento conhecido apenas como Roberto Fábio, todos do Exército, como envolvidos diretamente na chamada 'Operação Dragão', nome sob o qual, acredita, tenham sido executadas as atividades de seqüestro, interrogatório e assassinato do jornalista Alexandre von Baumgarten. Dickson disse ao delegado Ivan Vasques – responsável pelo inquérito policial – estar trazendo informações que ouviu de outro coronel da reserva do Exército, ligado ao serviço Nacional de Informações, acrescentando que 'chegará o momento em que este militar sairá do anonimato para depor de viva voz'.

Com a revelação do Dickson, sobe a sete o número de militares do Exército acusados de envolvimento no assassinato do jornalista. A menção dos nomes do coronel Manhães, do capitão Guimarães (como é mais conhecido na contravenção) e do sargento Roberto Fábio, permitirá pela primeira vez ao delegado Ivan Vasques convocá-los para depor, pois até ontem só havia referência ao nome do sargento em reportagens da imprensa, desacompanhadas do nome do denunciante ou de provas, insuficientes para uma ação policial.

O coronel Dickson disse acreditar que o sargento Roberto Fábio, à época servindo na Agência Central do SNI, em Brasília, tenha participado da fase de eliminação física de Baumgarten. Disse ainda não ter a menor dúvida de que o ministro do Exército, Leônidas Pires Gonçalves, 'se consultado, proporcionará todas as informações que permitam localizá-lo'.

O coronel informou que a chamada 'Operação Dragão' foi desenvolvida em três fases: seqüestro, interrogatório e assassinato do jornalista. 'Quem participasse de uma fase não poderia participar das outras, para dificultar ao máximo a identificação dos assassinos' – assegurou.

Dickson disse ainda não ter mais nenhuma dúvida de que o assassinato de Baumgarten está ligado à tentativa de ocultação de provas da participação de militares no atentado do Riocentro. Lembrou que foram furtadas, no inquérito de Baumgarten, 14 páginas da novela 'Yellow cake', escrita pelo jornalista, justamente no trecho onde ele se refere ao assunto. 'As pessoas que furtaram essas páginas erraram, porque deveriam ter retirado ainda a 15ª página, pois ela deixa claro que as anteriores se referiam à responsabilização de pessoas que teriam arquitetado o atentado ao Riocentro. Não há nada mais óbvio para mim de que na morte de Baumgarten se processou uma queima de arquivo, a primeira grande, e talvez a maior, do episódio do Riocentro'.

O delegado Ivan Vasques contou que o coronel Dickson, em seu depoimento, apontou ainda os coronéis Ary Pereira de Carvalho, o 'Aryzinho', e Ary de Aguiar Freire, como homens que planejaram a 'Operação Dragão', cabendo ao sargento Roberto Fábio a execução direta do jornalista.

Dickson admitiu para Ivan Vasques a possibilidade de Baumgarten ter sido submetido a interrogatório no próprio prédio da Polícia Federal, no Rio, durante os nove dias em que esteve preso antes de ser executado.

Presença

O major Paulo Roberto Silveira, a quem o procurador Junqueira Ayres atribuiu denúncias sobre o assassinato de Baumgarten, confessou em 1982, a oficiais do Exército, que chegou a sentir a presença de agentes do Serviço Nacional de Informação (SNI), no Instituto Médico Legal do Rio, quando houve a troca do laudo pericial, o do jornalista pelo de um homem que havia morrido por afogamento.

A informação foi dada ontem no Rio por um desses militares com quem Silveira conversou informalmente na época sobre o caso Baumgarten, e que admitiu as preocupações do major, último ajudante-de-ordens do general Sylvio Frota e atual assessor de Relações Públicas do Comando Militar da Amazônia, com as circunstâncias em que Baumgarten foi morto.

O testemunho de Silveira sobre a troca dos laudos, problema que foi resolvido no IML com a sua interferência pessoal, está confirmado, segundo o mesmo militar. Também está praticamente confirmado o motivo do seu afastamento da 11ª Companhia de Manutenção: o fato de ele ter feito a identificação do corpo do jornalista.

Militares que já ouviram o major Silveira sobre o crime, admitiram ontem que seu depoimento no inquérito que apura o caso Baumgarten poderá contribuir muito para o andamento das investigações. Um dos oficiais que analisaram o caso, afirmou que Silveira deveria ser ouvido juntamente com outros militares, como o coronel Olímpio Souza, que era também amigo de Baumgarten".

(*O Estado de S. Paulo,* 25 de junho de 1985)

SARGENTO CONFESSA QUE ASSASSINOU O JORNALISTA

"O sargento do Exército Antônio Nazareno Mortari Vieira confessou ontem ter assassinado o jornalista Mário Eugênio, do *Correio Braziliense,* de Brasília, em novembro passado. O jornalista denunciou o envolvimento da Secretaria de Segurança Pública do DF, na administração passada, em crimes de um 'esquadrão da morte' local. O sargento Vieira, servindo no Pelotão de Investigações do Exército (PIC), além de confessar a autoria do assassinato, apontou como participantes os policiais 'Divino 45', Iracildo de Oliveira, Moacir Loyola (morto em circunstâncias ainda não esclarecidas, com um tiro na cabeça, na semana passada) e os cabos Couto e Aureliano, ambos do PIC".

(*O Estado de S. Paulo,* 27 de junho de 1985)

UM CASO ENCERRADO

A prisão de quatro policiais de Brasília elucida o assassinato do jornalista Mário Eugênio

"Chegou ao fim, na semana passada, o mais emperrado episódio da crônica policial de Brasília: a investigação em torno da morte do jornalista Mário Eugênio Rafael de Oliveira, editor de polícia do *Correio Braziliense,* assassinado com sete tiros na noite de 11 de novembro do ano passado. Para desatar o nó, foi preciso mudar o governo e entrar em cena um mecanismo de apuração mais interessado em resultados do que o antigo. O crime, finalmente, está esclarecido. Dele participaram três policiais civis – Divino José de Matos, o 'Divino 45', Iracildo José de Oliveira e Moacir de Assunção Loyola, lotados na Delegacia de Furtos de Veículos – e três militares – o sargento Antônio Nazareno Mortari Vieira e os cabos Aurelino Silvino de Oliveira e David Antônio do Couto, do Pelotão de Investigações Criminais (PIC), da polícia do Exército. Quatro deles confessaram o crime e revelaram o motivo: Mário Eugênio foi morto porque estava prestes a denunciar uma série de crimes cometidos pelo bando.

Mário Eugênio preparava-se para denunciar os mecanismos de ação de uma quadrilha de policiais, especializada em roubar carros em Brasília e Goiás para vendê-los na Bolívia. A quadrilha forjou um método singular. Primeiro, os policiais libertavam marginais presos na Delegacia de Furtos de Veículos para que roubassem os carros. Em seguida, os automóveis eram levados até as dependências do PIC e ali recebiam chapas e documentos frios, antes de atravessar a fronteira. Enfim, para prevenir delações, os ladrões utilizados pela quadrilha eram eliminados e seus cadáveres apareciam boiando nos lagos da região. Pelo menos dezesseis assassinatos desse tipo teriam sido cometidos pelo bando nos últimos três anos",

(*Veja*, 3 de julho de 1985)

JORNALISTA DEPÕE NO CONSELHO DE JUSTIÇA CONTRA TORTURADORES

"O jornalista Álvaro Caldas acusou ontem o Coronel Valter Jacarandá, inspetor José Boneschi e tenente Dulen Garcez de o terem torturado com pau-de-arara, máquinas de choques elétricos, espancamentos e afogamentos, em depoimento prestado ao tenente-coronel Sérgio Arôca, assessor especial do Conselho de Justiça, Segurança Pública e Direitos Humanos, que vem recebendo as denúncias do grupo *Tortura Nunca Mais*.

— Minha preocupação não é fazer uma caça aos torturadores. Não é uma vingança pessoal. O que me move é uma questão política e moral. É incompatível com o regime democrático em que vivemos que essas pessoas continuem a exercer funções públicas de relevo — explicou o jornalista, que também é autor do livro *Tirando o capuz,* no qual conta sua experiência na prisão. Ele acredita que grupos como o *Tortura Nunca Mais* — criado há dois meses — serão formados em outros estados.

— Os torturadores começavam criando um clima de pânico, fazendo perguntas entre socos e pontapés. O coronel Jacarandá usava botas militares para chutar. A coisa ia num crescendo. Primeiro, amarravam um fio no pé e outro na mão e começavam os choques. Depois, mudavam o fio para a orelha, o pênis e a língua, variando a intensidade. No meio disso, tentativas de estrangulamento e ameaças do tipo 'ou fala ou morre'. O tenente Garcez ameaçou enfiar um cassetete em meu ânus, gritando: 'você é comunista, não é, macho?'

Outros torturadores

Álvaro Caldas acusou ainda o 2º Tenente Correia Lima, o capitão José Ribamar Zamith, o capitão-de-mar-e-guerra Alfredo Poeck e os tenentes do Exército Duque Estrada, da Silva e Avólio. Citou também outras pessoas do esquema de tortura, mas que não chegaram a agredi-lo: capitão Gomes Carneiro, tenente-coronel Nei Fernandes Antunes (então comandante do DOI-CODI), tenente-coronel Torres e major Fontenele, todos do Exército.

Mencionou o tenente-médico Amilcar Lobo, 'que examinava os presos para dizer se eles tinham condições de continuar a ser torturados', o sargento Antunes, o cabo Gil, os agentes do DOPS Teobaldo e Luiz Timóteo da Silva (hoje assessor de segurança da Assembléia Legislativa) e o soldado da PE conhecido como *Baiano*.

O jornalista ressaltou o papel da CIA na formação de oficiais brasileiros, e mostrou ao tenente Arôca o livro *A face oculta do terror*, de A. J. Langguth, jornalista do *The New York Times*, que faz várias denúncias neste sentido.

– Os presos que estavam no DOI-CODI tinham informações de que o coronel Jacarandá fez um curso da Divisão de Serviço Técnico da CIA no Panamá, que incluía o aperfeiçoamento das técnicas de tortura. A tortura no Brasil não foi um acontecimento episódico: foram criados instrumentos e prédios especiais – garantiu.

Todos esses nomes estão no livro *Tirando o capuz*, que Álvaro Caldas lançou pela editora Codecri em 1981, atualmente na quarta edição. No dia do lançamento, em uma livraria em Ipanema, um telefonema anônimo avisou que havia uma bomba no local, mas não passou de ameaça. O relato começa com a experiência 'kafkiana' vivida pelo jornalista, dois anos depois de ser libertado, quando já havia abandonado a militância política e fazia a cobertura do time do Botafogo para o *Jornal dos Sports*.

– Fui seqüestrado e levado para um lugar onde apanhei muito. Depois fui parar novamente no DOI-CODI da Barão de Mesquita. A sala de torturas estava muito mais equipada, com uma parafernália de fios e aparelhos que lembravam um consultório dentário. Quatro dias depois me levaram para o 3º Comar e me botaram em um avião.

Álvaro fez os percursos externos com um óculos especial, vedado por feltros. Nos interiores ficava encapuzado. Sem saber onde estava, foi deixado em uma cela imunda e depois levado para uma sala limitada por um vidro. Supõe que atrás dele havia alguém para reconhecê-lo. Como não foi reconhecido – soube por um de seus seqüestradores que não sairia vivo dali em caso contrário – voltou no mesmo avião e recebeu cr$ 10 para pegar um táxi e voltar para casa, onde chegou com a mesma bermuda e chinelos com que havia desaparecido. Deste episódio, o jornalista não pôde reconhecer nenhum dos responsáveis".

(*Jornal do Brasil*, 4 de julho de 1985)

Fernando Jorge

OS MINISTROS TRATAM MAL A IMPRENSA

Brasília
Agência Estado

"Muita coisa mudou no país com a Nova República. Menos o relacionamento do governo com a imprensa. Uma rara e importante exceção é a Presidência da República, que tem procurado manter um estilo respeitoso e cada dia mais aberto no contato entre o presidente José Sarney e os órgãos de informação ao público. Mas na maioria dos ministérios o exemplo presidencial não é seguido. As assessorias parecem achar que faz parte de suas atribuições proibir a circulação de jornalistas, mentir sobre o paradeiro de seus chefes e, o que é pior, esconder informações importantes em gavetas ou fornecer pistas falsas para desviar quem está no caminho correto da informação. Tudo como nos velhos tempos do regime autoritário".
(*O Estado de S. Paulo,* 7 de julho de 1985)

JORNALISTAS AMEAÇADOS DE MORTE PELO TELEFONE

"Por volta de 15h45m, em telefonema à redação da *Folha* em Brasília, um homem de voz mansa e falando pausadamente advertiu para que ninguém do jornal incomodasse mais o coronel Lauro Rieth, 'pois poderia acontecer o mesmo que aconteceu com Mário Eugênio' (O jornalista do *Correio Braziliense* foi assassinado em novembro passado, por causa de suas constantes reportagens sobre ações de um esquadrão da morte em Brasília). Estabeleceu-se, durante o telefonema anônimo, o seguinte diálogo com um repórter da *Folha*:

Anônimo – Ai trabalha um fotógrafo japonês?

Repórter – Trabalha, por quê?

Anônimo – Quero avisar a ele que não incomode mais o coronel Lauro Rieth, pois poderá acontecer o mesmo que aconteceu com Mário Eugênio.

Repórter – Vocês são todos covardes e só atacam à traição. Não têm coragem de enfrentar ninguém como homem. Lugar de bandido é na cadeia.

Anônimo – Tenho coragem para estourar a cabeça de todos vocês. O aviso vale para qualquer repórter da *Folha* de *S. Paulo*.

Sem alterar o tom de sua voz, o anônimo concluiu: 'O recado está dado'.

No final da tarde o governador do Distrito Federal, José Aparecido de Oliveira, telefonou para a *Sucursal* da *Folha* para se inteirar do ocorrido. Informado sobre a ameaça telefônica, acionou imediatamente o Secretário de Segurança Pública do DF, Coronel José Olavo de Castro. Este também entrou em contato com o jornal e colocou à disposição da *Folha* o esquema de segurança que for necessário para a manutenção da integridade física dos funcionários e das instalações do jornal".

(*Folha de S. Paulo*, 14 de julho de 1985)

CRUZ CHEFIOU O SEQÜESTRO, DIZ IVAN VASQUES

Rio
Agência Estado

"O general Newton de Oliveira e Cruz, ex-chefe da Agência Central do SNI durante o governo João Figueiredo, vai ser indiciado como co-autor dos homicídios do jornalista Alexandre von Baumgarten, de sua companheira Jeanette Hansen e do barqueiro Manuel Valente Pires, o Manuel 'português', proprietário da traineira 'Mirimi', a bordo da qual eles foram vistos pela última vez no dia 13 de outubro de 1982. O delegado Ivan Vasques, que anunciou ontem, no Rio, o próximo indiciamento do general, afirmou já estar provado que Newton Cruz comandou o seqüestro de que foram vítimas o jornalista, sua companheira e o barqueiro.

Explicou que o seqüestro foi o meio utilizado pelos criminosos para executar suas vítimas e, por essa razão, este crime seria absorvido pelo crime maior que é o homicídio. Vasques pretende indiciar Newton Cruz já por ocasião de seu próximo depoimento.

O delegado afirmou que o reconhecimento do general na cena do seqüestro, na madrugada do dia 13 de outubro, pelo bailarino Cláudio Werner Polila, o 'Jiló', foi decisivo para que ele concluísse pelo indiciamento. Posteriormente, o êxito na reconstituição do seqüestro, segundo o depoimento do bailarino, e a constatação de que 'Jiló' não foi induzido a reconhecer Newton Cruz entre os seqüestradores, robusteceu as convicções do policial.

Ivan Vasques divulgou ontem o resultado de uma pesquisa realizada junto às redes Globo e Manchete de Televisão para saber durante quanto tempo o general Newton Cruz apareceu nos vídeos, no período de 17 de agosto de 1983 – data em que tomou posse no Comando Militar do Planalto – a 4 de junho de 1985 – dia em que depôs no inquérito destinado a apurar a morte do jornalista. A pesquisa conclui que o general Newton Cruz apareceu durante 39 minutos, 40 segundos e 9/10, nesses quase dois anos, dos quais o bailarino 'Jiló' só pôde vê-lo por 18 minutos, 10 segundos e 5/10. Nos restantes 21 minutos, 30 segundos e 4/10, o bailarino esteve, a maior parte do tempo, ora na Argentina, ora no Paraguai, impossibilitado, segundo Vasques, de visualizar a figura de Cruz, e ser mais tarde por ela influenciado. 'Cheguei à conclusão, depois de examinar o resultado da pesquisa, que para o Cláudio Polila o general Newton Cruz não era uma figura notória' – disse o delegado. 'E isso reforça o reconhecimento que fez do general entre os seqüestradores de Alexandre Baumgarten no cais da praça XV de Novembro, no Rio'.

O delegado Ivan Vasques informou que o bailarino Cláudio Polila foi seguido durante todo o dia de ontem por um automóvel com placa de Salvador, tendo dois homens em seu interior. O delegado mostrava-se preocupado, pois um levantamento mandado realizar na placa AA-5410 (anotada pelo bailarino), junto às autoridades de trânsito da Bahia, revelou tratar-se de placa 'fria'.

O delegado Ivan Vasques informou ter recebido mais uma ameaça, através de telefonema dirigido à sua residência. Desta vez, uma voz masculina disse à empregada que, caso o policial persistisse em anunciar o nome dos assassinos de Baumgarten até o final do mês, 'todos aí nessa casa vão dançar'".

(*O Estado de S. Paulo*, 17 de setembro de 1985)

JORNALISTA VAI PEDIR REVISÃO DO ATENTADO

Rio

Agência Estado

"O jornalista Hélio Fernandes, diretor do jornal carioca *Tribuna da Imprensa*, vai pedir esta semana ao ministro Fernando Lyra, da Justiça, a reabertura do inquérito que investigou o atentado cometido contra a sede da empresa, na madrugada de 27 de março de 1981, o qual destruiu seu parque gráfico e provocou um incêndio que danificou instalações. Hélio Fernandes sustenta que o atentado foi uma operação militar planejada em Brasília e executada por militares do II Exército, da IV Brigada de Infantaria de Juiz de Fora e por oficiais lotados na Capital Federal. Antes de explodirem várias bombas no parque gráfico do jornal e no gabinete do seu diretor, os terroristas interditaram a rua do lavradio e prenderam vários funcionários do jornal com algemas de plástico, descartáveis, que só eram utilizadas pelas Forças Armadas.

O jornalista Hélio Fernandes acusa o capitão Wilson Lopes Machado, do COI-CODI – que sobreviveu ao atentado do Riocentro, praticado um mês depois – de ter sido o oficial responsável pela coordenação geográfica da operação contra a *Tribuna da Imprensa*".

(*O Estado de S. Paulo*, 1º de outubro de 1985)

OS MILITARES DO CASO BAUMGARTEN

"Quatro militares do Exército foram denunciados ontem como os planejadores e executores do assassinato do jornalista Alexandre von Baumgarten, em 1982: 1) o coronel José Luís Sávio Costa, atual chefe da 2ª seção (inteligência militar) do Comando do Planalto (e ex-ajudante-de-ordens do general Newton Cruz, que ocupou o comando depois de ser chefe da Agência Central do SNI); 2) o major 'Marcos' (nome ainda desconhecido), que também trabalha na 2ª seção, junto com o coronel Sávio Costa; 3) o coronel Arídio Mário de Souza Filho, chefe da 2ª Seção, que em 1984 compareceu a uma delegacia policial de Brasília para soltar dois sargentos presos em flagrante por afixarem cartazes contra as diretas; 4) o suposto sargento Paulo Roberto Fábio ou 'Fabre'. O acusador é o ex-cabo do Exército Davi Antônio do Couto, um dos implicados na morte do jornalista Mário Eugênio, em 1984, que foi ouvido ontem pela procuradora da Justiça Militar, Nadir Bispo Faria, no presídio da Papola, onde se encontra pela decretação de sua prisão pela Justiça. O ex-cabo disse que tem essas informações porque trabalhava no Pelotão de Investigações Criminais (PIC), do Exército".

(*O Estado de S. Paulo*, 18 de outubro de 1985)

DELEGADO ACUSA WILSON BRAGA
DE MANDAR MATAR JORNALISTA

"JOÃO PESSOA – Foi o ex-governador Wilson Braga quem mandou matar o jornalista Paulo Brandão Cavalcanti, diretor do jornal *Correio da Paraíba,* crime praticado em dezembro de 1984 e do qual participou ainda o ex-chefe da Casa Militar do governo, coronel PM José Geraldo Alencar. Esta é a convicção do delegado federal Antônio Toscano de Moura e vai constar do relatório final das investigações, que está em fase de redação e deverá ser enviado à Justiça, até o próximo dia 10.

Segundo o delegado, seis pessoas serão apontadas no inquérito como participantes da trama que culminou na morte do jornalista, entre os quais três auxiliares diretos do coronel Alencar. Diz o delegado que as evidências permitiram que se chegasse à conclusão de que Braga havia mandado matar o jornalista e se somaram durante todas as investigações, principalmente depois que ele diz ter provado que 'a arma do crime era usada pela segurança pessoal do ex-governador'.

Motivos

O delegado Antônio Toscano explica que as provas anexadas ao inquérito são fundamentalmente testemunhais. 'Mas há também as provas indiciais, ou seja, a soma de uma série de circunstâncias, como a motivação que o ex-governador tinha para tomar essa atitude. O jornal *Correio da Paraíba* vinha divulgando uma série de denúncias de irregularidades administrativas no governo Braga', explicou o delegado, acrescentando que além de tudo isso há outra motivação, de caráter pessoal, que ele prefere não revelar agora 'porque a família do morto ficaria chocada'.

Paulo Brandão Cavalcanti foi assassinado no dia 13 de dezembro de 1984, quando saía da Polyutil, empresa da qual era vice-presidente e ficava situada no distrito industrial de João Pessoa. Os ocupantes de um Passat branco usaram uma metralhadora calibre 9 milímetros, e revólver 38, no crime. A metralhadora, depois, foi identificada como pertencente à Secretaria da Segurança Pública, estando em poder da segurança pessoal do governador, guardada, portanto, no gabinete do coronel Alencar.

Após a morte do jornalista, o inquérito foi aberto pela Polícia Civil. Mas, 6 meses depois, pouco tinha evoluído, o que motivou o então ministro da Justiça, Fernando Lyra, a decidir mandar a Polícia Federal conduzir as investigações.

– Quando assumimos, há um ano, encontramos todas as portas fechadas pelo governador e pressões de todos os lados para que não tivéssemos êxito – lembra o delegado, que chegou a ser processado por abuso de autoridade pelo presidente da seccional regional da OAB, Vital do Rego.

Cumplicidade

Serão apontados, como co-autores do crime, o ex-cabo da PM José Alves de Almeida, com quem os federais encontraram a placa fria AR-1784, usada, segundo testemunhas, no Passat que transportou os assassinos do jornalista; o subtenente Edilson Tibúrcio de Andrade e o sargento Manoel Celestino da Silva, os autores dos disparos; e ainda um terceiro homem, que dirigiu o automóvel e que o delegado prefere não revelar a identidade agora 'para não atrapalhar o último lance das investigações'. Também está sendo indiciado o perito criminal Ascendino Cavalcanti, da polícia pernambucana, que elaborou um laudo balístico segundo o qual nenhuma das 10 metralhadoras da polícia paraibana havia sido utilizada no crime. Este laudo foi contestado depois pelo Instituto Nacional de Criminalística, de Brasília, e pela polícia técnica gaúcha.

– Nós sabíamos que havia pelo menos 10 pessoas nesta cidade incomodadas com as denúncias do jornalista, e que teriam razões para matá-lo. Mas a descoberta que a arma era do coronel Alencar restringiu esse leque. Concentramos as atenções nele e em seu pessoal e chegamos a este resultado que será levado à Justiça.

O ex-governador Wilson Braga deveria ter sido intimado ontem para comparecer em 24 horas à Polícia Federal para depor e ser identificado criminalmente, mas se encontrava em Brasília e, por isso, seu interrogatório será, provavelmente, segunda ou terça-feira. Os demais indiciados foram ouvidos e identificados. Todos negaram qualquer participação no crime e o coronel Alencar chegou a acusar os sócios do jornalista como autores do crime. 'Ele só não explicou como esse pessoal entrou em seu gabinete para apanhar a metralhadora", comentou um dos policiais que trabalharam na investigação".

(*Jornal do Brasil*, 20 de junho de 1986)

JORNAL APONTAVA IRREGULARIDADES

"RECIFE – O jornal *Correio da Paraíba* vinha denunciando seguidas irregularidades na administração do governador Wilson Braga até dezembro de 1984, quando o seu diretor Paulo Brandão foi assassinado. Desde a compra de tratores a empresas pertencentes a assessores do governador, sem que fosse realizado qualquer tipo de concorrência, até a entrega de alimentos enviados para os flagelados da seca a políticos do PDS, que os revendiam, foram manchete do jornal.

Na época do crime, porém, o alvo do jornal era o secretário de turismo Carlos Roberto Alves Oliveira. Ele era apontado como responsável pelo arrendamento de hotéis, pertencentes ao estado, a uma empresa de sua propriedade. Carlos Roberto, por sinal, estava com o governador no Rio de Janeiro no dia 14 de dezembro, quando o jornalista tombou assassinado.

Paulo Brandão tinha uma rixa antiga com o secretário e este passou logo a ser apontado como um dos suspeitos, o que até hoje não foi apurado. O problema entre os dois havia se iniciado no governo anterior, de Tarcísio Burity. Carlos Roberto era então secretário de Comunicação Social e foi ao *Correio da Paraíba* oferecer um canal de televisão, em troca de favorecimentos. Paulo e seu primo, Roberto Brandão, outro proprietário do jornal, gravaram a tentativa de aliciamento e apresentaram a fita a Burity. O secretário foi afastado de imediato do governo, embora continuasse funcionário do estado.

O fato de Braga e Carlos Roberto estarem ausentes do estado, no dia do crime, foi apontado na época pelo deputado estadual Jório Machado, do PMDB, como 'algo curioso'. Machado denunciou que, em todos os momentos em que aconteceram atentados em sua administração, Braga se ausentava da Paraíba. Assim tinha sido, segundo ele, quando em 1983 a líder camponesa Margarida Maria Alves foi assassinada a tiros de espingarda 12 e quando em 1984 o também jornalista Fernando Ramos recebeu vários tiros nas pernas.

Na época, ele criticava em um pequeno jornal de sua propriedade, o governador e deputados estaduais do PDS paraibano".

(*Jornal do Brasil,* 20 de junho de 1986)

AS CENAS QUE O BRASIL NÃO VIU

"O melhor da televisão nesta eleição – ou o pior, se o ponto de vista for o do respeito humano – o Brasil não viu. Ficou só para os baianos, que se divertiram e se estarreceram à tarde toda do sábado, até o TRE local mandar tirar do ar a emissora que transmitia a cena sem parar. Tratava-se de uma demonstração de absoluto descontrole emocional, recheado por ameaças, um sonoro palavrão e vários pontapés em um repórter. No palco, S. Exª, o ministro das Comunicações Antônio Carlos Magalhães. Cenário, o finíssimo Clube Bahiano de Tênis.

Foi assim. ACM, como é sabido, fora votar em Salvador e ao chegar à seção eleitoral em que estava inscrito, na sede do clube, foi recebido com muitas vaias pelo público. O ministro, acompanhado do irmão e vários seguranças, ficou nervoso com aquilo, as vaias aumentaram e formou-se uma grande confusão.

O repórter Antonio Fraga, da TV Itapoá, estava no local para uma reportagem e o câmera que o acompanhava gravava tudo. No teipe, as vaias são claramente audíveis. De microfone na mão, o repórter conseguiu avançar por entre as pessoas e chegar mais perto de ACM, que estava chegando e ainda não votara. Em meio ao tumulto, não se ouve a primeira pergunta que o repórter lançou, ainda à distância, ao ministro. Nem a resposta.

'Ministro, por que sua presença provoca essa confusão?', era a pergunta de Fraga. 'Quem faz confusão é a sua mãe', foi a resposta do ministro.

No instante seguinte, o repórter já estava bem junto ao ministro e voltou à pergunta. Desta vez, o microfone pegou tudo:

'Como o senhor recebeu as vaias que lhe foram proferidas?"
'As vaias não foram para mim, foram para Pedro Irujo, aquele basco ladrão', respondeu ACM. Pedro Irujo é o dono da TV Itapoã e apóia Waldyr Pires contra o candidato de ACM, Josaphat Marinho.
'Mas até o senhor chegar estava tudo calmo', tornou o repórter.
'Não me provoque... e você é muito mal educado! Pedro Irujo é um basco ladrão, entendeu?'
ACM enfureceu-se enquanto falava e disparou:
'Faça o favor de respeitar o ministro, seu filho da puta!'
A frase entrou em cheio no ar.
Ato contínuo, o irmão de ACM e os seguranças cercaram o repórter e o cinegrafista. E o teipe mostra o ministro aproximando-se mais ainda do repórter e cochichar alguma coisa em seu ouvido. É inaudível, mas a câmera está de frente e percebe-se pelo movimento dos lábios:
'Eu lhe mato, filho da puta' – frase confirmada depois pelo repórter.
Antônio Fraga, um rapaz recém-formado e o cinegrafista, são envolvidos completamente pelos seguranças, que querem tomar a câmera e destruir o filme. O repórter é chutado pelo ministro, mas ele e o câmera conseguem sair com o equipamento e entram no carro de reportagem da TV Itapoã, que parte para a sede da televisão.
Os seguranças vão atrás em quatro automóveis e perseguem o carro até perto da sede da televisão, num percurso de alguns quilômetros. No fim, desistem e vão embora.
O caso, é claro, engrossou. A televisão pôs tudo no ar e, à tarde, o prefeito Mário Kertesz foi aos estúdios da TV Itapoã levar sua solidariedade ao repórter. Pediu também que a população escrevesse ao presidente da República, denunciando a agressão, física e moral, e exigisse o afastamento de ACM do Ministério.
No outro dia, em entrevista transmitida pela TV Globo no Rio, Kertesz recordou o incidente, sem entrar em detalhes, deplorando-o como 'uma cena desagradável que envergonha os baianos'.

Mas a coisa toda não parou somente no 'desagradável'. Segunda-feira, jornalistas do *Correio da Bahia*, jornal de propriedade de ACM, redigiram um manifesto de solidariedade ao repórter Antonio Fraga e de repúdio às agressões sofridas. ACM mandou demiti-los: Clarissa Sarno, Wanderlei Carvalho, Lúcia Moreira, Eduardo Diogo Tavares, Joana D'Arc Cunha e Luís Francisco Pereira. E na mesma segunda-feira, a redação do jornal entrou em greve. Na terça, os jornalistas foram readmitidos e a greve acabou.

Tem mais. O presidente do Sindicato dos Jornalistas Profissionais da Bahia, Raimundo Lima, que soltou nota oficial, também condenando a 'descompostura e autoritarismo' do ministro e suas agressões ao repórter e à liberdade de imprensa, informou que o conselho do sindicato marcou reunião para tratar da expulsão de Antônio Carlos Magalhães. É que ACM é jornalista – pasmem! – registrado em Salvador e associado do sindicato baiano".

N.M.
(*O Nacional*, 20 de novembro de 1986)

JORNALISTAS QUEREM RETRATAÇÃO DE NEWTON

BELO HORIZONTE
AGÊNCIA ESTADO

"O governador Newton Cardoso vai ser acionado juridicamente pelo Sindicato dos Jornalistas Profissionais de Minas Gerais. Na segunda-feira, a entidade entra com uma interpelação judicial contra ele, no Tribunal de Justiça do Estado, solicitando que o governador se retrate publicamente de acusações que fez à imprensa em geral, em matéria publicada no domingo, dia 17, pelo *Jornal do Brasil*, e assinada pelo jornalista Carlos Castello Branco.

Na entrevista, Newton afirma que a imprensa está mobilizada numa campanha contra o PMDB, que só poderia ser enfrentada com dinheiro. Ele diz, textualmente: 'É só dar o cheque', e acrescenta que em Minas encontrou lotados em seu gabinete mais de 500 jornalistas, dos quais 300 já foram demitidos. Agora, o sindicato quer saber quem o governador mineiro paga com cheques. Se suas explicações na Justiça não forem consideradas suficientes, a entidade abrirá um processo de injúria, calúnia e difamação contra o governador, considerando que ele está atingindo, indistintamente, toda a categoria dos jornalistas.

O presidente do Sindicato dos Jornalistas, Luís Carlos de Assis Bernardes, questiona também os dados referentes aos jornalistas lotados no governo, fornecidos por Newton Cardoso. Segundo Bernardes, informações do próprio secretário de Administração de Minas, Eurípedes Craide, indicam que em maio deste ano havia 457 jornalistas, publicitários e relações-públicas, nos quadros do governo. Desses, 43 acumulavam dois contratos de trabalho e um tinha três contratos.

O sindicato tem notícias apenas de jornalistas que pedem demissão devido aos baixos salários pagos pelo governo mineiro. Segundo Bernardes, há jornalistas lotados na assessoria de imprensa do governador que recebem cz$ 3 mil mensais.

Acusação antiga

Esta não é a primeira vez que Newton investe contra jornalistas em Minas. Logo após assumir o governo, ele obrigou jornalistas lotados nos órgãos públicos do estado a passarem por um recadastramento, que consideraram vexatório. Depois, extinguiu as assessorias de imprensa das secretarias, que ficaram só com as chefias. Mais tarde, ameaçou demitir os que trabalhavam em mais de um órgão e acusou a categoria de receber do governo sem trabalhar.

A acusação de que basta dinheiro para 'comprar' a imprensa mineira, também não é novidade. Há dias, Newton Cardoso afirmou, em entrevista, que a imprensa fazia campanha contra ele, deixando de divulgar suas obras, por não ter dinheiro para 'comprar' os jornalistas. Em nota divulgada ontem, o sindicato afirma que 'o governador de Minas se excedeu ao publicamente denegrir toda uma categoria profissional que, historicamente, principalmente nos terríveis anos da exceção e do arbítrio, foi uma trincheira da resistência e do livre-pensar'.

Luís Carlos Bernardes revelou que o Sindicato dos Jornalistas está acompanhando com atenção a tentativa de Newton Cardoso de controlar os meios de comunicação no estado, através da compra, por grupos de empresários ligados a ele, de jornais mineiros, e também de transformar o *Minas Gerais,* órgão oficial estadual, em noticioso que está sendo vendido em bancas".

(*O Estado de S. Paulo,* 25 de julho de 1987)

O GOVERNADOR QUE ESTÁ ENVERGONHANDO MINAS GERAIS

Fernando Jorge

"Amigos que moram em Belo Horizonte me informaram a respeito dos disparates do chefe do Executivo de Minas Gerais. Tais amigos não são políticos, mas como bons mineiros estão sentindo profunda vergonha diante do espetáculo circense apresentado pelo governador Newton Cardoso. Eu ovaciono os bufões, pois os considero verdadeiros artistas, porém desprezo as palhaçadas de mau gosto, o gracejo ofensivo, a crítica injustificável, a agressão sem lógica, 'lelé da cuca', como diz o povo, em suma, a violência a serviço da própria violência. Despejo tudo isto a propósito de uma notícia publicada em *O Estado de S. Paulo,* a qual salienta que o governador de Minas proferiu as seguintes palavras:

– Não quero uma imagem falsa de meu governo. Se quisesse, eu teria comprado a imprensa.

Estas palavras tão 'inteligentes' (coloco o adjetivo entre aspas) foram expelidas pelo senhor Newton Cardoso no aristocrático Salão Dourado do Automóvel Clube de Belo Horizonte. Talvez seja alucinação da minha mente, mas o desabafo de sua excelência repercutiu nos meus ouvidos como esse som que sempre ecoa, de modo épico ou hípico, nas cocheiras do Jóquei Clube... Aliás, em julho, o senhor Newton Cardoso também me forneceu a mesma impressão, quando declarou a Carlos Castello Branco: 'os jornais só podem ser enfrentados com o dinheiro e só é preciso dar o cheque'.

Devido a tal som, característico de sua excelência, os tímpanos dos jornalistas de Minas se sentiram feridos, lacerados, e por razão óbvia o sindicato das vítimas entrou com uma interpelação judicial contra ele, no Tribunal de Justiça do estado. Apenas desejavam a retratação pública do emissor desse som muito freqüente nas estrebarias bem providas de capim-gordura ou de capim-jaraguá.

Notável, gloriosa, a imprensa mineira. Basta evocar alguns dos seus vultos exponenciais: Teófilo Otoni, que nas colunas do jornal *Sentinela do Serro* desencadeou em 1831 uma campanha patriótica contra o despotismo de d. Pedro I, e Lindolfo Gomes, Vieira Cristo, Mário Casassanta, Gilberto de Alencar, Furtado de Menezes, Alberto Deodato, Etienne Filho, Djalma Andrade, Francisco Bressane, Azeredo Neto, monsenhor Vicente Soares, Augusto de Lima Júnior, o fundador do *Diário da Manhã,* etc, etc. De acordo com as afirmativas do senhor Newton Cardoso, a imprensa de Minas Gerais, onde fulguraram estes jornalistas competentes e honrados, hoje é uma imprensa venal, mercenária, que pode ser comprada com dinheiro, com cheques. Eu pergunto agora se os ossos de Teófilo Otoni, do monsenhor Vicente Soares, de vários outros eminentes jornalistas mineiros, não estão se retorcendo, crispados pela cólera, pela revolta contra a crítica néscia, injusta e brutal.

Informa o deputado Milton Salles, líder do PFL na Assembléia Legislativa de Minas: o governador Newton Cardoso autorizou a compra, sem licitação, de pratarias, porcelanas, ricas toalhas de banquete, centenas de peças de cristal, 1.850 taças de champanhe,

2.250 copos para os comensais do Palácio das Mangabeiras poderem ingerir talagadas de vodca, uísque, cerveja e cachaça. Como se vê, sua excelência quer ressuscitar o 'Festim de Trimalcião', o banquete ridiculamente suntuoso descrito por Petrônio no *Satyricon*. Portanto eu o aconselho a recitar em voz alta, diante das garrafas bojudas, estes versos colhidos por Mário de Andrade no estado do Amazonas:

> *'Quando eu morrer, quero em minha sepultura*
> *Uma das pipas das maiores, sem mistura,*
> *O encanamento que me venha até a boca,*
> *Em pouco tempo deixarei a pipa ocá',*

Shakespeare, numa de suas peças mais famosas, *Macbeth*, colocou o espectro de Banquo e certas aparições. Fico a imaginar, em vista disso, o que diriam os espectros de Raul Soares, Delfim Moreira, Bias Fortes e Olegário Maciel, honrados presidentes de Minas, se eu os levasse até ao Palácio das Mangabeiras, com o objetivo de lhes mostrar essa bacanal orçamentária do megalômano governador Newton Cardoso.

Megalômano em tudo, até na hora de comer. Há pouco tempo ele foi jantar, em companhia de dois amigos, num restaurante da zona norte de Belo Horizonte, o Santa Felicidade. Pediu dois quilos de camarão 'VG', os maiores, uma quantidade que daria para alimentar doze pessoas!

Governador Newton Cardoso, quando o senhor se empanturrar de comida, muito além do necessário, num acinte à fome dos miseráveis, por favor, não se esqueça de uma coisa: a carência de proteínas e vitaminas na alimentação infantil de algumas regiões do nosso país, mormente no Nordeste, gera o nanismo, o raquitismo, em cerca de 40% da população de crianças com até dois anos de idade. Depoimento do doutor Fernandes Mello Freire, presidente da Fundação Joaquim Nabuco.

Aja com equilíbrio, compostura, governador Newton Cardoso! Não continue a envergonhar Minas Gerais, ela é digna, é de família, não é boate da praça Mauá do Rio de Janeiro. Controle-se, refreie a sua incontinência verbal, o senhor está sendo grotesco, alvo de piadas chulas. O zé-povinho, aí nas Alterosas, anda espalhando que o senhor quer aplicar rasteira no vento e laçar boi com embira. Já lhe puseram o apelido de 'Chacrinha da Política Mineira'. Um Chacrinha mais rechonchudo, de terno e gravata, sem badulaques, mas isto constitui uma injustiça, pois o 'Velho Guerreiro' é competente na sua área e o governador de Minas é um fracasso como homem público. Admiro o Abelardo Barbosa da televisão, fato que me induziu a escrever a seguinte quadra:

> *'Chacrinha é muito bacana*
> *E não tem nada de mau,*
> *Aos fãs oferta banana,*
> *Lingüiça, aves, bacalhau...'*

E o leitor talvez pergunte: o que oferece o governador de Minas? Respondo: insensatez, incompetência, arrogância, cabotinismo, rufos de tampas de panelas de cozinha, esbanjamento do dinheiro público em tafularias, superfluidades, e ainda molecagens contra a imprensa, à maneira de um garoto malcriado que gosta de arrebentar a pedradas, com a ajuda do estilingue, as vidraças de uma escola...

Augias, rei da Élida, filho do Sol e um dos argonautas, alojava três mil bois nos seus estábulos. O fedor era insuportável, pois há mais de trinta anos o esterco desses currais poluía o solo. Hércules limpou-os, fazendo passar neles o rio Alfeu, o maior da zona do Peloponeso. A partir daí a frase 'limpar os estábulos de Augias' passou a significar qualquer reforma da administração pública, onde sobejem os grandes abusos, as transações condenáveis.

Senhor Newton Cardoso, permita-me a rude franqueza:

– A sua administração me traz à memória esses estábulos do rei da Élida. Ela não está cheirando bem, necessita de uma ação higiênica. Todavia, como os desatinos do governador de Minas são monumentais, incomensuráveis, a limpeza do Palácio das Mangabeiras só poderá ser executada com o auxílio de um herói, de um semideus, isto é, do robusto e portentoso Hércules, o Silvester Stalone da Grécia dos tempos mitológicos..."

(*O Estado de São Paulo*, 1º de dezembro de 1987)

JUIZ APÓIA O "COMBATE À ROUBALHEIRA"

" 'Que a imprensa continue a cumprir o seu dever, dando combate à roubalheira, à corrupção e ao desgoverno. Ela é o remédio contra a degeneração dos costumes políticos' – a afirmação é do juiz Walter Saraiva de Medeiros, da 2ª Vara Criminal do Fórum Regional de Santana, ao rejeitar denúncia contra o jornalista Fernando Pedreira. Pedreira foi processado a pedido do governador Orestes Quércia, que se sentiu ofendido pelo artigo 'É proibido roubar', que o jornalista publicou no *Estado*, em 23 de março de 1986, e também no *Jornal do Brasil*.

Segundo o juiz, o artigo reflete 'crítica à índole mesquinha de nossa política. A setores marcados pelo fisiologismo, pela corrupção'. Na sentença, Medeiros elogia as crônicas de Pedreira e destaca o trecho de 'É proibido roubar' em que o articulista afirma que setores do PMDB 'representam a velha e sempiterna corrupção, como é o caso (em São Paulo), de Quércia e Maluf'.

Em 1986, Quércia estava fazendo campanha eleitoral que o levaria ao Palácio dos Bandeirantes. O juiz Walter Saraiva de Medeiros lembra esse fato para dizer que 'como analista político, o réu não poderia furtar-se ao dever de opinar sobre questões relacionadas ao interesse público. (...) O colunista apenas repudiou a candidatura do vice-governador'.

Ao saber da decisão judicial, Fernando Pedreira afirmou que ela é importante para 'manter a liberdade de imprensa'. O jornalista lembrou que escreve crônicas políticas há 30 anos, e esse foi o segundo processo que sofreu. O primeiro, há aproximadamente quatro anos, foi movido por Ronald Levinsohn, envolvido no escândalo da Delfin. Ele também se sentiu ofendido por comentários de Pedreira.

Para o jornalista, o comportamento da Justiça, nos processos com base na Lei de Imprensa, tem sido fundamental para a manutenção da liberdade de criticar. 'A imprensa é o pulmão para oxigenar a República poluída', acrescentou o jornalista. Ao defendê-lo, no caso de Quércia, o advogado Manuel Alceu Affonso Ferreira argumentou que críticas semelhantes haviam sido feitas contra o então vice-governador Orestes Quércia, sem que ele tivesse 'perseguido criminalmente' outros jornalistas.

A tese foi acatada pelo juiz, que acrescenta, na sentença, que na época 'o ofendido fora duramente atacado por outros órgãos de imprensa', argumentando que o acatamento da denúncia poderia transformar a Justiça em 'instrumento do desejo individual de vingança'"

(*O Estado de S. Paulo,* 25 de fevereiro de 1988)

NA MIRA DO ESQUADRÃO DA MORTE

Em Manaus, o grupo matou um jornalista e ameaça outros cinco

"O secretário de Segurança Pública do Amazonas, Raimundo Nonato Lopes, já sabe quem matou o jornalista Luís Otávio Monteiro. 'Foram quatro policiais ligados ao Esquadrão da Morte', revelou um agente da polícia que, assustado, não quis se identificar. 'Todos sabemos quem foi, mas o secretário teme tomar providências, porque eles integram o grupo mais perigoso da polícia de Manaus, que não vê com bons olhos o secretário', explicou a fonte.

Outros repórteres policiais da capital também foram ameaçados. Uma carta deixada ontem na loja de classificados do *Diário do Amazonas* – veículo que sempre destaca os crimes violentos – assinada pelo 'Grupo de Extermínio Esquadrão da Morte', promete que 'mais vítimas vão aparecer durante as festas de ano novo, e a maioria destas vítimas serão jornalistas e repórteres'. O grupo assume a morte de Luís Otávio, assassinado com quatro tiros na cabeça, na madrugada de quinta-feira, e revela o nome do próximo: o jornalista Douglas Lima, do *Diário do Amazonas*. A casa dele foi cercada ontem de madrugada por policiais civis, que deram tiros de escopeta para cima e desapareceram. Douglas Lima permaneceu o resto do dia no Hotel Ana Cássia e viajou no final da tarde com destino ignorado.

O Esquadrão da Morte de Manaus tem ainda em mira os repórteres de polícia Altair Lima e Fernando Ruiz (do jornal *A Crítica*), Ed Castro (da *Rádio Ajuricaba*), Wallace Souza (do jornal *O Povo*) e Nonato Silva (da *Rádio Baré*). Na carta, eles ridicularizam as autoridades: 'Não adianta divulgarem essa notícia nos jornais, pois eles vão morrer do mesmo jeito que morreu o Luís Otávio. Se for preciso, nós mataremos até o governador do estado, pois ninguém nos deterá, porque a polícia é quase nossa, só não é nossa por causa do secretário de Segurança. Mais cedo ou mais tarde, ele morre também'".

(*Jornal da Tarde*, 31 de dezembro de 1988)

AMEAÇA AO JORNALISMO É CRESCENTE, ALERTA SIP

Jornalistas foram mortos na Colômbia, Peru, El Salvador, e também no Brasil
José Antonio Pedriali
Especial para O Estado

"ASSUNÇÃO – A Sociedade Interamericana de Imprensa (SIP) alertou para o crescente risco do exercício do jornalismo na América Latina, depois de ser informada, durante a Assembléia Geral que realizou em Assunção, de segunda-feira até ontem, de que 17 jornalistas foram assassinados no ano passado. Ao mesmo tempo em que elogiou o Paraguai por ter cessado, após 34 anos ininterruptos, suas perseguições aos órgãos de comunicação e aos jornalistas, a SIP lamentou, na declaração final da reunião, as ameaças à liberdade de imprensa verificadas em outros países, entre elas, 'a mais grave', o assassinato de jornalistas, o que corresponde 'à máxima violação dos direitos humanos'.

O Brasil está entre os países onde houve assassinatos de jornalistas: Luiz Octavio Monteiro, repórter de *Amazonas em Tempo*, de Manaus, e Luiz Alberto Montenegro Rodriguez, de Bauru. A morte de Montenegro Rodríguez tem origem desconhecida, mas, quanto a Monteiro, há fortes indícios de que tenha sido assassinado por policiais".

(*O Estado de S. Paulo,* 7 de abril de 1989)

SEM DÚVIDAS

" 'Não há nenhuma dúvida de que ele participou do seqüestro do jornalista Alexandre von Baumgarten' – dizia ontem o delegado Ivan Vasques, referindo-se ao general Newton Cruz. Ivan, que presidiu o inquérito que indiciou o general, diz que sempre acreditou que a Justiça decidiria pelo julgamento popular.

A decisão de confirmar o indiciamento do general foi dos desembargadores da 4ª Comarca Criminal do Tribunal de Justiça, que rejeitaram o recurso de Newton Cruz contra a sentença da pronúncia".

(*Jornal da Tarde,* 11 de maio de 1989)

EUCLYDES DEFENDE CRUZ E ACHA LEÔNIDAS "COVARDE"

Segundo o general, grupo de militares teme abertura de processos como os da Argentina

José Paulo da Silva

"RIO – O general da reserva Euclydes Figueiredo, irmão do ex-presidente João Figueiredo e ex-comandante da Escola Superior de

Guerra (ESG), acusou o ministro do Exército, general Leônidas Pires Gonçalves, de 'covarde', por não ter apoiado o ex-chefe da Agência Central do Serviço Nacional de Informações (SNI), general Newton Cruz, no caso do seqüestro, cárcere privado e assassinato do jornalista Alexandre von Baumgarten.

'Ao contrário disso – comentou Euclydes Figueiredo – Leônidas Pires impôs ao Alto Comando do Exército a não-promoção de Newton Cruz a general de quatro estrelas, posto máximo da corporação'. O ex-chefe do SNI é o principal acusado no caso Baumgarten e poderá ser julgado por júri popular.

Na época em que ele mais precisou de apoio, o ministro foi 'bastante covarde' – comentou, irritado, Euclydes Figueiredo. Lembrou ter havido momentos em que Newton Cruz 'esteve disposto a não aceitar nem ir a júri popular e, para isso, ele teria de tomar até uma atitude violenta'. Mas já não sabe dizer se Cruz ainda persiste nesta idéia.

Euclydes Figueiredo, também ex-comandante militar da Amazônia, afirmou ter conhecimento de que um grupo de generais – da ativa e da reserva – está preocupado com a possibilidade da condenação de Newton Cruz. Os militares, que nos anos 70, em pleno 'fechamento' político, tinham cargos de chefia do Exército, temem que a prisão de Newton Cruz possa desencadear a abertura de dezenas de processos sobre violação de direitos humanos, como ocorreu na Argentina, em 1983, com a redemocratização do país. Após a eleição do presidente Raúl Alfonsín, muitos generais foram presos, entre eles quatro ex-presidentes, sob a acusação de terem violado direitos humanos.

'Vontade não há de faltar a estes miseráveis de fazer uma coisa como esta', declarou o ex-comandante da ESG, referindo-se à possível repetição, no Brasil, do que houve na Argentina. 'Não sei se têm força para isso, mas essa pulha é tão covarde, e a nossa Justiça tão falha, que tudo pode acontecer. Tudo agora é possível neste país de canalhas' –, esbravejou.

Manipulação

Como Euclydes Figueiredo, dezenas de generais, inclusive o ministro Leônidas Pires Gonçalves, receberam um livreto de Newton Cruz, no qual ele afirma ser vítima de manipulação política. O general transcreve o parecer favorável, mas não oficial, do procurador Pedro Paulo Pires de Melo, da 4ª Câmara Criminal do Tribunal de Justiça do Rio, ao seu recurso. Melo ficou com o processo durante cinco meses e, por fim, inocentou Newton Cruz de qualquer responsabilidade pela morte de Baumgarten, de sua mulher, Jeanette Yvone Hansen, e do pescador Manoel Augusto Valente Pires, seqüestrados e mortos em outubro de 1982.

Por entender a conduta de Melo como 'inusitada', o procurador-geral da Justiça do Rio, Carlos Navega, afastou-o do caso e designou o procurador Rafael Carneiro da Rocha, que aceitou a denúncia contra Newton Cruz e os demais acusados – o coronel da reserva Carlos Alberto Duarte do Prado e o ex-agente do SNI, Gouveia Belo da Silva.

Apoio

O ex-chefe do SNI disse ontem, emocionado, que tem conhecimento da preocupação demonstrada por esse grupo de generais, diante da possibilidade de sua condenação no caso Baumgarten e eventual abertura de precedentes para retaliações. 'Preciso saber quem são estes generais', comentou Newton Cruz, que já entrou com recurso no Supremo Tribunal Federal (STF), contra a decisão da 4ª Câmara Criminal do Rio.

O general afirmou ainda que tem recebido apoio de vários colegas, generais da reserva e da ativa. Para eles, segundo Cruz, é 'um absurdo' as acusações que lhe são feitas no caso Baumgarten. Confirmou, também, ter enviado a colegas e amigos o livreto com o parecer do procurador Pedro Paulo Pires de Melo, pelo qual é inocentado.

'Eu sou um alvo compensador, uma figura que paga o preço de ter executado duas medidas de emergência', observou Newton Cruz, otimista, por acreditar que o STF saberá 'julgar bem' o seu recurso. O ex-chefe do SNI contou, ainda, que um dos generais a quem enviou o livreto foi o ministro do Exército, Leônidas Pires Gonçalves, que lhe mandou uma curta resposta, via telegrama, com um 'muito obrigado'. 'Tenho certeza de que será reconhecida a minha inocência, mesmo estando solitário neste caso', declarou Cruz".

(*O Estado de S. Paulo*, 24 de maio de 1989)

EUCLIDES É PUNIDO COM DEZ DIAS DE PRISÃO POR OFENDER LEÔNIDAS

"BRASÍLIA – O ministro do exército, general Leônidas Pires Gonçalves, puniu com dez dias de prisão o general de reserva Euclydes de Oliveira Figueiredo, irmão do ex-presidente João Figueiredo. Em entrevista publicada pelo jornal *O Estado de S. Paulo,* no dia 24 passado, Euclydes chamou Leônidas de covarde, por não ter interferido em favor do general da reserva Newton Cruz, acusado de ter mandado matar o jornalista Alexandre von Baumgarten, sua mulher e um pescador, quando chefiava a agência central do SNI, em 1982.

O general Euclydes está detido desde às 15h de ontem no Palácio Duque de Caxias, quartel-general do Comando Militar do Leste e antiga sede do Ministério do Exército. O general Newton Cruz, que apoiou Euclydes em entrevista, e outros 20 oficiais da reserva, signatários de um manifesto divulgado no Rio, deverão também ser punidos hoje, caso confirmem a posição que assumiram".

(*Jornal do Brasil*, 31 de maio de 1989)

"ATITUDE VIOLENTA"

"Outra novidade, revelada pelo general Euclydes, diz respeito a um plano arquitetado pelo general Newton Cruz para evitar seu comparecimento diante do tribunal de júri encarregado de apontar os culpados pela morte de Baumgarten. Euclydes contou que, em determinado momento, Newton Cruz 'esteve disposto a não aceitar nem ir a júri popular e, para isso, ele teria de tomar até uma atitude violenta'. Sabe-se, de fato, que Newton Cruz chegou a elaborar um projeto com essa finalidade. Os detalhes são obscuros, mas sua opção seria drástica. Ele simplesmente iria ignorar o ofício convocando-o para o julgamento.

Como ocorre nessas ocasiões, seria despachada uma força policial para obrigá-lo a obedecer a uma determinação da Justiça. Nesse momento, Newton Cruz estaria entrincheirado em sua casa – e anunciaria às autoridades que resolvera se rebelar contra a decisão. Uma pessoa, que priva da intimidade do general, disse a *Veja*, na semana passada, que em determinada ocasião ele admitira resistir com todos os meios a seu alcance, inclusive à bala. Hoje, no entanto, a postura do general é outra: ele não quer ir a júri, e com essa finalidade prepara um recurso a ser apresentado ao Supremo Tribunal Federal, mas, se for chamado a comparecer à sessão, irá acatar a determinação".

(*Veja*, 31 de maio de 1989)

VEREADORES AGRIDEM REPÓRTERES

"BRASÍLIA – Depois de passar dois dias à espera da imprensa, vereadores reunidos no Congresso da União dos Vereadores do Brasil declararam guerra contra os repórteres que registravam a chegada do presidenciável Aureliano Chaves, do PFL, ao encontro. Preocupado em arrecadar votos, Aureliano fechou os olhos para a confusão e fingiu não perceber o cordão humano que os vereadores faziam para impedir o trabalho dos cinegrafistas, enquanto os jornalistas arregalavam os olhos contra os revólveres apontados para expulsá-los.

Enciumado porque a imprensa estava atrás de Aureliano e não do congresso, o presidente da União dos Vereadores, Paulo Silas, não resistiu, agarrou o microfone e xingou os jornalistas. O vereador Wilson Leig, com um broche de Brizola colado na camisa, não se conteve: 'Se a *Globo* estivesse aqui, até matava'. O grupo da rede *Bandeirantes* foi empurrado para uma das saídas do ginásio onde se realizava o congresso. 'Sai daqui' – gritavam os vereadores. 'Não saio' – respondeu o cinegrafista Luís Carlos Alves, que mudou de idéia quando percebeu uma arma escondida sob um jornal e apontada para ele.

Em seguida, a platéia se voltou contra os fotógrafos. José Varela, do *Jornal do Brasil*, foi empurrado e levou pontapés nas pernas. No meio da batalha, contudo, sobraram algumas manifestações de apoio, como a do vereador Jurandir Maciel, do Rio Grande do Sul, que fez questão de tirar uma foto ao lado de Varela".

(*O Estado de S. Paulo,* 24 de junho de 1989)

SIP FARÁ PROTESTO CONTRA ASSASSINATO DA JORNALISTA

As polícias Federal e Civil brigam pelo caso e, com isso, a apuração do crime não avança

"VITÓRIA – O presidente da Sociedade Interamericana de Imprensa (SIP), Manoel Gimenez, comunicou ontem, por telefone, ao jornalista Djalma Juarez Magalhães, dono do *Jornal da Cidade,* de Vitória, que a entidade realizará uma manifestação de protesto na sede da Organização das Nações Unidas (ONU) contra o assassinato da colunista social Maria Nilce Magalhães, 47 anos. Segundo o presidente da SIP, a morte de Maria Nilce 'fere a Declaração dos Direitos Humanos e representa um crime contra a liberdade de imprensa'.

A polícia ainda não tem pistas sobre o assassinato da colunista, que levou três tiros na segunda-feira da semana passada ao chegar à academia de ginástica Corpo e Movimento, na Praia do Canto, onde morava com seu marido, Djalma Juarez, as filhas Milla, Fernanda e Paloma, e o filho Djalma Juarez Filho.

As investigações não avançam, pois continua o impasse entre as polícias Civil e Federal. O superintendente da PF no estado, delegado Oscar Camargo, não quer a presença, nos trabalhos de apuração do crime, do delegado civil Cláudio Guerra. Segundo Camargo, o policial é um testa-de-ferro do jogo-do-bicho no Espírito Santo, que comanda o crime organizado.

O titular da Delegacia de Homicídios, Josino Bragança, ameaçou ontem deixar as investigações, em protesto contra a posição do superintendente da Polícia Federal, que não quer fornecer à Polícia Civil os dados que já conseguiu levantar. Três dias antes de ser assassinada, Maria Nilce havia divulgado a relação dos 24 policiais civis, militares e federais que tinham sido descobertos pela PF como integrantes da conexão internacional do tráfico de drogas e roubo de carros na rota Vitória-Mato Grosso-Bolívia".

(*O Estado de S. Paulo*, 11 de julho de 1989)

JORNALISTA MORTA PORQUE DENUNCIAVA CRIMINOSOS

"Irreverente, polêmica, temida, Maria Nilce fazia críticas em sua coluna no *Jornal da Cidade* às pessoas ligadas ao jogo, contrabando, sonegação de impostos e tráfico. Não se importava com as ameaças e não acreditava que pudessem matá-la. Bonita, chamava a atenção nas festas, no calçadão da praia de Camburi – onde corria todas as manhãs – e adorava falar de suas viagens pelo mundo, retratadas nos seus cinco livros editados. Aos 48 anos, quatro filhos, de idades entre 19 a 23 anos, fazia brincadeiras e se passava por irmã de suas filhas. Na manhã do dia 5 deste mês, Maria Nilce e a filha Milla, de 21 anos, saíram de casa pouco depois das 7 horas. Foram para a Academia Corpo e Movimento, na rua Aleixo Neto, praia do Canto – o bairro nobre de Vitória, e a 500 metros da casa. Milla guiava um Escort prata, e ao parar o carro na porta da Academia, viu um homem com uma arma automática caminhar na direção de sua mãe.

Maria Nilce correu para um ônibus, entrou pela porta dos fundos, foi seguida e morta com quatro tiros. A polícia não tem nenhuma pista dos autores do crime. Não há dúvidas de que o assassinato foi encomendado. As polícias Civil e Federal receberam uma lista de pessoas que tinham interesse em matar a jornalista. Há um cabeleireiro, a dona de uma boutique, o proprietário de uma loja de roupas, um exportador de café, uma senhora da sociedade capixaba, o dono de uma grande revendedora de automóveis, o que a jornalista chamava de a 'Turma do Tambor'; um diretor do Iate Clube, um funcionário da Assembléia Legislativa, um dos principais bicheiros de Vitória, um médico e um alto funcionário da Telest (Companhia Telefônica do Espírito Santo) – todos classificados por ela como novos ricos. Eles estão sendo investigados.

A polícia também investiga a ligação da morte de Maria Nilce com grupos de extermínio – os autores seriam pistoleiros da Baixada Fluminense, ligados a policiais de Vitória. O carro usado pelos dois pistoleiros tinha 'placa' de Chevette, mas ninguém viu se teria placa do Espírito Santo. As testemunhas do assassinato – oito pessoas – têm medo de falar, pois acreditam que, se colaborarem para a identificação dos criminosos, terão o mesmo destino da jornalista".

(*O Estado de S. Paulo,* 16 de julho de 1989)

DOIS MIL VÃO A PROTESTO POR JORNALISTA

"SALVADOR – Cerca de duas mil pessoas devem participar hoje de ato público contra a violência policial em Trancoso, município de Porto Seguro, no Extremo Sul da Bahia, quando também será celebrada missa de sétimo dia pelo jornalista Luiz Carlos Brito, torturado até a morte por policiais militares na cadeia da cidade, domingo.

Ontem o irmão do jornalista, comerciante Júlio Ronaldo Brito, esteve na subseção da Ordem dos Advogados do Brasil (OAB), em Porto Seguro, onde pediu que a entidade exigisse rigor na apuração do crime. Ele informou ainda que vai entrar com uma ação de indenização contra o governo do estado. Ao mesmo tempo, o comando geral da Polícia Militar esclareceu que deve receber, segunda-feira, o relatório da sindicância sobre o caso e, depois disso, deverá expulsar os envolvidos da corporação".

(*O Estado de S. Paulo,* 22 de julho de 1989)

BRIZOLA SE IRRITA E OFENDE UMA REPÓRTER

"CAMPO GRANDE – O candidato do PDT à Presidência, Leonel Brizola, perdeu as estribeiras, ontem, e suspendeu a entrevista que concedia à TVS, depois de ofender a repórter Denise Abraham, porque não lhe agradaram as perguntas que ela fazia. A irritação de Brizola foi crescendo à medida em que as indagações se tornavam mais incômodas, e atingiu o auge quando a repórter pediu que o ex-governador explicasse como fugira do país durante o movimento militar de 1964.

– Governador, a pergunta sobre como o senhor saiu do país em 1964 ainda não foi respondida. O senhor pode fazê-lo agora? – indagou a repórter.

– Tu me emprestaste a tua calcinha e eu saí com ela. Estou te respondendo o que deveria ter respondido. Está terminada a entrevista – disse, bastante irritado, o candidato.

Esse diálogo foi suprimido ontem à noite, do 'TJ Brasil', que transmitiu apenas a parte da entrevista em que o ex-governador respondeu perguntas sobre a campanha. Logo após o noticiário, funcionários do SBT informaram que, durante todo o dia, houve pressões de pessoas não identificadas para que as respostas agressivas não fossem transmitidas. A direção da emissora não se pronunciou sobre o incidente. As imagens, cedidas pelo SBT, foram transmitidas, à noite, pelo 'Jornal da Globo', da TV GLOBO.

Denise, que tem 32 anos, e portanto, em 1964, tinha apenas sete, vai processar Brizola por calúnia e difamação.

– Eu fazia outra imagem dele. Ele me feriu não apenas como profissional, mas como mulher – afirmou Denise.

As agressões começaram quando Denise Abraham perguntou os motivos que levaram o governador do Rio, Moreira Franco, a alegar que herdara da administração Leonel Brizola um Rio de Janeiro violento, com os morros dominados por assaltantes e traficantes de cocaína.

– Eu também ouvi dizer que você é chegada a um pó. Mas não posso crer que você seja viciada em cocaína. Ora, faço esse comentário para vocês, jornalistas, colaborarem comigo. Poxa. Sou totalmente dedicado ao Brasil, tenho 15 anos de exílio, não é com perguntas desse gênero que vocês conseguirão chegar a algum lugar – respondeu Brizola.

– Governador, essa é uma saída pela tangente. Milhões de eleitores gostariam de ter alguma resposta – insistiu Denise.

– Não vou responder isso de forma nenhuma – enfatizou Brizola".

(*O Globo*, 1º de setembro de 1989)

BRIZOLA PEDE DESCULPAS A DENISE

"O candidato do PDT à Presidência da República, Leonel Brizola, pediu desculpas públicas ontem à repórter Denise Abraham, do Sistema Brasileiro de Televisão, a quem agrediu verbalmente, quinta-feira, em Campo Grande, durante uma entrevista. Na nota que distribuiu à imprensa, Brizola reconheceu que ele deveria manter o diálogo em bom nível, 'fossem quais fossem aquelas circunstâncias'.

Quando a jornalista perguntou como o candidato fugiu para o exílio em 1964, em referência à piada, segundo a qual Brizola teria deixado o Brasil vestido de mulher para não ser reconhecido por simpatizantes do golpe militar, o ex-governador do Rio descontrolou-se:

'Tomei emprestado as tuas calcinhas' – respondeu. Em Porto Alegre, comenta-se – de acordo com o testemunho das pessoas que organizaram a fuga de Brizola – que o candidato do PDT deixou o país em 64 vestido de brigadiano, um soldado raso da Polícia Militar gaúcha. A farda foi conseguida pelo coronel Emílio Neme, o então chefe da Casa Militar do governo gaúcho.

A entrevista de quinta-feira causou outro desconforto a Brizola. A repórter do SBT questionou o aumento do tráfico de drogas no Rio de Janeiro durante sua administração, de acordo com a denúncia do atual governador Moreira Franco. 'Ora, minha filha. Eu também ouvi dizer que você gosta do pó. Eu não posso crer que uma moça como você possa fazer isso' –, devolveu o candidato, que se irritou com a simplicidade de abordagem da jornalista, sem conseguir ser cortês.

'Entendemos que as duas perguntas eram de interesse geral' –, disse ontem, em Campo Grande, Denise Abraham. Ela não poderá processar Leonel Brizola, diante da retratação de ontem, embora tenha ingressado com uma denúncia no Conselho Estadual dos Direitos da Mulher. A íntegra do pedido de desculpas do candidato do PDT é a seguinte:

'Ninguém como eu tem procurado tratar os jornalistas, sempre com tanta cortesia e atenção. Neste episódio com uma repórter de televisão em Campo Grande, embora tenha sido alvo de perguntas ofensivas, reconheço que não deveria ter ultrapassado aqueles limites a que devo me impor. Se alguém devia manter o diálogo em bom nível, fossem quais fossem aquelas circunstâncias, este seria eu. Por isso mesmo quero expressar, publicamente, minhas desculpas à jornalista.

Agora, quanto à repercussão que alguns meios de comunicação deram ao assunto, nada mais é senão parte da campanha eleitoral. Tratam os candidatos com dois pesos e duas medidas. Há poucos dias os 'seguranças' do candidato da Rede Globo agrediram brutalmente, com socos e pontapés, três jornalistas, chegando a rasgar as vestes de uma repórter da *Veja*, diante da indiferença do próprio candidato. A Rede Globo sequer noticiou o episódio, e alguns dos órgãos que hoje estão explorando um simples diálogo desafortunado se omitiram ou minimizaram aqueles atos tipicamente nazi-fascistas de violência contra a imprensa".

(*Jornal do Commercio*, 2 de setembro de 1989)

SARNEY DIZ QUE IMPRENSA 'DESINFORMA' BRASILEIROS

Pedro Del Picchia
Da Reportagem Local

"O presidente José Sarney criticou ontem a imprensa, durante discurso na subestação de Tijuco Preto, de Furnas, em Mogi das Cruzes (80 km a leste de São Paulo). Sarney disse que a imprensa desenvolve um trabalho de 'desinformação', ou seja, 'uma informação dada para falsificar e deformar os fatos'.

O presidente fez referências ao editorial de ontem da *Folha* – 'A marca do descrédito' – como um exemplo de 'desinformação'. Ele não disse o nome do jornal, mas citou uma passagem do editorial. Na sua opinião a 'desinformação' procura 'colocar no coração de cada brasileiro o germe do ressentimento e do pessimismo'. Mas, acrescentou: 'nada disso fica', pois 'o que fica é o nosso país'. Mesmo porque –, explicou –, 'em cem anos seremos uma manta horizontal de ossos'.

Sarney fez essas considerações de improviso, depois de terminar a leitura de um texto escrito. Antes, apresentou um balanço das realizações do seu governo na área de energia. Disse que o Brasil conseguiu superar o atraso em que se encontrava quando assumiu o governo em 1985.

Também afirmou que deixará o país institucionalizado para o seu sucessor. 'Finquei sólidos esteios para a construção de um Brasil mais moderno' –, afirmou. A seguir, parafraseou o slogan de um microcandidato à Presidência da República, declarando: 'Construímos, em cinco anos, 50 anos de democracia".

(*Folha de S. Paulo*, 19 de setembro de 1989)

ACUSAÇÕES

"Os jornalistas Raimundo Nonato Batista e Carlos Roberto Alves de Oliveira, proprietários do semanário *A Tribuna*, de João Pessoa (PB), foram processados pelo governador Tarcísio Burity. O motivo da ação foi uma reportagem que, através de documentos, provava que o filho de Burity havia se tornado sócio de uma companhia da propriedade de uma empresa pernambucana favorecida por uma concorrência pública".

(*Jornal da Tarde*, 7 de outubro de 1989)

JÚRI CONDENA ENVOLVIDO NO CASO MÁRIO EUGÊNIO

"BRASÍLIA – O ex-agente da Polícia Civil, Iracildo José de Oliveira, foi condenado, ontem, a dois anos e dez meses de prisão, por 'participação culposa' no assassinato do jornalista Mário Eugênio, ocorrido em Brasília, em 11 de novembro de 1984. O resultado do Júri Popular pegou de surpresa a acusação, que esperava uma pena entre 10 e 12 anos para Iracildo, acusado de mentor intelectual do crime.

'Foi uma palhaçada', desabafou o advogado de acusação, Aidano José Faria, contratado pela família do jornalista morto e pelo jornal *Correio Braziliense,* onde trabalhava Mário Eugênio.

O promotor Paulo Tavares, auxiliado por Aidano Faria, queria que Iracildo fosse condenado por homicídio doloso simples, por ter coordenado a trama, sem no entanto ter participado da execução do crime, o que daria uma pena de 6 a 20 anos de cadeia, de acordo com o Código Penal.

Mário Eugênio, repórter de polícia quando foi assassinado, estava investigando o envolvimento de policiais militares em grupos de extermínio, em Brasília. Ainda não foi a julgamento o ex-secretário de Segurança, Lauro Rieth, acusado como mandante do crime.

Iracildo de Oliveira, que negou o tempo todo sua participação no crime de Mário Eugênio, voltou para casa em liberdade, por ser réu primário. O advogado do ex-agente, Geraldo Cortes, pediu apelação judicial, o que permite que o réu fique em liberdade até que o Tribunal de Justiça decida por manter ou anular o Júri. Caso não houvesse a apelação, Iracildo passaria cerca de cinco anos na cadeia. Já que é primário, cumpriu dois meses de prisão no início do processo, e teria direito a *sursis*. Se houver novo julgamento, Iracildo corre o risco de não ter a mesma sorte e ser condenado por homicídio doloso, passando até 20 anos na cadeia".

(*Tribuna da Imprensa,* 30 de maio de 1990)

INCONFORMADOS JOGAM BOMBA NA "HORA DO POVO"

"O jornal *Hora do Povo* foi vítima de um atentado à bomba na madrugada de sábado, dia 23. O artefato foi jogado por um terrorista, ainda não identificado, com idade aparente de 30 anos, vestindo camisa vermelha com listas brancas, calça social escura, dirigindo um Chevette bege. A direção do jornal já solicitou abertura de inquérito para apurar a origem e responsabilidade do atentado.

A bomba, segundo a polícia técnica que fez a perícia no local, era de fabricação caseira, à base de pólvora e acionada por rastilho. A explosão quebrou vidros e vasos, dentro do prédio, e atingiu o carro de um funcionário, que estava estacionado em frente ao prédio do **HP**. Por volta da 1h30 de sábado, os tripulantes do Chevette pararam em frente ao jornal e manobraram, como se fosse estacionar. Um deles saiu do carro, acendeu o rastilho e jogou a bomba. As polícias militar e técnica estiveram no jornal e a ocorrência foi registrada no 6º DP.

O *Hora do Povo* publicou, nos cinco dias anteriores ao atentado, as seguintes manchetes: na segunda, BRASIL ENFRENTA A ZEBRA PARA DEFINIR A CLASSIFICAÇÃO; na terça, MALUFISTA COMANDAVA OS SEQÜESTROS NO RIO; na quarta, BRASIL JOGA PRA ACERTAR ATAQUE CONTRA ESCÓCIA; na quinta, MULLER DESPACHA O TIME DA ESCÓCIA: 1x0, e na sexta, NÓS VAMOS COM TUDO PRA CIMA DA ARGENTINA. A edição de sábado, com a manchete QUE VENGA ARGENTINA, ainda estava nas oficinas, sendo preparada para circulação.

O presidente da diretoria provisória do Sindicato dos Jornalistas, José Hamilton, enviou telegrama ontem ao governador Orestes Quércia, pedindo que seja feita uma investigação rigorosa para se apurar a origem do atentado. 'Não podemos permitir que a liberdade de imprensa seja alvo de pressões de quem quer que seja, principalmente neste momento em que vivemos um período de democracia', disse Hamilton, depois de hipotecar solidariedade à direção do jornal e colocar o departamento jurídico à disposição para as medidas judiciais necessárias".

(*Hora do Povo*, 26 de junho de 1990)

JORNALISTAS DA "FOLHA" DEVEM DEPOR HOJE

Da reportagem local

"Por determinação do juiz João Carlos da Rocha Mattos, está previsto para hoje, às 14h, o comparecimento, à 4ª Vara Criminal Federal de São Paulo, dos quatro jornalistas da *Folha,* contra os quais foi aceita a denúncia de terem cometido 'crime de calúnia' contra o presidente da República.

O diretor de redação, Otávio Frias Filho, o diretor-executivo da sucursal de Brasília, Josias de Souza, e os repórteres Nelson Blecher e Gustavo Krieger, serão qualificados e interrogados por delito previsto na Lei de Imprensa, em razão de reportagens que revelaram a contratação pelo governo federal, sem licitação pública, de agências de publicidade que no ano passado participaram da campanha presidencial de Fernando Collor.

Representação para o enquadramento do jornal foi assinada pelo ministro da Justiça, Bernardo Cabral, que a remeteu à Procuradoria Geral da República. Esta, por sua vez, encaminhou o pedido ao Ministério Público Federal em São Paulo, onde o procurador José Eduardo de Santana ofereceu a denúncia e especificou os quatro jornalistas que a seu ver incorreram em 'calúnia'.

Os advogados contratados pela *Folha,* Luís Francisco Carvalho Filho, José Carlos Dias e Antônio Garlos Penteado de Moraes, demonstraram, em defesa prévia protocolada na Justiça Criminal Federal, a ausência de delito e a inépcia da ação penal proposta. Na petição, eles também argumentaram que o processo não passava de uma tentativa de intimidar o jornal, que nada mais fez que cumprir seu dever de informar. As reportagens foram 'objetivas e corretas, sem o abandono da isenção, uma das marcas editoriais da *Folha'*.

Mesmo assim, o juiz Rocha Mattos optou pelo recebimento da denúncia, na última segunda-feira, dia 3. Na quinta-feira, dia 6, os advogados do jornal recorreram ao Tribunal Regional Federal contra essa decisão do titular da 4ª Vara Criminal Federal".

(*Folha de S. Paulo*, 10 de setembro de 1990)

PALÁCIO DO PLANALTO DESCREDENCIA JORNALISTA

Da sucursal de Brasília

"O correspondente da rádio Jovem Pan em Brasília, José Carlos Seixas, 34, foi ontem proibido de trabalhar no Palácio do Planalto, onde era credenciado desde 1985. O descredenciamento foi atribuído, em nota do porta-voz da Presidência, Cláudio Humberto Rosa e Silva, a 'reiteradas manifestações de comportamento agressivo'. Desde o governo João Baptista Figueiredo (1979-85), nenhum jornalista havia tido a credencial cancelada no Palácio.

Na última sexta-feira, depois que o porta-voz anunciou a versão do governo para a saída do presidente da Petrobrás, Luiz Octávio da Motta Veiga, Seixas lhe perguntou se o demissionário havia prejudicado a imagem do Brasil junto aos credores internacionais. Cláudio Humberto não respondeu e Seixas reclamou da falta de informações no Palácio.

'Isso depende do talento do repórter', disse o porta-voz. Seixas rebateu: 'Será que não depende mais da incompetência de quem não é capaz de informar?'

O Sindicato dos Jornalistas do DF protestou e conseguiu para hoje uma audiência com o presidente interino, Itamar Franco. A Jovem Pan não se pronunciou na ausência do diretor de jornalismo, Fernando Vieira de Mello".

(*Folha de S. Paulo*, 23 de outubro de 1990)

CARTA ABERTA AO SENHOR PRESIDENTE DA REPÚBLICA (TRECHOS)

Otávio Frias Filho
Diretor de Redação

"O senhor está processando a mim e a três companheiros, jornalistas da *Folha*. Muito bem, é seu direito. Mas esse processo é apenas – o senhor sabe tão bem quanto eu – a ponta visível de um iceberg de ataques, discriminações, ameaças e violência contra este jornal. Sei da ansiedade, formidável numa pessoa com tantos problemas graves e reais a enfrentar, com que o senhor interpela seus auxiliares, todos os dias, a respeito do andamento do processo contra a *Folha*. Sei que o senhor voltou todo o aparelho do Estado contra este jornal, em que parece identificar um perigoso paradigma de independência a ser punida, de altivez a ser exemplada, de vigilância a ser reprimida.

Não deixa de ser curioso que esteja sendo levada a julgamento, sob o silêncio acovardado e interesseiro de quase toda a mídia, a única publicação brasileira que mantém uma seção diária de retificações e que remunera um de seus profissionais pela exclusiva missão de criticar, pública e asperamente, as suas próprias edições. Este jornal nunca pediu um favor sequer a seu governo, e nunca cedeu à necessidade, quase psicológica, que o senhor tem de silenciá-lo. Lamento concluir que a *Folha* está sob julgamento, não por seus defeitos, que são muitos, mas por suas virtudes – o que me orgulha. O que está em jogo é saber se é possível existir um jornal como este, num país como o nosso. O que está em jogo é decidir se daqui por diante a nação contará com uma imprensa intrépida ou temerosa, livre ou subjugada".

(*Folha de S. Paulo*, 25 de abril de 1991)

ROUANET FOGE DE RESPONDER SOBRE PROCESSO

DA REPORTAGEM LOCAL

"O embaixador Sérgio Paulo Rouanet, secretário de Cultura do governo federal, não quis declinar sua opinião sobre o processo que o presidente da República move contra o diretor de redação da *Folha*, Otávio Frias Filho, e mais três jornalistas do jornal.

Rouanet, autor de diversos livros sobre a razão iluminista e crítico do irracionalismo, ignorou, durante 30 dias, sucessivos pedidos de entrevista.

Foi procurado entre o dia 30 de abril e ontem. Foram feitos 21 contatos telefônicos.

Até o dia 8 de maio, o repórter da *Folha* manteve oito contatos com a assessoria de Rouanet em Brasília e no Rio. Uma de suas assessoras quis saber o teor das perguntas. Uma lhe foi passada:

'O senhor acha que os jornalistas da *Folha*, processados pelo presidente, devem ser: a) condenados; b) absolvidos; c) o senhor não tem opinião a respeito?' Não houve resposta.

Gestões iniciadas há duas semanas, através de Olga Bardawil, assessora de imprensa de Rouanet, também foram ignoradas. Olga anotou a pergunta e disse que a passaria a Rouanet. Nova negativa. 'Não consegui despachar com o secretário nesses dias', alegou.

Na última segunda-feira, Olga Bardawil pediu que a *Folha* enviasse um fac-símile, formalizando a pergunta.

Às 17h e às 19h, deu a mesma resposta: Rouanet não havia voltado à secretaria. Disse que ontem, 'sem falta', a pergunta seria passada ao secretário.

Ontem, às 15h, novo contato foi feito. Nova resposta negativa.

Olga Bardawil afirmou que não conseguira despachar com Rouanet pela manhã e que dificilmente o faria à tarde, pois o secretário teria um compromisso no Itamaraty. Pediu novo prazo. Alegou novamente que 'o secretário é um homem muito ocupado, que trabalha demais e tem muitas tarefas a cumprir'".

(*Folha* de *S. Paulo,* 29 de maio de 1991)

JUIZ INOCENTA JÂNIO DE FREITAS DAS ACUSAÇOES DE HÉLIO SABOYA

Da Sucursal do Rio

"O juiz da 1ª Vara Criminal de São Paulo, Oswaldo Cecara, emitiu ontem sentença absolvendo o jornalista Jânio de Freitas, da *Folha*, das acusações de calúnia, injúria e difamação, feitas pelo ex-secretário de Polícia Civil do Rio, Hélio Saboya, em maio de 1990.

Saboya entrou com representação contra Jânio de Freitas na Procuradoria-Geral da Justiça paulista, por causa de artigo publicado a 12 de abril de 90. No artigo, o jornalista revelava que o ex-secretário havia sido coadjuvante do então governador do Rio, Moreira Franco, e da empreiteira Mendes Júnior, em concorrência fraudada para construção do Complexo da Polícia Técnico-Científica fluminense.

O promotor Ênio de Toledo Piza Pebecherani opinou, nas alegações finais, a favor da absolvição, por entender que não ficou provado que ele houvesse agido 'de má fé' e sim procurando mostrar que teriam havido irregularidades na licitação.

Jânio de Freitas provou que, oito dias antes da entrega das propostas para a concorrência, já estava acertada a vitória da empreiteira Mendes Júnior e que esta recebeu um 'presente' de US$ 135 milhões.

O juiz Cecara, porém, acatou a argumentação dos advogados do jornalista, de que o artigo tinha 'animus narrandi (ânimo de narrar)' para apuração de irregularidades".

(*Folha de S. Paulo*, 3 de abril de 1992)

ITAMAR SE IRRITA COM JORNALISTAS

Lilian Oliveira

"Juiz de Fora (MG) – Completamente transtornado, o presidente Itamar Franco voltou a investir contra a imprensa, que desde a sexta-feira montou plantão na calçada do prédio onde tem apartamento, em Juiz de Fora. Por volta das 16h de ontem, Itamar deixou o prédio em seu Monza vinho, dirigindo-se para a fazenda de sua ex-sogra, d. Zilah Surerus, na periferia da cidade. Já dentro da propriedade, ao reduzir a velocidade e ver-se cercado por fotógrafos e cinegrafistas, o presidente se descontrolou. Abriu a porta do carro com os pés e desceu, partindo para cima dos jornalistas.

'Vocês não tem mais respeito com a gente. Isso aqui é uma casa particular', esbravejou, tentando arrancar os equipamentos dos jornalistas. Itamar estava sem seguranças e acompanhado apenas do motorista, das duas filhas, Georgiana e Fabiana, e da secretária particular, Neuza Mitterhoff. Na última vez que esteve em Juiz de Fora, no feriado de Finados, Itamar também avançou contra jornalistas que o seguiram até o cemitério, onde visitava o túmulo de sua mãe.

A secretária particular do presidente tentou contê-lo, assim como suas duas filhas. Sentada no banco de trás, sua filha Georgiana pôs as mãos em seus ombros, procurando acalmá-lo. 'Não pai', gritou, inutilmente. 'Não, eles precisam ter mais respeito com a gente. Aqui é uma casa particular', protestou o presidente, partindo para cima dos fotógrafos e cinegrafistas, enquanto Neuza Mitterhoff tentava afastar os jornalistas. 'Aqui é privado, por favor, vão embora', disse ela.

Furioso, Itamar agarrou a câmera do fotógrafo Júlio César Guimarães, do jornal *O Globo,* tirando o fio do flash, e danificou a câmera da TV Bandeirantes. Sua filha Fabiana ainda tentou contemporizar: 'Puxa gente, a gente tenta ser legal e vocês não deixam', reclamou. O presidente acalmou-se parcialmente e entrou no carro, mas ao ver outros fotógrafos, abriu a porta novamente, ameaçando ir atrás dos jornalistas, que deixaram o local correndo".

(*Jornal do Brasil*, 13 de dezembro de 1993)

PREFEITO AGRIDE JORNALISTA

"O Sindicato dos Jornalistas Profissionais do Estado da Bahia, através de Delegacia Regional Norte, sediada em Juazeiro (Zona do São Francisco, divisa com Pernambuco) protestou, em começos de dezembro, contra as agressões verbais e ameaças físicas sofridas pelo jornalista Roberto Borges Evangelista, editor do jornal *O Povo*, que circula em Campo Formoso. Evangelista foi agredido em praça pública pelo prefeito Pedro Gonzaga de Meneses e seu filho, o vereador e secretário municipal Adolfo Gonzaga. Os agressores contavam com a cobertura de soldados da Polícia Militar.

Testemunhas revelaram que prefeito e filho investiam contra feirantes, que haviam armado barracas em local proibido, com palavrões a princípio, a que se seguiram socos e pontapés. Enquanto isto o jornalista fazia anotações. Irritados, pai e filho disseram que iam 'enfiar pela goela' do jornalista os papéis, que foram tomados à força e rasgados em seguida. O prefeito já é conhecido na cidade por sua truculência, diz a matéria publicada em *A Tarde*, de Salvador."

(*Jornal da ABI*, janeiro-fevereiro de 1994)

O PONTAPÉ DO DEPUTADO

"O deputado Sérgio Naya processa ISTOÉ porque se considera prejudicado por matéria publicada nessa revista sobre arrendamento de aviões no Exterior, como forma de lavagem de dinheiro. É um direito dele. Na sexta-feira, 23, quando se desenrolava a primeira audiência, Naya deu um pontapé no repórter Oto Sarkis, um dos autores da reportagem. E isso não é um direito dele. Sarkis relatou o fato ao juiz Luiz Gustavo de Oliveira. Entre a Justiça e a truculência, ISTOÉ fica com a primeira."

(*ISTOÉ*, 28 de junho de 1995)

PROCURADOR PEDE PROTEÇÃO DA PF PARA JORNALISTAS

"O procurador da República Luiz Francisco Fernandes de Souza pediu ontem, ao superintendente regional da Polícia Federal no Acre, Ildor Reni Graebner, proteção policial para os jornalistas Francisco Araújo, correspondente do *Estado* em Rio Branco, e Altino Machado, do *Jornal do Brasil*.

Os dois começaram a sofrer ameaças de morte e a receber telefonemas anônimos, depois de publicadas reportagens sobre as acusações feitas ao governador do Acre, Orleir Cameli (PPB). No ofício a Graebner, o procurador Fernandes pede que sejam destacados agentes federais 'com urgência', para 'garantir a integridade física' dos jornalistas. Na madrugada de sexta-feira, a casa de Machado foi atingida por tiro".

(*O Estado de S. Paulo*, 31 de outubro de 1995)

JORNALISTA MORTO POR PISTOLEIROS NO MATO GROSSO DO SUL

Faria tinha prometido denunciar mandantes de crimes de encomenda
Luiz Augusto Michelazzo

"SÃO PAULO. O jornalista Edgard Lopes de Faria, que investigava crimes de pistolagem denunciados pelo *Globo* na região de Dourados, a segunda cidade do Mato Grosso do Sul, foi assassinado ontem de manhã em Campo Grande, capital do estado. Com a morte de Faria, conhecido como Escaramuça, sobe para 281 o número de pessoas assassinadas, supostamente por pistoleiros na região, 71 delas só neste ano.

Apresentador da TV Record em Campo Grande, Faria, que tinha 48 anos, foi morto, segundo seu filho Marcos Antônio Lopes de Faria, com sete tiros de pistola 7.65 e seis tiros de escopeta calibre 12, minutos antes da apresentação do programa 'Na boca do povo', na rádio FM Capital, onde iria revelar nomes de mandantes dos crimes. O secretário da Segurança Pública do Mato Grosso do Sul, Joaquim d'Assunção Felipe, prometeu empenho na elucidação da morte do jornalista, mas não quis comentar a hipótese de ação de pistoleiros".

(*O Globo*, 30 de outubro de 1997)

EM SEIS MESES, FORAM MORTOS 4 JORNALISTAS

"O vice-presidente regional para o Brasil da Comissão de Liberdade de Imprensa, e Informação da Sociedade Interamericana de Imprensa (SIP), jornalista Paulo Cabral, condenou a impunidade em crimes contra profissionais de imprensa. Ele apresentou, na assembléia anual da SIP, em Porto Rico, ontem, relatório sobre liberdade de imprensa no Brasil, entre outubro de 97 e março deste ano. Neste período, quatro profissionais de imprensa foram assassinados".

(*Jornal do Brasil*, 17 de março de 1998)

POLÍCIA APURA SEQÜESTRO DE JORNALISTA

DA REPORTAGEM LOCAL

"A Polícia Civil do Pará abriu ontem inquérito para apurar denúncia de seqüestro, ameaça de morte e agressão ao jornalista Klester Cavalcanti, 30, chefe da sucursal da revista 'Veja', em Belém. Na quarta-feira, o jornalista diz ter sido abordado por dois homens armados. Após receber dois socos e ser amarrado a uma árvore, ele teria sido avisado: 'Se a reportagem for publicada, a gente volta para terminar o serviço'. Ele apurava na reportagem sobre posse ilegal de terras na região amazônica".

(*Folha de S. Paulo*, 10 de março de 2000)

APREENSÃO DE JORNAL GERA POLÊMICA NO RS

"O jornal quinzenal *Tribuna Popular* foi assunto proibido em São Lourenço do Sul, no Rio Grande do Sul. Desde que a juíza substituta da cidade, Ana Paula Braga Alencastro, determinou que os exemplares do dia 22 de julho fossem recolhidos, ninguém pôde nem ter o jornal consigo, já que os exemplares foram recolhidos pela Justiça, tanto em bancas quanto os que estavam em propriedade de leitores.

A ação foi movida pelo prefeito da cidade Dari Pagel (PPB), acusado, com mais cinco pessoas, por improbidade administrativa em fraude ocorrida nos anos de 97 e 98 no Fundo de Previdência de e Saúde dos Municipários. Outros jornais do RS, como o *Zero Hora* de Porto Alegre, o *Diário Popular*, de Pelotas, também noticiaram o caso e não sofreram a punição.

Tanto a Associação Nacional dos Jornais (ANJ), quanto a organização Repórter Sem Fronteiras (RSF) – que luta pela liberdade de imprensa em todo o mundo – se manifestaram sobre o caso. A ANJ distribuiu nota repudiando o recolhimento dos exemplares e a RSF enviou uma carta ao Ministro da Justiça, José Gregori".

(Revista *Imprensa*, agosto de 2001, nº 163)

JORNALISTA É CRUCIFICADO VIVO

REPÓRTER QUE DENUNCIA CRIMES ELEITORAIS É SALVO
ANTES DE SER QUEIMADO POR BANDIDOS
ORLANDO BERTI
ESPECIAL PARA O JB

"Teresina – O jornalista e radialista Antônio Felipe Santolia Rodrigues, 30 anos foi encontrado crucificado vivo, na manhã de ontem, no município de Joaquim Pires (Norte do Piauí), e seria queimado caso não fosse salvo pelos moradores do local. Felipe Santolia foi localizado por volta das 8h39 no distrito de Barro, a dez quilômetros da zona urbana. Santolia estava pendurado de braços abertos em uma árvore, amarrado com arame farpado e baleado na perna e ombro esquerdos. Após ser encontrado, o jornalista foi levado para Teresina, onde está internado no Hospital Getúlio Vargas.

Segundo Santolia, que ainda sofre ameaças de morte, os crimes contra ele seriam uma retaliação pelas suas denúncias contra esquemas de compra de voto e corrupção naquela região.

O jornalista – que recobrou os sentidos após atendimento – disse que viajava para Esperantina (a 50 km de Teresina), onde mantém uma ONG e uma rádio comunitária.

– Fui realizar uma reportagem lá, onde ouviria o depoimento do senhor Manoel Preto, que denunciaria um esquema de compra de votos. Na verdade era uma emboscada. Quando cheguei, dois homens que estavam em uma moto me abordaram. Um deles, armado, me deteve, e outro veio por trás, e me deu uma gravata – relatou o jornalista.

– Eles iam me queimar, tinham saído para buscar gasolina.

O que me salvou foram as pessoas que me socorreram – lembrou Santolia.

Até o momento, a polícia piauiense não tem pistas dos bandidos. Santolia já trabalhou em emissoras de TV do Piauí e de outros estados".

(*Jornal do Brasil*, 5 de outubro de *2002*)

ANJ REPUDIA AGRESSÃO DE PMS CONTRA JORNALISTAS

Entidade afirma que autoridades precisam punir soldado que deu gravata em repórter

"A Associação Nacional de Jornalismo (ANJ) divulgou ontem uma nota, manifestando repúdio à agressão praticada contra dois jornalistas do *Globo*, pelo soldado Cláudio Santos de Oliveira, do 31º BPM (Recreio). Na última terça-feira, ele, além de ofender verbalmente a repórter Gabriela Temer e o fotógrafo Marco Antônio Cavalcanti, imobilizou com uma gravata os dois profissionais que flagraram um polígono de segurança – onde Santos deveria estar – vazio, ao fazerem reportagem sobre violência na Barra da Tijuca.

A ANJ classificou o fato como grave e na nota afirmou que 'revela a violência de elementos da Polícia Militar, não somente contra dois jornalistas, que estavam identificados com crachás e exercendo suas funções profissionais, mas contra a sociedade que tem na imprensa livre o exercício do seu direito informação'. A entidade reivindicou a punição dos agressores, que, com essa postura, envergonham e desonram a instituição militar a que pertencem.

O soldado Santos acusou os jornalistas de tentarem desmoralizar a PM. Xingando os repórteres, obrigou Gabriela e Cavalcanti, identificados com crachás, a entrarem no carro da PM. Ele aplicou uma gravata na repórter e tentou tomar a máquina do fotógrafo, que teve o braço torcido.

Os jornalistas foram levados para a 16º DP, sob a acusação de desacato à autoridade. Com hematomas nos braços, a repórter fez exame de corpo de delito no Instituto Médico-Legal".

(*O Globo*, 30 de maio de 2003)

JORNALISTA MORTO A TIROS

Repórteres sem fronteiras protesta
contra violência
Gilberto de Souza

"A organização não governamental Repórteres Sem Fronteiras, com sede em Paris, França, prepara um pronunciamento sobre a morte do diretor do jornal *Boca do Povo*, o jornalista Edgar Ribeiro Pereira de Oliveira, de 43 anos. Ele foi assassinado na noite desta segunda-feira, no bairro de Monte Castelo, periferia de Campo Grande, capital do Mato Grosso do Sul.

Oliveira foi alvejado ao volante da caminhonete *Blazer*, que dirigia, e morreu no local. O crime ocorreu na rua Dolor de Andrade, em frente ao número 1938.

Uma funcionária do jornal, que o acompanhava no carro, conta ter presenciado a execução. Ela se recorda que o carro dos assassinos emparelhou com o veículo dirigido pelo jornalista, e o homem que ocupava o banco do carona começou a atirar repetidamente contra a vítima.

Policiais civis recolheram, na cena do crime, 11 cápsulas deflagradas, todas do calibre 7.65. Oito tiros acertaram o jornalista. O semanário, em formato tablóide, é conhecido por publicar matérias com fortes acusações, principalmente contra políticos e empresários da região".

(*Jornal do Brasil*, 11 de junho de 2003)

RELATÓRIO TRAZ LEVANTAMENTO DA VIOLÊNCIA CONTRA JORNALISTAS

"Para marcar o Dia Mundial da Liberdade de Imprensa – 3 de maio – A FENAJ lançou, na data, o relatório 'Violência e liberdade de Imprensa no Brasil,' produzido a partir de um levantamento feito pela Comissão de Direitos Humanos e liberdade de Imprensa da entidade. Foram registrados, em 2005, 67 casos de violência contra jornalistas.

Atentados à bomba, incêndios, tiros, situações de risco profissional, intimidações nos locais de trabalho, apreensão de equipamentos, entre outros, foram os casos registrados no levantamento da FENAJ. O relatório traz informações detalhadas sobre os diversos tipos de violência e é revelador: 'A maioria dos 67 casos de violência' contra a imprensa, registrados em 2005, teve como autores pessoas eleitas pelo povo ou contratadas pelos poderes Executivo, Legislativo ou Judiciário'. Quem lidera o ranking são os políticos, com 21 casos de agressões, ameaças, assédio judicial e outras formas de pressionar ou controlar a imprensa.

Uma das conclusões do relatório é que 'apurar e divulgar informações no Brasil é um trabalho de risco, principalmente se envolver detentores de poder econômico ou político'.

O documento será impresso e encaminhado ao ministro da Justiça, à presidente do Conselho Nacional de Justiça, órgãos de comunicação e entidades. O teor completo do relatório pode ser obtido no site www. fenaj.org.br".

(*Unidade*, maio de 2006, nº 285)

CRIME – JORNALISTA DENUNCIOU POLÍTICOS QUE ABUSAVAM DE MENORES

Ganhador do prêmio Esso é assassinado

"*São Paulo*. O jornalista Luiz Carlos Barbon, 37 anos, foi assassinado sábado à noite em Porto Ferreira (228 km de São Paulo) , com dois tiros. Barbon trabalhava no *Jornal do Porto*, e era conhecido por fazer denúncias contra políticos locais.

Foi Barbon quem primeiro denunciou em 2003 o caso de vereadores que foram acusados de explorar sexualmente adolescentes. Ele ganhou o Prêmio Esso, graças a essa reportagem.

O jornalista descobriu que 12 vereadores e empresários pagavam de R$30 a R$50 para adolescentes manterem relações ou participarem de jogos sexuais. As festas aconteciam há mais de dois anos, sempre às segundas-feiras (no mesmo dia das sessões da Câmara), em chácaras e ranchos às margens do rio Mogi-Guaçu. Após três semanas de investigações, a polícia apurou que 12 adolescentes, com idades entre 13 e 16 anos, pertenciam à rede de exploração de menores, denunciada pelo pai de uma das adolescentes. Foi ele que encontrou, no quarto da filha, fotos com garotas nuas e seminuas. O caso foi denunciado à Polícia Civil e os acusados tiveram a prisão preventiva decretada pela Justiça.

Barbon foi assassinado no Bar das Araras, que fica próximo à rodoviária da cidade. Segundo testemunhas, dois homens, vestidos com roupas pretas e encapuzados, chegaram ao bar numa moto.

Segundo a PM, o rapaz que estava na garupa desceu da moto, se aproximou do jornalista e disparou tiros 'a queima-roupa'. Ele foi atingido na perna e no abdômen. Barbon foi levado ao Pronto Socorro Municipal, mas não resistiu aos ferimentos.

Segundo a polícia, que não tem pistas do assassino, o crime tem características de que tenha sido encomendado, pois o assassino foi em direção ao jornalista, que estava acompanhado de amigos em uma das mesas do bar. Somente ele foi atingido pelos disparos.

Barbon foi enterrado ontem no cemitério municipal de Tambaú, cidade natal do jornalista".

(*Jornal do Brasil*, 7 de maio de 2007)

LANÇADO RELATÓRIO SOBRE VIOLÊNCIA À IMPRENSA

"Para marcar o Dia da Imprensa no Brasil, a FENAJ lançou o documento 'Violência e Liberdade de Imprensa no Brasil – Relatório FENAJ 2006. O relatório foi organizado pela Comissão Nacional de Direitos Humanos da entidade nacional dos jornalistas, sob a coordenação de Carmen Silva. A pesquisa registra 68 agressões a profissionais e à imprensa, e seis casos sobre coberturas de risco, arquivamento de processo e julgamentos relativos ao ano passado.

"As formas de expressão dessa violência que busca calar a boca da imprensa, podem atingir facetas extremas. Em 2006, foram quatro casos de assassinatos de profissionais da área, o dobro do número registrado no ano anterior, e oito de prisão e tortura, quatro vezes mais que o denunciado no relatório passado. Além do seqüestro da equipe da TV Globo, em 2006, houve ainda sete atentados e sete casos de ameaças contra jornalistas, mesma quantidade registrada em 2005. Foram situações extremas de risco e morte, às quais foram submetidos profissionais 'em um país que cada vez mais se sedimenta como sendo perigoso para o trabalho da imprensa', registra o documento.

O relatório integra a Campanha Nacional em Defesa da Liberdade de Imprensa, conduzida pela FENAJ e pelos sindicatos de jornalistas de todo o país. A íntegra do documento pode ser acessada através do site da Federação: www.fenaj.org.br".

(*Unidade*, junho de 2007, nº 298)

MÍLICIA TORTURA JORNALISTAS

Equipe do 'Dia' infiltrada durante 15 dias na favela do Batan produzia reportagem sobre atuação de policiais

"A Secretaria de Segurança informou, ontem, ter determinado a abertura de uma investigação para apurar o sequëstro e a tortura sofrida, no dia 14 de maio, por uma equipe de reportagem do jornal 'O Dia'. Uma repórter, um fotógrafo e um motorista estavam vivendo infiltrados, há duas semanas, num barraco na favela do Batan, em Realengo, para produzir reportagem sobre como é a vida na comunidade dominada pela milícia. Na última noite da equipe na favela, eles foram descobertos pelo grupo paramilitar.

Agindo em companhia de PMs, os milicianos torturaram os três funcionários do 'Dia' por sete horas e meia, com choques elétricos, sufocamento, socos e pontapés.

Durante a sessão de tortura, a repórter foi submetida a uma roleta-russa, vendo um marginal rodar o tambor de um revólver e apertar, por duas vezes, o gatilho da arma, apontada em sua direção. Ela também teve sua cabeça enfiada em uma sacola plástica.

Após terem passado todo o tempo ouvindo que seriam mortos, os jornalistas tiveram seus equipamentos e dinheiro roubados e foram libertados às 4h30m, na Avenida Brasil".

(*Extra*, 1 de junho de 2008)

BIBLIOGRAFIA

ABREU, Hugo. *Tempo de crise.* Rio de Janeiro, Nova Fronteira, 1980.
ACHILLES, Aristheu. *Os jornais da Independência,* Brasília. Thesaurus Editora, 1976.
_____ *Aspectos da ação do DIP* (separata do *Observador Econômico e Financeiro),* Rio de Janeiro, 1951.
ALBUQUERQUE, Medeiros e. *Poemas sem versos.* Rio de Janeiro, Livraria Editora Leite Ribeiro, 1924.
ALMEIDA FILHO, Hamilton. *A sangue quente – A morte do jornalista Vladimir Herzog.* São Paulo, Alfa-Ômega, 1978.
ALVES, Márcio Moreira. *Tortura e torturados.* Rio de Janeiro, Idade Nova, 1966.
ARRUDA, Antônio de. *ESG – história de sua doutrina.* Rio de Janeiro, Edições Grd, 1980.
AZEVEDO, Moreira de. *Origem e desenvolvimento da imprensa do Rio de Janeiro* (na *Revista do Instituto Histórico e Geográfico Brasileiro).* Rio de Janeiro, 1865.
BADARÓ, Líbero. *Liberdade de imprensa* (introdução de Brasil Bandecchi). São Paulo, Editora Parma, 1981.
BARBOSA, Rui. *A imprensa e o dever da verdade* (conferência). Bahia, 1920.

BEZERRA, Gregório. *Memórias* (Segunda parte: 1946-1969). Rio de Janeiro, Civilização Brasileira, 1980.

CABRAL, Cid Pinheiro. O *senador de ferro,* Porto Alegre, Edição Sulina, 1969.

CAMÊU, Francolino. *Políticos e estadistas contemporâneos – Subsídios para a história política do Brasil.* Rio de Janeiro, Officinas graphicas do *O Globo*, 3ª série, 1928.

CAÓ, Epitácio. *Carreirista da traição.* Rio de Janeiro, Genarsa, 1964.

CAPELATO, Maria Helena (com Maria Lígia Prado). *O bravo matutino – Imprensa e ideologia no jornal* O Estado de S. Paulo. São Paulo, Alfa-Omega, 1980.

CASCUOO, Luís da Câmara. O *doutor Barata, político, democrata e jornalista.* Salvador, Imprensa Oficial, 1938.

CELSO, Afonso. *Porque me ufano do meu país.* Rio de Janeiro, Laemmert Editores, 1901.

CÍCERO, Antônio. *A imprensa, ontem* e *hoje no Brasil, na América, Europa, Ásia, África* e *Oceania.* Rio de Janeiro, 1938.

CINTRA, Assis. O *homem da independência.* São Paulo, Companhia Melhoramentos, 1921.

_____ *O presidente Carlos de Campos* e *a revolução de 5 de julho de 1924.* São Paulo, Editora Cupolo, 1952.

COSTA, Cyro (Com Eurico de Goes). *Sob a metralha (histórico da revolta em São Paulo, de 5 de julho de* 1924). São Paulo, Cia. Graphico-Editora Monteiro Lobato, 1924.

COSTA, Edgard. Os *grandes julgamentos do Supremo Tribunal Federal.* Rio de Janeiro, Editora Civilização Brasileira, vol. I, 1964.

CRULS, Gastão. *Antônio Torres* e *seus amigos.* São Paulo, Companhia Editora Nacional, 1950.

DIAS, Everardo. *História das lutas sociais no Brasil.* São Paulo, Editora Edaglit, 1962.

_____ *Memórias de um exilado – Episódios de uma deportação.* São Paulo, 1920.

DUARTE, Paulo. *Memórias.* São Paulo, Editora Hucitec, vol. VI, 1977.

DUQUE-ESTRADA, Osório. *A Abolição (esboço histórico, 1831-1888).* Rio de Janeiro Livraria Editora Leite Ribeiro, 1918.

FAZENDA, Vieira. *Antiqualhas* e *memórias do Rio de Janeiro.* Rio de Janeiro, 1927.

FERREIRA, Maria Nazareth. *A imprensa operária no Brasil, 1880-1920.* Petrópolis, Editora Vozes, 1978.

FILHO, Mello Barreto (com Hermeto Lima). *História da polícia do Rio de Janeiro.* Rio de Janeiro, Editora A Noite, 1939.

FON, Antônio Carlos. *Tortura – A história da repressão política no Brasil.* São Paulo, Global Editora, 1980.

FONSECA, Gondin da. *Biografia do jornalismo carioca (1809-1908).* Rio de Janeiro, Quaresma Editora, 1941.

_____ *Arame farpado.* Rio de Janeiro, Coelho Branco Editor, 1934.

FONTOURA, João Neves da. *Acuso!* Rio de Janeiro, 1933.

FRANCO, Afonso Arinos de Melo. *Pela liberdade de imprensa.* Rio de Janeiro, Livraria José Olympio Editora, 1957.

FREITAS, Afonso A. de. *A imprensa periódica de São Paulo.* São Paulo, 1915.

GOETA, Augusto. *Líbero Badaró.* São Paulo, Estabelecimento gráfico E. Cupolo, 1944.

JOFFILY, Irineu. *Notas sobre a Paraíba,* Rio de Janeiro, 1982.

JORDÃO, Fernando. *Dossiê Herzog – Prisão, tortura* e *morte no Brasil.* São Paulo, Global Editora, 1984.

LACERDA, Maurício de. *História de uma covardia.* Rio de Janeiro, Livraria Editora Leite Ribeiro, 1927.

_____ *A evolução legislativa do Direito Social Brasileiro.* Rio de Janeiro, Editora Nova Fronteira, 1980.

LANDUCCI, ltalo. *Cenas e episódios da Coluna Prestes.* São Paulo, Editora Brasiliense, 1952.

LEITE, Aureliano. *História da civilização paulista.* São Paulo, Edição Saraiva, 1946.

LOPES, Marechal José Machado. O *III Exército na crise da renúncia de Jânio Quadros* (depoimento do comandante do III Exército na crise político-militar de agosto de 1961). Rio de Janeiro, Editorial Alhambra, 1980.

LOUREIRO, Antônio José Souto. *Síntese da história do Amazonas*. Manaus, 1978.

LUÍS, Pedro. *Militarismo e República (crítica e história)*. São Paulo, sem data.

MACHADO, J. A. Pinheiro. *Opinião x censura – Momentos da luta de um jornal pela liberdade*. Porto Alegre, L&PM Editora, 1978.

MAGALHÃES, Basílio de. *Os jornalistas da Independência*. Rio de Janeiro, 1917.

MAGALHÃES JÚNIOR, R. *Deodoro – a espada contra o Império*. São Paulo, Companhia Editora Nacional, vol. II, 1957.

_____ *A vida turbulenta de José do Patrocínio*. Rio de Janeiro, Editora Sabiá, 1969.

MARCIGAGLIA, L. *Férias de julho – aspectos da revolução militar de 1924 ao redor do Lyceu Salesiano de S. Paulo*. São Paulo, Escolas Profissionais do Lyceu Coração de Jesus, 1927.

MARCONI, Paolo. *A censura política na imprensa brasileira*. São Paulo, Global Editora, 1980.

MARKUN, Paulo (organizador). *Vlado, retrato da morte de um homem e de uma época*. São Paulo, Brasiliense, 1985.

MARQUES DE MELO, José (organizador). *Censura e liberdade de imprensa*. São Paulo, Editora Com. Art, 1984.

_____ *O Jornalismo no Brasil contemporâneo*. São Paulo, 1984.

MAY, Luís Augusto. *Protesto feito à face do Brasil inteiro* (avulso da Biblioteca Nacional). Rio de Janeiro, 1824.

MORAES FILHO, Antônio Evaristo de. *Um atentado à liberdade – Lei de Segurança Nacional*. Rio de Janeiro, Zahar Editores, 1982.

MORAES, Evaristo de. *A campanha abolicionista*. Rio de Janeiro, Livraria Editora Leite Ribeiro, 1924.

MOREL, Marco. *Cipriano Barata, o panfletário da Independência.* São Paulo, Editora Brasiliense, 1986.

MOTA, Carlos Guilherme (com Maria Helena Capelato). *História da Folha* de S. *Paulo.* São Paulo, Impress, sem data.

NOBRE, Freitas. *História* da *imprensa* de *São Paulo.* São Paulo, Editora Leia, 1950.

OLIVEIRA, Nelson Tabajara de. *1924 (a revolução* de *Isidoro).* São Paulo, Companhia Editora Nacional, 1956.

OLIVEIRA, Raymundo Farias de. *Parlamentarismo – Plenitude democrática.* São Paulo, Companhia Editora Nacional, 1985.

OURO PRETO, Visconde de (e outros autores). A *década republicana,* Rio de Janeiro, Companhia Tipográfica do Brasil, vol. II, 1900.

PACHECO, Eliezer. O *partido comunista brasileiro (1922-1964).* São Paulo, Editora Alfa-Ômega, 1984.

PEIXOTO, Sylvio. *No tempo de Floriano.* Rio de Janeiro, Editora A Noite, 1940.

PERALVA, Osvaldo. O *espião de Colônia,* Rio de Janeiro, Editora Paz e Terra, 1985.

PERRIN, Dimas. *Depoimento de um torturado.* Rio de Janeiro, Nova Cultural, 1979.

PESSOA, Epitácio. *Pela verdade.* Rio de Janeiro, 1925.

PINHEIRO, Paulo Sérgio. *Escritos indignados.* São Paulo, Editora Brasiliense, 1984.

PINTO, Sobral. *Lições de liberdade,* Belo Horizonte, Editora Comunicação, 1977.

_____ *Por que defendo* os *comunistas.* Belo Horizonte, Editora Comunicação, 1979.

PIZA, Moacyr. *Roupa suja.* São Paulo, 1923.

PORTELA, Fernando. *Guerra de guerrilhas no Brasil.* São Paulo, Global Editora, 1986.

RIZZINI, Carlos. *O livro,* o *jornal* e *a tipografia no Brasil.* Rio de Janeiro, Livraria Kosmos Editora, 1945.

RODRIGUES, Mário. *Meu libello – Memórias do cárcere, escriptas em torno de duas revoluções* (1ª parte). Rio de Janeiro, Editora Brasileira Lux, 1925.
SALLES, Campos. *Da propaganda à presidência.* São Paulo, 1908.
SANTA ROSA, Virgínio. *O sentido do Tenentismo,* Rio de Janeiro, 1932.
SCARTEZINI, A. C. *Segredos* de *Medici.* São Paulo, Editora Marco Zero, 1985.
SEGISMUNDO, Fernando. *Imprensa brasileira, vultos* e *problemas.* Rio de Janeiro, 1962.
_____ Imprensa e democracia. Rio de Janeiro, 1962.
SILVA, Cyro. *Floriano Peixoto, o consolidador da República.* São Paulo, Editora Edaglit, 1963.
SOARES, José Carlos de Macedo. *Justiça – a revolta militar em São Paulo,* Paris, Dupont, 1925.
SODRÉ, Nelson Werneck. *História da Imprensa no Brasil.* Rio de Janeiro, Editora Civilização Brasileira, 1966.
_____ *Memórias de um soldado.* Rio de Janeiro, Editora Civilização Brasileira, 1967.
SOUZA, Octavio Tarquinio de. *Evaristo da Veiga.* São Paulo, Companhia Editora Nacional, 1939.
_____ *José Bonifácio.* Rio de Janeiro, José Olympio Editora, 1972.
TAUNAY, Afonso de E. *Grandes vultos da independência brasileira.* São Paulo, Companhia Melhoramentos, 1922.
VIANA FILHO, Luís. *O governo Castelo Branco.* Rio de Janeiro, Livraria José Olympio Editora, 1976.
VIANNA, HELIO. *Contribuição à história da imprensa brasileira* 1812-1869). Rio de Janeiro, Imprensa Nacional, 1945.
VILLAR, Frederico. *A missão do cruzador José Bonifácio.* Rio de Janeiro, Gráfica Laemmert, 1945.
WEFFORT, Francisco C. *O populismo na política brasileira.* Rio de Janeiro, Editora Paz e Terra, 1978.

ÍNDICE DE JORNAIS, REVISTAS, RÁDIOS E TVS

A AURORA FLUMINENSE, 35, 40, 41, 42, 318, 324
A BATALHA, 96
A CAPITAL, 87
A CARAPUÇA, 176
A CRÍTICA, 129, 380
A FEDERAÇÃO, 68
A GAZETA, 87, 129
A GAZETA (do Amazonas), 172
A HORA, 278
A IMPRENSA, 113, 114, 115, 116, 117, 118, 119
A NAÇÃO, 123, 132
A NOITE, 80, 81, 86, 129, 148
A NOITE (de Florianópolis), 116
A NOTÍCIA, 129, 145
A PLEBE, 77, 89, 90, 95, 240
A PROVÍNCIA DE SÃO PAULO, 52, 53, 55
A PÁTRIA, 97, 98, 99, 100, 101, 102, 326
A REPÚBLICA, 43, 44, 56, 58, 289
A REPÚBLICA (do Paraná), 116
A RUA, 83, 124
A SENTINELA BAHIENSE, 30
A SENTINELA DA LIBERDADE, 31
A TRIBUNA, 59, 60, 61, 62, 88, 289, 325, 326, 392
A ÚLTIMA HORA, 86
A VANGUARDA, 129
A ÉPOCA, 84, 85, 86
ABC, 77, 88
AFINAL, 250
AGORA, 351
AMAZONAS EM TEMPO, 381
ANAIS DA IMPRENSA NACIONAL, 36
ANHEMBI, 189
APÓSTOLO, O, 70
AVANTI, 77, 284, 290

BAPTISTENSE, O, 63
BINÔMIO, 153, 154
BOCA DO POVO, 406
BRASIL, 138, 139, 140

CARETA, 81, 86
CIDADE DO RIO, 326
COMMERCIAL, 63
COMÍCIO, 176
COOJORNAL, 258, 259
CORREIO BRAZILIENSE, 233,
   266, 287, 300, 341, 342, 345, 347,
   350, 354 358, 362, 393
CORREIO PAULISTANO, 68, 77,
   107, 129
CORREIO DA BAHIA, 372,
CORREIO DA MANHÃ, 75, 81, 84,
   86, 88, 108, 109, 120, 121,126,
   132, 133, 134, 144, 152, 161, 167,
   168, 169, 170, 171, 233, 255, 294,
   298, 299, 300
CORREIO DA PARAÍBA, 287, 349,
   366, 367, 369
CORREIO DA TARDE, 121
CORREIO DO POVO, 326
CORREIO DO RIO DE JANEIRO,
   36, 289

DEMOCRACIA, 326
DIÁRIO CARIOCA, 129, 131, 134,
   172, 290, 292, 326, 327
DIÁRIO CONSTITUCIONAL, 29
DIÁRIO OFICIAL, 65, 326
DIÁRIO POPULAR, 179

DIÁRIO DA MANHÃ, 375
DIÁRIO DA NOITE, 143, 145, 176
DIÁRIO DE NOTÍCIAS, 61, 138,
   318, 326
DIÁRIO DE PERNAMBUCO, 77
DIÁRIO DE PETRÓPOLIS, 242
DIÁRIO DE S. PAULO, 175
DIÁRIO DO AMAZONAS, 380
DIÁRIO DO COMMERCIO, 326
DIÁRIO DO CONGRESSO
   NACIONAL, 137
DIÁRIO DO GRÃO PARÁ, 62
DIÁRIOS ASSOCIADOS (cadeia de
   jornais), 153, 172, 175
DIÁRIO POPULAR (Pelotas), 404

EL CLARÍN, 198
ÉPOCA, A, 81
ESTADO DA BAHIA, 63
ESTADO DE MINAS, 19, 266, 318
ESTADO DE SERGIPE, 68, 77
ESTADO PARÁ, 172
EXTRA, 410

FANFULLA, 129
FATOS E FOTOS, 176
FIGARO, 304
FIGURAS E FIGURÕES, 85
FOLHA CARIOCA, 144
FOLHA DE SERGIPE, 64
FOLHA NOVA, 288
FOLHA DA TARDE (de Porto
   Alegre), 204, 274
FOLHA DE S. PAULO, 11, 174,

193, 242, 243, 244, 245, 246, 249, 255, 256, 262, 266, 315, 316, 327, 328, 329, 334, 337, 338, 339, 340, 347, 362, 363, 392, 395, 396, 397, 398, 399, 403
FOLHA DE SERGIPE, 64, 68
FOLHA DO NORTE, 172, 287
FOLHA DO OESTE, 204
FOLHA DO POVO, 278

GAZETA MERCANTIL, 188
GAZETA DA TARDE, 48, 50, 51, 52, 69, 325, 336
GAZETA DE NOTÍCIAS, 45, 65, 86, 88, 120, 326
GAZETA DO SERTÃO, 63
GAZETA DO VALE, 250
GUARANY, 63
GUERRA SOCIALE, 77
GUERRA DI CLASSE, 77

HORA SOCIAL, 90, 95, 290
HORA DO POVO, 11, 249, 250, 251, 255, 265, 394, 395

IL CORRIERE, 9
IL LIBERTARIO, 77
IL POPOLO D'ITALIA, 284
IMPRENSA, 173, 404
IMPRENSA POPULAR, 276
ISTOÉ, 345, 350, 355, 401

JORNAL DA BAHIA, 68

JORNAL DA CIDADE, 386, 387
JORNAL DA TARDE, 11, 179, 184, 205, 206, 279, 302, 304, 308, 316, 330, 331, 352, 355, 380, 381, 393
JORNAL DE ALAGOAS, 247
JORNAL DE BRASÍLIA, 221, 266, 341, 345
JORNAL DE RECIFE, 121
JORNAL DO BRASIL, 64, 67, 89, 129, 255, 256, 265, 266, 296, 334, 338, 339, 361, 368, 370, 372, 378, 384, 386, 400, 402, 403, 405, 406, 408
JORNAL DO COMMERCIO (de Manaus), 172
JORNAL DO COMMERCIO, 65, 66, 67, 77, 85, 103, 105, 106, 107, 325, 326, 391
JORNAL DO PORTO, 407
JORNAL DO POVO, 135, 136, 137, 176, 208, 210, 212, 219
JORNAL DOS SPORTS, 361,

L'AVVENIRE DEL LAVORATORE, 284
LA BATTAGLIA, 77, 290
LA GAZZETTA DEL POPOLO, 189
LA LOTTA DI CLASSE, 284
LA VOCE DEL POPOLO, 326
LE MONDE, 195, 196, 199, 304
LIBERDADE, 69
LUA NOVA, 316
LUTA DEMOCRÁTICA, 204

MALAGUETA EXTRAORDINÁ-
   RIA, 32, 33, 323
MANCHETE, 176, 192
MEQUETREFE, 326
MERCANTIL, O, 68
MESSAGER DU BRÉSIL, 49
MINAS GERAIS, 374
MOVIMENTO, 188, 239, 240, 241
MUENCHENER N E U E S T E
   NACHRICHTEN, 176
MUNDO ILUSTRADO, 176

NACIONAL, 68
NEW STATESMAN, 199
NEW YORK REVIEW OF
   BOOKS, 193, 199
NEWSWEEK, 265
NOUVEL OBSERVATEUR, 199
NOVIDADE, 65, 326
NOVOS RUMOS, 272

O ARGOS DA LEI, 38
O BAHIANO, 318
O BINÓCULO, 72
O BRASIL AFLITO, 43
O CENSOR, 38
O CENSOR MARANHENSE, 38
O COMBATE, 65
O CONSTITUCIONAL, 30, 31
O CORSÁRIO, 44, 46, 47
O CRUZEIRO, 176
O DESPERTADOR DOS VER-
   DADEROS CONSTITUCIO-
   NAIS, 30

O DESPERTAR, 77
O DIA, 116, 179, 409
O ESTADINHO (de Teresina),
O ESTADINHO (de São Paulo),
O ESTADO (do Piauí), 204, 205,
   233, 248, 334
O ESTADO FORTE, 140
O ESTADO DE S. PAULO, 11, 13,
   23, 27, 87, 90, 107, 126, 140, 141,
   151, 152, 175, 178, 185, 187, 204,
   232, 242, 257, 258, 267, 275, 289,
   308, 313, 332, 342, 348, 352, 353,
   354, 355, 358, 362, 365, 366, 374,
   378, 379, 380, 381, 384, 386, 387,
   388, 389, 402
O ESTADO DO PARANÁ, 204
O FAROL MARANHENSE, 38
O GLOBO, 12, 266, 310, 400, 402,
   405, 406
O IMPARCIAL, 81, 85, 86, 293
O JORNAL, 132
O MALHO, 86
O MARTELO, 41
O NACIONAL, 372
O OBSERVADOR CONSTITU-
   CIONAL, 38, 318
O PANFLETO, 158, 159
O PAÍS, 78, 84, 85, 96, 129, 326
O PIRRALHO, 87
O POVO, 380, 401
O QUALIFICADOR CONSTITU-
   CIONAL, 30
O QUEIXOSO, 103
O RAIO, 72

O SEMANÁRIO CÍVICO, 30
O SÉCULO, 63, 85
O TRABALHISTA, 172,
OITENTA, 236
OPINION, 196
OPINIÃO, 191, 192, 194, 195, 196, 197, 198, 199, 200, 202, 239, 255
ORBE, 62
OSSERVATORE ROMANO, 304

PARAYBANO, 68
PASQUIM, O, 188, 255
PAÍS, O, 80
PROVÍNCIA, 62

RÁDIO AJURICABA, 380
RÁDIO FM CAPITAL (de Campo Grande), 402
RÁDIO BARÉ, 280
RÁDIO JOVEM PAN, 396, 397
RÁDIO MAYRINK VEIGA, 144
RÁDIO NACIONAL, 175
RÁDIO PLANALTO, 343, 347, 354
REDE GLOBO, 364, 391
REDE BANDEIRANTES, 386
REDE MANCHETE, 364
REVÉRBERO CONSTITUCIONAL FLUMINENSE, 36, 289, 317
REVISTA ILUSTRADA, 62
REVISTA DA OAB, 24
REVISTA DO BRASIL, 100
REVISTA DOS ESTADOS UNIDOS, 326

SBT, 389, 391
SENTINELA DA LIBERDADE, 288
SENTINELA DO SERRO, 36, 375
SIETE DIAS, 9
SOMBRA, 176
SPECTADOR BRASILEIRO, 36
TV BANDEIRANTES, 400
TV CULTURA, 11
TV GAZETA, 355
TV GLOBO, 344, 371, 386, 389, 409
TV ITAPOÁ, 370, 371
TV MANCHETE, 18
TV PIAUÍ, 333
TV RECORD (de Campo Grande), 402
TVS, 389
THE GUARDIAN, 196
THE NEW YORK TIMES, 195, 304, 361
THE WALL STREET JOURNAL, 196
THE WASHINGTON POST, 196, 304
THE JOHANNESBURG STAR, 286
TIMES, 304
TRIBUNA OPERÁRIA, 265
TRIBUNA POPULAR, 146, 403
TRIBUNA DA BAHIA, 452
TRIBUNA DA IMPRENSA, 11, 147, 151, 205, 249, 251, 252, 254, 255, 294, 365, 394
TYPHIS PERNAMBUCANO, 35
ÚLTIMA HORA, 176, 266, 298

UNIDADE, 407, 409
UNIVERSAL, 318
VEJA, 185, 189, 190, 191, 265, 279,
   359, 385, 391, 403

VOZ OPERÁRIA, 272
ZERO HORA, 404

ÍNDICE ONOMÁSTICO

Tem aqui a primazia, na ordem alfabética, o primeiro sobrenome, não o último. O porquê da adoção deste critério se torna evidente. Exemplos: Barbosa Lima Sobrinho, Castro Alves, Cruz e Sousa, Gondin da Fonseca, Machado de Assis, Sobral Pinto, e vários outros. Em consequência, nem sempre pôde ser seguida a ordem alfabética dos prenomes. Alguns vultos, entretanto, ficaram consagrados na História pelos prenomes, e aqui estão registrados exatamente assim, como Afonso Celso, Washington Luís, etc.

Significa jornalista a abreviatura *(j)*, e em alguns casos, facilmente reconhecíveis, a pessoa não foi só jornalista.

A abreviatura *(col)* indica colaborador (com frequentes artigos ou crônicas na imprensa).

A

ABEL DE AZEVEDO CAMINHA (juiz), 331
ABI-ACKEL, Ibrahim (ministro), 347, 350, 351
ABOAB, Renée, 149
ABRAHAM, Denise (j), 389, 390, 391
ABRAMO, Cláudio (j), 7, 174, 244, 315
ABRAMOVITCH, Isaac (legista), 276, 281
ABREU, Hugo (general), 243, 244, 245, 246, 293
ABREU (comissário), 216
ABREU PAIVA, Antônio Augusto (major), 352
ABREU, João Capistrano de (col), 46, 64
AFONSO CELSO JÚNIOR, 48, 49, 50, 51, 290, 325
AGOSTINI, Ângelo (j), 47, 62
AGUIAR FREIRE, Ary de (coronel), 357
AKEL, James (empresário), 12
ALBANO (prisioneiro), 90
ALBERNAZ, Benone de Arruda (capitão), 180, 181
ALENCAR (coronel), 367
ALENCAR, Gilberto de (j), 375
ALENCAR, José Geraldo (coronel), 366, 367, 368
ALENCAR, Marcelo (prefeito), 308
ALENCAR, Maria Letícia, 257
ALENCASTRO, Ana Paula Braga (juíza), 403
ALFONSIN, Raúl (presidente), 382
ALMEIDA DIAS, Darcílio (prefeito), 173
ALMEIDA FILHO, Hamilton (j), 173
ALMEIDA, Cipriano José Barata de (j), 31, 32
ALMEIDA, Francisco Antônio de (j), 65
ALMEIDA, Joaquim Garcia Pires de, 58

ALMEIDA, José Américo de (j), 318
ALMEIDA, João de (j), 58
ALMEIDA, Luís Roberto de (juiz), 25
ALMEIDA, Moacyr de, 133
ALVARENGA CRUZ, Eustáquio de (j), 251
ALVARUS (caricaturista), 78, 122, 125, 140, 149
ALVES OLIVEIRA, Carlos Roberto (político), 369
ALVES DE ALMEIDA, José (cabo), 368
ALVES DE OLIVEIRA, Carlos Roberto (j), 392
ALVES, Eustachio (j), 85
ALVES, Gilberto (j), 266
ALVES, Hermano (j), 162
ALVES, José Luiz (j), 175, 176
ALVES, João Luís (ministro), 122
ALVES, Luis Carlos (cinegrafista), 386
ALVES, Margarida Maria (camponesa), 369
ALVES, Márcio Moreira (j), 161, 162, 163
ALVES, Mário, 273
ALVES, Milton P., (desenhista), 214
AMADO, Gilberto (j), 78, 79, 210
AMARAL, Amaro do, 85
AMBRYS, Alceste de (j), 77
AMOROSO LIMA, Alceu (col), 202
ANDRADA E SILVA, José Bonifácio de, 35, 36, 37, 41, 288, 289, 324
ANDRADE NEVES (coronel), 243

ANDRADE, Djalma (j), 375
ANDRADE, Edilson Tibúrcio de (subtenente), 368
ANDRADE, Luciano (j), 265
ANDRADE, Mário de, 376
ANDADE NEVES, 243
ANDREAZZA, Mário, 173
ANJOS, Serafim dos (padre), 32, 33
ANTONINO PIO, 266
ANTUNES (sargento), 360
ANTUNES, Nei Fernandes (tenente), 360
ANTONIO, Luiz (j), 266
API (caricaturista), 298
ARAGON, Louis (poeta), 285
ARANTES, Aldo (político), 265, 351
ARAÚJO JORGE (promotor), 150
ARAÚJO, Airton Gomes de, 177
ARAÚJO, Alain (j), 249
ARAÚJO, Cauby de, 142
ARAÚJO, Francisco, (j), 402
ARAÚJO, Joaquim de (j), 267
ARAÚJO, Jorge (j), 266
ARAÚJO, Melquíades de, 276
ARAÚJO, Tibúrcio Valeriano de (governador), 63
ARCOVERDE, Waldir (ministro), 25
ARNS, Paulo Evaristo, 227
AROCA, Sérgio (tenente-coronel), 359, 361
AROCHA (j), 68
ARRAIS, Miguel, 165

ARRUDA BOTELHO, Antônio Carlos de (conde), 52, 53, 54
ASSIS CINTRA (historiador), 35
ASSIS, Roberto L., 7
AUGIAS, 377
AURELIANO (policial), 358
AVÓLIO (tenente), 360
AZEDO, Oscar Maurício de Lima (j), 242, 301, 331, 332
AZEREDO NETO (j), 375
AZEVEDO NETO, Ângelo de (delegado), 351
AZEVEDO, Agostinho José de (lavrador), 305
AZEVEDO, Hélio de (j), 204
AZEVEDO, Rocha, 104

B

BADARÓ, Líbero (j), 38, 39, 40, 41, 286, 318
BADRA, Consuelo (colunista), 314
BALBO, Ítalo (fascista), 291
BALTASAR DA SILVEIRA, Carlos (ministro), 268
BANDEIRA JÚNIOR (j), 65
BANDEIRA, Fuas, 96
BANDEIRA, Manuel, 205
BARBON, Luiz Carlos, (j), 407, 408
BARBOSA, Abelardo (comunicador), 377
BARBOSA, Fernando Alah Moreira (militar), 191

BARBOSA, Januário da Cunha (j), 317
BARBOSA, José Maria (delegado), 248, 333
BARBOSA, Rodrigues, 80
BARBOSA, Rui (j), 59, 64, 66, 67, 70, 81, 82, 83, 100, 101, 139, 168, 218, 286, 293, 318
BARBOSA, Orestes (j), 124
BARDAWIL, Olga (j), 398, 399
BARRETO, Alcione (advogado), 218, 220
BARRETO, Alexandrino (j), 115, 117, 118
BARRETO, Lima, 96
BARRETO, Maria Dail (delegada), 352
BARRETO, Muniz (juiz), 119
BARRETO, Paulo (j), 79, 97, 98, 100, 101, 102
BARROS, Hermenegildo de (juiz), 119
BASTIDE, Roger, 20
BASTOS BRANDÃO, Orlando José (legista), 281
BASTOS, Justino Alves 166, 167
BATISTA, Nelson (j), 168, 171
BATOVI (barão de), 48
BAUDELAIRE, 285
BAUMGARTEN, Alexandre von (j), 264, 272, 287, 347, 356, 357, 363, 364, 365, 366, 381, 382, 383, 384
BEETHOVEN, 174
BELFORT BETHLEM, Fernando (general), 185

BELMONTE, (caricaturista), 105, 127, 140
BELO DA SILVA, Gouveia (agente do SNI), 383
BEENETAZZO, Antônio, 276, 277
BENJAMIN CONSTANT, 318
BENJAMIN FRANKLIN, 240
BERGER, Harry (militante político), 263
BERMUDES, Sérgio (advogado), 232
BERNARDES, Artur (presidente), 108, 109, 122, 123, 124, 125, 126, 127, 291, 292
BERNARDES, Júlio (j), 265
BERNARDES, Luís Carlos de Assis (j), 373, 374
BERNARDINO, Manuel (j), 85
BERTI, Orlando (j), 404
BEVILÁCQUA, Clóvis (jurista), 97
BEZERRA, Gregório (militante político), 163, 164, 165, 166, 167
BIERRENBACH, Júlio de Sá (almirante), 26
BILAC, Olavo (j), 65, 79
BIOCCA, Ettore (médico), 236, 238
BISPO FARIA, Nadir (procurador), 366
BITTENCOURT, Edmundo (j), 75, 76, 84, 108, 109, 124, 125, 126, 168
BITTENCOURT, Niomar Muniz Sodré (j), 167, 168, 170, 171
BITTENCOURT, Paulo (j), 109
BIVAR, Manuel (j), 121
BLECHER, Nelson (j), 395
BLEY, Punaro (general), 153, 154, 155
BLUFF, "Storni" (caricaturista), 44, 69
BOCAIÚVA, Quintino (j), 43, 44, 45, 58, 70, 318
BOILESEN, Henning Albert (industrial), 208
BOITEUX, Norton Demaria (comandante da Marinha), 136
BOLOGNA, Américo (j), 7
BONAPARTE, Napoleão, 30, 292
BONES, Elmar (j), 259
BONESCHI, José (inspetor), 359
BONFIM JÚNIOR, Orlando Rosa (j), 271
BONO, Emilio de (fascista), 291
BORDINI, Paulo (sargento), 180
BORNHAUSEN, Jorge (governador), 250
BOSSUET, 57
BOUCHARDEAU, Huguette (ministra), 309
BRAGA, Theodoro, 63, 81
BRAGA, Wilson (político), 366, 367, 368, 369
BRAGANÇA, Josino (delegado), 387
BRANCO, Paulo (j), 251, 252
BRANDÃO CAVALCANTI, Paulo (j), 272, 348, 349, 350, 366, 367
BRANDÃO, Paulo (j), 287, 369
BRANDÃO, Roberto (j), 369
BRESSANE, Francisco (j), 375

BRICKMANN, Carlos (j), 261
BRITO, Júlio Ronaldo (comerciante), 388
BRITO, Luiz Carlos (j), 388
BRITO, Manuel de Souza, 73
BRITO, Rozendo de Souza, 72, 73
BRIZOLA, Leonel (político), 155, 156, 157, 158, 159, 295, 308, 314, 327, 328, 329, 386, 389, 390, 391
BROSSARD, Paulo (advogado), 301
BRÁS, Wenceslau (presidente), 77
BUENO, Márcio, 240
BURITY, Tarcísio (político), 369, 392, 393
BURLAMAQUI, Armando (deputado), 100
BUZAID, Alfredo (ministro), 186, 187, 188, 195, 204, 205, 306, 307

C

CABRAL, Bernardo (político), 395
CABRAL, Paulo, 403
CABRAL, Vale, 36
CACOS, José dos, 37
CAETANO, Carlos Alberto (j), 352
CAETANO, Marcelo, 205
CAIO JÚLIO CÉSAR, 266
CALANDRA, Aparecido Laerte, 277
CALDAS, Álvaro (j), 359, 360, 361
CALDEIRA (j), 61
CALLADO, Antônio (col), 202
CALLIL, Abdo Elias (médico), 216, 217, 218

CALS, César, 251, 252
CÂMARA. Helder, 162
CAMARGO, Oscar (delegado), 387
CAMARGO, Hebe (comunicadora), 250
CAMINHA, Abel de Azevedo, 242
CAMINHA, Pero Vaz de, 20
CAMÕES, 30, 205
CAMPOS LEÃO (senhora), 145
CAMPOS SALES (presidente), 59, 60, 61, 71, 72, 112, 268, 269, 270, 289
CAMPOS, Carlos de, 125
CAMPOS, Cláudio (j), 11, 249, 250
CAMPOS, Francisco, 203
CAMPOS, Milton (col), 19
CAMPOS, Roberto de Oliveira, 227, 228
CÂNDIDO, Antônio, 202
CÂNDIDO, João, 135, 137
CAMÊU, Francolino (escritor), 291, 292
CANECA (frei) 33, 34, 35
CAO, Epitácio (j), 294, 295
CAPISTRANO DA COSTA, David (j), 271, 278, 279
CARDIM OSÓRIO, Rosa, 191
CARDOSO DE AVELAR, Estêvão (bispo), 302
CARDOSO, Adauto Lúcio (advogado), 193, 201
CARDOSO, Newton (político), 372, 373, 374, 375, 376, 377, 378
CARDOSO, Fernando Henrique (col), 202

CARIJÓ (delegado), 65, 72
CARLOS ÁTILA (porta-voz), 269, 270
CARLOS DE LAET (j), 66, 67, 70
CARLOS, José (j), 265,
CARNEIRO PESSOA, Reynaldo (j), 58
CARNEIRO DA ROCHA, Rafael (procurador), 383
CARNEIRO, Glauco (j), 157, 158
CAROLINA, Maria, 278
CARPEAUX, Otto Maria (j), 162
CARQUEJA FUENTES, Baldomero (j), 65
CARREL, Armand (j), 45
CARROL, Lewis (escritor), 257
CARUSO, Chico, 18
CARTA, Mino (j), 189, 190
CARVALHO (coronel), 72, 73
CARVALHO, Antônio Carlos de, 273
CARVALHO CRUZ, Ronald (major), 335
CARVALHO FILHO, Luís Francisco (advogado), 396
CARVALHO, Carlos (j), 265
CARVALHO, Wanderlei (j), 372
CASASSANTA, Mário (j), 375
CASOY, Boris (j), 244, 255, 256, 338, 339
CASTELO BRANCO (marechal), 17, 172, 177, 199, 253, 297, 298, 299, 300, 308, 316
CASTELO BRANCO, Carlos (j), 296, 297, 372, 375

CASTRO (comendador), 45
CASTRO, Celso, 226
CASTRO ALVES, 312, 317
CASTRO COTRIM, 52
CASTRO, Apulco de (j), 46, 47, 48
CASTRO, Ed (j), 380
CASTRO, José Olavo de (coronel), 363
CASTRO, Liduja, 1123, 114
CATAPPANI, Maria Luiza (agente policial), 355
CAVALCANTI, Ascendino (perito), 368
CAVALCANTI, Klester (j), 403
CAVALCANTI, Marco Antônio (j), 406
CAXIAS (duque), 243, 244
CEARENSE, Catulo da Paixão, 133
CECARA, Oswaldo (juiz), 399
CELINA D'ARAÚJO, Maria, 226
CHACRINHA (comunicado), 309
CHAGAS, Carlos (j), 18, 19, 187
CHAPIN, Frederick, 227
CHATEAUBRIAND, Assis (j), 132, 153, 172
CHAVES, Aureliano (político), 26, 385
CHAVES, Mauro (j), 173
CHERMONT, Justo Leite (advogado), 63
CHRISTO, Antony Jorge Andrade de (j), 232, 337
CHURCH, Frank (senador norte-americano), 242
CIRILLO, Lúcio Muniz, 277
COCHRANE (lorde), 38

COELHO, Sebastião, 288
COELHO, Tavares, 221
COLAÇO, João (deputado), 117
COLLOR, Fernando (político), 395
COLLOR, Lindolfo (j), 78, 79, 80, 81, 290
COLOMA, José Maria, 28
CAMELI, Orleir, 402
COMTE, Augusto, 23
CONSANI, Wilson de Barros (investigador), 13
CONSELHEIRO, Antônio, 69
CONSUEGRA, Jorge (j), 9
CONTIER, Arnaldo (professor), 314
CONY, Carlos Heitor (j), 162, 298, 300
CORDEIRO DE LIMA, João, 141
CORREIA LIMA (tenente), 360
CORREIA DO CARMO, Aurélio, 278
CORREIA DO VALE, Diogo (médico), 305
CORREIA, Luís Miguel, 305
CORTES, Geraldo (agente), 393
CORUJA (policial), 52
COSTA, Edgard, 82
COSTA FILHO, Odilo (j), 170
COSTA NETO, Benedito (ministro), 147
COSTA REGO, Pedro da (j), 120, 121, 122
COSTA SENA (inspetor), 196
COSTA E SILVA (general), 17, 178, 190, 199, 296, 298

COSTA, José Luís Sávio, 366
COSTA, Miguel (general), 112
COSTA, Paulo Luiz (j), 233
COSTA, Raimundo (j), 265
COUTO (policial), 358
COUTO E SILVA, Golbery do (general), 13, 14
COUTO, David Antônio do (cabo), 359, 366
CRAIDE, Eurípedes (político), 373
CRAVEIRO COSTA, 63
CRIMMINS, John Hugh, 227
CRISTO, Jesus, 18, 277
CRUZ E SOUSA, 267
CRUZ, Newton (general), 15, 260, 261, 262, 263, 264, 265, 266, 287, 342, 343, 344, 345, 346, 351, 363, 364, 366, 381, 382, 383, 384, 385
CUNHA MATOS, 35
CUNHA E MELO, Danilo Darcy de (coronel), 330
CUNHA, Antônio Alves, 134
CUNHA, Gomes (j), 234
CUNHA, Joana D'Arc (j), 372
CUNHA, João (deputado), 338
CZARNEY, Josef, 304

D

DA SILVA (tenente), 360
DADARIO, Heloisa (j), 310
DALLA, Moacyr (senador), 173
DAMIANI, Gigi (j), 77, 89

DANIELLI, Carlos Nicolau (j), 271, 277, 278
DANTAS MOTA, Lourenço (j), 24
DANTAS, Honório (j), 15, 260, 262, 263, 343, 344, 346
DANTAS, Orlando (j), 138
DANTAS, Pedro (j), 173
DANTAS, San Tiago, 298
DAVI (rei bíblico), 140
DE VECCHI, Cesare (fascista), 291
DEL PICCHIA, Pedro (j), 392
DELFIM NETO, Antônio (ministro), 254
DEMJANKUK, John, 304
DEODATO, Alberto (j), 375
DEXTER, John (cônsul), 198
DIAFÉRIA, Lourenço (j), 11, 243, 244, 245, 246, 248, 334, 335
DIAS, Carlos (j), 248, 333, 334
DIAS, Engrácio José (negociante), 40, 41, 324
DIAS, Erasmo (coronel), 13, 14, 185, 244
DIAS, Everardo (j), 81, 90, 91, 92, 93, 94, 95, 125
DIAS, Getúlio (deputado), 256, 339
DIAS, Gonçalves, 20
DIAS, José Carlos (advogado), 396
DINIZ JÚNIOR, 102
DORGIVAN, Antônio (j), 266
DOSTOIÉVSKI, 163
DOURADO, Nelson (coronel), 353

DRAGAMIROFF (promotor), 12
DRUMMOND DE ANDRADE, Carlos (col), 19
DRUMMOND, Vasconcelos, 35
DUARTE DO PRADO, Carlos Alberto (coronel), 383
DUARTE, Paulo (j), 132, 138, 139, 140, 189
DUNSHEE DE ABRANCHES (j), 72, 317
DUQUE ESTRADA (tenente), 3, 60
DUQUE ESTRADA, George (j), 223, 337
DUQUE ESTRADA, Osório (j), 85
DUTRA, Eurico Gaspar (general), 146, 177
DUTRA, Tarso (ministro), 204

E

EÇA DE QUEIROZ, 97, 267
EGLÊ, (mãe de Alexandre Vannucchi Leme), 281
EGYDIO, Paulo (governador), 222, 225
ELIZABETH II, 227
EMILIO DE BONO, 291
ETCHEGOYEN, Alcides (general), 150
ETIENE FILHO (j), 375
EUCLIDES DA CUNHA, 48
EVANGELISTA, Roberto Borges, 401
EVARISTO DA VEIGA (j), 35, 40, 41, 42, 43, 318, 324

F

FABIANA, (filha de Itamar Franco), 400
FALCÃO, Armando (ministro), 12, 190, 198, 241
FARIA, Aidano José (advogado), 393
FARIAS DE OLIVEIRA, Raymundo, 314
FARNESE, Flávio (j), 58
FEITOSA, Hélder (j), 333
FELLINI, 248
FELIPE, Joaquim d'Assunção, 402
FERNANDA (filha da jornalista Maria Nilce Magalhães), 386
FERNANDES DE SOUZA, 401
FERNANDES FILHO, Hélio (j), 251, 252
FERNANDES FILHO, Sólon (curador), 25
FERNANDES, Hélio (j), 11, 251, 252, 253, 254, 255, 365
FERNANDES, Júlio (fotógrafo), 341, 342, 345
FERNANDES, Millor (col), 202
FERRAND, 267
FERRAZ, Esther Figueiredo (ministra), 353
FERREIRA REIS, Artur César, 172
FERREIRA VIANA, Pedro Antônio (j), 58
FERREIRA DE ARAÚJO (j), 45, 324
FERREIRA DE MENEZES (j), 69
FERREIRA DE SÁ, Ayberê, 276
FERREIRA, Maria de Jesus, 134
FERREIRA, Francisco Firmino, 134
FERREIRA, Joaquim Câmara, 271, 273, 274, 330
FERREIRA, Manuel, 134
FERREIRA, Manuel Affonso (advogado), 257, 355, 379
FERREIRA, Procópio (ator), 132, 133, 134, 290
FERREIRA, Rosa de Jesus, 134
FERREIRA, Waldemar (professor), 311
FIEL FILHO, Manoel (operário), 222, 226, 228
FIGUEIREDO, Afonso Celso de Assis, 50
FIGUEIREDO, Euclides (general), 381, 382, 383, 384
FIGUEIREDO, João Baptista (general), 17, 18, 19, 261, 266, 269, 298, 316, 341, 342, 345, 351, 353, 381, 384, 396
FIGUEIREDO, Mário (advogado), 151
FLEURY, Sérgio Paranhos (delegado), 184, 273, 274, 280, 330
FLORIANO PEIXOTO (marechal), 48, 65, 66, 67, 68, 120
FON, Antônio Carlos (j), 11, 179, 180, 181, 182, 183, 184, 185, 206, 207, 208, 301, 305
FONSECA FRANÇA, Renée (procuradora da Justiça Militar), 242

FONSECA, Clodoaldo da, 120, 121
FONSECA, Demerval da (j), 65
FONSECA, Deodoro da (marechal), 59, 60, 61, 63, 64, 67, 72, 83, 120, 289, 292, 315
FONSECA, Gondin da (cronista), 46, 132, 133, 134
FONSECA, Hermes da (marechal), 81, 83, 84, 85, 86, 87
FONSECA, Luís, 104
FONSECA, Luís Carlos da (engenheiro), 126
FONSECA, Maximiano da (ministro), 341
FONSECA, Pedro Paulino da, 63
FONTELES DE LIMA, Hecilda Mary, 233
FONTENELE (major), 360
FONTES, Lourival, 140, 141, 293, 294
FONTOURA, Walter (j), 256, 338, 339
FORBES, Geraldo (j), 20
FORTES, Bias (político), 376
FORTES, Borges (delegado), 332
FRAGA, Antônio (j), 370, 371, 372
FRAGOSO, Arlindo (j), 63
FRAGOSO, Heleno (advogado), 232, 233, 250, 306
FRANCA, Geminiano de (juiz), 119
FRANCESCHI, Rui, 185
FRANCIS, Paulo (j), 242
FRANCISCO (sargento), 252
FRANCO (ditador), 223

FRANCISCO, Martim, 41
FRANCO MONTORO (político), 346
FRANCO, Edgar (ator), 13
FRANCO, Itamar (político), 397, 400
FRANCO, Moreira (político), 390, 391, 399
FRANK, Júlio, 140
F'RANZINI (general italiano), 61
FREIRE, Anibal, 122
FREIRE, Manuel, 68
FREISLER, Roland, 223
FREITAS, Atanásio (tenente), 118
FREITAS, Bezerra de (j), 98
FREITAS, Jânio de, 399
FREUD, Sigmund, 22, 26, 193
FRIAS FILHO, Otávio (j), 316, 317, 395, 396, 398
FRIAS DE OLIVEIRA, Octávio (j), 174, 2441
FROTA, Sylvio (general), 226, 243, 357
FURTADO DE MENEZES, 375
FURTADO, Celso (col), 202
FÁBIO, Paulo Roberto (sargento), 357

G

GABEIRA, Fernando (j), 153
GABRIELLE D'ANNUNZIO, 284
GALVÊAS, Ernane (ministro), 252
GAMA E SILVA (ministro), 173, 174
GAMA, Maurício Loureiro (j), 7
GARCEZ, Dulen (tenente), 354, 360
GARCIA FLOSI, Edson (j), 249

GARCIA DE ABRANCHES, João Antônio (j), 37, 38
GARCIA, Alexandre (j), 18
GARCIA, João Francisco (ator), 13
GARIBALDI, 72
GARRASTAZU MÉDICI, Emílio (general), 17, 188, 192, 194, 195, 201, 233, 279, 298, 300, 301, 302, 304, 306
GASPARIAN, Fernando (j), 191, 196, 197, 198, 199
GASTÃO CRULS (j), 89
GAZALE, George (empresário), 353
GEISEL, Ernesto (general), 13, 14, 17, 217, 218, 222, 226, 228, 234, 243, 246, 298, 306
GEISEL, Orlando (ministro), 203, 301
GENTA, Edgardo Ubaldo, 307
GENTIL DE CASTRO (coronel), 69, 70
GEORGIANA (filha de Itamar Franco), 400
GERTEL, Noé (j), 175
GIL (cabo), 360
GILBERTO DE SOUZA, 409
GIMENEZ, Manoel (j), 386
GIRARDIN, Émile de (j), 45
GISCARD D'ESTAING, 251
GIUSTI, Luigi, 140
GOEBBELS (nazista), 243
GOERING (nazista), 243
GÓES, Fernando (j), 7

GOLIAS, 140
GOETHE, 21
GOMES, Aprígio (juiz), 113
GOMES DE ARAÚJO, Dácio (promotor), 334, 335
GOMES CARNEIRO (capitão), 360
GOMES PEREIRA (almirante), 101, 102
GOMES PIMENTA, Silvério (arcebispo), 286
GOMES RIBEIRO, Waldemar (delegado), 351
GOMES DA SILVA, Sérgio (j), 337
GOMES, Lindolfo (j), 375
GOMES, Oswaldo (general), 276
GOMES, Roberto, 80
GONÇALVES LEDO, Joaquim (j), 36, 289, 317
GONÇALVES, Josemar (j), 266
GONÇALVES, José, 149
GONZAGA, Adolfo, 401
GONZAGA DE MENEZES, 401
GONZAGA DE OLIVEIRA, 401
GORBATCHEV, Mikhail, 315
GORDON, Lincoln (embaixador), 165
GOULART, João (presidente), 152, 154, 155, 157, 158, 159, 172, 204, 294, 296, 313, 324
GRABOIS, Mauricio (j), 271
GRAEBNER, Ildor Reni, 402
GRAEL, Dickson Melges (coronel), 355, 356, 357

GRANJA, Tobias (j), 272, 286
GRAÇA, Milton Coelho da (j), 162
GRECA, Murilo de la, 34
GRECO, Leonardo (chefe de gabinete), 193, 194
GREGORI, José (ministro), 404
GUANABARA, Alcindo (j), 65, 88
GUERRA, Cláudio (delegado), 387
GUEVARA, (revolucionário), 272
GUEVARA, (caricaturista), 108, 135, 285
GUIMARÃES, Júlio César, 400
GUIMARÃES, Napoleão, 334
GUIMARÃES, Nelson (juiz), 244
GUIMARÃES, Protógenes (almirante), 136
GUIMARAES, Rafael (j), 254
GUIMARAES, Ulysses (deputado), 196

H

HABEGER, Norberto Armando, 272
HAMILTON, José (j), 395
HANSEN, Jeanette, 264, 363, 383
HASSLOCHER, Germano (advogado), 77, 88, 89, 165, 290
HASSLOCHER, Ivã, 165
HERCULANO, Alexandre, 10
HERODES I, 291, 312
HERRERA, Heitor (general), 261, 344
HERZOG, André, 225, 226
HERZOG, Clarisse, 225, 226
HERZOG, Ivo, 225, 226

HERZOG, Vladimir (j), 11, 221, 222, 223, 224, 225, 226, 227, 228, 229, 232, 233, 234, 242, 271, 301, 332, 336, 337
HIMMLER, Heinrich (nazista), 188, 243
HITLER, Adolf, 15, 176, 186, 205, 233, 243, 279, 283, 307, 308
HOLANDA, Aurélio Buarque de, 157
HOLANDA, Chico Buarque de, 178
HOLLEMBACH, Silvio (sargento), 243, 244
HORÁCIO, 267
HUDSON, Otaviano (j), 58
HUMBERTO DE CAMPOS, (cronista), 120, 121
HUNGRIA, Nélson (jurista), 300

I

IBIAPINA, Hélio (coronel), 162, 167
IRUJO, Pedro (j), 371
ITARARÉ, Barão de (ver Torely, Aparício)
IVAN, (o Terrível), 174

J

J. CARLOS (caricaturista), 50, 77, 81, 83, 110
JACARANDÁ, Valter (coronel), 359, 360, 361
JACQUES D'ORNELLAS, 265, 266,

351, 352
JANIN, Jules (j), 45
JAPIAÇU, Cândido Ladislau (ouvidor), 39, 41
JARDIM DE MATOS, Délio (brigadeiro), 27
JEFFERSON, 240
JESUS, Gertrudes de, 134
JOÃO DO RIO (ver Barreto, Paulo)
JOÃO VI, 31
JOFFILY, Irineu, 63, 64
JOFFILY, José, 288
JORDÃO, Fernando Miranda (j), 173, 174, 228, 229, 231
JORGE, Ayrton Guimarães, 355, 356
JORGE, Fernando, 374
JOSÉ, Joaquim, 41, 324
JOSÉ, Pedro (j), 266
JOÃO ALBERTO, 132
JUAREZ FILHO, Djalma, 386
JUNG, Carl, 26
JUNQUEIRA AYRES (procurador), 357
JURUNA, Mário (cacique), 26

K

KAFKA, Franz, 244
KAVANAGH, Paul (escritor), 192
KERTESZ, Mário (político), 371
KONDER, Rodolfo (j), 222, 225, 301, 337
KOPPA, Carlos (ator), 13
KOTSCHO, Ricardo (j), 246, 247
KOZEL FILHO, Mário (soldado), 178
KRIEGER, Gustavo (j), 395
KRUPPA, Gene (músico), 196
KUBITSCHECK, Juscelino, 152, 174, 298

L

LABATUT, Pedro (brigadeiro), 31
LACERDA, Carlos (j), 147, 148, 149, 151, 152, 254, 294, 295
LACERDA, Maurício de (j), 88, 95, 100, 122, 123, 124, 125, 126, 147, 291, 292
LADÁRIO (barão de), 68
LAFUENTES (capanga de José Bonifácio), 37
LAGE, João de Souza (j), 96
LAGO, Mário (ator), 254
LAMARCA, Carlos (capitão), 258
LAMARTINE, 286
LAN (caricaturista), 148, 155
LANDUCCI, Italo, 112
LANGGUTH, A. J. (j), 361
LAPA (major), 31
LAWRENCE, T. E., 317
LEIG, Wilson (político), 385, 386
LEITE DE CASTRO (general), 130, 292
LEITE, Aureliano, 114
LEITÃO DE ABREU (ministro), 257, 258, 316, 317
LEITÃO NETO, Mirian de Almeida,

301, 304
LEMOS, Assis (professor), 162
LEMOS, Renato, 80
LEONARDO DA VINCI, 193, 194
LESSA, Pedro (ministro), 82
LEUENROTH, Edgard, 89
LEVINSOHN, Ronald, 379
LIBERTINI JÚNIOR, Humberto (soldado), 185
LIGNE (príncipe), 22
LIMA JÚNIOR, Augusto de (j), 375
LIMA E SILVA (família), 43
LIMA E SILVA, Carlos Miguel, 43
LIMA, Altair (j), 380
LIMA, Barbosa (governador), 68, 69
LIMA, Cerqueira (general), 337
LIMA, Douglas (j), 380
LIMA, Hermes (jurista), 298
LIMA, Raimundo (j), 372
LIMA SOBRINHO, Barbosa (j), 23, 339
LINCOLN, Abraham, 241
LINS, Edmundo (juiz), 119
LINS, Evandro (advogado), 151
LISBOA, Suzana Keniger, 277
LOBO, Aristides (j), 43
LOBO, Amilcar (tenente), 278, 360
LOIOLA, Moacir Assunção (agente de polícia), 353, 354, 358, 359
LOPES, Aécio, 288
LOPES DE FARIA, Marco Antônio, 402
LOPES, Isidoro Dias (general), 125
LOPES, Tito, 288

LOPES TROVÃO (col), 44, 45
LOREDANO (caricaturista), 97
LÚCIO, Joaquim (j), 62
LULA (militante do PT), 338
LUIZ (caricaturista), 66
LUIZ, Paulo, 232
LUSARDO, Batista, 112
LUTZENBERGER, José (ecologista), 310
LUZ, Hercílio, 113, 114, 115, 116, 118, 119, 120
LYRA, Fernando (ministro), 365, 367
LYRA, Jorge (j), 151

M

M. CLÁUDIO (pseudônimo de Gondin da Fonseca), 132, 133
MABLY (abade), 30
MACEDO SOARES, José Eduardo de (j), 84, 129, 130
MACEDO SOARES, Roberto, 85
MACHADO, Altino, 402
MACHADO DE ASSIS (j e col), 46
MACHADO, Irineu (j), 123
MACHADO, Jório (político), 369
MACHADO, Julião (caricaturista), 269
MACHADO, Luiz Paulo (j), 331, 332
MACHADO, Wilson Lopes (capitão), 365
MACIEL, Jurandir (vereador), 386
MACIEL, Lisâneas (deputado), 191, 197
MACIEL, Olegário (político), 376
MADEIRA DE MELO (brigadeiro), 30,

31
MAGALHÃES BARATA, Joaquim de (interventor), 287, 288
MAGALHÃES PINTO, 154, 155, 173, 227, 298
MAGALHÃES, Antônio Carlos (político), 370, 371, 372
MAGALHÃES, Dario de Almeida (advogado), 152
MAGALHÃES, Djalma Juarez (j), 386
MAGALHÃES, Maria Nilce (j), 386, 387, 388
MAGALHÃES, Roberto (político), 399
MADALENA, José Carlos (j), 73
MAGNO, Carlos, 147
MALHERBE, 119
MALUF, Paulo (político), 309, 378
MANHÃES (coronel), 355, 356
MARANHÃO FILHO, Luiz Ignácio (j), 271
MARANHÃO, Paulo (j), 287, 288
MARAVALHO, Scaligero (padre), 70
MARCEL, Gabriel (presidente), 307
MARCO AURÉLIO, 260
MARCONI, Paolo (j), 173, 189, 190, 191, 254
MARCOS (major), 366
MARGIOCCO, Garcia (j), 87, 88
MARIA ANTONIETA, 270
MARIANO (presidiário), 303
MARIANO, José, 68
MARIGHELLA, Carlos, 175

MARINHO, Irineu (j), 86
MARINHO, Josaphat (político), 371
MARKUN, Paulo (j), 222, 232, 337
MARQUES, Altino Arantes, 97
MARQUES, João, 70
MARTINHO DE CAMPOS, 44
MARTINS DA COSTA, Cândido (padre), 40, 41, 324
MARTINS, Dormund (j), 85
MARTINS, Enéias, 81
MARTINS, Paulo Egídio (político), 13
MATEUS (santo), 312
MATOS, Cunha (deputado), 35, 323
MATOS, Divino José de (policial), 359
MAY, Luis Augusto (j), 32, 33, 35, 37, 288, 323
MAZZILLI, Ranieri, 154
MEDEIROS E ALBUQUERQUE (j), 32, 100
MEDEIROS, Antônio de (j), 61
MEDEIROS, Maurício de, 86
MEE, Margaret (escritora), 310
MELGAREJO (ditador boliviano), 116
MELLO FREIRE, Fernandes, 376
MELLO DE ALMEIDA, Reinaldo (general), 332
MELO ALENCAR, João (j), 348
MELO, Ednardo d'Ávila (general), 222, 226, 228
MELO, Maria de Lourdes Rego, 274
MELO FILHO, Murilo (j), 192
MELO FRANCO, Afonso Arinos (col),

298, 313
MELO, Custódio José de (contra-almirante), 66
MELO, João (j), 85
MELO, Trogilio Antônio de (capitão), 116, 117, 118
MELO, Valdir Silveira, 334
MENA BARRETO (general), 243
MENDES FRADIQUE, 132
MENDES DE MORAIS (general), 144, 145
MENDES, Odorico (j), 38
MENDES, Raimundo Teixeira, 27
MENDEZ, (caricaturista), 133
MENDONÇA, Salvador de (j), 44, 58
MENEGHETTI, Ildo (governador), 298
MENEZES DRUMMOND (j), 31
MENEZES, Emílio de, 96
MENGELE, Josef (nazista), 243
MENOTTI DEL PICCHIA (col), 103
MERLINO, Luiz Eduardo da Rocha (j), 271, 274, 275
MERLINO, Regina, 274
MESQUITA FILHO, Júlio de (j), 103, 132, 138, 139, 151
MESQUITA NETO, Júlio de (j), 11, 24, 141, 152, 187, 188, 191, 205, 257, 258, 294
MESQUITA, Luís, 122
MESQUITA, Ruy (j), 179, 187, 308, 315, 316
METRALHA (major), 122

MICHELAZZO, Luiz Augusto (j), 42
MILANEZ, Fernando (secretário da Segurança), 350
MILLA (filha da jornalista Maria Nilce Magalhães), 386, 387
MIGUEL, Carlos, 43
MIQUELINO (capanga de José Bonifácio), 37
MIRA, Crispim (jornalista), 288
MIRANDA, Jayme Amorim (j), 271
MIRANDA JÚNIOR, 60
MIRANDA, Luís (j), 84, 85
MIRANDA, Nilmário, 276, 277
MIRANDA, Rodolfo, 104, 106
MITERHOFF, Neuza, 400
MOACYR, Pedro (col), 82, 83, 84, 85, 86, 87, 88
MOISÉS, Jurandir João (delegado), 352
MONIZ, Edmundo, 162
MONTAGNA DE SOUSA, César (general), 171
MONTEIRO LOBATO, 100, 312
MONTEIRO, Edmundo (j), 175
MONTEIRO, Luiz Otávio (j), 379, 380, 381
MONTEIRO, Lyda (secretária), 255
MONTENEGRO RODRIGUEZ, Luiz Alberto, 281
MONTENEGRO, Augusto, 287
MONTEZUMA, Gê Acaiaba de, 30
MORAES FILHO, Antônio Evaristo de (col), 295

MORAES E SILVA, José Cândido de (j), 38
MORAES, Alexandre Mello, 37
MORAES, Antônio Ermírio de (empresário), 26
MORAES, Márcio José de (juiz), 225, 226, 228, 336
MORAIS, Prudente de, 53, 54, 55, 68
MORAIS, Evaristo de (col), 77
MOREIRA DE BARROS (conselheiro), 45
MOREIRA, Delfim (político), 111, 376
MOREIRA, Lúcia (j), 372
MOREIRA, Nestor (j), 148, 149, 150, 151
MOREL, Edmar (j), 137
MOREL, Marco (j), 32
MOSES, Herbert (j), 100, 146, 149
MOTTA VEIGA, Luiz Otávio da (administrador), 396
MOURA, Antônio Toscano (delegado), 366, 367
MÜLLER (jogador de futebol), 394
MÜLLER, Filinto, 137, 138, 141
MUNIZ FALCÃO, 161
MUNIZ VARELA, 65
MURAT, Luís (j), 65
MUSSOLINI, Benito, 141, 186, 192, 205, 261, 265, 283, 284, 285, 291, 307, 308, 351
MYAMOTO, Minoro (deputado), 246

N

NABOR JÚNIOR, 341, 345
NABUCO, Joaquim (j), 67
NABUCO, Sizenando, 45
NAMBA, Carlos (fotógrafo), 341
NASCIMENTO FILHO, Celso, 254
NASSER, David (j), 141, 142, 150, 156, 157, 159, 295, 327, 328, 329
NÁSSER, Gamal Abdel, 161
NATAL, João do Nascimento, 134
NAVEGA, Carlos (procurador), 383
NAZARENO, Antônio (sargento), 351
NAYA, Sérgio (deputado), 401
NEME, Emílio (coronel), 391
NERY, Sebastião (j), 205
NETTO, Mirian de Andrade Leitão, 206
NEVES DA FONTOURA, João, 130
NEVES, Serrano, 151
NEVES, Tancredo (político), 17, 19, 150, 257, 318, 319, 338
NEWENS, Stan, 228
NIXON, Richard, 205
NOBRE, Freitas (j), 7
NOBRE, Ibrahim (delegado), 95
NOGUEIRA, Raul, (Raul Careca), 179, 180, 185, 186
NONATO BATISTA, Raimundo (j), 392
NONATO LOPES, Raimundo (político), 379
NOVINSKI, Anita (historiadora), 305

O

OLAVO DE CARVALHO, 279
OLIVEIRA, Aurelino Silvino (cabo), 359
OLIVEIRA BASTOS (colunista), 254
OLIVEIRA, Cláudio Santos de, 405
OLIVEIRA, Clemente José de (j), 43
OLIVEIRA DA MOTTA, Renato (j), 206, 301
OLIVEIRA, Franklin de, 150
OLIVEIRA, Iracildo José de (policial), 358, 359, 393, 394
OLIVEIRA, João de (j), 113, 114, 115, 116, 117, 119
OLIVEIRA, José Aparecido de (governador), 363
OLIVEIRA, Lilian (j), 400
OLIVEIRA, Mário Eugênio Rafael de (j), 272, 287, 347, 350, 353, 354, 358, 359, 362, 366, 393
OLIVEIRA VIANA, 131
OLIVI, João Batista (j), 355
ORELHAS (capanga de José Bonifácio), 37
ORLEANS E BRAGANÇA, Pedro Gastão de (príncipe), 289
ORNELLAS (coronel), 41
ORNELLAS, José (político), 350
ORSATTI, Luiz, 179
ORTIGÃO, Ramalho, 267
OSCAR D' ALVA, 132
OSÓRIO (general), 243
OSVALDO (vítima inocente), 183

OTAVIANO AUGUSTO, 266
OTÁVIO, Rodrigo (general), 278
OTONI, Teófilo (j), 375
OURO PRETO (visconde de), 21, 68

P

PACHECO, Félix (j), 100
PAIVA, Miguel (caricaturista), 181
PAIVA, Osório de (tenente-coronel), 60
PAGEL, Dari, 403
PAMPLONA, David (boticário), 31
PALOMA (filha da jornalista Maria Nilce Magalhães), 386
PARDAL (professor), 183
PARDAL MALLET (j), 65
PASSARINHO, Jarbas (coronel), 288, 301, 338
PASSOS, Guimarães (j), 65
PATROCÍNIO, José do (j), 48, 49, 50, 51, 52, 65, 66, 290, 325
PAULA, Waldemar de (escrivão), 179
PAULO, Luiz, 232
PAULO MATOS, João Batista de (chacareiro), 354
PAVOLINI, Alessandro, 291
PEBECHERANI, Ênio de Toledo, 399
PEDREIRA, Fernando (j), 378, 379
PEDRIALI, José Antônio (j), 380
PEDRO I, 11, 30, 35, 39, 40, 318, 375
PEDRO II, 28, 44, 67, 71, 313
PEDROSA, Mino (j), 266
PEDROSA, Wilson (fotógrafo), 341, 342

PEIXOTO, Paulo Ribeiro, 149, 150
PEIXOTO, Silveira (j), 7
PENA JÚNIOR, Afonso (ministro), 122
PENTEADO DE MORAES, Antônio Carlos (advogado), 396
PERALVA, Osvaldo (j), 168, 169, 170, 171, 254
PERCIVAL DE SOUZA, (j), 206, 330
PEREIRA DE OLIVEIRA, Edgar Ribeiro (j), 406
PEREIRA RODRIGUES, Teodoro (delegado), 351
PEREIRA DA SILVA, Alfredo, 333
PEREIRA DA SILVA (coronel), 119
PEREIRA DE CARVALHO, Ary (coronel), 357
PEREIRA DE PAIVA (ministro), 228
PEREIRA, Astrojildo (j), 96, 97
PEREIRA, Heleno, 102
PEREIRA, José Canavarro (general), 180
PEREIRA, Luís Francisco (j), 372
PEREIRA, Magessi, 151
PEREIRA, Paulo, 137
PEREIRA, Pio, 288
PEREIRA, Hiram de Lima (j), 271
PERERA, Ambrosio, 307
PERRIN, Dimas (j), 208, 209, 210, 211, 212, 213, 214, 215, 216, 218, 219, 220, 301
PERRUCI, Péricles (j), 348
PESSOA DA SILVA, Frederico (j), 229, 230, 231, 301

PESSOA, Epitácio, 100, 108, 109, 110, 111, 112, 291
PESTANA, Francisco Rangel (j), 58, 67, 71, 77, 318
PETRÔNIO, 376
PFUTZEUREUTER, Ruy Oswaldo Aguiar (j), 271, 275
PICASSO, Pablo, 304
PILATOS, Pôncio, 315
PIMENTEL, Manuel Teodoro, 44
PINHEIRO CABRAL, Cid, 76
PINHEIRO MACHADO (general), 75, 76
PINHEIRO MACHADO, J. A. (j), 196, 197
PINHEIRO, Paulo Sérgio (col), 261, 262
PINTO DA LUZ, José (contra-almirante), 269
PINTO, Guedes (juiz), 115, 117, 118
PINTO, Luís (tenente), 41, 324
PINTO, Raimundo (j), 265
PIO XII, 135
PIRAGIBE, Vicente (j), 84
PIRES GONÇALVES, Leônidas (general), 356, 382, 383, 384
PIRES DE MELO, Pedro Paulo (presidente), 383
PIRES, José Augusto (j), 206, 207, 301
PIRES, Manuel Valente (barqueiro), 264, 363, 383
PIRES, Waldyr (político), 371
PIRES, Walter (general), 250, 261, 345

PIZA, Moacyr (j), 103, 104, 105, 106, 107, 108, 290
POECK, Alfredo (capitão), 360
POLILA, Cláudio Werner (bailarino), 364
POMAR, Pedro Ventura Felippe, 272
PONTES, Elói (col), 78, 80
PONTUSCHKA, Roberto (capitão), 182
PORTELA, Alcyone, 273
PORTELA, Fernando (j), 302, 303, 304
PORTO SEGURO, 37
PORTO, Sérgio (j), 176, 177, 178, 179
POTIGUARA (general), 125
POTTIER, Eugéne, 95
PRADO, Antônio da Silva, 54
PRADO, Eduardo (j), 59, 289
PRESTES, Júlio, 107, 290
PRESTES, Luís Carlos, 112, 166, 263, 338
PRESTES, Olga Benário, 137
PRETA, Stanislaw Ponte (pseudônimo de Sérgio Porto), 176
PRETO, Manoel, 405
PUCCINI, 22

Q

QUADROS, Jânio, 152, 294, 298, 315
QUINTAL FERREIRA JÚNIOR, João, 135
QUITETE, Celito, 149
QUÉRCIA, Orestes (político), 378, 379, 395

R

RABELO, José Maria (j), 153, 154, 155
RADEMAKER, Augusto (ministro), 254
RAMOS, Fernando (j), 369
RAMOS, Nereu (advogado), 114, 116, 119
RAMOS, Otávio Jordão (general), 196
RAMOS, Paulo de Castro, 204
RANGEL COUTINHO, Newton (procurador), 354
RAO, Vicente (ministro), 137, 138
RAIS, Jan (professor), 13
REBOUÇAS, Antônio Pereira (j), 318
REIS, Tomé (j), 85
REZENDE, Leônidas de (j), 85
RIBAMAR, José (advogado), 151
RIBEIRO, Eduardo Gonçalves (j), 68, 86
RIBEIRO, Elza Soares (advogada), 216
RIBEIRO, Fernando Bastos (delegado), 149
RIBEIRO, João (j), 80
RIBEIRO, Oliveira, 93
RIBEIRO, Walter de Souza (j), 271
RIETH, Lauro (coronel), 350, 362, 393
RIO BRANCO, visconde do, 44
RIOS, Gildo, 162
RISTORI, Oresti (j), 77
ROBERTO FÁBIO (sargento), 355, 356, 357, 366
ROBERTS, Geoffrey K. (professor), 28
ROCA, Júlio (general), 268, 269
ROCHA MATTOS, João Carlos da

(juiz), 395, 396
ROCHA, Artur Pinto da, 85
ROCHA, Casimiro, 104
ROCHA, Guido, 274, 275
ROCKEFELLER, Nelson, 144
RODRIGUES ALVES, 75
RODRIGUES, Antônio Santolia (j), 404, 405
RODRIGUES, Augusto (caricaturista), 146
RODRIGUES PEREIRA, Raimundo (j), 191, 239
RODRIGUES, José, 342
RODRIGUES, José Carlos (j), 66, 67
RODRIGUES, Miguel Urbano (j), 232
RODRIGUES, Mário (j), 108, 109
RODRIGUES, Nelson, 270
RODRIGUES, Newton (j), 294
RODRIGUEZ, João José, 91
ROLAND, Madame, 12
ROLDÃO, 147
ROMANO (caricaturista), 88
ROMARIZ, João Ferreira (revisor), 61, 290
ROSA E SILVA, Cláudio Humberto, 396
ROSAS, Oscar, 65
ROUANET, Sérgio Paulo (embaixador), 398, 399
RUIZ, Fernando (j), 380

S

SABIN, Albert (cientista), 312
SABOYA, Hélio (advogado), 252, 399
SACCHETTA, Hermínio (j), 175
SADE (marquês), 210
SALAZAR, 205
SALDANHA MARINHO (j), 44, 70
SALES FILHO (deputado), 123
SALGADO, Plínio (político), 23, 186, 188
SALLES, Eugênio (cardeal), 24
SALLES, Milton (político), 375
SALVEMINI, Gaetano (escritor), 283
SAMARAKIS, Antonis (escritor), 192
SAMPAIO FERRAZ (chefe de polícia), 59, 60
SANERESSING, Rosvita (j), 259
SANTA ROSA, Virgínio, 130, 131, 132
SANTANA, José Eduardo de (procurador), 395
SANTIVE, Nelson, 308
SANTOS ROCHA, Paulo (advogado), 334
SANTOS, Antônio Bernardino dos, 232
SANTOS, Paulo (advogado), 248
SARAIVA DE MEDEIROS, Walter (juiz), 378
SARKIS, Oto (j), 401
SARMENTO, Sizeno, 170, 273
SARNEY, José (presidente), 294, 362, 392
SARNO, Clarissa (j), 372

SAUZET (deputado), 286
"SCAPINO" (j), 52, 53, 54
SEGÓVIA, Sílvia, 7
SOARES, Roberto Macedo, 85
SCARTEZINI, Antônio Carlos (j), 300, 301, 302
SCHERER, Vicente (cardeal), 192
SCHIMID, Willi (crítico), 176
SCHMIDT, J., 86
SCOTT, Jimmy (caricaturista), 227
SEIXAS, José Carlos (j), 396
SERPA JÚNIOR, 49
SERRÃO, Almeida, 30
SEVERO ALEXANDRE, 266
SHAKESPEARE, 376
SHIBATA, Harry (médico-legista), 222, 337
SILAS, Paulo (político), 385
SILVA JARDIM (j), 318
SILVA JÚNIOR, José Carlos da, 349
SILVA PIRAGIBE (coronel), 60
SILVA TELLES JÚNIOR, Gofredo da, 349
SILVA, Arlindo (j), 150
SILVA, Benedito, 122
SILVA, Carmen (j), 409
SILVA, Francisco Gomes da ("David"), 180
SILVA, Hélio (historiador), 258
SILVA, José Paulo da (j), 381
SILVA, Luiz Timóteo da (agente do DOPS), 360

SILVA, Manoel Celestino da, 368
SILVA, Nico, 288
SILVA, Nonato (j), 380
SILVA, Pereira da (coronel), 119
SILVEIRA MELO, Valdír (juiz auditor), 334
SILVEIRA, Alarico, 104
SILVEIRA, Elpídio (capitão), 113, 114, 115, 116
SILVEIRA, Ênio (editor), 9, 10
SILVEIRA, Joel, 176
SILVEIRA, Paulo Roberto (major), 357, 358
SINGER, Paul (col), 202
SIQUEIRA, Gilberto, 149
SKIDMORE, Thomas, 227
SOARES LISBOA, João (j), 36, 189
SOARES, Milton (j), 249
SOARES, Raul (político), 376
SOARES, Vicente (j), 375
SOBRAL PINTO (advogado), 203, 204, 234, 235, 236, 263, 264, 306, 346
SODRÉ, Alcindo, 130
SÓFOCLES, 177
SOUSA MELO, Humberto de (general), 280
SOUSA E MELO, Márcio de, 254
SOUTO MAIOR, Dalva de (delegada), 353
SOUZA FILHO, Aridio Mário de, 366
SOUZA, Josias de (j), 395
SOUZA, Leal de (j), 86

SOUZA, Máximo de (caixeiro), 40, 41, 324
SOUZA NETO, 151
SOUZA, Olimpio (coronel), 358
SOUZA, Wallace (j), 380
SPRITZE JÚNIOR, Pedro (j), 115, 118, 119
STALIN, Joseph, 292, 308
STALONE, Silvester (astro do cinema), 378
STEIN, Gertrude, 304
STOCK, Henrique, 39
STREICHER, Julius (nazista), 243
SUPLICY, Eduardo Matarazo (político), 346
SUREROS, Zilah, 400
SUZUKI (pintor), 183, 305

TIRADENTES, 117
TORELY, Aparício (barão de Itararé), 135, 136, 137, 176
TORQUEMADA (inquisidor espanhol), 106
TORRES (tenente-coronel), 360
TORRES, Alberto (col), 22, 23, 312
TORRES, Antônio (col), 88, 89, 290
TOURINHO, Genival, 338
TRIGO DE LOUREIRO (desembargador), 46
TRINDADE, Osmar (j), 259
TRISTÃO DE ATAÍDE (pseudônimo de Alceu Amoroso Lima), 132
TRUJILLO, Rafael Leonidas, 146
TUMA, Romeu (delegado), 13
TÁVORA, Juarez, 112

T

TAMANDARÉ (almirante), 137
TASSO FRAGOSO (general), 243
TAVARES, Eduardo Diogo (j), 372
TAVARES, Lira (ministro), 254
TAVARES, Mário, 393
TAVARES, Paulo (promotor), 393
TELES, César Augusto, 277
TELES, Maria Amélia de Almeida, 277, 278
TELLES JÚNIOR, Gofredo da Silva, 337
TEMER, Gabriela (j), 405, 406
TEOBALDO (agente policial), 360
TIMÓTEO, Agnaldo (cantor), 250, 309

U

USTRA, Carlos Alberto Brilhante (militar), 277, 280

V

VACIRCA, Vicente (j), 77, 89
VAGABUNDO, Chico (espanta-patrulha), 52
VAILATTI FILHO, Henrique (promotor), 330
VALE CABRAL, 36
VALLE, José do (cenógrafo), 12
VANNUCCHI LEME, Alexandre (estudante), 192, 281

VARELA, José (fotógrafo), 386
VARGAS FILHO, Getúlio, 130, 143
VARGAS, Alzira, 145
VARGAS, Benjamim, 142, 143
VARGAS, Getúlio, 138, 140, 141, 144, 145, 146, 147, 148, 151, 155, 177, 203, 318
VARGAS, Ivete, 339
VASCONCELOS, Bernardo de (j), 318
VASCONCELOS, Júlio de, 44
VASCONCELOS, Luiz (editor), 7
VASCONCELOS, Nilda Campos, 7
VASQUES, Ivan (delegado), 264, 356, 357, 363, 364, 365, 381
VAZ (major), 147
VERGARA PORTELA (senhora), 145
VIANA FILHO, Luís, 153
VIANA, Sá, 100
VIDAL, Agostinho, 61
VIDAL, Gore (romancista), 242
VIEIRA CRISTO (j), 375
VIEIRA FAZENDA (historiador), 43
VIEIRA DE MELLO, Fernando (j), 397
VIEIRA, Antônio Nazareno Mortari, 358, 359
VIEIRA, Dilma, 273
VIEIRA, Lúcio (delegado), 280
VIEIRA, Mário Alves de Souza, 271, 272
VILANOVA, José, 52
VILAR, Frederico (capitão), 97, 98, 99, 100, 101, 102
VILLOCQ, Darcy (coronel), 163, 164, 165, 166, 167
VINHAES, Carlos Augusto (j), 204
VITAL DO REGO (advogado), 368
VIVEIROS DE CASTRO (juiz), 119
VON IHERING, Rudolf, 187
VON Ribbentrop (nazista), 243

W

WAINER, Samuel (j), 148, 176
WALSH, R. (pastor), 33
WANDENKOLK, Eduardo (almirante), 67
WASHINGTON LUÍS (presidente), 103, 104, 105, 106, 107, 126, 290
WASHINGTON, George, 59
WEFFORT, Francisco C. (col), 202
WEISS, Luís (j), 337
WELLES, Sunner, 144
WENCESLAU BRÁS, 77
WERNECK SODRÉ, Nelson (col), 31, 132, 299
WESTIN COSENZA, Gildásio (j), 337
WILDE, Oscar, 245

X

XAVIER, Guilherme (artista gráfico), 7

Z

ZAMITH, José Ribamar (capitão), 360
ZELONI (cômico), 192
ZOLA, Émile, 48, 49

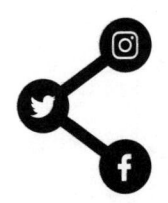

fonte
Adobe Garamond Pro

@novoseculoeditora
nas redes sociais

gruponovoseculo
.com.br